Ludwig Feuerbach: Das Wesen des Christentums

Klassiker Auslegen

Herausgegeben von
Otfried Höffe

Band 52

Ludwig Feuerbach:
Das Wesen des Christentums

Herausgegeben von
Andreas Arndt

DE GRUYTER

ISBN 978-3-11-067695-2
e-ISBN (PDF) 978-3-11-067702-7
e-ISBN (EPUB) 978-3-11-067717-1
ISSN 2192-4554

Library of Congress Control Number: 2020933391

Bibliografische Information der Deutschen Nationalbibliothek
Die Deutsche Nationalbibliothek verzeichnet diese Publikation in der Deutschen Nationalbibliografie; detaillierte bibliografische Angaben sind im Internet über http://dnb.dnb.de abrufbar.

© 2020 Walter de Gruyter GmbH, Berlin/Boston
Einbandabbildung: Ludwig Feuerbach, Holz-Gravur, veröffentlicht 1872 - Stock-Grafiken
Druck und Bindung: CPI books GmbH, Leck

www.degruyter.com

Inhalt

Zitierweise und Siglen —— VII

Andreas Arndt
1   Einführung —— 1

Walter Jaeschke
2   *Das Wesen des Christentums* in den religionsphilosophischen Diskussionen der Zeit —— 15

Christine Weckwerth
3   *Das Wesen des Christentums* in der philosophischen Entwicklung Feuerbachs —— 31

Frieder Otto Wolf
4   Das Wesen des Menschen im Allgemeinen (Kap. 1) —— 47

Adriana Veríssimo Serrão
5   Religion als Selbstbewusstsein: „Das Wesen der Religion im allgemeinen" (Kap. 2) —— 63

Manuela Köppe
6   Das Wesen Gottes (Kap. 3–5) —— 81

Ursula Reitemeyer
7   Gott-Mensch (Kap. 6–8) —— 95

Francesco Tomasoni
8   Schöpfung und Natur (Kap. 9–12) —— 109

Dimitris Karydas
9   Der gefühlte Gottmensch: Christus als (das) Wesen des menschlichen Gemüts (Kap. 13–19) —— 121

Jörg Dierken
10   Theologie und der Gott der Theologen (Kap. 20–23) —— 151

Marina F. Bykova
11   The God of the Philosophers and Theology (Kap. 24–25) —— 169

Kurt Appel
12   Sakramente, Glaube und Liebe und Schlussanwendung
     (Kap. 26–28) —— 187

Matthias Petzoldt
13   Theologische Perspektiven der Feuerbachschen
     Religionskritik —— 205

Christine Weckwerth
14   Philosophische Perspektiven des *Wesens des Christentums* —— 225

Auswahlbibliographie —— 239

Personenregister —— 245

Hinweise zu den Autoren —— 249

Zitierweise und Siglen

Kapitelangaben im Inhaltsverzeichnis und den Titeln der Beiträge beziehen sich auf die Kapitelzählung der zweiten und dritten Auflage; eine vergleichende tabellarische Übersicht im Verhältnis zur ersten Auflage von *Das Wesen des Christentums* findet sich in der Einführung.

Bei den Zitaten werden Hervorhebungen einheitlich durch *Kursivschrift* wiedergegeben; editorische Zeichen (z.B. eckige Klammern oder Kursive zur Kennzeichnung von ergänzten Buchstaben) werden nicht wiedergegeben. In den Kommentaren und der Einleitung werden folgende Siglen verwendet:

GW	Ludwig Feuerbach: Gesammelte Werke, hg. v. Werner Schuffenhauer, Berlin 1967ff. (ab 1993 hg. v. der Berlin-Brandenburgischen Akademie der Wissenschaften durch W. Schuffenhauer), Bde. 1–14, 17–20.
FSW	Ludwig Feuerbach: Sämtliche Werke, 10 Bde., hg. v. Wilhelm Bolin u. Friedrich Jodl, Stuttgart 1903ff.
EC	Ludwig Feuerbach: *The Essence of Christianity*, trans. G. Eliot, New York 1989.
PT	Ludwig Feuerbach: *Provisional Theses for the Reformation of Philosophy*, trans. Daniel O. Dahlstrom, in: The Young Hegelians: An Anthology, ed. L.S. Stepelevich, Cambridge 1983, 156–171.
AA	Immanuel Kant: Werke. Akademie-Ausgabe, Berlin 1900ff.
HGW	Georg Wilhelm Friedrich Hegel: Gesammelte Werke, Hamburg 1968ff.
KGA	Friedrich Daniel Ernst Schleiermacher: Kritische Gesamtausgabe, Berlin und New York (bzw. Boston), 1980ff.
KpV	Immanuel Kant: Kritik der praktischen Vernunft, in: AA 5, 1–163.
KrV	Immanuel Kant: Kritik der reinen Vernunft, 1. Auflage (A) in: AA 4, 1–252, 2. Auflage (B) in: AA 3.
MEW	Karl Marx und Friedrich Engels: Werke, Berlin 1956ff.
MEGA	Karl Marx und Friedrich Engels: Gesamtausgabe, Berlin 1975ff.

Andreas Arndt
1 Einführung

1.1 Lebensstationen Feuerbachs

Ludwig Andreas Feuerbach wurde am 28. Juli 1804 in Landshut geboren, wo sein Vater Paul Johann Anselm Feuerbach eine Professur für Zivil- und Kriminalrecht innehatte. 1806 zog die Familie nach München, wo der Vater als Geheimer Rat im Justizministerium maßgebend an einer liberalen Reform des Strafrechts arbeitete und dafür 1808 als „Ritter von Feuerbach" geadelt wurde. Ludwigs Großvater Johann Anselm Feuerbach (1755–1827) war ebenfalls ein bedeutender Jurist und auch seine drei Brüder traten als Archäologe, Mathematiker und Philologe hervor; der Maler Anselm Feuerbach war ein Neffe Ludwigs. Inzwischen von der Reaktion immer stärker verfolgt und bedrängt, wurde Paul Johann Anselm Feuerbach 1814 faktisch nach Ansbach strafversetzt, wo Ludwig Feuerbach von 1817 bis 1822 das Gymnasium absolvierte. 1823 bezog er die Heidelberger Universität, um evangelische Theologie zu studieren. Dort hörte er bei dem Hegelianer Karl Daub und wechselte 1824 nach Berlin, um Hegel selbst zu hören. Nachdem er – wie auch seine Brüder – kurzzeitig in den Verdacht demagogischer Umtriebe geraten war, besuchte er Hegels Vorlesungen über Logik und Metaphysik, Religionsphilosophie, Philosophie der Weltgeschichte, Geschichte der Philosophie und Naturphilosophie, während er das theologische Studium vernachlässigte und 1825 – gegen den Willen des Vaters – ganz aufgab. 1826 wechselte Ludwig Feuerbach an die Universität Erlangen, wo er 1828 promovierte und von 1829 bis 1831 als Privatdozent der Philosophie auftrat. Mit seiner anonymen Publikation *Gedanken über Tod und Unsterblichkeit* (1830), die als Angriff auf die Religion sofort verboten wurde, zerschlugen sich Feuerbachs Hoffnungen auf eine akademische Karriere und er zog sich auf die Existenz eines Privatgelehrten zurück, wobei er von 1833 bis 1838 in rascher Folge bedeutende philosophiehistorische Werke zu Bacon und Spinoza, Leibniz und Pierre Bayle vorlegte.

1837 heiratete Feuerbach Berta Löw und siedelte nach Schloss Bruckberg bei Ansbach über, wo die Familie Löw bis 1860 eine Porzellanmanufaktur betrieb; Feuerbach verfasste dort seine bedeutenden religionstheoretischen Schriften und entwarf dort in Auseinandersetzung mit Hegel seine Philosophie der Zukunft.[1] Im Verlauf der Revolution 1848 drängten Studenten in Heidelberg und Jena vergeblich darauf, Feuerbach an ihre Universitäten zu berufen; im Heidelberger Rathaus

---

[1] Vgl. dazu unten die Ausführungen von Christine Weckwerth (Kap. 3).

hielt er 1848/49 *Vorlesungen über das Wesen der Religion*. Pläne zu einer Emigration in die USA wurden immer wieder erwogen, aber nie realisiert. Der Bankrott der Bruckberger Porzellanmanufaktur zwang Feuerbach zum Umzug auf den Rechenberg bei Nürnberg, wo er zum Leben auf die Unterstützung von Freunden angewiesen war. Trotz zunehmender Ermüdung und Kränklichkeit arbeitete Feuerbach an einer Ethik und verfasste eine Schrift zum Problem der Willensfreiheit. Seit seinem sechzigsten Geburtstag näherte er sich immer mehr der politischen Arbeiterbewegung an, studierte Marx' *Kapital* und wurde 1870 auch Mitglied der sozialdemokratischen Arbeiterpartei. Nach mehreren, 1867 und 1870 erlittenen Schlaganfällen starb Ludwig Feuerbach am 13. September 1872 in Rechenberg. Unter großer Anteilnahme vor allem der Arbeiterbewegung wurde er in Nürnberg zu Grabe getragen.

Ludwig Feuerbachs Werk markiert, mit Friedrich Engels zu sprechen, den „Ausgang der klassischen deutschen Philosophie". Selbst ein überaus kundiger und philosophiehistorisch gebildeter Hegelianer, inszenierte er in der bedrückenden Reaktionszeit des Vormärz einen Bruch mit Hegel, der einen Neuanfang in der Philosophie ermöglichen und von dort aus helfen sollte, auch die gesellschaftlichen und politischen Verhältnisse zu verändern. In die Zeit des aus philosophieexternen Gründen mehr und mehr gewollten Bruchs fällt auch die Ausarbeitung und Veröffentlichung von *Das Wesen des Christentums*. Im Rückblick auf die bewegte Epoche der nachhegelschen Philosophie erschien es daher vielfach als Fanal der junghegelianischen Hegel- und Religionskritik, obwohl Feuerbachs expliziter Bruch mit Hegel erst später erfolgte und seine Absicht nicht so sehr eine Religionskritik, sondern eine Kritik der Theologie war. Solche Fehldeutung ist insofern symptomatisch, als Feuerbach meist nur als Initiator eines Diskurses gesehen wurde, der sehr schnell über seine Positionen hinausging und in der Marxschen Theorie seinen Abschluss fand. Die eigenständige Bedeutung Feuerbachs als Interpret Hegels, Philosophiehistoriker, Religionstheoretiker, Erneuerer einer Philosophie der Sinnlichkeit und als Ethiker ist lange Zeit gar nicht und bis heute noch kaum umfassend gewürdigt worden.

1.2 Zur Entstehung von *Das Wesen des Christentums*

Das Wesen des Christentums hat eine längere Vorgeschichte, die im weitesten Sinne bis 1824 zurückreicht, als Feuerbach Hegels *Vorlesungen über die Philosophie der Religion* besuchte. Im Vorwort zur ersten Auflage seines Buches weist Feuerbach darauf hin, dass hier die „in verschiedenen Arbeiten zerstreuten, meist nur gelegentlichen, aphoristischen und polemischen Gedanken des Verfassers über Religion und Christentum, und spekulative Religionsphilosophie" konzentriert seien (GW 5, 3). Dies betrifft neben den 1830 anonym publizierten *Gedanken über Tod und Unsterblichkeit* (GW 1, 175–515) vor allem mehrere kleinere Arbeiten, mit denen Feuerbach gegen Ende der 1830er Jahre in den Streit um Hegels Religionsphilosophie eingriff (vgl. GW 8, 181–340).

Einen entscheidenden Anstoß zur systematischen Ausarbeitung der religionsphilosophischen Thematik erhielt Feuerbach dann im Zuge der Ausarbeitung seiner Monographie über *Pierre Bayle*, die wohl Anfang 1839 mit der Jahresangabe 1838 erschienen war. Der „wesentlichste und interessanteste Widerspruch" bei Bayle und zugleich „der charakteristische Widerspruch der christlichen Welt überhaupt" sei der „*zwischen Glaube und Vernunft*", und „es wäre daher ebenso interessant als nützlich, diesen Widerspruch durch die ganze Geschichte des Christentums hindurch zu verfolgen" (GW 4, 4). Feuerbach erklärte, er habe der „Darstellung und Entwicklung dieses Widerspruchs von allgemeiner Bedeutung" die spezielleren Fragen untergeordnet, wobei er diese Fragen „keineswegs erschöpfen" konnte und diese „ebensowohl aufwärts in die Region der Ideen, der Prinzipien, als abwärts in das Gebiet der Konsequenzen und seitwärts in die Breite des Mißverstands hinein noch weiteren Begründungen, Erläuterungen und Entwicklungen entgegensehen, die hoffentlich auch nicht ausbleiben werden." (GW 4, 5) Ende November 1839 berichtete Feuerbach dann an Arnold Ruge, dass er ein solches Werk in Angriff genommen habe. Er habe „eine Arbeit vor, welche tief in die Lebensfragen der Zeit eingreift und diesen Winter wenigstens den Hauptpartien nach vollendet werden muß. – Was ist der letzte Grund unserer geistigen und politischen Unfreiheit? *Die Illusionen der Theologie*. Ich weiß das aus meinem eigenen früheren Leben, wo dieser Teufel in Engelsgestalt mich in seinen Krallen gehabt hat. [...] Es ist unglaublich, welche Illusionen die arme Menschheit beherrschen, noch heute beherrschen, und wie uns die spekulative Philosophie in ihrer letzten Richtung, statt von diesen Illusionen befreit, nur darin bestärkt hat." (GW 17, 383)

Die zitierte Passage des Briefes ist in mehrfacher Hinsicht bemerkenswert. Zunächst wird deutlich, dass die Kritik der Theologie für Feuerbach nicht in erster Linie philosophisch motiviert ist, sondern lebenspraktisch, indem er in dieser Kritik den Schlüssel für eine geistige und politische Befreiung sieht. Zweitens geht es offenkundig in erster Linie um eine Kritik der Theologie und der *theologischen Illusionen*, nicht um eine Kritik der Religion als solcher. Und schließlich wird die letzte Richtung der spekulativen Philosophie, also Hegel und die Hegelsche Schule, dafür kritisiert, dass sie die theologischen Illusionen nicht als solche entlarvt, d. h. die Grenzziehung zwischen Philosophie und Theologie versäumt hat. Damit ist bereits die argumentative Linie des *Wesen des Christentums* skizziert; es geht in der Konsequenz darum, Philosophie und Theologie zu entmischen und dadurch einen neuen Zugang zum Phänomen der Religion zu gewinnen. Mit diesem Programm sieht Feuerbach sich in einer Parallele zum Kantischen Unternehmen einer Kritik der reinen Vernunft: „Si parva magnis componere fas est [Wenn Kleines mit großem verglichen werden darf]: Kant schrieb eine ‚Kritik der reinen Vernunft'; meine Parvität [Wenigkeit] schreibt an einer Kritik der *unreinen* Vernunft." (GW 17, 383f.; Übersetzungen in Klammern dort) Arnold Ruge machte in den *Hallischen Jahrbüchern* Mitte Januar 1840 Teile dieses Briefes öffentlich und berichtete von einem jungen Gelehrten, der an einer „Kritik der *unreinen* Vernunft" arbeite (GW 9, 80 f.). Tatsächlich überlegte Feuerbach zur gleichen Zeit, sein Buch mit dem Untertitel „Beitrag zur ‚Kritik der *unreinen* Vernunft'" zu versehen (GW 18, 56).[2]

Offenkundig lehnt sich die Gliederung von Feuerbachs *Das Wesen des Christentums* zum Teil an die der Kantischen *Kritik der reinen Vernunft* an. Der erste, positive Teil („Die Religion in ihrer Übereinstimmung mit dem Wesen des Menschen") verweist auf die transzendentale Analytik bei Kant, der zweite, negative Teil („Die Religion in ihrem Widerspruch mit dem Wesen des Menschen") auf die transzendentale Dialektik. Bei Kant wird die Vernunft überschwänglich, wenn sie über die Grenzen der Erfahrung hinausgehen und auf ein Unbedingtes schließen will; sie verlässt dann den Bereich der objektiv gültigen Verstandeserkenntnis, der durch die Begriffe und Urteile im Rahmen der transzendentalen Analytik definiert ist. Entsprechend ist auch erste Teil von *Das Wesen des Christentums* nach Feuerbachs eigener Auskunft als Analyse zu verstehen: „Die Methode, die [...] der Verfasser hiebei befolgt, ist eine durchaus *objektive* – die Methode der *analytischen* Chemie." (GW 5, 6) Zweck der analytischen Chemie ist, nach einem zeitgenössischen Lehrbuch, „die Ausmittelung der bestimmten Zusammensetzung der Körper und der Qualität und Quantität der Grundstoffe aus welchen sie bestehen." (Pfaff 1824, 1) Für Feuerbach ist der zu analysierende Stoff die Religion als Bilderwelt, denn in der Religion sei das Bild „*als Bild* Sache." (GW 5, 6) Diese Bilder sollen in ihre Elemente zerlegt und nach Qualität und Quantität bestimmt werden. Die Entmischung des in der religiösen Bilderwelt Vereinigten dient einerseits dazu, die tatsächlichen Elemente zu identifizieren und in ihrem Verhältnis zu bestimmen, andererseits dazu, die Bilder als Sache der Religion gegenüber jeder sie überfremdenden Interpretation zu isolieren; ausdrücklich betont Feuerbach, die Bilder dürften weder zu Gedanken „– wenigstens nicht in

---

[2] In der von Wilhelm Bolin besorgten Sammlung (Feuerbach 1904, Bd. 1, 55) heißt es irrig „Kritik der reinen Unvernunft"; diese Lesung wird zum Teil auch noch in der neueren Forschungsliteratur übernommen.

dem Sinne der spekulativen Religionsphilosophie –" (ebd.) noch zu Sachen gemacht werden. Indem das Bild nicht als Bild Sache ist, sondern als Bild einer Sache (oder eines Gedankens) genommen wird, entsteht die Täuschung durch das religiöse Bewusstsein. In der Vorrede zur zweiten Auflage heißt es dann, seine Schrift sei „nichts als eine sachgetreue, ihrem Gegenstand sich aufs strengste anschließende historisch-philosophische Analyse – die Selbstenttäuschung, das Selbstbewußtsein der Religion" (GW 5, 22). Der methodische Paradigmenwechsel von der Chemie zur Philosophie mag auch damit zu tun haben, dass es Feuerbach nun um eine neue, „reformierte" Philosophie der Zukunft ging – die sich jedoch hier sachlich in größter Nähe zu Hegels Religionsphilosophie präsentiert, denn tatsächlich erfolgt die „Selbstenttäuschung" ja nicht durch eine Abkehr des religiösen Selbstbewusstseins von sich sondern durch seinen philosophischen Interpreten, denn auch für Feuerbach gilt, so heißt es schon in der ersten Auflage, „daß Philosophie oder Religion im allgemeinen, d. h. abgesehen von ihrer spezifischen Differenz, identisch sind, daß, weil es ein und dasselbe Wesen ist, welches denkt und glaubt, auch die Bilder der Religion zugleich Gedanken sind." (GW 5, 4)

Wie auch immer: Im ersten Teil von *Das Wesen des Christentums* geht es um eine Analyse des religiösen Bewusstseins, die diesem jenseits sachfremder Interpretationen einen Wahrheitsgehalt und insofern – wie Kant sagen würde – objektive Gültigkeit zuerkennt. Der zweite, negative Teil des Buches ist demgegenüber so angelegt, dass die Religion in ihrer theologischen Interpretation in einen Widerspruch mit sich selbst gerät. Analog zu den Selbstwidersprüchen der Vernunft in den dialektischen Oppositionen Kants – z. B. in der Antinomienlehre der *Kritik der reinen Vernunft* – gerät das religiöse Bewusstsein in Selbstwidersprüche, die seine Unwahrheit anzeigen. Während nach Kant der Grund der dialektischen Oppositionen darin liegt, dass die Vernunft über das Gebiet der Erfahrung hinausgeht, liegt der Grund der theologischen Widersprüche für Feuerbach darin, dass die Religion als eine Form des menschlichen Selbstbewusstseins hier vom Wesen des Menschen losgelöst und ihm entgegengesetzt wird; das Wesen des Menschen – wie es in den Einleitungsabschnitten dargelegt wird – korreliert daher mit der raumzeitlichen, sinnlichen Erfahrung bei Kant und bildet wie diese die Basis jeder objektiv gültigen Erkenntnis.

Das Wesen des Christentums war schon im Juni 1840 im Manuskript abgeschlossen (vgl. GW 18, 18), blieb jedoch zunächst liegen, da Feuerbach Aussicht auf eine Berufung nach Freiburg i. Br. hatte, die sich jedoch zerschlug (Tomasoni 2015, 204). Erst mit einem Schreiben vom 5. Januar 1841 bot Feuerbach das Werk dem Verleger Otto Wigand in Leipzig an, wobei er in seinem Briefentwurf vom 4. Januar den „Grundgedanke[n]" wie folgt zusammenfasste: „Das Wesen der Religion, insbesondere christlichen, ist nichts andres als das Wesen des menschlichen, insbesondere christlichen Gemüts, *das Geheimnis der Theologie daher die Anthropologie.*" (GW 18, 45) Die Methode sei eine „spekulativ-*empirische* oder spekulativ-*rationelle* oder auch [...] *genetisch-kritische.*" (Ebd., 46) Feuerbach wünschte Anonymität (auf der er aber nicht bestehen wollte) und schlug in diesem Falle als Titel vor: „*Γνῶθι σαυτόν* oder: *die Geheimnisse der Religion und die Illusionen der Theologie*"; sollte Wigand die Nennung des Verfassers vorziehen, „muß ein anderer Titel gewählt werden, etwa: Analysis der Geheimnisse der christlichen Dogmatik oder: Religionsphilosophie vom Standpunkt eines spekulativen Rationalismus oder: im Sinne der genetisch-kritischen Philosophie." (Ebd., 47) In dem abgesandten Brief werden die Titelvorschläge für den letzteren Fall etwas abweichend formuliert: „Analysis der Mysterien der christlichen Dogmatik oder Religionsphilosophie etwa vom Standpunkt eines spekulativen Rationalismus oder im Sinne der sokratischen Selbsterkenntnis." (GW 18, 50)

Mit Schreiben vom 8. Januar 1841 willigte Wigand in den Verlag des Buches ein und bat um die Übersendung des Manuskripts, wobei er eine Präferenz für den ersten, auf die Anonymität berechneten Titel äußerte, jedoch zur Anonymität selbst nicht Stellung nahm (GW 18, 54f.). Feuerbach nahm das Angebot Wigands am 16. Januar an und erwog weitere Titelvarianten: „*Γνῶθι σαυτόν* oder: die Wahrheit der Religion *und die Selbsttäuschung der Theologiei.* [...] Besser so: ,*Ein Beitrag zur Kritik der spekulativen Religionsphilosophi(en)*' oder: ,ein *kritisches Komplement* zur spekulativen Religionsphilosophie' (oder: ein Beitrag zur ,Kritik der *unreinen* Vernunft')." (GW 18, 56) In seiner Antwort schlug Wigand vor, sich mit Arnold Ruge über den Titel zu beraten (ebd., 57), was in einem Brief Feuerbachs, mit dem er am 5. Februar 1841 einen ersten Teil des Manuskripts übersandte, Zustimmung fand (ebd., 58). Im Ergebnis seiner Beratungen mit Ruge schlug der Verleger am 19. Februar dann als Titel vor: „Die Wahrheit der Religion und die Selbsttäuschung der Theologie. Zur Kritik der unreinen Vernunft. Von L. Feuerbach" (ebd., 62). Am 24. Februar übersandte Feuerbach dann den Rest des Manuskripts (ebd., 65); in Bezug auf den von Wigand auf den inzwischen eingetroffenen Druckbogen offenbar nochmals geänderten Titel hieß es, man könnte „doch das ,*Γνῶθι σαυτόν*' oder ,Die Wahrheit etc.' anbringen, aber ganz nach ihrer Meinung. Das zur ,Kritik der unreinen Vernunft' ist etwas unbestimmt allerdings, das ,Zur Kritik der Religionsphilosophie' aber zu eng. Doch mag es stehenbleiben." (Ebd., 66) Gegenüber Ruge korrigierte er sich wenig später erneut: „Das *Γνῶθι σαυτόν* muß meinem Gefühl nach *auf den Titel*, es ist ja nichts *Polizeiwidriges*; das zur ,Kritik der unreinen Vernunft' aber *weg*. Dies paßte nur allein." (Ebd., 69) Am 20. April erfolgte ein neuer Vorschlag an den Verleger; nach Rücksprache mit mehreren Freunden sollte man den Titel „so einfach und wenig Aufsehen als möglich erregend machen [...], z. B. bloß: Das Christentum philosophisch betrachtet von L.F. Bei dem Werte, den die Leute auf das bloße Wort:

Christentum legen, scheint es wirklich unnötig, noch ein weiteres Reizmittel schon auf dem Titel anzuwenden." (GW 18, 78) In einem kurzen Schreiben vom 5. Mai 1841 nannte Feuerbach dann schließlich den endgültigen Titel: *Das Wesen des Christentums* (ebd., 79). Am 1. Juni folgte dann nach den letzten Korrekturen noch ein Druckfehlerverzeichnis (ebd., 81f.) und bereits am 16. Juni konnte Otto Wigand über den Erfolg des Buches berichten: „Es hat eingeschlagen, und in Halle und Berlin sperren sie das Maul auf [...] und wenn mich nicht alles täuscht, so ist die erste Auflage binnen 3 Monaten vergriffen." Vom Zensor selbst habe er erfahren, „daß die höhere Behörde den Zensurschein für ihr Werk verweigern wollte", dann aber nachgegeben habe, wobei unklar sei, ob eine zweite Auflage die Zensur passieren könnte: „Die gnädigen dummen Herren haben gesagt: Ja, der Feuerbach reißt auch die christliche Kirche nieder und weiß nichts andres aufzubauen. Als wäre Vernunft Dummheit." (GW 18, 92f.)

1.3 Die drei Auflagen

Das Wesen des Christentums erlebte zu Lebzeiten des Autors drei Auflagen (1841, 1843, 1849), wobei der Text jeweils umgearbeitet und erweitert wurde, vor allem durch Belegstellen aus der theologischen Literatur und speziell aus den Schriften Martin Luthers. Dabei erfuhr der Text die größten Veränderungen im Verhältnis der zweiten zur ersten Auflage; so wurden zu den 23 Kapiteln der Erstausgabe drei Kapitel neu hinzugefügt. Die Zitate im vorliegenden Band beziehen sich, wo möglich, auf die erste Auflage, die nach Bd. 5 der *Gesammelten Werke* Ludwig Feuerbachs zitiert wird. Wo der veränderte Text der zweiten und/oder dritten Auflage zitiert wird, ist dies angemerkt. Zur besseren Übersicht werden im Folgenden die Kapitel der ersten Auflage (linke Spalte) im Verhältnis zur zweiten und dritten (rechte Spalte) angeführt:

Vorwort	
	Vorwort [Vorrede zur zweiten Auflage]
	Vorrede zur dritten Auflage
Einleitung	Einleitung
Das Wesen des Menschen im allgemeinen (Kap. 1)	Das Wesen des Menschen im Allgemeinen (Kap. 1)
Das Wesen der Religion im allgemeinen (Kap. 2)	Das Wesen der Religion im Allgemeinen (Kap. 2)

Erster Teil. Die Religion in ihrer Übereinstimmung mit dem Wesen des Menschen	Erster Teil. Das wahre, d.i. anthropologische Wesen der Religion
Gott als Gesetz oder als Wesen des Verstandes (Kap. 3)	Gott als Wesen des Verstandes (Kap. 3)
	Gott als moralisches Wesen oder Gesetz (Kap. 4)
Das Geheimnis der Inkarnation oder Gott als Liebe, als Herzenswesen (Kap. 4)	Das Geheimnis der Inkarnation oder Gott als Liebe, als Herzenswesen (Kap. 5)
Das Geheimnis des leidenden Gottes (Kap. 5)	Das Geheimnis des leidenden Gottes (Kap. 6)
	Das Mysterium der Trinität und Mutter Gottes (Kap. 7)
Das Geheimnis des Logos und göttlichen Ebenbildes (Kap. 6)	Das Geheimnis des Logos und göttlichen Ebenbildes (Kap. 8)
Das Geheimnis des kosmogonischen Prinzips in Gott (Kap. 7)	Das Geheimnis des kosmogonischen Prinzips in Gott (Kap. 9)
	Das Geheimnis des Mystizismus oder der Natur in Gott (Kap. 10)
Das Geheimnis der Vorsehung und Schöpfung aus nichts (Kap. 8)	Das Geheimnis der Vorsehung und Schöpfung aus nichts (Kap. 11)
Die Bedeutung der Kreation im Judentum (Kap. 9)	Die Bedeutung der Kreation im Judentum (Kap. 12)
Die Allmacht des Gemüts oder das Geheimnis des Gebetes (Kap. 10)	Die Allmacht des Gemüts oder das Geheimnis des Gebets (Kap. 13)
Das Geheimnis des Glaubens – das Geheimnis des Wunders (Kap. 11)	Das Geheimnis des Glaubens – das Geheimnis des Wunders (Kap. 14)
Das Geheimnis der Auferstehung und übernatürlichen Geburt (Kap. 12)	Das Geheimnis der Auferstehung und übernatürlichen Geburt (Kap. 15)
Das Geheimnis des christlichen Christus oder des persönlichen Gottes (Kap. 13)	Das Geheimnis des christlichen Christus oder des persönlichen Gottes (Kap. 16)
Der Unterschied des Christentums vom Heidentum (Kap. 14)	Der Unterschied des Christentums vom Heidentum (Kap. 17)
Die christliche Bedeutung des freien Zölibats und Mönchtums (Kap. 15)	Die christliche Bedeutung des freien Zölibats und Mönchtums (Kap. 18)
Der christliche Himmel oder die persönliche Unsterblichkeit (Kap. 16)	Der christliche Himmel oder die persönliche Unsterblichkeit (Kap. 19)

Zweiter Teil. Die Religion in ihrem Widerspruch mit dem Wesen des Menschen	Zweiter Teil. Das unwahre, d.i. theologische Wesen der Religion
Der wesentliche Standpunkt der Religion (Kap. 17)	Der wesentliche Standpunkt der Religion (Kap. 20)
Der Widerspruch in dem Begriffe der Existenz Gottes (Kap. 18)	Der Widerspruch in der Existenz Gottes (Kap. 21)
Der Widerspruch in der Offenbarung Gottes (Kap. 19)	Der Widerspruch in der Offenbarung Gottes (Kap. 22)
Der Widerspruch in dem Wesen Gottes (Kap. 20)	Der Widerspruch in dem Wesen Gottes (Kap. 23)
	Der Widerspruch bin der spekulativen Gotteslehre (Kap. 24)
	Der Widerspruch in der Trinität (Kap. 25)
Der Widerspruch in den Sakramenten (Kap. 21)	Der Widerspruch in den Sakramenten (Kap. 26)
Der Widerspruch von Glaube und Liebe (Kap. 22)	Der Widerspruch von Glaube und Liebe (Kap. 27)
Schlußanwendung (Kap. 23)	Schlußanwendung (Kap. 28)
Anhang. Anmerkungen und Beweisstellen	Anhang. Erläuterungen, Bemerkungen, Belegstellen

Neben den Änderungen und Ergänzungen in der zweiten und dritten Auflage von *Das Wesen des Christentums* sind für das Verständnis des Werkes auch zahlreiche kleinere Aufsätze, Polemiken und Antikritiken zu berücksichtigen, in denen Feuerbach seine Positionen erläuterte und zum Teil auch weiterentwickelte. Besonders hervorzuheben sind folgende Texte: *Beleuchtung der in den ‚Theologischen Studien und Kritiken' [...] enthaltenen Rezension meiner Schrift ‚Das Wesen des Christentums'* (1842; GW 9, 177–228); *Zur Beurteilung der Schrift ‚Das Wesen des Christentums'* (1842; GW 9, 229–242); *Das Wesen des Glaubens im Sinne Luthers. Ein Beitrag zum ‚Wesen des Christentums'* (1844; GW 9, 353–412); *Der Unterschied der heidnischen und christlichen Menschenvergötterung* (entstanden 1844, publiziert 1846; GW 9, 413–419); *Merkwürdige Äußerungen Luthers nebst Glossen* (entstanden 1844, publiziert 1846; GW 9, 420–426); *Über das ‚Wesen des Christentums' in Bezug auf den ‚Einzigen und sein Eigentum'* (1845, erweitert 1846; GW 9, 427–441). In diesen Texten geht es nicht nur darum, Missverständnisse auszuräumen, es werden auch – besonders in Beziehung auf Luther und die nichtchristlichen Religionen – ergänzende Belege gegeben, um die allgemein-religionstheoretischen Thesen von *Das Wesen des Christentums* abzusichern. Mit der Schrift *Das Wesen der Religion* (1845; GW 10, 3–79) wird dann eine neue Thematik in die Religionstheorie eingeführt – die Natur: „Das vom menschlichen Wesen oder Gott, dessen Darstellung ‚Das Wesen des Christentums' ist, unterschiedene und unabhängige Wesen – das Wesen ohne menschliches Wesen, menschliche Eigenschaften, menschliche Individualität – ist in Wahrheit nichts andres als die *Natur*." (GW 10, 3 f.) Zusammenfassend legte Feuerbach seine Religionstheorie dann in den 1848/49 in Heidelberg gehaltenen *Vorlesungen über das Wesen der Religion* dar, die 1851 im Druck erschienen (GW 6). Obwohl die Religionsthematik bei Feuerbach durchgängig präsent ist, kann das 1857 als neunter Band der *Sämmtlichen Werke* erschienene Buch *Theogonie nach den Quellen des klassischen, hebräischen und christlichen Altertums* (GW 8) systematisch als das letzte Wort Feuerbachs in der Sache gelten; eine zweite, ansonsten unveränderte Auflage erschien 1866 bei Wigand in Leipzig mit dem neuen Titel *Ursprung der Götter nach den Quellen des classischen, hebräischen und christlichen Alterthums*.

1.4 Das Verhältnis zu Hegel

Ludwig Feuerbachs Buch *Das Wesen des Christentums*, zuerst 1841 erschienen, markiert im Rückblick für Viele so etwas wie einen Epochenwechsel. 45 Jahre später, 1886, schrieb Friedrich Engels in seinem Aufsatz „Ludwig Feuerbach und der Ausgang der klassischen Philosophie": „Da kam Feuerbachs ‚Wesen des Christenthums'. Mit einem Schlag zerstäubte es den Widerspruch, indem es den Materialismus ohne Umschweife wieder auf den Thron erhob. Die Natur existiert unabhängig von aller Philosophie; sie ist die Grundlage, auf der wir Menschen, selbst Naturprodukte, erwachsen sind; außer der Natur und den Menschen existiert nichts, und die höhern Wesen, die unsere religiöse Phantasie erschuf, sind nur die phantastische Rückspiegelung unsers eignen Wesens. Der Bann war gebrochen; das ‚System' war gesprengt und beiseite geworfen, der Widerspruch war, als nur in der Einbildung vorhanden, aufgelöst. – Man muß die befreiende Wirkung dieses Buchs selbst erlebt haben, um sich eine Vorstellung davon zu machen. Die Begeisterung war allgemein: Wir waren alle momentan Feuerbachianer."[3] Tatsächlich ist gerade *Das Wesen des Christentums* der Hegelschen Religionsphilosophie inhaltlich und methodisch so verpflichtet, dass Feuerbachs Buch wohl eher als eine zwar vielfach zugespitzte, aber insgesamt doch treffende Interpretation der einschlägigen Hegelschen Vorlesungen gelesen werden kann.[4]

---

3 MEW 21, 272. In der DDR galt diese Einschätzung als kanonisch und wurde entsprechend auch im Klappentext zu GW 5 abgedruckt; daraus wurde dort auch gefolgert, dass Feuerbachs Werk „in polemischem Gegensatz zu Hegel" stehe.
4 Vgl. dazu unten den Beitrag von Walter Jaeschke.

Die falsche Erinnerung des alten Friedrich Engels beruht offenbar darauf, dass Feuerbach unmittelbar nach der Veröffentlichung seines Buches in Bezug auf Hegel seine Positionen radikalisierte. Anlass war Bruno Bauers ebenfalls 1841 anonym publiziertes Pamphlet *Die Posaune des jüngsten Gerichts über Hegel, den Atheisten und Antichristen. Ein Ultimatum*, in dem die Religionskritik als direkte Konsequenz der Hegelschen Philosophie ausgegeben wird. Bauer bezieht sich der Sache nach auf Hegels schon in der *Phänomenologie des Geistes* geäußerte Auffassung, dass das Individuum die Resultate der Geschichte als der Arbeit des allgemeinen Geistes sich anzueignen habe, wodurch der allgemeine Geist erst zum Selbstbewuisstsein komme.[5] Bei Bauer heißt es entsprechend: „Der absolute Geist ist es, der in dem endlichen Geiste sich auf sich selber bezieht, d. h. sich zu sich selber verhält, kurz, die Religion ist dieses Selbstbewußtsein des absoluten Geistes." (Bauer 1985, 282) Und Bauer fährt, zunächst ganz im Sinne der Feuerbachschen Zentralthese fort: „wenn daher der endliche Geist das absolute Wesen zum Gegenstande hat, so weiß er es als sein Wesen, er ist als Bewußtsein der Substanz notwendig Selbstbewußtsein." (Ebd., 283)[6] An einer Stelle des Pamphlets wird Feuerbachs nebenher als direkte Folge der Hegelschen Philosophie bezeichnet,[7] was dessen Widerspruch hervorrief, zumal in einer Ende 1841 erschienenen Rezension sogar gemutmaßt wurde, Feuerbach könne der Autor der *Posaune* sein (vgl. Tomasoni 2015, 240 ff.). Feuerbach reagierte mit einer Anfang 1842 veröffentlichten Polemik *Zur Beurteilung der Schrift 'Das Wesen des Christentums'*, in der er seine Schrift geradezu als Gegensatz zu Hegel bezeichnete, es bestehe „zwischen Hegels Methode und meiner Weise zu philosophieren, zwischen der Hegelschen und meiner Religionsphilosophie, folglich auch zwischen der ‚Posaune', welche die Resultate der ‚negativen Religionsphilosophie' direkt aus Hegel, als hätte er *dasselbe* gesagt, ableiten will, und meiner schrift ein wesentlicher Unterschied": „Meine Religionsphilosophie ist so wenig eine Explikation der Hegelschen [...], daß sie vielmehr nur aus der *Opposition* gegen die He-

---

5 Vgl. HGW 9, 25: „Die Bildung des Individuums in dieser Rücksicht besteht, von seiner Seite aus betrachtet, darin, daß es diß Vorhandne erwerbe, seine unorganische Natur in sich zehre und für sich in Besitz_nehme. Diß ist aber ebensosehr nichts anders, als daß diese sich ihr Selbstbewußtseyn gibt, oder ihr Werden und Reflexion in sich."
6 Röttgers 1975, 193–218, hat gezeigt, dass Bauer dazu tendiert, endlichen und absoluten Geist gleichzusetzen und damit in der Konsequenz Fichte sehr viel näher steht als Hegel, dessen – wenn auch kritischer – Interpret er sein will.
7 Vgl. Bauer 1985, 306: „In solchen schnöden Grundsätzen hat also Hegel seine Schüler unterrichtet, sie zur Revolution angeleitet und Leute erzogen, die [...] wie Feuerbach alle Religion zerstören."

gelsche entstanden ist, *nur aus dieser Opposition* gefaßt und beurteilt werden kann." (GW 9, 229 f.)

In einem Brief an Arnold Ruge vom 20. Dezember 1841 hatte Feuerbach seine Position im Blick auf Bauers *Posaune* noch weniger plakativ formuliert: „Eine Philosophie, welche die *Konsequenzen* der frühern freimacht, ist eine *neue, selbständige* Philosophie; sonst käme ich am Ende bis auf Vater Adam hinauf, und alle Philosophen sind Adamiten. Hegel ist eine Amphibolie – daher sich auch die Gläubigen auf ihn stützen *konnten*. Hegel läßt im unklaren. Wenngleich im allgemeinen meine Schrift ein Resultat der Hegelschen Philosophie ist und mit ihr übereinstimmt, so ist sie doch gerade durch eine oft selbst indignierte Opposition gegen seine insbesondre Religionsphilosophie entstanden." (GW 18, 136) Tatsächlich hatte Feuerbach schon im Februar 1841 gegenüber Ruge geäußert, Hegels Religionsphilosophie sei, „ohne ihr Verdienst zu verkennen, keinen Schuß Pulver wert." (GW 18, 65) Vor allem ging es Feuerbach wohl darum, in dem Streit um Hegels Religionsphilosophie jede Amphibolie im Werk des Lehrers beseitigen, auf die sich eine theologisch interessierte Lesart stützen könnte; es ging also darum, Hegels Gleichsetzung des *Inhalts* von Religion und Philosophie[8] aufzulösen, wie es auch in seinem Text *Zur Beurteilung der Schrift ‚Das Wesen des Christentums'* zum Ausdruck kommt: „Hegel *identifiziert* die Religion mit der Philosophie, ich hebe ihre *spezifische Differenz* hervor" (GW 9, 231). Dass diese Abgrenzung gelingt, muss bezweifelt werden. Vielmehr handelt es sich wohl um eine zeitgeschichtlich bedingte und in der aktuellen Diskussionssituation begründete Inszenierung eines Bruchs mit Hegel, die Feuerbach als Inszenierung auch bewusst war. Die Notwendigkeit der Überwindung der Hegelschen Schule sieht Feuerbach dadurch begründet, dass man vor allem die ‚Welt' überwinden, d. h. verändern müsse: „Haben wir die Schule überwunden, so überwinden wir die Welt. Die Philosophie muss sich aller Partikularität entschlagen" (An Ruge, 27. Februar 1841, GW 18, 68). In einem ebenfalls an Arnold Ruge gerichteten Brief vom 13. Februar 1842 heißt es: „Aber bei alledem – und bei aller Verehrung, die den Manen Hegels wir schulden –, ein radikaler Bruch ist notwendig. Wenigstens muß er von einem *ausgesprochen* werden. [...] Das beste ist, sich an Hegel anzuschließen – sein Gang ist ein ganz richtiger –, aber ihn natürlich zu reformieren nach den neuen Prinzipien." (GW 18, 159)

Der „Bruch" stellt sich daher in erster Linie als Botschaft an das Publikum dar, das aus philosophieexternen Gründen von einem Neubeginn überzeugt

---

[8] Vgl. z. B. HGW 12, 236, wo es über die absolute Idee heißt, Kunst und Religion seien „ihre verschiedenen Weisen, sich zu erfassen und ein sich angemessenes Daseyn zu geben; die Philosophie hat mit Kunst und Religion denselben Inhalt und denselben Zweck; aber sie ist die höchste Weise, die absolute Idee zu erfassen, weil ihre Weise die höchste, der Begriff ist."

werden soll, während tatsächlich Hegel nur „reformiert", d. h. von jeder Amphibolie befreit werden soll. Ruge – und Feuerbach stimmt ihm ausdrücklich zu (ebd.) – hielt Bauers *Posaune* „für eine politische Tat, denn es stürzt die ganze Denunziationsmarotte und blamiert die Regierung mit der Verfolgung der neusten Richtung." (GW 18, 139) Hegel soll gegen jede reaktionäre Vereinnahmung geschützt werden – und insoweit ist Hegel zu folgen, der dafür Argumente und einen „richtigen" (methodischen) Gang bereithält – zugleich aber soll deutlich gemacht werden, dass es nicht in erster Linie um eine richtige oder falsche Hegel-Interpretation zu tun ist, sondern um den Blick nach vorn und die positive Gründung zukunftsfähiger Positionen. Das *Wesen des Christentums*, so Feuerbach am 18. Januar 1842, enthalte „die Elemente zu einer allein *positiven*, lebensfrischen, evidenten, aber so theoretisch als praktisch wahren Philosophie" (GW 18, 153).

Umgesetzt hat Feuerbach sein schwer durchschaubares Programm, mit Hegel und zugleich gegen ihn (und ihn zugleich in der Inszenierung des Bruchs verleugnend) neuen, positiven Boden zu gewinnen, in zwei 1843 veröffentlichten Texten: *Vorläufige Thesen zur Reformation der Philosophie* und *Grundsätze der Philosophie der Zukunft* (GW 9, 243–263; 264–341). In dem ersten Text hat er seinen im Grunde widersprüchlichen Umgang mit Hegel klar beschrieben: Das Positive – die „unmittelbare, sonnenklare, truglose Identifikation des […] Wesens des Menschen *mit* dem Menschen kann nicht auf positivem Wege, kann nur als die *Negation* der Hegelschen Philosophie aus ihr abgeleitet, kann überhaupt nur *begriffen*, nur *verstanden* werden, wenn sie *als die totale Negation* der spekulativen Philosophie begriffen wird, ob sie gleich die *Wahrheit* derselben ist." (GW 9, 247) Diese totale Negation soll dann, wie es in den *Grundsätzen der Philosophie der Zukunft* zum Schluss heißt, zu „einer wirklich neuen, d. i. selbständigen, dem Bedürfnis der Menschheit und Zukunft entsprechenden" Philosophie führen (GW 9, 340 f.; vgl. Arndt 1998). Es besteht kein Zweifel, dass Feuerbach in der Reaktion auf Bruno Bauers *Posaune* an schon vorher vorhandene hegelkritische Positionen anknüpfte, wie sie besonders in der 1839 publizierten Abhandlung *Zur Kritik der Hegelschen Philosophie* formuliert worden waren (GW 9, 16–62). Zugleich aber ist auch nicht zu verkennen, dass er 1841/42 „eine erst später herangereifte Position in die Zeit von *Das Wesen des Christentums*" vorlegte und seine Kritik „die bisher nur einige Aspekte des Idealismus betroffen hatte, auf die gesamte Richtung" ausweitete (Tomasoni 2015, 246). Friedrich Engels ist dieser Inszenierung wohl gefolgt, indem er den nachfolgenden „Bruch" und seine für ihn befreiende Wirkung auf *Das Wesen des Christentums* rückprojizierte.

Literatur

Arndt, Andreas (1998): Krise und Prinzip. Die Logik des Übergangs zur Philosophie der Zukunft in Ludwig Feuerbachs Konzeption der Philosophiegeschichte, in: Ludwig Feuerbach und die Geschichte der Philosophie, hg. v. Walter Jaeschke und Francesco Tomasoni, Berlin, 3–15.

Bauer, Bruno (1985): Die Posaune des jüngsten Gerichts, in: Die Hegelsche Linke. Dokumente zu Philosophie und Politik im deutschen Vormärz, hg. v. Heinz und Ingrid Pepperle, Leipzig, 235–372.

Feuerbach, Ludwig (1904): Ausgewählte Briefe von und an Ludwig Feuerbach. Zum Säkulargedächtnis seiner Geburt, hg. v. Wilhelm Bolin, 2 Bde., Leipzig.

Pfaff, Christoph Heinrich (1824): Handbuch der analytischen Chemie für Chemiker, Apotheker, Oekonomen und Bergwerks Kundige. Erster Band. Propädevtischer Theil oder Lehre von den Reagentien. Erster Haupttheil. Analytische Chemie der anorganischen Körper, Altona.

Röttgers, Kurt (1975): Kritik und Praxis. Zur Geschichte des Kritikbegriffs von Kant bis Marx, Berlin und New York.

Tomasoni, Francesco (2015): Ludwig Feuerbach. Entstehung, Entwicklung und Bedeutung seines Werkes, Münster.

Walter Jaeschke
2 *Das Wesen des Christentums* in den religionsphilosophischen Diskussionen der Zeit

In der Vorrede zur zweiten Auflage des *Wesen des Christentums* gibt Feuerbach einen wichtigen Hinweis zum Verständnis dieser Schrift: Ihr Adressat sei zwar „jeder gebildete und denkende Mensch", aber dennoch könne sie „nur von dem Gelehrten [...] gewürdigt und vollständig verstanden werden; denn obwohl ein durchaus selbständiges Erzeugnis, ist sie doch zugleich nur eine notwendige Konsequenz der Geschichte. [...] Wer daher nicht die geschichtlichen Voraussetzungen und Vermittlungsstufen meiner Schrift kennt, dem fehlen die Anknüpfungspunkte meiner Argumente und Gedanken." Nun sind Selbstdeutungen oder Werkdeutungen von Autoren bekanntlich nichts stets über alle Zweifel erhaben – und auch Feuerbach ist hiervon nicht auszunehmen. Die bedrohte Lage, in der er viele seiner Schriften – und insbesondere *Das Wesen des Christentums* – veröffentlicht, nötigt ihn vielfach zu pointierter, gelegentlich auch zu überzogener Abgrenzung gegen Fehldeutungen im Interesse teils seiner Vereinnahmung, teils seiner Diffamierung. Sein Werk ist ja wie das weniger anderer nicht allein dem Unverständnis der Zeitgenossen, sondern auch ihrer interessierten Mißdeutung ausgesetzt gewesen. Doch trotz solcher genereller Bedenken gegen Selbstdeutungen: Dieser Hinweis Feuerbachs auf die geschichtliche Vermitteltheit seines Werks trifft exakt. Angesichts seines sonstigen Pochens auf „Unmittelbarkeit" kommt sein Hinweis zwar unerwartet, aber er ist doch plausibel, schon wegen Feuerbachs langjähriger und intensiver Forschungstätigkeit auf dem Gebiet der Geschichte der neueren Philosophie – und ohnehin angesichts der Hegelschen Schulung seines Denkens. Sie zeigt sich in seinem geschärften Blick für die geschichtliche Vermittlung seines Werks, aber nicht minder für die von ihm gleichwohl beanspruchte Unmittelbarkeit: Auch wenn sein Werk geschichtlich vermittelt sei, so lasse es sich doch aus dieser Geschichte keineswegs bruchlos herleiten; sein Proprium sei ein völlig neuartiger Ansatz – und insofern sei es zugleich unmittelbar. Unmittelbarkeit und Vermittlung gehören auch hier zusammen; sie lassen sich nicht gegeneinander ausspielen.

2.1 Das Ende der philosophischen Theologie

(1) Zu diesen geschichtlichen Vermittlungen äußert Feuerbach sich an der genannten Stelle jedoch weder präzise noch ausführlich oder gar erschöpfend. Er erwähnt zwar im Vorblick auf die späteren Kapitel Jacobi und Schleiermacher, „den Kantianismus, Skeptizismus, Theismus, Materialismus, Pantheismus", und er greift sogar noch weiter zurück, auf die – ihm aus seinen früheren philosophiegeschichtlichen Forschungen wohlvertraute – „Cartesische und Leibnizsche Philosophie". Doch formt sich die Aufzählung dieser sehr unterschiedlichen Positionen nicht zu einem plastischen Bild: Man kann ihr weder die Brüche noch die Vermittlungen entnehmen, die Feuerbachs Werk im Rücken liegen – er nennt hier ja nicht einmal das Werk Hegels, das wie kein anderes sein eigenes Werk geprägt hat, selbst noch im Modus der Abgrenzung von ihm. Um die Reihe der Entstehungsbedingungen seines Hauptwerks, des *Wesens des Christentums*, nachzuzeichnen, muss man auf zwei zeitlich nahe benachbarte denkgeschichtliche Ereignisse zurückgehen, die scheinbar schon weit zurück und doch der Lebenszeit Feuerbachs nur um rund zwei Jahrzehnte vorausliegen.

An erster Stelle zu nennen ist das durch Kants *Kritik der reinen Vernunft* heraufgeführte Ende der Metaphysik, genauer: das Ende ihrer höchsten Disziplin, der metaphysischen Theologie, der *theologia naturalis*. Auch wenn es zuvor fraglos mehrfach Zweifel an der Möglichkeit einer Vernunfterkenntnis Gottes gegeben hat: Erst Kants kraftvolle, ja nahezu unbarmherzige Beweisführung bereitet der metaphysischen Theologie ihr definitives Ende – sicherlich nicht im Sinne eines Beweises, dass es keinen Gott gebe, aber doch in der zuvor als abwegig geltenden, nun aber plausibel untermauerten Behauptung, dass der Vernunft nicht möglich sei, was doch lange als ihre Vollendung, als ihre höchste Erkenntnis herausgehoben worden ist: sich des Daseins und des Wesens Gottes zu vergewissern. Diese epochale Wende im Verhältnis von Philosophie und Religion bzw. Theologie resümiert Kant mit den ebenso nüchternen wie für die Metaphysik desaströsen Worten: „alle Versuche eines bloß spekulativen Gebrauchs der Vernunft in Ansehung der Theologie [sind] gänzlich fruchtlos und ihrer innren Beschaffenheit nach null und nichtig" (KrV B, 664). Alle spätere philosophische Rede von Gott steht unter der Bedingung dieser Einsicht.

Nun wäre es ja trotz dieser Einsicht durchaus möglich gewesen, am Gedanken eines persönlichen Gottes festzuhalten und ihn entweder auf anderem Wege zu begründen oder eine Begründung schlicht für unnötig zu erklären. Doch neben und auch schon vor dieser Einsicht mehren sich die Zweifel an einem als Person gedachten Gott. Während Spinozas Gedanke eines nicht-personalen Gottes – hundert Jahre zuvor – noch auf nahezu einhellige und entrüstete Ablehnung gestoßen ist, erscheint er nun vielen als eine Alternative und sogar als die bessere Alternative zum traditionellen Gottesgedanken. Paradigmatisch für dieses Umdenken ist Lessings Bekenntnis, die orthodoxen Begriffe von der Gottheit seien für ihn ungenießbar geworden: „Die orthodoxen Begriffe von der Gottheit sind nicht mehr für mich; ich kann sie nicht genießen" (Jacobi 1998, 16, 34). Und dieses Bekenntnis gilt keineswegs nur für ihn. Der spinozistische Gottesgedanke strahlt damals eine hohe Attraktivität aus; er gehe, schreibt Jacobi, als Gespenst „unter allerhand Gestalten seit geraumer Zeit in Deutschland um, und wird von Abergläubigen und Ungläubigen mit gleicher Reverenz betrachtet" (Jacobi 1998, 119) – genannt seien aus heutiger Perspektive neben Lessing insbesondere Herder und Goethe, aber auch Schelling und Schleiermacher. Diese, nur vier Jahre nach der *Kritik der reinen Vernunft* von Jacobi bekanntgemachte und weitergedachte Position geht weit über deren Resultat hinaus, dass die reine Vernunft Gott nicht erkennen könne: Nach Jacobi führt der Weg dieser Vernunft, die Demonstration, unausweichlich zum Gottesgedanken Spinozas, also in den Pantheismus, und, wie er warnend hinzufügt: Wenn man nur konsequent ist und sich die Augen nicht vom „Schaum des Spinozismus" verkleistern lässt, führt er noch einen Schritt weiter: in den Atheismus (Jacobi 1998, 120). Viele Zeitgenossen verbergen sich allerdings damals die Einsicht in diese Konsequenz und glauben einen ‚geläuterten Spinozismus' mit dem Christentum vereinbaren zu können – oder sie preisen gar, wie Goethe am 9. Juni 1785 gegenüber Friedrich Heinrich Jacobi, Spinoza als „theissimum ia christianissimum" (Jacobi 2003, 118).

(2) Die Denkwege, die zu diesen beiden Positionen – zu Kants Kritik der metaphysischen Theologie mit ihrem Beweis des Daseins Gottes und zur Distanz vom personalen Gottesgedanken – geführt haben, sind zwar unabhängig von einander, doch verschlingen sie sich nachträglich ineinander, und dies verleiht den von ihnen inaugurierten Prozessen eine Durchschlagskraft, die sie als einzelne vielleicht nicht gehabt hätten. Kants Kritik zieht zwar einen markanten Schlussstrich unter all die früheren Versuche zur Erkenntnis Gottes und zum Beweis seines Daseins aus (reiner) Vernunft. Doch derartige Einsichten haben – soweit sie isoliert bleiben – im allgemeinen nicht die Kraft, die sie benötigten, um eine unmittelbare Verabschiedung in Jahrhunderten gewachsener und fest im Bewusstsein verankerter Denkweisen zu bewirken, und zumal solcher, die lange Zeit nicht allein als unumstößlich, sondern sogar als das unerschütterliche Fundament in allen Wirrungen des Lebens und des Denkens gegolten haben. In solchen Situationen sucht das Denken nach Auswegen, um seine vorhergehenden Überzeugungen doch noch – wenn auch vielleicht mit Modifikationen versehen – festhalten zu können, oder es greift nach Ersatzbildungen, um durch den Verlust entstehende Leerstellen füllen zu können. So setzen auch nach Kants „Kritik aller Theologie aus spekulativen Prinzipien der Vernunft" zwei Entwicklungen ein. Die

eine von ihnen verbleibt im Horizont der wenn auch nicht mehr „metaphysischen", so doch weiterhin „philosophischen Theologie". Sie findet sich in den Abschied von der metaphysischen *theologia naturalis*, sucht der Vernunft aber andere Zugangswege zum Gottesgedanken zu erschließen – sei es über die Ethik, sei es über die Poesie. Radikaler und innovativer ist die zweite Linie: Sie ersetzt die fruchtlosen Bemühungen um eine Vernunfterkenntnis Gottes durch eine neue philosophische Disziplin, die nicht mehr Gott, sondern die Religion zum Gegenstand hat: Sie ersetzt also die philosophische Theologie durch Religionsphilosophie.

Zunächst zur erstgenannten Linie: Repräsentiert wird sie zum einen durch Kants für ein Jahrzehnt sehr wirkungsmächtigen und bis in die Gegenwart vielbesprochenen Versuch einer ethikotheologischen Neubegründung des (traditionellen) Gottesgedankens, also durch seinen Versuch, an die Stelle des Gottesgedankens der theoretischen, der „spekulativen Vernunft", den Gedanken Gottes als eines Postulats der praktischen Vernunft zu setzen, eines der Vernunft zwar nicht erkennbaren, aber auf Grund der Forderung des Sittengesetzes notwendig zu denkenden Gottes (KpV, 198–241, vgl. Jaeschke 1986, 39–91). Trotz dieser Verschiebung in den Fundamenten kann der Gottesgedanke selbst vergleichsweise traditionell gedacht bleiben; durch die Begründung statt auf die theoretische nunmehr auf die praktische Vernunft ändert sich nichts an der Personalität Gottes, sondern allein dies, dass dieser Gott nun ganz von der Moral her entworfen ist – als Gesetzgeber des Sittengesetzes und als völlig desinteressiert an allen Formen kultischer Religiosität. Dieses Festhalten am persönlichen Gottesgedanken macht fraglos im Jahrzehnt nach dem Erscheinen der *Kritik der praktischen Vernunft* (1788) die Attraktivität dieser Lösung für diejenigen aus, die sich den „orthodoxen Begriffen von der Gottheit" weniger weit entfremdet hatten als Lessing und alle den spinozistischen Gedankengängen offenen Zeitgenossen. Auf der Ebene der philosophischen Theologie verbleiben daneben aber auch noch die drei zentralen, ‚klassisch' zu nennenden philosophisch-theologischen Streitsachen an der Wende vom 18. zum 19. Jahrhundert: der Pantheismusstreit, der Atheismusstreit und der Theismusstreit (Essen/Danz 2012).

Im Hintergrund der ersten Streitsache, des Pantheismusstreits der Jahre 1785–1790, steht das bereits erwähnte Unbehagen, die Unzufriedenheit mit einem personalen oder – wie man seit diesen Jahren sagt – mit einem ‚theistischen' Gottesgedanken. Es verbindet sich aber hier mit der – auch von Kant bestätigten – Überzeugung, dass es der Vernunft nicht möglich sei, einen solchen personal verstandenen Gott zu denken. Die Vernunft gelange nicht einmal zum – immer noch persönlichen – Gottesgedanken des Deismus, sondern lediglich zu Spinozas Begriff der Substanz oder zur Gleichsetzung von Gott und Welt; sie entwerfe ein System der Notwendigkeit, das alle Freiheit ausschließe, setze also das allgewaltige Fatum an die Stelle des frei handelnden persönlichen Gottes und sei somit nicht einmal als ‚Pantheismus' zu bezeichnen, sondern angemessener und ungeschminkt als ‚Atheismus'. Als Zugangsweg zum personal gedachten Gott verblieben aber dann – nach Verwerfung der Vernunft – nur noch „Glaube" und „Gefühl", „Wahrheitssinn" und Freiheitsbewusstsein (Jacobi 1998, 120–125).

Während dieser Streit nach 1790 abflaute, erwies sich eine in dieser Kontroverse ausgesprochene Überzeugung als ein höchst wirksames Ferment für die Zuspitzung der nächsten Streitsache, des Atheismusstreits (1798/99): die Absage an den personalen Gottesgedanken. Seine Schärfe gewinnt dieser Streit jedoch erst durch das Zusammenfließen dieser beiden Denklinien durchaus unterschiedlicher Provenienz. Die eine von ihnen spricht das Ungenügen am personalen Gottesgedanken aus. Ihre Überzeugung, dass die ‚Personalität' der im Gottesbegriff notwendig zu denkenden Unendlichkeit widerspreche, verbindet sich mit der zweiten Argumentationslinie, mit der in der Nachfolge Kants gewachsenen Überzeugung von der Autarkie der Ethik. Im Vordergrund stehen hier zwar Probleme der moralischen Begründung des Gottesgedankens. Wenn die Moral aber erst einmal so tief im Bewusstsein verankert ist, dass sie sogar als Fundament für das Postulat Gottes (und der Unsterblichkeit) in Anspruch genommen wird, dann saugt sie gleichsam den Gottesgedanken in sich auf und will keinen anderen, von ihr unterschiedenen Gott mehr neben sich haben. Gott wird dann selbst zur „moralischen Weltordnung", und neben ihr haben und brauchen wir keinen anderen Gott – und schon gar nicht den inzwischen diskreditierten persönlichen Gott. Es ist Johann Gottlieb Fichte gewesen, der diesen Satz ausgesprochen hat (Fichte 1798, 354) – am Ende eines Jahrzehnts, in dem bereits vielfältig, aber weniger provokativ über den Atheismus nicht allein der theoretischen, sondern auch der moralischen Vernunft gesprochen worden ist. Dieses Resultat ist erst in einer geistigen Situation möglich gewesen, in der Kants Kritik die metaphysisch-theologische Illusion zerstört hat, dass der in der Religion verwurzelte und Jahrhunderte lang unbezweifelt angenommene Gedanke der Persönlichkeit Gottes durch die Vernunft erkennbar und erweisbar sei, während er nun nicht allein als unerweisbar, sondern – in der Nachfolge Spinozas – als eine unangemessene Verendlichung der Unendlichkeit Gottes erschien und folglich im Interesse eines wahren Gottesgedankens verworfen wurde.

Hierin zeigt sich, dass das entscheidende Problem für die philosophische Theologie damals nicht schon in dem Kantischen Argument liegt, dass sich durch die Vernunft Gott nicht erkennen und sein Dasein sich nicht erweisen lasse, sondern dass der überkommene Gedanke eines persönlichen Gottes fragwürdig geworden ist. Hierzu hat auch ein Problem nicht wenig beigetragen, das seit Leibniz das gesamte 18. Jahrhundert durchzieht: das Problem der Vereinbarkeit des als allmächtig und allweise, als allgütig und allgerecht gedachten persönlichen Gottes mit der Wirklichkeit des Bösen – also das Problem der Theodizee. Zu Beginn des 19. Jahrhunderts hat Schelling gesehen und auch ausgesprochen, dass der theistische Gottesgedanke in seiner früheren Form nicht zuletzt aus diesem Grunde in der Philosophie allen Kredit verspielt habe und allein die Entschärfung dieses Problems im Zuge der Begründung eines „wissenschaftlichen Theismus" dem entgegenwirken könne. Die spezifische Durchführung dieses Ansatzes, sein Oszillieren zwischen Spinozismus und Theismus, hat jedoch Jacobis Kritik herausgefordert, und sie hat den dritten großen Streit ausgelöst – den Theismusstreit der Jahre 1811/12. In ihm ging es erstmals um eine Frage, die zuvor, unter der Herrschaft der *theologia naturalis,* als immer schon beantwortet galt: wie eine theistische Position überhaupt zu denken sei (vgl. Jaeschke/Arndt 2012, 511–531). Erstmals ist hier der Theismus nicht nur von außen, etwa von einer spinozistischen Position aus in Frage gestellt worden, sondern er ist sich selber zum Problem geworden: Wie ist ein theistischer Gottesgedanke überhaupt zu denken? Diese Frage aber ist durch den sehr heftigen und von Seiten Schellings sehr persönlich geführten Streit keineswegs beantwortet worden; Jacobi hat seine Position wiederholt, dass Gott nur im Inneren des Menschen, in seinem Freiheitsgefühl, gefunden werden könne, und dagegen hat Schelling einen „wissenschaftlichen Theismus" zu stellen gesucht, der wegen seiner mythischen Ingredienzien damals keine Resonanz gefunden hat. So sind die Versuche, doch wieder eine philosophische Theologie zu entwerfen und ihr eine fundamentale Bedeutung für das Denken zuzuweisen, in der Folge verstummt – abgesehen von einem kurzen Aufflackern in den 1830er Jahren, in der unmittelbaren Vorgeschichte des *Wesen des Christentums*.

2.2 Die Ausbildung der Religionsphilosophie

(1) Neben diese drei philosophisch-theologischen Streitsachen, die letztlich ungewollt – entgegen den Intentionen zumindest der überwiegenden Zahl der an ihnen Beteiligten – einen Abgesang auf die untergegangene philosophische Theologie bilden, tritt damals jedoch die bereits genannte zweite, in die Zukunft weisende und auch für Feuerbach entscheidende Linie: die Ausbildung der Religionsphilosophie. Diese Entwicklung steht damals unter der Bedingung *einer* Annahme: dass ‚Vernunft' in der Religion sei – es versteht sich: ‚Vernunft' in einem weiten und durchaus unterschiedlich bestimmbaren Sinne, aber doch immer als ein ‚Allgemeines'. Denn Philosophie versteht sich ja als Vernunftwissenschaft, und somit kann nur das ihr Gegenstand sein, was selber etwas Vernünftiges ist. Die windungsreiche Geschichte der Begriffsprägung „Religionsphilosophie" in diesen Jahrzehnten ist hier nicht darzustellen; erwähnt sei lediglich, dass die

Religionsphilosophie eben wegen der genannten Voraussetzung zur Zeit ihrer Entstehung in den 1790er Jahren keineswegs begrüßt, sondern sowohl von den Apologeten als auch von den Kritikern der philosophischen Theologie und der traditionellen Religion mit zum Teil drastischen Wendungen verworfen worden ist (Essen/Danz 2012, 22–27). Als allzu sonderbar wurde der Versuch angesehen, statt wie bisher Gott nunmehr die Religion zum Gegenstand der Philosophie zu machen – galt sie doch den einen als über aller Vernunft und den anderen als unter aller Vernunft stehend. Doch entgegen solchen Bedenken hat die Religionsphilosophie sich im Kanon der philosophischen Wissenschaften etabliert – als eine philosophische Analyse der Religion, und zwar als Analyse der wirklichen, geschichtlich existierenden Religionen und vornehmlich fraglos der christlichen Religion – ganz in dem Sinne, in dem Feuerbach später sein *Wesen des Christentums* als eine „historisch-philosophische Analyse des Christentums" bezeichnet (GW 5, 22). So hätte bereits Hegel die Analysen des Judentums und des Christentums bezeichnen können, die er in seinen frühen Jahren in Tübingen, Bern und Frankfurt ausgearbeitet hat (1793–1800, HGW 2), und ebenso Schleiermacher seine Reden „Über Religion" (1799; KGA I/2, 187–326) – um nur diese beiden herausragenden Ansätze der 1790er Jahre zu nennen. Sie sind damals, in der Endphase der philosophischen Theologie, etwas gänzlich Neuartiges gewesen: eine Erkenntnis der Religion – des ‚Wesens der Religion', könnte man mit Feuerbach sagen – nicht im theologischen Interesse, aber auch nicht allein im Interesse der für die Aufklärung so brennenden Frage, wie sich die Lehren der Religion zu einer aus der Vernunft begründeten Moralität verhalten, sondern eine philosophische Erkenntnis der Religion als eines ‚Phänomens', dessen Wirklichkeit nicht erst durch einen Existenzbeweis oder sonstige metaphysische Annahmen zu sichern ist, sondern das vor aller Augen liegt und eine übergroße Bedeutung für den Menschen hat. Auch wenn schon diese beiden hier herausgehobenen Ansätze zur Religionsphilosophie wie auch alle weiteren jeweils durchaus unterschiedlich verfahren: Gemeinsam ist ihnen, dass sie ‚die Religion' – stellvertretend an ein oder zwei oder mehr geschichtlich vorhandenen Religionen – zum Gegenstand ihrer philosophischen Betrachtung machen. Und gemeinsam ist ihnen auch dieses: dass für sie die früher so wichtige philosophisch-theologische Frage nach der Existenz und dem Wesen Gottes gleichgültig geworden ist. Schleiermacher spricht dies in der zweiten seiner *Reden* geradezu provozierend aus: Es gehe ihnen nicht um die Frage, ob ein Gott sei oder nicht und wie er gegebenenfalls zu denken sei, sondern es gehe um die Sinndeutung von Religion als eines menschlichen und gesellschaftlichen Phänomens. Analog wäre die Antwort für die einschlägigen Entwürfe des jungen Hegel: Es geht ihnen um die Erkenntnis der Religion; sie sind eben keine „theologischen Jugendschriften", sondern sie sind – soweit sie nicht ohnehin gänzlich anderen, vornehmlich rechtsphilosophischen und politischen Themen gewidmet sind – als „religionsphilosophische Jugendschriften" zu bezeichnen. Zwei bis drei Jahrzehnte später, von 1821 bis 1831, hält Hegel dann an der Berliner Universität „Vorlesungen über die Philosophie der Religion", und die zweite dieser Vorlesungen hat auch Feuerbach im Sommersemester 1824 gehört. Seine damalige Begeisterung über die Philosophie Hegels insgesamt geht aus den Briefen dieser Zeit hinreichend deutlich hervor, und wie tief insbesondere die Religionsphilosophie-Vorlesung Feuerbachs Denken geprägt hat, zeigt sich bis in seine Schriften der 1840er Jahre und vornehmlich in seinem *Wesen des Christentums*.

Es ist nun wenig verwunderlich, dass eine derartige *Philosophie* der Religion, die auf das Vernünftige – Feuerbach würde sagen: auf das Allgemeine – der Religion gerichtet ist und es herauszuarbeiten sucht, zu Aussagen gelangt, die sich vom Selbstverständnis der Religion unterscheiden, ja ihm zum Teil strikt widersprechen. Sie kann die Religion ja nicht als eine durch göttliche Offenbarung gestiftete Heilsveranstaltung ausgeben – denn von einer so verstandenen Religion wäre gar keine philosophische Thematisierung möglich. Und während für Kant und seinen Umkreis am Ende der Aufklärung der moralische Gehalt der Religion ihren vernünftigen und einer Vernunftphilosophie auch zugänglichen ‚Kern' ausmacht, liegt dieser für Hegel im ‚Geist' – es versteht sich: in demjenigen Geist, der sich im Menschen und durch den Menschen ausspricht, der (als subjektiver Geist) eine uns allen bekannte Wirklichkeit im Menschen ist und der (als objektiver Geist) eine ebenso bekannte, durch die Geistigkeit des Menschen und allein auf diese Weise hervorgebrachte Wirklichkeit ist. Denn einen anderen Geist gibt es nicht. In seinen Vorlesungen schärft Hegel immer wieder ein, „daß es nicht zweierlei Vernunft und nicht zweierlei Geist geben kann, nicht eine göttliche Vernunft und eine menschliche, nicht einen göttlichen Geist und einen menschlichen, die schlechthin verschieden voneinander wären. Die menschliche Vernunft, das geistige Bewußtsein desselben, das Bewußtsein seines Wesens, ist Vernunft überhaupt, ist das Göttliche im Menschen" (Hegel 1983, 46).

Hegel belässt es nun aber nicht bei der bloßen Rede vom menschlichen Geist, sondern er zeigt eine Struktureigentümlichkeit dieses Geistes auf: Der menschliche Geist ist stets auf seine Selbsterkenntnis gerichtet, und er gewinnt diese Selbsterkenntnis nur dadurch, dass er sich objektiviert: dass er in dieser Objektivation sich selbst zum Objekt wird und sich darin erkennt und genießt. Dies gilt für alle Objektivationen oder ‚Entäußerungen' des Geistes, auch für seine Objektivation in der Welt der gesellschaftlichen Institutionen, in der Welt des – wie Hegel sagt – ‚objektiven Geistes'. Die höchste Form seines Selbstbewusstseins aber gewinnt der Geist in den drei Formen Kunst, Religion und Philosophie, die Hegel eben deshalb als den ‚absoluten Geist' bezeichnet. Religion ist somit für Hegel – neben Kunst und Philosophie – eine der drei Formen des sich selbst wissenden und deshalb ‚absoluten Geistes', also eine der Formen des Selbstbewusstseins des Geistes. „Religion ist nur im Selbstbewußtsein; außerdem existiert sie nirgends." (Hegel 1983, 306) Der im Menschen wirkliche subjektive Geist schafft aus sich heraus – nicht etwa absichtlich, sondern unwillkürlich, nach inneren Gesetzen – eine Gestalt seiner Vorstellung, sein Bild, setzt es sich als „objektive Wahrheit" gegenüber und erkennt sich in ihm. Deshalb gilt: „Wie der subjektive Geist beschaffen ist, ist auch für ihn die objektive Wahrheit." (Hegel 1983, 335), und deshalb gibt es auch überall, wo subjektiver Geist ist, Kunst und Religion (zumindest in einem weiten Sinne), und ihre Formen unterscheiden sich – geographisch wie auch geschichtlich – nach Maßgabe der Beschaffenheit des subjektiven Geistes.

Die Religion unterscheidet sich jedoch von den beiden anderen Formen des ‚absoluten Geistes' dadurch, dass sie zu diesem aus dem Geist selbst geborenen Gegenstand im Verhältnis der Vorstellung steht: Sie bezieht sich auf diesen Gegenstand, und diese Beziehung ist somit ein Selbstbewusstsein des Geistes; aber sie bezieht sich auf ihn als auf ein ihr Äußerliches, ihr Vorgegebenes und Gegenüberstehendes, ja ihr mit Autorität und Macht Entgegenstehendes. Sie ist also zwar das Selbstbewusstsein des Geistes, aber als dieses Selbstbewusstsein ist sie zugleich in einem tiefen Missverständnis ihrer selbst begriffen, das ihr *als* Religion unaufhebbar ist: Sie erkennt die Objektivation des Geistes nicht *als* seine Objektivation, als *ihre* eigene Objektivation, und gelangt somit nicht zum reinen, sondern immer nur zu einem verstellten Selbstbewusstsein des Geistes. So spricht die Religionsphilosophie einerseits den großen Satz aus: „Mein Geist weiß von sich selbst, von seinem Wesen" (Hegel 1983, 285) – aber dieses Wissen ist eben nicht für die Religion selbst. Hegel deutet zwar die geschichtliche Abfolge der Religionen als einen Prozess, in dem das als ein objektiver Gegenstand verstandene und deshalb missverstandene Objekt des religiösen Bewusstseins fortschreitend mit dem Selbstbewusstsein vermittelt wird, also als ein von ihm selbst unwillkürlich Gesetztes erkannt wird. Doch in seiner vollendeten Form ist dieses Wissen nicht für die Religion, sondern nur für die Religionsphilosophie; die Religion höbe sich als Religion auf, wenn sie zu diesem Wissen gelangte, denn dieses Wissen gehört allein der Philosophie an.

(2) Als Religionsphilosophie, als historisch-philosophische Analyse der Religion, versteht auch Feuerbach sein *Wesen des Christentums,* und schon mit diesem Selbstverständnis stellt er sich in die damals insbesondere durch Hegel repräsentierte Linie. Doch die Berührungen beider Konzeptionen sind ja weit enger. Mit seiner Auskunft, er könne mittels einer solchen Analyse die Religion zu ihrem „Selbstbewußtsein" erheben, schließt er sich in Methode und Wortwahl der Religionsphilosophie Hegels an. Auch für Feuerbach erkennt die Religionsphilosophie die Religion als eine Form des Selbstbewusstseins des Menschen, ja sie

ist ihm „identisch mit dem *Selbstbewußtsein,* mit dem Bewußtsein des Menschen von seinem Wesen", und zwar mit dem Bewusstsein des Menschen „von *seinem,* und zwar nicht endlichen, beschränkten, sondern *unendlichen,* Wesen" (GW 5, 29). Diese Sätze könnten ebensogut Hegels Religionsphilosophie entnommen sein.

Doch andererseits protestiert Feuerbach mehrfach entrüstet und fast ängstlich dagegen, dass man sein Unternehmen in die Nähe zur „spekulativen Religionsphilosophie" rückt. Um seine Methode der Thematisierung der Religion zu verdeutlichen, greift er aus der ihm vorausliegenden Diskussion zwei programmatische Formeln auf: Nach der ersten ist es der Zweck seiner Religionsphilosophie, „Dasein zu enthüllen" (17). Er spricht an dieser Stelle nicht eigens aus, was damals wohl noch vielen geläufig gewesen ist: dass es sich hier um die Formel handelt, mit der Friedrich Heinrich Jacobi im Gespräch mit Lessing (1780) das Ziel seines Philosophierens formuliert: „Nach meinem Urtheil ist das größeste Verdienst des Forschers, Daseyn zu enthüllen, und zu offenbaren [...] Erklärung ist ihm Mittel, Weg zum Ziele, nächster – niemals letzter Zweck." (Jacobi 1998, 29) Dass Feuerbach hier nicht von ‚offenbaren' spricht, ist nicht verwunderlich, doch geht es ihm wie schon Jacobi um eine ‚Enthüllung' – und programmatisch geht Feuerbach hier sogar noch einen Schritt über Jacobi hinaus, sofern er sich selber gar nicht die aktive Rolle des Enthüllens und Offenbarens zuschreibt, sondern die Religion selbst als Subjekt ihrer Enthüllung versteht: Er „lasse die Religion sich selbst aussprechen", „mache nur ihren Zuhörer und Dolmetscher, nicht ihren Souffleur. Nicht zu erfinden – zu entdecken, ‚Dasein zu enthüllen' war mein einziger Zweck." (GW 5, 16f.)

Diese – für das *Wesen des Christentums* in Anspruch genommene – Methode einer Enthüllung des Daseins der Religion setzt Feuerbach methodisch der „spekulativen Religionsphilosophie" entgegen, also der Religionsphilosophie Hegels. Ihr macht er nun den Vorwurf, sie lasse „die Religion nur sagen, was sie selbst gedacht und weit besser gesagt als die Religion; sie bestimmt die Religion, ohne sich von ihr bestimmen zu lassen; sie kommt nicht aus sich heraus." (GW 5, 16) Feuerbach unterstellt, dass es im Kontrast dazu in seiner „historisch-philosophischen Analyse" letztlich die Religion selbst sei, die, allenfalls geleitet von der behutsamen Hand eines Dolmetschers, sich enthüllt, sich zeigt, wie sie ist. Hierdurch überwinde sie das falsche Bewusstsein von sich selbst, in dem sie zuvor befangen geblieben sei; sie gewinne Klarheit über sich selbst und gelange durch ihre „Selbstenttäuschung" zu einem Bewusstsein über sich selbst: zum „Selbstbewußtsein der Religion" (GW 5, 22). Doch zu diesem ihr angemessenen „Selbstbewußtsein" gelangt die Religion – nicht anders als bei Hegel – nicht selber, sondern nur in Feuerbachs Religionsphilosophie; nur diese spricht das „Selbstbewußtsein der Religion" in angemessener Form aus – und nicht die Religion selbst. Gerade die Nähe *zu* Hegels Religionsphilosophie lässt seine Abgrenzungsversuche *von* ihr nur allzu verständlich, wenn auch als nur partiell gelungen erscheinen. Analog zu den beiden Teilen seiner Schrift könnte man auch zwei lange Kapitel, ja zwei Bücher über „Das Wesen des Christentums in Übereinstimmung" bzw. „im Widerspruch mit der Religionsphilosophie Hegels" schreiben. Hier ist jedoch noch ein Blick auf weitere geschichtliche Bedingungen zu werfen, unter denen Feuerbach seine Position ausgearbeitet hat.

2.3 Repristination der philosophischen Theologie

(1) Parallel zur Entfaltung der Religionsphilosophie Hegels bahnt sich bereits eine andere, und zwar eine unter den bewusstseinsgeschichtlichen Bedingungen des Vormärz letztlich erfolgreichere Entwicklung an: der Kampf gegen eine am Vernunftparadigma orientierte Philosophie. Nun soll nicht mehr die Religion der Gegenstand einer vernünftigen Erkenntnis sein, sondern (wieder) das, was über alle Vernunft und Philosophie hinausliegt. Die christliche Religion wird nun sogar zum „Muster und Urbild" erklärt, „nach dem die Philosophie sich richten muß". Die Philosophie soll sich nun der früheren „Vernunftphilosophie" ausdrücklich als „christliche Philosophie" oder als „positive Philosophie" entgegensetzen; für sie soll die christliche Religion sogar ausdrücklich „zur *Autorität*" werden, und allein auf diese Weise, als „christliche Philosophie", soll sie es – über den der Vernunft zugänglichen Bereich hinaus – „zum Ganzen" des Wissens bringen (vgl. Jaeschke/Arndt 2012, 696 f.), wenn auch nur durch einen exzessiven Rückgriff sowohl auf die religiöse ‚Offenbarung' wie auch auf recht dubiose Quellen – und wo selbst diese nicht sprudeln, muss die mythopoietische Phantasie zu Hilfe kommen. Friedrich Schlegels in den Jahren 1820–1823 erschienene Abhandlung über die *Signatur des Zeitalters* (Schlegel 1823, 3–90) und wenig später Schellings ‚Spätphilosophie' sind zwei Protagonisten dieser Richtung (Schelling 1990) – und sie sind nicht erfolglos: Es zeigt sich in den folgenden Jahren, dass die von der Religion über die Jahrhunderte genährten Erwartungen entschieden zu tief im religiösen Bewusstsein verankert sind, als dass sie durch die Einsichten, die am Ende der Aufklärung in den Werken einiger weniger Philosophen formuliert sind, von ihrem Platz verdrängt werden könnten. Vor die Alternative zwischen den Einsichten der Philosophie und den Überzeugungen der Religion gestellt, votieren die Zeitgenossen in der Mehrzahl für die Religion und den von ihr verkündeten Gott; das Verlangen nach ihr und nach ihm ist stärker als der Anspruch der Vernunft. Deutlich wird dieses Dilemma etwa in einem Satz aus einem Brief von Hegels Schüler Hinrichs, den Hegel in redigierter Form in seine Vorrede zu einer Schrift von Hinrichs aufnimmt: „kann ich das, was in dem Christenthum als die absolute Wahrheit vorliegt, nicht durch *die* Philosophie in der reinen Form des

Wissens begreifen, [...] so will ich nichts mehr von *aller Philosophie* wissen." (HGW 15, 280) Allerdings erscheint auch diese Option weithin als nicht wirklich lebens- und erstrebenswert, so dass in diesen Jahren die Versuche nicht abreißen, sich der von der Religion gelehrten Wahrheiten doch noch auf dem Wege der Vernunft zu vergewissern.

(2) Unter den von der Religion vorgegebenen Themen ragen insbesondere zwei hervor: die Persönlichkeit Gottes und die Unsterblichkeit der Seele. Im Erscheinungsjahr des *Wesen des Christentums* hat Carl Ludwig Michelet, wie Feuerbach ein Schüler Hegels, nicht zu Unrecht behauptet, die Geschichte der Philosophie im vergangenen Jahrzehnt sei eigentlich nur ein Streit um diese beiden Gegenstände gewesen (Michelet 1841, 7 ff.) – also um die beiden Gegenstände, die Kant als Postulate der praktischen Vernunft verstanden hat. Der zweite von ihnen, die individuelle Unsterblichkeit, ist zwar nach dem Atheismusstreit zunächst in den Hintergrund getreten, und er bleibt auch stets im Schatten des ersten – mit der Ausnahme von Feuerbachs *Gedanken über Tod und Unsterblichkeit* (1830, GW 1, 177–515), die dieses Thema in einen zeitkritischen und subjektivitätstheoretischen Zusammenhang stellen und damit ein Präludium zu der kontinuierlichen Auseinandersetzung um das Thema ‚Unsterblichkeit' bilden, die erst vier Jahre später, kurz nach der Veröffentlichung von Hegels Vorlesungen (1832), beginnt.

Der Streit um die Persönlichkeit Gottes setzt bereits in Hegels letzten Lebensjahren ein. Von mehreren Seiten wird seine Philosophie verdächtigt, dass die Lehre von der Persönlichkeit Gottes (und sekundär von der Unsterblichkeit der Seele) in ihr keinen Platz habe, da sie dem Pantheismus oder gar dem Atheismus huldige. Diese Angriffe gegen Hegel erfolgen zunächst vereinzelt und zumeist anonym; zudem gehen sie von einer schmalen und interpretationsbedürftigen Textbasis aus. Nach Hegels Tod hingegen – und damit zugleich nach Veröffentlichung seiner religionsphilosophischen Vorlesungen – werden die Persönlichkeit Gottes und die Unsterblichkeit der Seele zu einem beherrschenden Thema der damaligen Philosophie. Denn nun ist keine Rücksicht mehr auf Hegel zu nehmen, und auch solche, die, wie Christian Hermann Weiße, zuvor zum zumindest weiteren Umkreis der Schule Hegels gezählt haben, profilieren sich nun als Gegner; andererseits bietet die Veröffentlichung dieser Vorlesungen ein reiches, wenn auch keineswegs eindeutiges Material für die Auseinandersetzung.

Da Schelling in den Jahren von seiner ersten Münchener Vorlesung bis zum Erscheinen des *Wesen des Christentums* (fast) nichts veröffentlicht, sondern nur durch seine Vorlesungen und die aus ihnen ins aufmerksam lauschende Publikum dringenden Nachrichten wirkt, wird der Streit in diesen Jahren in der Hauptsache zwischen den Schülern Hegels einerseits und Immanuel Hermann Fichte sowie Christian Hermann Weiße andererseits geführt, wobei sich hinter ihnen noch eine größere Zahl ähnlich Denkender um die *Zeitschrift für spekulative*

Theologie schart. Sie bilden zahlenmäßig die zweitstärkste Gruppierung, nach der Schule Hegels, doch haben sie ihr gegenüber den Vorteil, dass sie bis in die Mitte der 1840er Jahre weitgehend einheitlich optieren. So erscheint damals eine Fülle von Schriften, teils nur zur Begründung der Lehre von der Persönlichkeit Gottes, teils daneben zugleich zur Lehre von der Unsterblichkeit. Und neben ihnen erscheinen nun, folgerichtig, in größerer Zahl auch Schriften mit der systematischen Ambition, die seit Kants Kritik darniederliegende philosophische Theologie zu erneuern und ihre vorkritische Gestalt zu überbieten: *Ueber das Wesen und die Bedeutung der speculativen Philosophie und Theologie* (Sengler 1834/38), *Die Idee Gottes* (Sengler 1845/47), *Grundzüge der Metaphysik* (Weiße 1835), *Philosophische Dogmatik oder Philosophie des Christenthums* (Weiße 1855/62), *Die Idee der Persönlichkeit und der individuellen Fortdauer* (I. H. Fichte 1834), *Die speculative Theologie oder allgemeine Religionslehre* (I. H. Fichte 1846) – um nur die wichtigsten unter ihnen zu nennen. Und auch Schellings Spätphilosophie zielt – in modifiziertem Anschluss an seine im Theismusstreit vorgetragene Position – auf eine derartige Erneuerung der philosophischen Theologie, besonders markant mit ihrem emphatischen Ausruf „Ihn, Ihn will es haben, den Gott, der handelt, bei dem eine Vorsehung ist, [...] kurz der der HERR des Seyns ist" (Schelling 1856, 566).

Die Angriffe, die sowohl von den ‚spekulativen Theisten' als auch von Schelling gegen Hegels Philosophie vorgetragen werden, haben nun nicht allein den Nachweis zum Ziel, dass sie diese beiden zentralen Themen vernachlässige, sondern grundsätzlicher: dass sie, als eine vom Paradigma der Vernunft ausgehende, „logische Philosophie", schon von ihrem Ansatz her diesen Gegenständen auch gar keinen Raum gewähren *könne*, so dass also gelegentlich eingestreute Äußerungen, die man als Belege für die Gedanken der Persönlichkeit Gottes und der Unsterblichkeit der Seele in Anspruch nehmen könnte, im Rahmen des Hegelschen Systems ohnehin ortlos und somit wertlos blieben. Selbst wenn man bereit war zu unterstellen, dass Hegels persönliche Frömmigkeit sehr wohl auf den persönlichen Gott und die individuelle Unsterblichkeit gerichtet sei, schien es doch ausgeschlossen, diese Gegenstände im Rahmen seines Systems zu denken – und dies ist für die Beurteilung einer Philosophie die allein entscheidende Frage.

Solchen Angriffen gegenüber verhielten sich Hegels Schüler unterschiedlich: Teils blieben sie in kritischer Distanz gegenüber solchen Forderungen nach philosophischer Bestätigung der von der Religion vorgegebenen Themen, teils suchten sie durch ausführliche Zitate den Beweis zu führen, dass gerade Hegel sich emphatisch für diese Gegenstände erklärt habe. Mit diesen letzteren Schülern wussten sich die ‚spekulativen Theisten' darin einig, dass es die Aufgabe der Philosophie sei, den Weg zu diesen höchsten Gegenständen des Denkens aufzuzeigen, und so bemühten sie sich, diese – für Theismus und Unsterblichkeit votierenden – Schüler aus der zunächst noch geschlossenen Phalanx der Hegel-

Schule herauszubrechen und sie davon zu überzeugen, dass allein eine Absage an Hegels Philosophie sie zu den erwünschten Ergebnissen führen könne. Dies ist allerdings nur in wenigen Einzelfällen – Carl Friedrich Göschel und Heinrich Leo – gelungen. In eine Rechte und Linke ist die Schule Hegels nicht an diesem Thema auseinandergebrochen, sondern am Thema des Verhältnisses von Idee und Geschichte: an der von David Friedrich Strauß sehr präzise gestellten Frage, „ob und in wie weit mit der Idee der Einheit göttlicher und menschlicher Natur die evangelische Geschichte als Geschichte gegeben sei" – ganz oder teilweise oder gar nicht (Strauß 1837, 95). Doch so wichtig dieser Streit für das Schicksal der Hegelschen Schule geworden ist: für Feuerbach hat er keine Bedeutung gehabt – wohl deshalb, weil die Antwort auf die von Strauß gestellte Frage für ihn nie zweifelhaft gewesen ist.

Nach den üblen Folgen, die seine *Gedanken über Tod und Unsterblichkeit* für seine akademische Laufbahn mit sich gebracht haben, hat Feuerbach sich bis zum Ende der 1830er Jahre vor allem seinen Arbeiten an der Geschichte der neueren Philosophie gewidmet und nur am Rande in die hier genannten Auseinandersetzungen um die Persönlichkeit Gottes eingegriffen, und ebensowenig in den Streit um Strauß' *Leben Jesu* und die dazu verfassten *Streitschriften* (Strauß 1835/36 bzw. 1837). Erst als die Angriffe der „christlichen" oder „positiven Philosophie" Ende der 1830er Jahre zugleich eine politische Dimension gewinnen, schaltet er sich mit zwei heftigen Polemiken in diese Debatte ein. Beide sind aus Rezensionen hervorgegangen: *Zur Kritik der positiven Philosophie* (1838, gegen den ‚spekulativen Theisten' Jakob Sengler) und *Über Philosophie und Christentum* (1839, gegen Heinrich Leo; GW 8, 181–207 bzw. 219–292). In ihnen zeigt er sich als ein erbitterter Gegner der „positiven Philosophie", ihrer Vermischung von Philosophie und christlicher Religion – und zugleich zeigt er sich als brillanter Verteidiger der Philosophie Hegels, insbesondere gegen den ihr gemachten „Vorwurf der Unchristlichkeit" und gegen die damals vom religiösen Bewusstsein der Zeitgenossen überwiegend unterstützten Versuche, die Philosophie inhaltlich der Kontrolle durch die Religion zu unterstellen. Die Vorwürfe, die man der Religionsphilosophie Hegels mache, reduzierten sich lediglich darauf, dass sie eben nicht Auslegung der Offenbarung, sondern „Religionsphilosophie" und somit auf das Allgemeine der Religion gerichtet sei. Er teilt sogar Hegels Theorem der Inhaltsidentität von Religion und Philosophie: „Es versteht sich allerdings von selbst, dass Philosophie oder Religion im allgemeinen, d. h. abgesehen von ihrer spezifischen Differenz, identisch sind, dass, weil es ein und dasselbe Wesen ist, welches denkt und glaubt, auch die Bilder der Religion zugleich Gedanken und Sachen ausdrücken" (GW 5, 4). Doch erkennt Feuerbach im Kontext der erbitterten philosophischen und religiösen wie auch politischen Auseinandersetzungen gegen Ende der 1830er Jahre die in der Identitätsthese lauernde Gefahr: Während

Hegel sie geprägt hat, um die Aufhebung der Religion in die Philosophie vollziehen zu können, entfaltet sie in der Mitte des Vormärz die gegenteiligen Wirkungen: Sie wird herangezogen, um, gestützt auf sie, die Philosophie wiederum der Botmäßigkeit der den religiösen Inhalt verwaltenden Theologie zu unterstellen, sie also wieder zur *ancilla theologiae* zu degradieren. Um die Philosophie dieser von der Theologie beanspruchten Kontrolle zu entziehen, sieht Feuerbach sich nun genötigt, sich auch von Hegel zu distanzieren: Es sei „unrichtig, von einer Identität der Religion und Philosophie zu reden". Zwar gebe es eine solche Identität, aber sie betreffe nur den „äußerste[n] und höchste[n] Anknüpfungspunkt der Religion" und nicht den wesentlichen Inhalt – als ob dieser „wesentliche Inhalt" nur durch die *differentia specifica* und nicht ebenso durch das *genus proximum* bestimmt würde. Und so gelangt Feuerbach hier – und erst hier, trotz seiner schon früh notierten *Zweifel* an einigen Hegelschen Philosophemen und einer langen Reihe eigenständiger und gegensätzlicher Akzentuierungen – zu einer Distanzierung von Hegel, die er durch seine Abhandlung *Zur Kritik der Hegelschen Philosophie* (GW 9, 16–62) auch publik macht. Es ist diese Ambivalenz – mit Hegel und gegen Hegel –, die in einer unauflöslichen Weise insbesondere das in eben diesen Monaten entstehende *Wesen des Christentums* von Anfang bis Ende durchzieht.

Literatur

(Essen/Danz 2012): Philosophisch-theologische Streitsachen. Pantheismusstreit – Atheismusstreit – Theismusstreit, hg. v. Georg Essen und Christian Danz, Darmstadt.

Feuerbach, Ludwig (1830): Gedanken über Tod und Unsterblichkeit aus den Papieren eines Denkers, nebst einem Anhang theologisch-satirischer Xenien herausgegeben von einem seiner Freunde. Nürnberg (GW 1, 175–515).

Fichte, Immanuel Hermann (1834): Die Idee der Persönlichkeit und der individuellen Fortdauer, Elberfeld.

— (1846): Grundzüge zum System der Philosophie. Abt. 3: Die speculative Theologie oder allgemeine Religionslehre. Heidelberg.

Fichte, Johann Gottlieb (1798): Ueber den Grund unsers Glaubens an eine göttliche Weltregierung (1798), in: Johann Gottlieb Fichte: Gesamtausgabe der Bayerischen Akademie der Wissenschaften, Abt. I, Bd. 5: Werke 1798–1799, Stuttgart-Bad Cannstatt 1977.

Hegel, Georg Wilhelm Friedrich (1983): Vorlesungen über die Philosophie der Religion. Teil 1, Hamburg.

Jacobi, Friedrich Heinrich (1998): Ueber die Lehre des Spinoza in Briefen an den Herrn Moses Mendelssohn. Breslau 1785, in: Friedrich Heinrich Jacobi: Werke. Gesamtausgabe, hg. von Klaus Hammacher und Walter Jaeschke, Bd. 1. Hamburg und Stuttgart-Bad Cannstatt.

— (2003): Briefwechsel, Reihe I, Bd. 4, Stuttgart-Bad Cannstatt.

Jaeschke, Walter (1986): Die Vernunft in der Religion. Studien zur Grundlegung der Religionsphilosophie Hegels. Stuttgart-Bad Cannstatt.
— und Arndt, Andreas (2012): Die Klassische Deutsche Philosophie nach Kant. Systeme der reinen Vernunft und ihre Kritik 1785–1845. München.
Schelling, Friedrich Wilhelm Joseph (1827/28): System der Weltalter. Münchener Vorlesung 1827/28 in einer Nachschrift von Ernst von Lasaulx, hg. und eingeleitet von Siegbert Peetz, Frankfurt M 1990.
— (1856): Philosophie der Mythologie, erstes Buch: Einleitung in die Philosophie der Mythologie, in: Ders: Sämmtliche Werke, Bd. 11, Stuttgart und Augsburg.
Schlegel, Friedrich (1823): Signatur des Zeitalters, in: Concordia. Eine Zeitschrift, hg. von Friedrich Schlegel, Heft 1–6, Wien 1820–1823. 3–70, 164–190, 343–398.
Sengler, Jakob (1834/38): Ueber das Wesen und die Bedeutung der speculativen Philosophie und Theologie. Allgemeine Einleitung. Mainz 1834; Specielle Einleitung. Heidelberg 1837.
— (1845/47): Die Idee Gottes, 2 Bde., Heidelberg.
Strauß, David Friedrich (1835/36): Das Leben Jesu, kritisch bearbeitet, 2 Bde., Tübingen.
— (1837): Streitschriften zur Vertheidigung meiner Schrift über das Leben Jesu und zur Charakteristik der gegenwärtigen Theologie, Heft 3, Tübingen.
Weiße, Christian Hermann (1835): Grundzüge der Metaphysik, Hamburg.
— (1855/62): Philosophische Dogmatik oder Philosophie des Christenthums, 3 Bde., Leipzig.

Christine Weckwerth
3 *Das Wesen des Christentums* in der philosophischen Entwicklung Feuerbachs

Das Wesen des Christentums bildet einen Schlüsseltext der nachhegelschen Philosophie, von dem im Vormärz eine starke emanzipatorische Wirkung ausgegangen ist. Einen Bruch mit christlicher Transzendenz und spekulativer Identität vollziehend, beeinflusste dieses Werk zeitgenössische Diskurse auch außerhalb des akademischen Rahmens. „Es hat eingeschlagen", teilte der Verleger Otto Wigand Feuerbach mit, nachdem dieses Werk im Juni 1841 erschienen war (GW 18, 92). Ruge, der die Revision der Druckbogen übernommen hatte, merkte an, dass Feuerbachs Werk „einen gewaltigen Strich durch die Rechnung der alten Zeit machen" werde (Ruge 1985, 230). Eine solche Wirkmächtigkeit war zweifelsohne der geschichtlichen Situation im Vormärz geschuldet. Bezeichnend hatte der Zeitgenosse Robert Prutz bemerkt, dass in Deutschland „theologische Streitfragen die Fragen der Gegenwart, die Fragen der Nation" geworden waren (Prutz 1847, 15). Vergleichbar konstatierte auch Ruge: „Mit Deutschland sich beschäftigen, heißt, sich mit der Theologie beschäftigen" (Ruge 1846, 50). Eine Kritik der Theologie bedeutete im Umkehrschluss die politische Ordnung in Frage zu stellen. Einen solchen Angriff auf den Status quo strebte Feuerbach bewusst an. Wie andere Vormärzdenker war er von der Notwendigkeit eines Epochenumbruchs zu einer solidarischen Gemeinschaft freier Individuen überzeugt und antizipierte in dieser Hinsicht einen Untergang des Christentums.

Feuerbachs Prognose hat sich nicht bewahrheitet; sie steht den „vielfältigen Renaissancen des Religiösen" in der Gegenwart (Graf 2004, 16) vielmehr diametral entgegen. Ungeachtet seiner utopischen Geschichtsprognosen ist dem *Wesen des Christentums* dennoch ein ernst zu nehmender, problemgeschichtlicher Gehalt zuzuerkennen. Er ist an der religionsphilosophischen Programmatik wie an der konstitutiven Funktion dieser Schrift für die anthropologische Wende der Philosophie im Anschluss an Hegel festzumachen. Die Tragweite der religionsphilosophischen und anthropologischen Programmatik lässt sich wiederum nur im Kontext der philosophie- und problemgeschichtlichen Genese des *Wesens des Christentums* verstehen, womit sich dieses Kapitel beschäftigen wird. Dazu werden erstens die philosophiegeschichtlichen Hauptquellen, zweitens Eckpunkte bezogen auf die Entfaltung der Religionsproblematik und drittens die theoriegeschichtliche Stellung dieser Schrift innerhalb der anthropologischen Philosophie Feuerbachs betrachtet.

3.1 Hegel'sche Philosophie, Pantheismus, Gefühlsphilosophie und Aufklärung als philosophiegeschichtliche Quellen des *Wesens des Christentums*

Im Unterschied zum Duktus der späteren Schriften, in denen Feuerbach einen Bruch mit der bisherigen Philosophie akzentuiert, verweist er im *Wesen des Christentums* auf die „geschichtlichen Voraussetzungen" und „Vermittelungsstufen" seiner Religionsschrift. Er schlägt hierbei einen Bogen von Descartes über Leibniz bis Jacobi und Schleiermacher und führt darüber hinaus auch Kantianismus, Skeptizismus, Theismus, Materialismus und Pantheismus an (GW 5, 24). Hält man sich an inhaltliche Schwerpunkte seiner Schrift, an spätere Selbstinterpretationen wie auch an Briefe und überlieferte Exzerpte, lassen sich aus der Palette der angeführten Theoriekonzepte vier Hauptquellen herauskristallisieren. Es handelt sich um die Hegel'sche Philosophie, den Pantheismus, die Gefühlsphilosophie und die Aufklärung. Feuerbach entnimmt diesen Quellen jeweils bestimmte Theorieelemente, die er im *Wesen des Christentums* unter den Prämissen seines anthropologischen Ansatzes zusammenführt.

Die entscheidende Prägeform bildet dabei die Hegel'sche Philosophie (siehe Feuerbach 1974, 139, 144; Feuerbach 1982, 509 f.). Feuerbachs Verhältnis zu Hegel ist allerdings nicht ungebrochen. Als Student hatte er in Berlin alle Vorlesungen Hegels mit Ausnahme der *Ästhetik* gehört und zu einem frühen Zeitpunkt bereits Zweifel geäußert (GW 10, 155 f.). Ende der 1830er Jahre veröffentlichte er dann seine Hegel-Kritik, worin er sich von dem spekulativen Identitätskonzept lossagt und zur „Urbedingung aller Kritik" die „Differenz zwischen dem Subjektiven und Objektiven" erhebt (GW 9, 51; Weckwerth 1998b). Sein Verhältnis zu Hegel beschreibt er später im Sinne einer Umkehr: „Was nämlich bei Hegel die Bedeutung des *Sekundären, Subjektiven, Formellen* hat, das hat bei mir die Bedeutung des *Primitiven*, des *Objektiven, Wesentlichen*" (GW 9, 230). Mit Löwith lässt sich diese Umkehr als eine „Versinnlichung und Verendlichung" der Hegel'schen Philosophie charakterisieren (Löwith 1988, 108). Feuerbachs Umkehrmethode richtet zunächst gegen die Prämissen, nicht gegen innertheoretische Vermittlungsschemen der Hegel'schen Philosophie. Im Zuge seiner anthropologischen Wende kommt es jedoch auch zu einer Modifizierung dieser Schemen.

Als entscheidendes Theorieelement entnimmt Feuerbach der Hegel'schen Philosophie das geschichtlich-kulturelle Objektivierungskonzept, mit dem Hegel die Philosophie der menschlichen Geschichte geöffnet hatte. In Gestalt der von Feuerbach bevorzugten *Phänomenologie des Geistes* (Feuerbach 1974, 146) zielt dieses Konzept darauf, philosophisches Wissen aus der Genese der geschichtlich-kulturellen Objektivierungen der Menschen zu gewinnen, die von Hegel als aufsteigende Erkenntnis- und Selbsterkenntnisformen des Geistes verstanden werden (siehe Weckwerth 2000). In seiner Religionsphilosophie entwickelt Hegel die Kategorien in dieser Ausrichtung anhand bestimmter geschichtlicher Religionen, als deren „absolute" Form er die christliche Religion begriffen hat. Hegels phänomenologische Methode aufgreifend, analysiert Feuerbach im *Wesen des Christentums* die Religion anhand der Erscheinung des frühen Christentums (GW 5, 6), die er in Umkehr Hegels als geschichtlich einzugrenzendes Selbstbewusstsein der Menschen deutet.

Mit dem Objektivierungskonzept übernimmt Feuerbach zugleich Hegels Entäußerungstheorie, die dieser in der *Phänomenologie* im Rahmen einer Substanz-Subjekt-Relation entwickelt hatte. Auf der Ebene der geschichtlich-kulturellen Bildungen der Menschen wird der Selbstwerdungsprozess des Geistes darin als ein durchgehender Verkehrungsprozess begriffen, der sich über spezifische Entäußerungs- bzw. Verdinglichungsformen erstreckt. Die hier umrissene Problematik hatte auf dem Boden der Transzendentalphilosophie bereits Schelling aufgegriffen und anhand der Thematik des bewusstlosen Produzierens reflektiert.

An die Verdinglichungsproblematik seiner Vorgänger anschließend, führt Feuerbach die Religion auf undurchschaute Vergegenständlichungsprozesse der Menschen zurück, in denen die hervorgebrachten Gegenstände als fremde Mächte erscheinen, die die Menschen wiederum beherrschen (siehe bes. GW 5, 45–74). Dabei gewinnt insbesondere die Äußerungsebene des konkreten Individuums an Bedeutung, der bei Hegel in Gestalt des subjektiven Geistes nur ein untergeordneter Stellenwert zugekommen war. Feuerbach hat diese geänderte Stellung in einer Replik auf sein *Wesen des Christentums* wie folgt kommentiert: „Hegel findet die Quintessenz der Religion nur im *Kompendium* der *Dogmatik*, ich schon im *einfachen Akte* des Gebets" (GW 9, 231). Im Gegensatz zu Hegel beabsichtigt er die Religion aus dem unmittelbaren Verhalten der Individuen zu evolvieren.

Das Hegel'sche Objektivierungskonzept bildet das methodische Grundgerüst, in das Feuerbach weitere Theorieelemente einbaut. Diese bezieht er insbesondere aus dem Pantheismus, wobei er sich vornehmlich auf Spinoza, Bruno und Böhme stützt (siehe GW 1, 463; Schmidt 1988, 142–154; Weckwerth 1998a und 2002, bes. 25–32). Im Mittelpunkt steht hierbei der pantheistische Einheitsgedanke, den Feuerbach auf die Einheit von Gott und Welt, Materie und Geist, Leib und Seele sowie auf die Einheit der Menschen untereinander bezieht. In der Option auf eine reale Natur-Geist-Symbiose verlegt der junge Feuerbach Gott in den Naturprozess wie in die menschliche Geschichte (siehe bes. GW 1, 203–317). Ein besonderes Gewicht erlangt dabei die Frage nach der sozialen Einheit der Menschen. Feuerbach greift in diesem Zusammenhang auf den pantheistischen Erosbegriff zurück, den er anhand von Spinozas amor dei intellectualis wie auch der mystischen Einheit rezipiert (siehe etwa GW 1, 203–217, 524–528, 531; GW 2, 438, 441; Weckwerth 2002, 28–31). Der Erostradition kommt in seinem *Wesen des Christentums* ein zentraler Stellenwert zu. Neben dem Einheits- und Liebeskonzept geht vom Pantheismus ein Einfluss auch auf religionsphilosophischem Gebiet aus. Hier ist es vor allem Spinozas Kritik der Religion und Theologie wie seine Abtrennung der Philosophie von der Theologie, die Feuerbachs religionsphilosophischen Ansatz prägen (siehe GW 6, 14 f.).

Eine dritte philosophiegeschichtliche Quelle bildet der „Gefühlsstandpunkt", den für Feuerbach Jacobi und Schleiermacher repräsentieren (GW 5, 24). Er entlehnt diesem Standpunkt die systematische Option, Religion auf eine emotionale, sinnlich-anschauliche wie auch bildlich-fiktionale Verhaltensebene des Menschen zu beziehen. Dieser Ansatz wurde als eine „Emotionalisierung der Religion" gedeutet (Rawidowicz 1931, 70), was allerdings nicht nur Feuerbach, sondern bereits der Gefühlsphilosophie zuzuschreiben ist. Schleiermacher, den Feuerbach u. a. aus dessen Berliner Vorlesungen kannte (GW 17, 101, 401), fasste die Religion als eine eigene Provinz im Gemüt auf und setzte das Wesen der Religion in Gefühl und Anschauung. Eine Aufwertung des Emotionalen hatte ebenfalls Jacobi vorgenommen, der das Gefühl zu einem Medium des Guten, Wahren und Schönen erhoben hatte. Obwohl der junge Feuerbach Jacobis Persönlichkeitsphilosophie strikt ablehnt (siehe GW 8, 33; siehe auch 14–23), beschäftigt er sich ausführlich mit dessen Schriften, wovon seine frühen Exzerpte zeugen (siehe Weckwerth 2004, 433–439).

Die gefühlsphilosophische Richtung war Feuerbach bereits in Gestalt von Herder begegnet, dessen *Briefe, das Studium der Theologie betreffend* er zur Vorbereitung auf sein Theologiestudium gelesen und exzerpiert hatte (siehe Schott 1973, 48–70). Dabei interessierte ihn insbesondere Herders anthropologische Bibel-Deutung, mit der Menschliches und Göttliches unmittelbar aufeinander bezogen wurden. Diese Deutung kommt Feuerbachs späterer anthropologischer Religionsphilosophie offensichtlich entgegen. In seinem *Wesen des Christentums* macht er diesen theoriegeschichtlichen Bezug allerdings nicht geltend – Herder kommt darin nur in zwei Fußnoten vor (GW 5, 217 f.; siehe dagegen GW 10, 298). Dieser Umstand rührt vermutlich aus seiner kritischen Haltung gegenüber der Theologie, die auch sein Verhältnis zur Gefühlsphilosophie prägt. So distanziert er sich ausdrücklich von der „theologischen Befangenheit" ihrer Vertreter (GW 9, 229) und beabsichtigt die notwendigen Konsequenzen zu ziehen, die sie selbst nicht gezogen hatten (GW 5, 24). Schleiermacher tadelt er nicht deswegen, „daß er die Religion zu einer Gefühlssache machte", sondern dafür, dass er Gott nicht konsequenter als *„Wesen des Gefühls"* deutet, „wenn subjektiv das Gefühl die Hauptsache der Religion ist" (GW 9, 230).

Eine vierte Quelle bildet schließlich die Aufklärungsphilosophie. Auch sie spielt beim jungen Feuerbach zunächst nur eine untergeordnete Rolle. Erst im Zuge seiner Ablösung von der Identitätsphilosophie kommt er auf diese Traditionslinie zurück (Tomasoni 2004, 27, 42). Sein wichtigster Anknüpfungspunkt ist hierbei Pierre Bayle, dem er eine eigene Schrift widmet. Er stützt sich u.a. auf dessen *Historisches und kritisches Wörterbuch* als der „Rüstkammer der gesamten Aufklärungsphilosophie" (Cassirer 1998, 222). Neben Bayles Kritik der positiven Religion und ihrer destruktiven gesellschaftlichen Folgen bezieht sich Feuerbach vor allem auf dessen Unterscheidung zwischen Glauben und Vernunft. Er sieht in Bayle den „Kulminationspunkt dieses in der Geschichte der Philosophie und Menschheit unumgänglichen Zwiespalts" (GW 4, 5). Auf Bayles Ansicht rekurrierend, dass eine Gesellschaft von Atheisten bürgerliche und moralische Tugenden realisieren kann, grenzt er ebenfalls Moral von der Religion ab und vertritt die Auffassung, wonach Ethik die „wahre Religion" sei (GW 4, 107, siehe auch 86 – 108).

Im Gegensatz zu Bayle, der aus dem konstatierten Widerspruch von Glauben und Wissen eine skeptische Wende in der Philosophie vollzogen hatte, versteht sich Feuerbach als ein Anwalt der Vernunft. „Der Glaube mag den Menschen beseligen, beruhigen", wie er in seiner *Bayle*-Schrift festhält, er *„bildet*, er *erleuchtet* nicht den Menschen" (GW 4, 212). Dieser religionskritische Duktus kehrt in seinem *Wesen des Christentums* wieder, das er vorab eine „Kritik der *unreinen* Vernunft" nennt (GW 17, 384, GW 18, 56). Er stellt sein Werk damit in die Tradition der kantischen Kritik, die er als eine Fortsetzung der Aufklärung versteht. Den Begriff der „unreinen Vernunft" verwendet er im Sinne einer unzulässigen Grenzüberschreitung der menschlichen Vernunft. Eine solche fehlerhafte Erkenntnisweise zeichnet nach ihm sowohl die Theologie als auch die spekulative Religionsphilosophie aus.

Die geistesphilosophische, pantheistische, gefühlsphilosophische und Aufklärungstradition sind als wesentliche theoriegeschichtliche Quellen des *Wesens des Christentums* anzusehen. Feuerbachs spätere Forderung, Kopf und Herz zu vereinen (GW 9, 254, 338), lässt sich als Programmatik lesen, die Theorie der geschichtlich-kulturellen Objektivationen mit dem Standpunkt des fühlenden, Bilder erzeugenden Individuums zu synthetisieren. Die Aufklärungstradition dient neben religions- und theologiekritischen Aspekten dabei als ein Korrektiv gegenüber einer rationalistischen bzw. identitätslogischen Auflösung der Syntheseproblematik.

3.2 Kritische und problemgeschichtliche Aspekte auf dem Weg zum *Wesen des Christentums*

Das *Wesen des Christentums* besitzt nicht nur philosophiegeschichtliche, sondern ebenfalls innertheoretische Vermittlungsstufen. Letztere stehen in engem Zusammenhang mit Feuerbachs Ablösung von der spekulativen Philosophie. Treibendes Motiv in diesem Prozess ist die Gattungsproblematik, die für Feuerbach die Frage einer erneuten Einheit der Menschheit wie eines erfüllten, wesentlichen Daseins des Individuums einschließt. Im Gegensatz zu gegenwärtigen Tendenzen einer Wiederbesinnung auf die „*sozialintegrative Rolle des sakralen Komplexes*" (Habermas 2013, 294), erkennt Feuerbach der christlichen Religion keine soziale Integrationskraft mehr zu. „Die Vernunft", wie er in einem Brief an Hegel schreibt, „ist daher im Christentum wohl noch nicht erlöst" (GW 17, 107). Versucht er eine neue kulturelle Synthese zunächst auf Basis von Hegels Geisteskonzept aufzuzeigen, führt ihn seine Auseinandersetzung mit der neuzeitlichen Philosophie, insbesondere der Hegel'schen, zur Einsicht in eine notwendige Transformation der Philosophie (siehe GW 9, 243–341; Feuerbach 1996, 119–135). Er strebt in dieser Hinsicht eine anthropologische Wende der Philosophie an. Sein *Wesen des Christentums* bildet die erste Darlegung der antizipierten Philosophie auf dem Gebiet der Religion.

Zur genuin religionsphilosophischen Programmatik gelangt Feuerbach in den 1830er Jahren zum einen durch seine Religionskritik, zum anderen durch seine Beschäftigung mit dem Eigentümlichen von Religion und Theologie. Einen dritten problemgeschichtlichen Strang kann man in seiner Kritik der spekulativen Wissensform sehen, die er zusammenfassend in seiner Hegel-Kritik von 1839 darlegt. Im Folgenden interessieren allein die beiden ersten Vermittlungszusammenhänge, wobei zunächst Feuerbachs Kritik der Religion, anschließend seine Bestimmung der religiösen Sphäre betrachtet werden. Ein letzter Punkt geht auf seine Deutung des Wunders ein, das ihm als Modell für die religiöse Vergegenständlichung dient.

3.2.1 Kritik des modernen Christentums und der positiven Religion

Der junge Feuerbach nimmt seine Gegenwart als eine sozial zerrissene, entfremdete Wirklichkeit wahr. In seinen 1830 anonym erschienenen *Gedanken über Tod und Unsterblichkeit* reflektiert er diesen Zustand anhand der religiösen Entwicklung, und zwar speziell im Fokus des Unsterblichkeitsglaubens. Ausgerichtet auf die Unsterblichkeit der Seele verkennt der christliche Mensch nach ihm die diesseitige Welt, womit er nicht nur seine Leiblichkeit und Natürlichkeit, sondern ebenfalls die Ansprüche seiner Mitmenschen marginalisiere. Eine solche Einstellung konnte entstehen, weil sich das Christentum in eine Religion reiner Innerlichkeit gewandelt habe, in der die „pure nackte Persönlichkeit" als das Wesentliche erfasst werde (GW 1, 191). In einem Brief an Hegel charakterisiert Feuerbach das Christentum als „Religion des reinen Selbsts" (GW 17, 107). Auslöser dieser Entwicklung ist für ihn der Protestantismus, mit dem das „einzelne menschliche Individuum für sich selber in seiner Individualität, für göttlich und unendlich erkannt wurde" (GW 1, 189). Im Vorausgriff auf spätere sozialwissenschaftliche Interpretationen deutet er den Protestantismus als Bewegung einer religiösen Individualisierung, die notwendig auf Egoismus und soziale Atomisierung hinauslaufe (siehe GW 1, 195 f.). Seine scharfe Polemik wendet sich in erster Linie gegen zeitgenössische Strömungen der Theologie, so gegen den Pietismus und Rationalismus. Seine Abneigung gegen letzteren hatte während seines Heidelberger Theologiestudiums vor allem Heinrich Eberhard Gottlob Paulus hervorgerufen (siehe GW 17, 33 f., 36, 40).

In der Deutung des modernen Christentums als Religion des „reinen Selbsts" scheint Hegels Kritik an der Subjektivität durch, die Feuerbach auf das moderne Christentum bzw. die christliche Theologie bezieht. Wie beim jungen Hegel tritt diese Kritik bei ihm in Gestalt einer umfassenden Kulturkritik auf, in deren Mittelpunkt die kulturellen Gegensätze der Gegenwart stehen. Feuerbach konstatiert in dieser Hinsicht eine Dualität zwischen Gott und Welt, Natur und Geist, Leib und Seele, wie er zugleich eine Kluft zwischen subjektiver und objektiver Welt wahrnimmt. In diese Kritik spielen zugleich pantheistische Motive hinein, die ihr eine ethische Ausrichtung geben. In einer pantheistischen Einstellung sieht der junge Feuerbach den Gegenpart zum christlichen Bewusstsein. Der „Pantheismus verbindet", wie er bemerkt, „der Monotheismus – die ausschließliche Hingebung an Ein herrschsüchtiges Princip – trennt und isolirt" (Feuerbach 1974, 18; GW 1, 216).

Auf religionskritische Fragen kehrt Feuerbach u. a. in seiner *Bayle*-Schrift zurück. In allgemeiner Form geht er darauf im Zusammenhang mit der positiven Religion ein, die er in Anlehnung an die Aufklärungstradition von der wahren, natürlichen Religion unterscheidet (GW 4, 74 ff.). Er kennzeichnet die positive Religion als einen förmlichen Gottesdienst, bei dem die Religion zu einer „geist- und gesinnungslosen" Angelegenheit sowie Gott zu einem äußerlichen, *„förmlichen Pflichtobjekt"* werden (GW 4, 75 f., 80). Indem die moralischen den göttlichen Pflichten untergeordnet werden, komme ihnen gleichfalls nur ein äußerlicher Status zu (GW 4, 81). Als eine auf Zwang beruhende Institution ist der positiven Religion nach Feuerbach ein disziplinierendes Moment eigen. Demgegenüber schließe die wahre Religion Vernunft und Sittlichkeit ein, wie das Heilige, Wahre und Gute hier noch ungeschieden sind. „Greuel der Religionsgeschichte" gehen nach ihm allein auf das Konto der positiven Religion, die von Vernunft und Moral abgetrennt sei (GW 4, 75).

Das Äußerlich- bzw. Positivwerden der Religion ist Feuerbach zufolge ein notwendiger Prozess; die geschichtlich-kulturelle Vermittlung der Religion, ihre Einbettung in weltliche Interessen läuft nach ihm unvermeidlich auf eine Entartung hinaus (siehe GW 4, 81f.). Seine Kritik gilt hier religiöser Positivität, nicht der Religion an sich. Im *Wesen des Christentums* dehnt er diese Kritik auf die (christliche) Religion insgesamt aus und unterscheidet zwischen einem wahren und unwahren, verkehrten Wesen der Religion. Der (christlichen) Religion komme ein unaufhebbares positives Moment zu, womit sie ein latentes Zwangs- und Gewaltmoment in sich berge. Positivität macht Feuerbach nunmehr an unbewussten Verdinglichungsprozessen fest, die zur Abhängigkeit der Menschen von ihren soziokulturellen Vergegenständlichungen führen. In dieser Auffassung kehrt im *Wesen des Christentums* die Aufklärungskritik wieder, die sich exemplarisch im zweiten Teil findet, wo Religion im Widerspruch mit dem Wesen des Menschen behandelt wird.

3.2.2 Die Frage nach dem Ursprung der Religion

Die Kritik am modernen Christentum wie auch an der positiven Religion führt Feuerbach zur Frage nach dem Entstehungsmechanismus einseitiger religiöser Erscheinungsformen, wovon er zur Frage nach dem Ursprung der Religion gelangt. In einem nachträglichen Rekurs auf sein *Wesen des Christentums* räumt er der Ursprungsfrage einen primären Stellenwert ein (GW 9, 183f.). Die Relevanz dieser Frage hatte bezeichnender Weise auch Hume in seiner *Naturgeschichte der Religion* erkannt. In Ablehnung übernatürlicher Ursachen setzte er den Ursprung der Religion spezifisch in die menschliche Natur (siehe Hume 2000, 1, 6ff.). Feuerbach lehnt wie Hume eine übernatürliche Erklärung ab; ausgehend vom Hegel'schen Objektivierungskonzept ist er zugleich bestrebt, eine objektive Erklärung der Religion zu geben. Diese Tendenz findet sich bereits in seinen *Gedanken*, worin er die Ursprungsfrage im Kontext des Unsterblichkeitsglaubens reflektiert. Er führt diesen Glauben hier auf eine ideale Vergegenständlichung zurück: Im Bewusstsein seines beschränkten, gedrückten Daseins stelle sich das Individuum eine sünden- und makellose, mit der Tugend identische Person vor, womit es den Radius seiner beschränkten Welt überschreite. Diese Vorstellung werde als eine zweite, ideale Realität begriffen und im Bild eines unendlichen, vollkommenen Gottes vergegenständlicht. In seiner Erhebung zu Gott komme das Individuum zu einer unmittelbaren, „genußreichen Anschauung"; als endliches

Wesen bleibe es dagegen vom ersehnten göttlichen Objekt getrennt. Um absolut zu sein, bedürfe es „einer unbegrenzten, bis ins Unendliche sich verlierenden Zeit", aus welchem Grund das Individuum seine Seele als eine unsterbliche Entität auffasse. Es werde so zum Bürger zweier Welten, womit es die Zerrissenheit der realen Welt in potenzierter Form erleben würde (siehe GW 1, 191–196).

Der junge Feuerbach erklärt den Unsterblichkeitsglauben hier aus dem Nichtigkeitsbewusstsein des Individuums sowie aus dessen unmittelbarer Erhebung zu einer Seinsmacht, die als vollkommene, unendliche Persönlichkeit vorgestellt wird. In dieser Bestimmung weist der Unsterblichkeitsglauben bei ihm Parallelen zur Hegel'schen Gestalt des unglücklichen Bewusstseins auf. Vergleichbar mit dieser Gestalt lässt Feuerbach diesen Glauben aus dem Selbstbewusstsein des Individuums hervorgehen, hinter dem die allgemeine Realität des Geistes steht. Die das Individuum übersteigende geistige Realität ist der objektive Gegenpol seiner subjektiven Empfindungen. Feuerbach zeichnet die religiöse Vergegenständlichung damit in einem spezifischen Spannungsverhältnis von subjektiven und objektiven Bestimmungsmomenten.

Im Zusammenhang mit der Positivitätsthematik kommt Feuerbach in seiner *Bayle*-Schrift auf die Ursprungsfrage zurück. Er spricht darin von einem zweifachen Ursprung der Religion, der zum einen in der Natur der Religion, zum anderen in der menschlichen Geschichte liege (GW 4, 48–50). Unter der Natur der Religion versteht er die inneren Gesetze und notwendigen Vorstellungen der religiösen Sphäre, die er als eine „*wesentliche* Form des menschlichen Geistes, namentlich des Volksgeistes" bestimmt (GW 4, 48). Das Christentum führt er speziell auf eine „Zeit des Weltuntergangs" zurück, in der alle „*national-sittlichen Bande*" aufgelöst wurden (GW 4, 50). Seine Reinheit, Strenge, Konsequenz verdanke das Christentum „gerade dem politisch-sittlichen Verderben seiner Zeit; der Geist wandte sich jetzt von aller Politik ab; er verwarf mit dieser schlechten Welt alle Welt" (GW 4, 51). In diesen Passagen kehrt das ideale Vergegenständlichungsschema wie die Erhebungsthematik wieder, die Feuerbach in der *Bayle*-Schrift aus der Perspektive eines kollektiven Geschehens reflektiert.

Auf diese Erklärungsmuster greift er im *Wesen des Christentums* zurück. Den subjektiven Ursprung der Religion setzt er darin in den gefühlten Bruch zwischen Individuum und Gattung (GW 5, 455). Das Novum dieser Schrift ist, dass als objektiver Bezugspunkt nicht mehr der Geist bzw. Volksgeist, sondern die Gattung erscheint. Feuerbach gebraucht diesen Begriff im Sinne einer allgemeinen Struktur-, Entwicklungs- und Werteinheit, die er relational bestimmt. In einem unveröffentlichten Entwurf zur Einleitung in das *Wesen des Christentums* hält er fest, dass die Gattung „nur in allen diesen Verhältnissen zur Realität, wo der Mensch sich mit dem Anderen verbindet", komme (Ascheri 1969, 19; siehe auch GW 5, 444 ff.). Gattung wird in diesem Sinn als Gesamtheit aller intersubjektiven –

im Kern reziproken moralischen – Beziehungen begriffen. „Alle positiven Bestimmungen der Religion", wie es in der *Schlussanwendung* seiner Religionsschrift heißt, „beruhen auf Gegenseitigkeit" (GW 5, 447). Feuerbach begründet den Gattungsbegriff auf diese Weise auf moralischen Beziehungen, denen er allein einen Wesensstatus zuerkennt. Im Hinblick auf die Komplexität der geschichtlichen Vergesellschaftungsprozesse bedeutet das eine starke Idealisierung. Feuerbach nimmt diese systematische Beschränkung später partiell zurück, indem er sich der Naturproblematik bzw. Naturreligion zuwendet. Diese modifizierte Perspektive wirkt sich zugleich auf die Darlegung der Ursprungsfrage aus. Als Grund der Religion bestimmt er in seinem späteren Ansatz das Abhängigkeitsgefühl, das er dem gefühlten Bruch zwischen Individuum und Gattung – genetisch und geschichtlich – vorhergehen lässt (siehe GW 10, 4, 34; GW 6, 27, 32 u. a.).

3.2.3 Differenzierung von Theologie (Religion) und Philosophie. Die Programmatik einer kritisch-genetischen Philosophie der Religion

Die Kritik an der christlichen Religion und Theologie wie auch seine philosophiehistorischen Arbeiten führen Feuerbach neben der Ursprungsfrage zur Frage nach dem Verhältnis von Theologie und Philosophie. Eine bestimmtere Kennzeichnung dieses Verhältnisses findet sich in seiner *Leibniz*-Schrift, und zwar im Zusammenhang mit der Theodizee-Problematik (GW 3, 109 ff.). Im Einklang mit Bayle und Spinoza spricht sich Feuerbach für eine Trennung von Theologie und Philosophie aus. Mit dieser Option distanziert er sich nicht nur von Leibniz, sondern auch von Hegel. Insofern er eine Identität zwischen Religion und Philosophie bestreitet, stellt er Hegels spekulatives Identitätskonzept allgemein in Frage. Damit steht er zugleich vor dem Problem, das Verhältnis von Religion bzw. Theologie und Philosophie neu zu bestimmen.

In seiner *Leibniz*-Schrift rechnet er Theologie und Philosophie zwei differenten kategorialen Bezugssystemen zu. Grundkategorie der Theologie ist nach ihm die Relation, die der Philosophie Substantialität (GW 3, 111). Die theologischen Bestimmungen gehören nach ihm einem Bezugssystem an, wo Gott als das höchste Sein in Beziehung und Analogie zum Menschen, d.h. in den Bestimmungen von freiem Willen und Handeln gedacht werde, die philosophischen Kategorien hingegen einem kategorialen System, unter dem das Sein als ein notwendiger, durch natürliche Gründe verursachter Prozess erscheine. Darin sprechen sich nach Feuerbach zwei heterogene Standpunkte aus: der Standpunkt des Lebens, „auf dem ich mich *als Individuum* oder *Person* zu den Objekten und den Subjekten oder andern Personen außer mir verhalte", sowie der theoretische Standpunkt, auf dem die *„absolute Indifferenz* gegen alle Individualität" herrsche (GW 3, 118 f.).

Der Unterschied zwischen Philosophie und Theologie liegt demnach in dem Unterschied zwischen einer theoretischen und praktischen Wissensform begründet. Theologie als Wissenschaft ist für Feuerbach unter dieser Voraussetzung eine *contradictio in adjecto*. Wenn diese „die Norm des Religiösen zur Norm der Erkenntnis" erhebt, mache sie damit fälschlich „eine praktische Bestimmung als theoretische Realität geltend" (GW 3, 121). Feuerbach wendet sich hier gegen einen Eingang theologischer, so auch christlicher Glaubenssätze und Argumente in die Wissenschaft, weil er darin einen Bruch mit der Struktur wissenschaftlichen Erkennens sieht. Umgekehrt dürfe sich die Philosophie auch nicht in Theologie einmischen, weil ihre rationalen Normen die religiöse Sphäre verfehlen würden. Philosophisches und theologisches Wissen voneinander abtrennend, distanziert er sich von der „positiven Philosophie", die nach ihm Religion und Philosophie dagegen vereinen will. Diese Tendenz findet sich seiner Auffassung nach in Leibniz' *Theodizee* ebenso wie in den Werken Baaders, Schellings oder Jacobis (siehe GW 3, 109ff.; GW 8, 181–207). Im Zuge seiner Hegel-Kritik rechnet er ebenfalls die spekulative Philosophie zur Theologie. Hegels Logik bezeichnet er später als eine „zur *Logik* gemachte *Theologie*" (GW 9, 245).

Eine solche Zäsur zwischen Theologie und Philosophie setzend, sieht sich Feuerbach genötigt, das Verhältnis beider Disziplinen neu zu bestimmen. In seiner *Leibniz*-Schrift entwickelt er in dieser Hinsicht den Gedanken einer kritisch-genetischen Phänomenologie der Religion (GW 3, 120–123). In Abgrenzung von der spekulativen Religionsphilosophie, aber auch von der Theologie bestimmt er die Aufgabe der Philosophie darin, „den Standpunkt der Religion, genetisch zu entwickeln und dadurch als einen realen und wesenhaften nachzuweisen" (GW 3, 123; siehe auch GW 4, 340f.). Mit dieser Programmatik öffnet Feuerbach die Philosophie der empirischen Religionsgeschichte, ohne diese von vornherein einem logischen Bezugssystem unterzuordnen. Aufgabe der Philosophie ist seiner Auffassung nach, das „Normal-Religiöse" aus den geschichtlich bestimmten Erscheinungen des religiösen Lebens zu eruieren, wobei sie von elementaren, geschichtlich frühen Erscheinungen auszugehen habe (siehe GW 3, 121). Mit der Programmatik einer genetischen Religionsphänomenologie wählt Feuerbach eine Perspektive, mit der er die Religion als eine eigenständige, wenngleich historisch begrenzte Vergegenständlichungsweise der Menschen begreift. Einen vergleichbaren Weg hatte unter den Hegelschülern David Friedrich Strauß eingeschlagen, der ebenfalls eine Phänomenologie des religiösen Bewusstseins gefordert hatte (Strauß 1837, 65f.). Sowohl Feuerbach als auch Strauß reduzieren die Religion damit nicht auf eine scheinhafte, ideologische Sphäre, was sie von Bruno Bauer,

Max Stirner oder auch Marx unterscheidet (siehe dagegen Bauer 1843; dazu auch Eßbach 2010, 59 ff.).

3.2.4 Die Wunderfrage. Zum Unterschied zwischen historischem und wunderbarem Faktum

Um die Religion in ihren eigenen Strukturgesetzen und Vorstellungsweisen zu bestimmen, wendet sich Feuerbach im Rahmen seiner philosophiehistorischen Arbeiten dem Phänomen des Wunders zu. Auf die Wunderproblematik, auf die er schon früh gestoßen war (siehe Klimkeit 1965; Schott 1973, 59–64), geht er zusammenfassend in seiner Schrift *Über das Wunder* ein. Er distanziert sich hierbei sowohl von einer supranaturalistischen Deutung, die ihm während seines Theologiestudiums der Hegelianer Karl Daub vermittelt hatte, als auch von einer rationalistisch motivierten Ablehnung des Wunders, die u. a. für den Theologen Paulus auszeichnend war. Eine „natürliche" Erklärung anstrebend, beabsichtigt er das Wunder demgegenüber als eine eigentümliche Setzung des religiösen Menschen aufzuzeigen.

In seiner Thematisierung des Wunderphänomens folgt er der genetischen Option, die Religion anhand eines elementaren und zugleich geschichtlich frühen Phänomens zu erschließen. Er orientiert sich dabei an alt- und neutestamentarischen Wundern, die er einer Zeit zurechnet, wo zwischen Subjektivität und Objektivität, Vision und Erfahrung, Glaube und Wirklichkeit noch keine allgemeine Trennung wie in der Moderne herrschte (GW 8, 309). Der Wunderglaube ist für ihn darüber hinaus ein unaufhebbares Moment der Volksfrömmigkeit (GW 4, 52), das im alltäglichen Gebet – im Sinne einer *„magischen Einwirkung* auf Gott" – zur Geltung gelange (GW 8, 307). Im Wunder erkennt Feuerbach somit eine Modellform der religiösen Sphäre (siehe GW 4, 45, 52–57; GW 8, 221, 321). Er bestimmt dieses Phänomen in einem spezifischen Spannungsverhältnis von sinnlicher Faktizität und idealer Bedeutung und grenzt es zugleich von einem historischen Faktum ab. Während der historische Glaube nach ihm durch das Faktum selbst, d. h. *post festum* erzeugt wird, dem bezogen auf den geschichtlichen Zusammenhang ein zufälliges Moment zukomme (GW 8, 310 f.), gehe der Glaube an das Wunder dagegen dem Faktum voraus. „Aber das Wunder *ist, ehe es geschieht.* [...] es ist das Faktum, welches etwas *bedeuten* soll, und diese Bedeutung liegt eben in der dem Wunder vorausgehenden Vorstellung" (GW 8, 310). Grundlage dafür ist nach Feuerbach die Phantasie, die er als eine von Herzensbedürfnissen und Wünschen des Menschen bestimmte Intelligenz charakterisiert (GW 8, 327). Vermittels dieses Tätigkeitsvermögens transformiere der Mensch auf eine emotional-fiktionale Weise seine subjektiven Bedürfnisse und Wünsche in eine optisch sichtbare, bildliche Wirklichkeit. Die durch das Wunder konstituierte Wirklichkeit beschreibt Feuerbach als eine Welt übernatürlicher Kräfte und Wirkungen, die vom religiösen Menschen in Analogie zu einem planvollen, absichtlichen Handeln aufgefasst werden. Vermittels seines Wunderglaubens versuche dieser, die Gegenstände und Prozesse auf eine phantastische, optative Weise zu beherrschen, und zwar in unmittelbarer Überschreitung der raum- und zeitlichen Grenzen seiner alltäglichen Existenz (GW 8, 325, 329, 330). Das Wunder zeichne aus, dass es den Gesetzen der alltäglichen und wissenschaftlichen Erfahrung widerspreche (siehe GW 8, 296).

Anhand des Wunderphänomens kennzeichnet Feuerbach die Religion als eine gegenüber Moral, Wissenschaft und auch Kunst eigenständige Vergegenständlichungsform des Menschen, der spezifische gemeinsam geteilte Objekte und Vorstellungsweisen entsprechen. Eine natürliche Erklärung anstrebend, bestimmt er das „Normal-Religiöse" hier aus einer anthropologischen Perspektive. Indem er der Phantasie allerdings nur den Status einer sinnlichen, entäußerten Vernunft einräumt, die sich den Schwächen, Leidenschaften und Wünschen der Menschen akkommodiert, deutet er das Wunder zugleich als eine illusionäre Erscheinung – als „Taschenspielerei" und Gespensterglaube, wie er in seiner *Wunder*-Schrift herausstellt (siehe GW 8, 321, 326, 332). Feuerbach kennzeichnet die Religion damit in der eigentümlichen Doppelbestimmtheit einer wesentlichen und zugleich scheinhaften Sphäre. Dahinter tritt bei ihm eine Höherstellung von Philosophie und Wissenschaft gegenüber dem auf der Phantasie beruhenden Glauben durch. Mit dieser Rangordnung der subjektiven Tätigkeitspotenziale beschränkt er zugleich die Phänomenologie-Programmatik: Erhebt er die „Norm der Erkenntnis" damit doch zur „Norm des Religiösen". Diese doppelte Tendenz findet sich auch in seinem *Wesen des Christentums*. Religion wird darin als eine erste, indirekte Selbsterkenntnis des Menschen bestimmt, wohingegen die Philosophie als zweite, wahre Selbsterkenntnis anzusehen sei (GW 5, 47).

3.3 Das *Wesen des Christentums* als Knotenpunkt und Werk des Übergangs in Feuerbachs philosophischer Entwicklung

Das *Wesen des Christentums* bildet eine erste positive Umsetzung der von Feuerbach aufgegriffenen Phänomenologie-Programmatik aus einer anthropologischen Perspektive. Es werden darin die aufgezeigten philosophie- und problemgeschichtlichen Vermittlungsstränge zusammengeführt, was sich in konzentrierter Form in der *Einleitung* findet, wo Feuerbach das Wesen des

Menschen und der Religion bestimmt. Er nimmt im *Wesen des Christentums* sowohl den religionsanalytischen als auch religionskritischen Faden seiner früheren Arbeiten auf, was zu der eigentümlichen Doppelgestalt dieser Schrift führt: Sie ist positive Religionsphilosophie und Religionskritik zugleich. Dieser zweifache Charakter zeigt sich auch im konzeptionellen Aufbau: Religion wird im ersten Teil dieses Werkes in Übereinstimmung, im zweiten Teil im Widerspruch mit dem Wesen des Menschen reflektiert.

Das *Wesen des Christentums* ist Feuerbachs erste Schrift, worin er systematisch vom Begriff der menschlichen Gattung ausgeht, die er als objektiven Bezugspunkt der religiösen Vergegenständlichungsprozesse begreift. Seine allgemeine Dechiffrierung des Christentums als eine Sphäre reziproker moralischer Beziehungen führt dazu, dass er den Gattungsbegriff von der relationalen Ebene zwischenmenschlicher Beziehungen aus denkt. Im Hinblick auf die religionsphilosophische und anthropologische Programmatik lässt sich das *Wesen des Christentums* somit als ein Knotenpunkt in Feuerbachs philosophischer Entwicklung auffassen.

Sowohl die religionsphilosophische als auch anthropologische Programmatik wird in seiner Religionsschrift gleichwohl nur in beschränkter Form dargelegt. Feuerbach behandelt darin nur eine bestimmte Erscheinung der Religion, wie er die anthropologische Wende allein auf dem Gebiet der Religionsphilosophie vollzieht. Neben dieser inhaltlichen Beschränkung gibt es auch eine methodische, worauf Feuerbach selbst verweist. So werden im *Wesen des Christentums* nur die kritischen Elemente zu einer Philosophie der Religion, nicht diese bereits selbst dargelegt (GW 5, 3). Seine Religionsschrift bleibt in dieser Hinsicht eine genetische Darstellung der Kategorien der religiösen Sphäre schuldig. Der inhaltlichen Beschränkung korrespondiert im *Wesen des Christentums* eine offensichtliche systematische Schranke. So wird die (christliche) Religion hier allein unter dem kategorialen Schema eines Selbstbezuges der Menschen entwickelt, worin man nicht zuletzt ein Fortwirken der vormaligen Subjektphilosophie sehen kann. Die objektiven gegenständlichen Bezüge werden in Feuerbachs Religionsschrift dagegen als Scheinformen aufgefasst, die die Selbstbezüglichkeit des Menschen verstellen. Feuerbach hat die Einseitigkeit dieses Ansatzes später erkannt und von einer im *Wesen des Christentums* gelassenen „Lücke" gesprochen (GW 6, 26).

Bezogen auf die inhaltlichen, methodischen und systematischen Beschränkungen der Phänomenologie-Programmatik erweist sich das *Wesen des Christentums* als ein Werk des Übergangs, das Feuerbach auf eine Fortentwicklung seines Ansatzes drängt. Auf religionsphilosophischem Gebiet erweitert er im Folgenden die phänomenologische Bezugsebene und wendet sich anderen geschichtlich-kulturellen Erscheinungsformen der Religion, so der Naturreligion, später auch der griechischen und jüdischen Religion, zu. Hinsichtlich der von ihm angestrebten anthropologischen Wende verallgemeinert er die im Rahmen seiner Religionsphilosophie gewonnene anthropologische Perspektive und begründet die Philosophie auf der Ich-Du-Beziehung im Sinne einer genetischen Ausgangsform der Sozialisierung und Kultivierung des Menschen (siehe GW 9, 339f.). Das *Wesen des Christentums* bildet die Initialschrift zu dieser konzeptionellen Wende der Philosophie im Anschluss an Hegel.

Literatur

Ascheri, Carlo (1969): Feuerbachs Bruch mit der Spekulation. Einleitung zur kritischen Ausgabe von Feuerbach: Notwendigkeit einer Veränderung (1842), mit einem Vorwort v. Karl Löwith, Frankfurt/M.

Bauer, Bruno (1843): Das entdeckte Christentum. Eine Erinnerung an das achtzehnte Jahrhundert und ein Beitrag zur Krisis des neunzehnten. Zürich und Winterthur, in: Ernst Barnikol: Das entdeckte Christentum im Vormärz, 2., wesentlich erw. Aufl., besorgt v. Ralf Ott, Aalen 1989, 1–270.

Cassirer, Ernst (1998): Die Philosophie der Aufklärung, mit einer Einleitung v. Gerald Hartung und einer Bibliographie der Rezensionen v. Arno Schubbach, Hamburg.

Eßbach, Wolfgang (2010): Von der Religionskritik zur Kritik der Politik – Etappen junghegelianischer Theoriediskussion, in: Die Junghegelianer. Aufklärung, Literatur, Religionskritik und politisches Denken, hg. v. Helmut Reinalter, Frankfurt/M. u. a.

Feuerbach, Ludwig (1974): Vorlesungen über die Geschichte der neueren Philosophie. (Von G. Bruno bis G. W. F. Hegel.) (Erlangen 1835/1836), bearb. v. Carlo Ascheri und Erich Thies, Darmstadt.

— (1982): Verhältnis zu Hegel, in: Deutsche Zeitschrift für Philosophie 30, H. 4, 509f.

— (1996): Entwürfe zu einer Neuen Philosophie, hg. v. Walter Jaeschke und Werner Schuffenhauer, Hamburg.

Graf, Friedrich Wilhelm (2004): Die Wiederkehr der Götter. Religion in der modernen Kultur, Bonn.

Habermas, Jürgen (2013): Politik und Religion, in: Politik und Religion. Zur Diagnose der Gegenwart, hg. v. Friedrich Wilhelm Graf und Heinrich Meier, München, 287–300.

Hume, David (2000): Die Naturgeschichte der Religion. Über Aberglauben und Schwärmerei. Über die Unsterblichkeit der Seele. Über Selbstmord, übersetzt und hg. v. Lothar Kreimendahl, 2., durchgesehene Aufl., Hamburg.

Klimkeit Hans-Joachim (1965): Das Wunderverständnis Ludwig Feuerbachs aus religionsphänomenologischer Sicht, Bonn.

Löwith, Karl (1988): Von Hegel zu Nietzsche, in: Karl Löwith: Sämtliche Schriften, Bd. 4, Stuttgart.

Prutz, Robert (1847): Theologie oder Politik? Staat oder Kirche? in: Robert Prutz: Kleine Schriften. Zur Politik und Literatur, Bd. 2, Merseburg, 3–51.

Rawidowicz, Simon (1931): Ludwig Feuerbachs Philosophie. Ursprung und Schicksal, Berlin.

Ruge, Arnold (1846): Zwei Jahre in Paris. Studien und Erinnerungen, Theil 2, Leipzig.

— (1985): Werke und Briefe, hg. v. Hans-Martin Sass, Bd. 10: Briefwechsel 1825–1847 (Neudruck der Ausgabe Berlin 1886), Aalen.
Schmidt, Alfred (1988): Emanzipatorische Sinnlichkeit. Ludwig Feuerbachs anthropologischer Materialismus, München und Zürich.
Schott, Uwe (1973): Die Jugendentwicklung Ludwig Feuerbachs bis zum Fakultätswechsel 1825. Ein Beitrag zur Genese der Feuerbachschen Religionskritik, mit einem bibliographischen Anhang zur Feuerbach-Literatur, Göttingen.
Strauß, David Friedrich (1837): Die Jahrbücher für wissenschaftliche Kritik. I. Allgemeines Verhältniß der Hegel'schen Philosophie zur theologischen Kritik, in: Strauß, David Friedrich: Streitschriften zur Vertheidigung meiner Schrift über das Leben Jesu und zur Charakteristik der gegenwärtigen Theologie, Heft 3, Tübingen, 55–75.
Tomasoni, Francesco (2004): Feuerbach und die Aufklärung. Ein Beitrag zur historischen Rekonstruktion, in: Ludwig Feuerbach und die Fortsetzung der Aufklärung, hg. v. Hans-Jürg Braun, Zürich, 25–43.
Weckwerth, Christine (1998a): Der Mystiker und Philosophus Teutonicus Jacob Böhme im Spiegel des frühen Feuerbachschen Philosophierens, in: Ludwig Feuerbach und die Geschichte der Philosophie, hg. v. Walter Jaeschke und Francesco Tomasoni, Berlin, 205–233.
— (1998b): Hegel als Theoretiker der Differenz. Der pantheistisch-realistische Ausgang des jungen Feuerbach von Hegel, in: Ludwig Feuerbach und die Geschichte der Philosophie, hg. v. Walter Jaeschke und Francesco Tomasoni, Berlin, 281–308.
— (2000): Metaphysik als Phänomenologie. Eine Studie zur Entstehung und Struktur der Hegelschen „Phänomenologie des Geistes", Würzburg.
— (2002): Ludwig Feuerbach zur Einführung, Hamburg.
— (2004): Nachhegelsche Rekurse auf Jacobi. Feuerbachs anthropologische Aufhebung der Jacobischen Gefühlsphilosophie, in: Friedrich Heinrich Jacobi. Ein Wendepunkt der geistigen Bildung der Zeit, hg. v. Walter Jaeschke und Birgit Sandkaulen, Hamburg, 422–452.

Frieder Otto Wolf

4 Das Wesen des Menschen im Allgemeinen (Kap. 1)

Feuerbachs Ausführungen über „Das Wesen des Menschen im Allgemeinen" stellen den ersten Teil der „Einleitung" zu seiner Schrift *Das Wesen des Christentums* dar. Nach eigener Auskunft hat Feuerbach diese *Einleitung* nach dem Hauptteil verfasst. Ob er dabei hinter den Reflexionsstand des Hauptteils zurückgefallen ist, wie Schmieder (2004, 72f.) es nahelegt, ist nicht zu klären, solange keine systematische Interpretation seiner Argumentationen vorliegt. Ich werde in meiner Kommentierung zu zeigen versuchen, dass es sich um ein aufkeimendes Problembewusstsein in Bezug auf die These des Hauptteils handelt.

Einleitend geht es Feuerbach zunächst um ein „allgemeines Wesen" – zunächst „des Menschen" und dann „der Religion", um in Hauptteil seine zentrale These zu entfalten, dass die „anthropologische" Auffassung der Religion als eigene Artikulation des Wesens des Menschen schlechterdings „wahr" ist und dagegen die „theologische" Auffassung der Religion als „unwahr" zu überwinden ist. Diese Gliederung hat Feuerbach selbst jedenfalls nicht kommentiert. Sie lässt sich jedoch schon vorab zumindest dahingehend erläutern, dass Feuerbachs Begriff des Wesens offenbar nicht so einfach ist, wie zunächst angenommen werden könnte.

4.1 Die Eröffnung (1.–3. Absatz)

Im ersten Satz des Textes wird der Begriff des Wesens auf die Tätigkeit des Definierens bezogen: „Die Religion beruht auf dem *wesentlichen Unterschiede* des Menschen vom Tiere" (GW 5, 28). Dahinter steht nicht die traditionelle schulphilosophische Auffassung der Definition durch das *genus proximum* und die *differentia specifica* – denn *erstens* setzt Feuerbach hier keineswegs mit einer *Definition* des Menschen ein, sondern mit einer *These* über die Religion und *zweitens* erhebt die hier von Feuerbach vorgenommene Kennzeichnung als „wesentlich" einen anderen, radikaleren Erkenntnisanspruch als die traditionelle Bezugnahme auf dasjenige, was innerhalb einer Gattung für die jeweilige Art spezifisch ist.

Zum Ersten: Wir könnten aus Feuerbachs Satz durchaus eine Definition gewinnen, die etwa hieße: „Der Mensch ist ein Lebewesen, das Religion hat". Allerdings nimmt Feuerbach nirgends im Sinne der traditionellen Definitionslehre

Bezug auf den Begriff einer gemeinsamen Gattung von Tieren und Menschen („Lebewesen"); die unvermittelte Dichotomie von Menschen und Tieren ist für seinen Diskurs offenbar konstitutiv. Es liegt nahe, hierin ein Echo von Hegels Auffassung der Religion als Moment der Geschichtlichkeit menschlicher Kultur zu sehen. Dennoch bleibt Feuerbachs Argumentation insoweit in der Nähe traditioneller Definitionsversuche, als er sich konsequent auf „den Menschen" im Singular bezieht und nicht von „den Menschen" im Plural redet, wie dies dann etwa Bruno Bauer, Marx und Engels getan haben, um sich der „Anthropologie" Feuerbachs zu entziehen.

Zum Zweiten: Feuerbachs Rede vom „wesentlichen Unterschied" bezieht sich offensichtlich auf das „Wesen des Menschen im Allgemeinen" und auf die Formulierung im zweiten Absatz, „wo einem Wesen seine Gattung, seine Wesenheit, Gegenstand ist" (GW 5, 28). „Wesen" ist damit nicht eine durch allgemeine Begriffe zu definierende „essentia", vielmehr verknüpft Feuerbach auf eine neue Weise dasjenige, was wir verdeutlichend „Einzelwesen" nennen könnten, mit der als „Gattung" zum „Gegenstand" des tätigen Selbstverhältnisses gemachten „Wesenheit" eben dieses Einzelwesens. In dieser Operation der Bedeutungsverschiebung verändern sich auch die Bedeutungen von „Gattung" und „Gegenstand": „Gattung" wird aus der Position des für eine Definition erforderlichen *genus proximum* zu etwas, „im Verhältnis zu dem" der Mensch sein „inneres Leben" führt; der „Gegenstand" wird zu etwas, durch das etwas für jemanden *als* etwas greifbar wird. Diese Verschiebung wird dann in der Rede von der Gattungsfunktion konsolidiert: „Der Mensch ist sich selbst zugleich Ich und Du; er kann sich selbst an die Stelle des anderen vertreten, ebendeswegen, weil ihm seine Gattung, sein *Wesen*, nicht nur seine Individualität, Gegenstand ist." (GW 5, 29) Auf dieser Grundlage kann Feuerbach die neuzeitliche „Bewusstseinsphilosophie" kritisch umarbeiten. Gestützt auf die Behauptung, dass das Bewusstsein „seinen Namen [hier im Sinne von ‚Begriff' verwendet, F.O.W.] vom Wissen ableitet" (GW 5, 28), arbeitet er die traditionelle aristotelische These, dass die Wissenschaft sich immer auf das Allgemeine beziehe, dahingehend um, dass Bewusstsein „Fähigkeit zu Wissenschaft" bedeute und „Wissenschaft [...] *Bewußtsein der Gattungen*" sei (GW 5, 28). Daran schließt er dann noch eine weitere Unterscheidung an: „Im Leben verkehren wir mit Individuen, in der Wissenschaft mit Gattungen." (Ebd.) Auf die Weise kommt er zu einer grundlegenden Bestimmung „des Menschen" als „Wesen, dem seine eigene Gattung, seine Wesenheit Gegenstand ist" und das daher dazu befähigt ist, „andere Dinge oder Wesen nach seiner wesentlichen Natur zum Gegenstande [zu] machen" (ebd.). Damit hat Feuerbach den Ausgangspunkt für die Entwicklung seiner „anthropologischen" These gewonnen, die im folgenden Abschnitt expliziert wird.

4.2 Die Ausweitung ins Unendliche (4. Absatz)

In seinem zweiten Schritt geht Feuerbach dann über diese phänomenale Analyse des auf allgemeine „Gattungen" als seinen „Gegenstand" bezogenen Selbstverhältnisses hinaus. Er postuliert nämlich ein spezifisches Verhältnis zu einem spezifischen Gegenstand. Dazu unterscheidet er zwischen „Grund" und „Gegenstand": Dass die Menschen im Unterschied zu den Tieren Religion haben, bedeutet nicht nur, dass zwischen ihnen ein radikaler Unterschied besteht (welcher der *Grund*, die reale Grundlage, für diese Unterscheidung von Menschen und Tieren ist), es bedeutet auch, dass dieses „Wesen des Menschen" den wirklich gemeinten Gegenstand der Religion bildet. Und weil „die Religion [...] das Bewußtsein des Unendlichen" ist, kann eben dieses „Bewußtsein des Unendlichen" nichts anderes sein „als das Bewußtsein des Menschen von *seinem*, und zwar nicht endlichen, beschränkten, sondern *unendlichen*, Wesen" (GW 5, 29).

An dieser Stelle argumentiert Feuerbach, dass ein „*wirklich* endliches Wesen [...] auch nicht die *entfernteste* Ahnung, geschweige *Bewußtsein* von einem *unendlichen Wesen*" habe, „denn die *Schranke des Wesens* ist auch die *Schranke des Bewußtseins*." (Ebd.) Er beruft sich darauf, dass das „Bewußtsein der Raupe, deren Leben und Wesen auf eine bestimmte Pflanzenspezies eingeschränkt ist, [...] sich auch nicht über dieses beschränkte Gebiet hinaus" erstreckt, denn für sie „unterscheidet sich wohl diese Pflanze von andern Pflanzen, aber mehr weiß sie nicht". Hieraus lässt sich zwar der Begriff des „Instinkts" als „beschränktes, aber eben wegen seiner Beschränktheit infallibles, untrügliches Bewußtsein" gewinnen (GW 5, 29 f.), aber keine Begründung für die weitergehende Behauptung: „*Beschränktes* Bewußtsein ist *kein* Bewußtsein; das Bewußtsein ist wesentlich unendlicher Natur" (ebd., 30). Feuerbach setzt an dieser Stelle das Bewusstsein des Unendlichen mit der Unendlichkeit des Bewusstseins gleich: „Das Bewußtsein des Unendlichen ist nichts andres als das Bewußtsein von der *Unendlichkeit des Bewußtseins*". Mehr noch, er identifiziert das Bewusstsein des Unendlichen damit, dass dem Menschen „die *Unendlichkeit des eignen Wesens Gegenstand*" sei (ebd., 30).

4.3 Die „eigentliche Menschheit im Menschen" (5. und 6. Absatz)

Ohne weiteren Übergang geht Feuerbach dann zu einer inhaltlichen Bestimmung über: Er umreißt „das Wesen des Menschen, dessen er sich bewußt ist" bzw. „die Gattung, die eigentliche Menschheit im Menschen" (GW 5, 30) mit drei einfachen

Begriffen aus unterschiedlichen philosophischen Traditionen und Zusammenhängen: *„Die Vernunft, der Wille, das Herz"*, welche er dann anschließend in provokanter Zuspitzung – an Hegels spekulative Rekonstruktion der Trinitätslehre (vgl. Jaeschke 1986, 279) kritisch anknüpfend – als „göttliche Dreieinigkeit *im* Menschen" bezeichnet (GW 5, 30 f.), was dann heftige zeitgenössische Reaktionen ausgelöst hat (etwa Reichlin-Meldegg 1843). Damit lässt er die noch in den „Vorläufigen Thesen zur Reformation der Philosophie" vertretene Dualität von „Kopf und „Herz" als „Organen der Philosophie" hinter sich, um zu einer ‚Dreiheit' überzugehen. In Feuerbachs unmittelbarer Tradition lässt sich diese Dreiteilung *vor allem* auf Kants drei Kritiken zurückführen, aber auch auf eine ganze Reihe von Versuchen – etwa bei Schiller und Pestalozzis – Wille und Gefühl der Vernunft gleichberechtigt an die Seite zu stellen. Feuerbach möchte damit der von Hegel betriebenen dialektischen Totalisierung der Vernunft durch die Einführung elementarer Unterscheidungen entgegenwirken; dass er für das Gefühl hier das „Herz" setzt, knüpft an die im 18. Jahrhundert im Ausgang von Shaftesbury entwickelte (vgl. Baum 2001) Tradition der „Empfindsamkeit" an. Auffällig ist in diesem Absatz *sowohl* der Rückgriff auf den philosophischen Perfektionismus etwa seit Leibniz (vgl. Henning 2009), indem Feuerbach „Vernunft, Liebe, Willenskraft" zu „Vollkommenheiten" erklärt (GW 5, 31), *als auch* die auf diesem Wege vollzogene Zuspitzung des Wesensbegriffs zu einem *„absolute[n]* Wesen des Menschen qua talis [als solchen]": *„Wahres* Wesen ist denkendes, liebendes, wollendes Wesen." (Ebd.) Dieses letztere „Wesen" wird dann von Feuerbach sogar noch zu einem Wesen, welches er „weder *hat* noch *macht"* erklärt (GW 5, 32), also zu etwas Unverfügbarem (vgl. Wolf 2005). Dazu verhilft ihm *drittens* die anthropologische Umfunktionierung der platonisch-aristotelischen Lehre des „um seiner selbst willen" als ein letztes „Worumwillen" zu einer „göttlichen Dreieinigkeit *im* Menschen *über* dem individuellen Menschen" (GW 5, 31), deren ‚Endzweck' die Willensfreiheit bildet – mit der von Feuerbach explizit gezogenen Konsequenz, dass Wille, Liebe und Herz die den Menschen „*beseelenden, bestimmenden, beherrschenden Mächte – göttliche, absolute Mächte*" seien, „denen er keinen Widerstand entgegensetzen" könne (ebd., 32).

Diese Zuspitzung wird durch eine phänomenologische Analyse plausibel gemacht: „Wie könnte der gefühlvolle Mensch dem Gefühl, der Liebende der Liebe, der vernünftige der Vernunft widerstehen?" (GW 5, 32) Feuerbach beruft sich dann auf die exemplarische „Macht der Töne als die Macht der Gefühle", und darauf, dass jeder „die Macht der Liebe erfahren oder wenigstens von ihr gehört" habe, welche stärker sei als „der individuelle Mensch" (ebd.). Zugleich beruft er sich auf die „Macht des Denkens" bzw. „Macht des Wissenstriebs" als eine „*schlechterdings unwiderstehliche, alles überwindende Macht*" und auf die von der „eigene[n] persönliche[n] Kraft" durchaus zu unterscheidende „Macht der Sittlichkeit, welche sich gewaltsam deiner bemeistert und dich mit Indignation gegen dich selbst und deine individuellen Schwachheiten erfüllt" (GW 5, 32).

Feuerbach unterscheidet zwischen der „eigenen persönlichen Kraft" und der „Macht der Sittlichkeit"(GW 5, 32), wobei (in seiner hier in der 3. Auflage eingefügten Fußnote; GW 5, 32f.) zunächst behauptet, dass das Individuum „ein, wie freilich alle abstrakten Wörter, höchst unbestimmtes, zweideutiges, irreführendes Wort" und daher die Frage danach, ob die Unterscheidung zwischen dem Individuum einerseits und „der Liebe, der Vernunft, dem Willen" andererseits „eine in der Natur begründete ist oder nicht" hier gleichgültig sei, formuliert aber doch eine darauf bezogene These: „Die Religion zieht die Kräfte, Eigenschaften, Wesensbestimmungen des Menschen von Menschen ab und vergöttert sie als selbstständige Wesen" (GW 5, 33). In dieser Unterscheidung zwischen den „Wesensbestimmungen des Menschen", gewissermaßen *am* Menschen, und jenen vom Menschen abgezogenen, vergötterten und selbstständigen Wesen sieht Feuerbach den zugleich „durch den Gegenstand geboten[en]" und „sprachlich und, was eins ist, logisch begründet[en]" Unterschied, auf welchen sich die zu Anfang der Fußnote angesprochene „Unterscheidung" bezieht: „denn der Mensch unterscheidet sich von seinem Geiste, seinem Kopfe, seinem Herzen, als wäre er etwas ohne sie." (GW 5, 33)

4.4 Gegenstand und Wesen (7.–9. Absatz)

Feuerbachs Begriff des Gegenstandes nutzt den Umstand, dass in der deutschen Philosophie seit der zweiten Hälfte des 18. Jahrhunderts neben den lateinischen Ausdrücken (*obiectum*) gleichberechtigt und potenziell eigenständig deutsche Termini (Gegenstand) zur Verfügung gestanden haben, so dass es – anders als im Französischen und im Englischen – möglich war, entsprechende Bedeutungsdifferenzen zu entwickeln. Feuerbachs Gegenstand ist jedenfalls nicht das grammatische Objekt, aber auch nicht das *obiectum* der aristotelischen Tradition (vgl. Köpf 1974, 86f.).

Eine erste Annäherung an den eigentümlichen Gegenstandsbegriff Feuerbachs lässt sich der These entnehmen, mit der er diesen Abschnitt einleitet: „Der Mensch ist *nichts ohne Gegenstand*." (GW 5, 33) Hier ist zunächst auf das Wörtchen „nichts" zu achten: Eine derartige Bezugnahme auf das „Nichts" gab es in der antiken Philosophie allenfalls in negativer Weise („ex nihilo nihil fit"). Am Falschzitat der Devise des Sokrates – „ich weiß, dass ich *nichts* weiß" statt „ich weiß, dass ich *nicht* weiß"– lässt sich eine wichtige Differenz verdeutlichen: Während der historische Sokrates bezweifelte, ob das behauptete Wissen wirklich begründbar sei, unterstellt ihm die Umdeutung einen Bezug auf ein „Nichts", das in dieser Radikalität erst mit den Offenbarungsreligionen in die Philosophie gekommen war, in welchen „die Welt" als „aus dem Nichts geschaffen" (*creatio ex nihilo*) imaginiert worden war.

Feuerbachs „Gegenstand" hat in seiner Philosophie dieses „nichts" gebannt. Er kann, wie er betont, „das Wesen des Menschen" positiv bestimmen als etwas, das „[g]roße, exemplarische Menschen [...] offenbaren": Sie bestätigten nämlich „diesen Satz [„Der Mensch ist nichts ohne Gegenstand"] durch ihr Leben". (GW 5, 33) Es geht Feuerbach um eine Beziehung, in welcher der Gegenstand eine konstitutive Funktion hat und dabei auch als eine Bestimmung des Wesens, begriffen wird: „Aber der Gegenstand, auf welchen sich ein Subjekt *wesentlich, notwendig* bezieht, ist nichts andres als das *eigne,* aber *gegenständliche* Wesen dieses Subjekts." (Ebd.)

An dieser Stelle macht sich Feuerbach offenbar implizit einen Einwand, der sich wie folgt rekonstruieren lässt: Wenn sich die vielen Subjekte jeweils auf einen Gegenstand als auf das eigene Wesen beziehen, führt dies nicht unvermeidlich dazu, dass sie diesen Gegenstand als ein exklusives Eigentum konstituieren und damit dann die Fähigkeit verlieren, sich überhaupt noch unvermittelt aufeinander als „Subjekte" zu beziehen? Feuerbach schreibt nur: „Ist derselbe ein an mehreren der Gattung nach gleichen, der Art nach aber unterschiedenen Individuen gemeinschaftlicher Gegenstand, so ist er, wenigstens *so, wie* er diesen Individuen je nach ihrer Verschiedenheit Objekt ist, ihr eignes, aber gegenständliches Wesen." (GW 5, 33) In ähnlicher Weise hatte er auch den Anspruch erhoben, eine nicht nur der *Art* nach, sondern in ihrer *Gattung neue* Philosophie vorzulegen (vgl. Weckwerth 2002, 81–100).

Feuerbach sprengt damit die traditionelle Definitionslehre durch eine konzeptionelle „Aufladung" des Gattungsbegriffs – jedenfalls für „den Menschen", dessen Gattung zugleich als dessen „eigentliches Wesen" begriffen wird. Auch der dieser eigentümlichen Auffassung zugrunde gelegte Begriff des „gemeinschaftlichen Gegenstandes" (im Gegensatz zu einem „eigenen Gegenstand" der Individuen) ist erklärungsbedürftig. Feuerbach selber hat damit offenbar eine gewisse Schwierigkeit, welche ihn dazu veranlasst, an dieser Stelle das (völlig außerhalb der menschlichen Verhältnisse liegende) Sonnensystem als exemplarisches Beispiel zur Erläuterung heranzuziehen. Dabei löst Feuerbach ganz ausdrücklich den Begriff des von ihm hier als „gemeinschaftliches Objekt" bezeichneten „gemeinschaftlichen Gegenstandes" in eine Vielzahl von perspektivischen Wirklichkeiten auf: *„Jeder Planet hat seine eigne Sonne."* (GW 5, 33) Das begründet Feuerbach durch den eigentümlichen, geradezu lebensphilosophischen Begriff eines physischen Daseins für etwas: „die Sonne, die und wie sie den Uranus erleuchtet und erwärmt, hat kein physisches (nur ein astronomisches, wissenschaftliches) Dasein für die Erde; und die Sonne erscheint nicht nur anders, sie *ist* auch wirklich auf dem Uranus eine *andere* Sonne als auf der Erde." (GW 5, 33) Dieses „Dasein für" bestimmt Feuerbach auch in Bezug auf das Modell des Planetensystems als ein Selbstverhältnis, welches wiederum auf ihr Wesen bezogen ist: „Das Verhalten der Erde zur Sonne ist daher zugleich ein Verhalten der Erde zu sich selbst oder zu ihrem eignen Wesen, denn das Maß der Größe und der Intensität des Lichts, in welchen die Sonne der Erde Gegenstand ist, ist das Maß der Entfernung, welches die eigentümliche Natur der Erde begründet." (GW 5, 33 f.) Dieses merkwürdige, im Kontext einer Lichtmetaphorik beschriebene Selbstverhältnis wird von Feuerbach dann auch für die Planeten mit der Spiegelmetapher beschrieben: „Die Sonne jedes Planeten ist der Spiegel seines eigenen Wesens." (GW 5, 34)

Damit ist Feuerbach durch eine Projektion des Selbstverhältnisses in die Natur der Schwierigkeit begegnet, welche seine radikale Konzentration auf die Binnenperspektiven der Subjekte in ihren gegenständlichen Verhältnissen für den Begriff des „gemeinschaftlichen Gegenstandes" aufgeworfen hatte. Auf diese Weise hat er in seiner eigenen Sicht die Voraussetzungen dafür geschaffen, den inneren Zusammenhang von ‚Gegenstand' und ‚Selbstbewusstsein' als solchen zu artikulieren: „An dem Gegenstande wird daher der Mensch *seiner selbst* bewußt: Das Bewußtsein des Gegenstands ist das *Selbstbewußtsein* des Menschen." (GW 5, 34) Dieser Gegenstand ist damit für Feuerbach ausdrücklich auch als das bestimmt, was der Fähigkeit des Menschen zu Grunde liegt, sich auf sich selbst als „Ich" zu beziehen: „Aus dem Gegenstande erkennst du den Menschen; an ihm *erscheint* dir sein Wesen: Der Gegenstand ist sein offenbares Wesen, sein wahres, objektives Ich." (Ebd.)

Feuerbach expliziert hier eine Auffassung, welche wir als eine Theorie der menschlichen Bedeutungen aller möglichen Gegenstände bezeichnen können: „Auch die dem Menschen fernsten Gegenstände sind, *weil* und *wiefern* sie ihm Gegenstände sind, Offenbarungen des menschlichen Wesens." (GW 5, 34) Auch in der Natur geht es daher um menschliche Selbsterkenntnis. Damit kann Feuerbach den Primat einer Theorie begründen, welche rein immanent „menschlich" argumentiert: „Nur der Mensch hat reine, intellektuelle, interesselose Freuden und Affekte – nur der Mensch feiert theoretische Augenfeste." (Ebd.)

In dieser Neufassung eines Primats der Theorie kann Feuerbach eine Anspielung auf Kants Bezugnahme auf den „bestirnten Himmel über mir" mit den Thesen eines anthropologischen Primats des „Auges" und eines wissenschaftshistorischen Primats der Astronomie verknüpfen, indem er formuliert: „Das Auge ist himmlische Natur. Darum erhebt sich der Mensch über die Erde nur mit dem Auge; darum beginnt die *Theorie* mit dem Blicke nach dem Himmel." (GW 5, 34) Mit dieser Bestimmung der „Theorie" setzt sich dann Feuerbach – indem er zugleich den traditionellen Begriff der Kontemplation als „Beschauung" für die eigene Position vereinnahmt – auch ganz ausdrücklich von jeder Philosophie der Praxis (z. B. Czieskowski 1838) ab: „Der Himmel erinnert den Menschen an seine Bestimmung, daran, daß er nicht bloß zum Handeln, sondern auch zur Beschauung bestimmt ist." (GW 5, 35)

4.5 Machtfragen: Der „Gott des Menschen" und die Abwehr von „Endlichkeit" (10.–15. Absatz)

Feuerbach wendet sich jetzt einem zentralen Begriff der klassischen Deutschen Philosophie, dem Begriff des Absoluten zu. Dieser Begriff in seiner neuzeitlichen Spezifik hatte keine wirkliche Vorgeschichte in der antiken Philosophie; seine Vorgeschichte liegt zum einen in der theologischen Artikulation der Vorstellungen vom ‚Willen Gottes' und zum anderen in der juristischen Artikulation der Ansprüche des modernen Staates auf Souveränität. In beiden Fällen geht es um die Bindung an vorgängige allgemeine Regeln bzw. um eine prinzipielle Lösung des diskutierten „Willens" aus dieser Bindung: Das „Absolute" wird demgemäß als dasjenige konzipiert, was in äußerster Radikalität „frei" ist. Diesen Begriff benutzt Feuerbach offensichtlich ganz bewusst und gezielt in seiner adjektivischen Form, um ihn derart als ein „Attribut" zu kennzeichnen. Als Hauptbegriff setzt er demgegenüber wiederum seinen eigenen Begriff des „Wesens": „Das *absolute Wesen*" – in der dritten Auflage folgt: „der Gott" – „des Menschen ist *sein eigenes Wesen*." (GW 5, 35)

Feuerbach geht von dieser Identifikationsthese – geradezu pragmatisch – zu Machtfragen über: Sie liefert ihm eine Begründung – angezeigt durch das Wort „daher" im folgenden Satz – für eine Folge von Thesen über die Macht: „Die Macht des *Gegenstandes* über ihn [d. h. den Menschen] ist daher die *Macht seines eigenen Wesens*." (GW 5, 35) Dies wird dann im Blick auf „Gefühl", „Vernunft" und „Willen" durchdekliniert: Immer ist es das „eigne Wesen", das bestimmt, indem es sich als Macht betätigt. Das führt nach Feuerbachs Auffassung zu einem produktiven Zirkel zwischen „Gegenstand" und „Wesen": „Was für eines Gegenstandes wir uns daher auch nur immer bewußt werden, wir werden stets zugleich unseres eignen Wesens uns bewußt. Wir können nichts *anderes* betätigen, ohne *uns selbst* zu betätigen." (Ebd.)

Hier kommt Feuerbach auf die Problematik der Endlichkeit zurück. Es „unmöglich", „dass wir *mit Vernunft* die Vernunft, *mit Gefühl* das Gefühl, *mit Willen* den Willen als eine *beschränkte, endliche, d.i. nichtige,* Kraft empfinden oder wahrnehmen" (GW 5, 35), d.h., eine „Vollkommenheit" könne als Kraft nicht endlich sein, eben weil sie auf Vollkommenheit zielt. Da Feuerbach offenbar der

Tragfähigkeit dieser impliziten Begründung nicht wirklich traut, fügt er noch eine weitere, durchaus problematische Begründung hinzu: „Endlichkeit nämlich und Nichtigkeit sind identisch. Endlichkeit ist nur ein Euphemismus für Nichtigkeit." (Ebd.) Dies will Feuerbach zunächst begrifflich begründen: „Endlichkeit ist der *metaphysische*, der *theoretische*, Nichtigkeit der *pathologische, praktische* Ausdruck"; oder: „Was dem *Verstande endlich*, ist *nichtig* dem *Herzen*." (Ebd.) Von hier aus geht Feuerbach dann zur Begründung einer Unmöglichkeit über: „Es ist aber unmöglich, dass wir uns des Willens, des Gefühls, der Vernunft als endlicher Kräfte bewußt werden" – was für Feuerbach offenbar allein schon der Begriff der „Vollkommenheit" ausschließt – „weil jede Vollkommenheit, jede ursprüngliche Kraft und Wesenheit" – damit werden die Begriffe „Vollkommenheit", „Kraft" und „Wesenheit" wiederum (im weiteren Sinne) identifiziert – „die *unmittelbare Bewahrheitung* und *Bekräftigung ihrer selbst* ist" (GW 5, 35 f.). Daher gilt für Feuerbach, dass es unmöglich ist, „einer Vollkommenheit als einer Unvollkommenheit sich bewußt zu werden, *unmöglich*, das *Gefühl* als *beschränkt* zu *empfinden, unmöglich*, das *Denken* als *beschränkt* zu *denken*." (Ebd.)

Dieses Argument greift Feuerbach dann noch einmal in einer Schrittfolge auf, in der er „*Bewußtsein*" der Reihe nach als „*Selbstbetätigung, Selbstbejahung, Selbstliebe*" kennzeichnet, um daraus dann zu dem Ergebnis zu kommen (welches wohl kaum als Schlussfolgerung bezeichnet werden könnte): „*Bewußtsein ist das charakteristische Kennzeichen eines vollkommnen Wesens.* Bewußtsein ist nur in einem gesättigten, vollendeten Wesen." (GW 5, 36) Auch für dieses Ergebnis bemüht sich Feuerbach noch um eine zusätzliche, exemplarisch angelegte Begründung aus der menschlichen Lebenserfahrung: „Selbst die menschliche Eitelkeit bestätigt diese Wahrheit. Der Mensch sieht in den Spiegel. Er hat ein Wohlgefallen an seiner Gestalt." (Ebd.) Darin sieht Feuerbach eine Grundstruktur menschlicher Subjektivität: „Dieses Wohlgefallen ist eine notwendige, unwillkürliche Folge von der Vollendung, von der Schönheit seiner Gestalt." Feuerbach unterscheidet hier zwischen der „eigne[n] individuelle[n] Gestalt" und der „menschliche[n] Gestalt" als solcher, die der Mensch bewundern „*soll*": Auf dieser Grundlage „kann sich [der Mensch] keine schönere, keine erhabenere Gestalt als die menschliche vorstellen" (ebd.).

Die kritische Abwehr aller Versuche, den Menschen als ein endliches Wesen zu begreifen, dass wesentlichen Beschränkungen unterliegt, ist offenbar das zentrale Anliegen des gesamten Abschnittes: „Jede Beschränkung der Vernunft oder überhaupt des Wesens des Menschen" – Feuerbach macht hier sofort seine eigentümliche anthropologische Wendung deutlich – „beruht auf einer Täuschung, einem Irrtum." (GW 5, 37) Hierbei macht er eine strategische Unterscheidung zwischen dem „menschliche[n] *Individuum*", das er gerade dadurch wiederum von „dem tierischen" unterscheidet, dass es sich „als beschränkt fühlen und erkennen" (wie er ausdrücklich sagt) „kann und soll", und seiner „Gattung", deren „Vollkommenheit" und „Unendlichkeit" ihm doch „als Gegenstand des Gefühls oder des Gewissens oder des denkenden Bewusstseins" ist (ebd.). Demgemäß soll sich das menschliche Individuum seiner Beschränktheit bewusst sein, aber dabei nicht den Fehler machen, „dass es sich mit der Gattung *unmittelbar* identifiziert", um auf dieser Grundlage „*seine* Schranken zu *Schranken der Gattung*" zu machen (GW 5, 37). Die auf diesem Fehler beruhende „Täuschung" führt Feuerbach nicht nur auf die weitverbreitete „Bequemlichkeitsliebe, Trägheit, Eitelkeit und Selbstsucht" zurück, sondern gibt dafür eine logisch-psychologische Begründung: „Eine Schranke nämlich, die ich bloß als *meine* Schranke weiß, *demütigt, beschämt* und *beunruhigt* mich", so dass ich mich zu einer kompensatorischen Projektion veranlasst sehe: Um „mich daher von diesem Schamgefühl, von dieser Unruhe zu befreien, mache ich die *Schranken meiner Individualität zu Schranken des menschlichen Wesens* selbst" (GW 5, 37 f.).

Für Feuerbach jedoch ist es „Wahn, lächerlicher und zugleich frevelhafter Wahn, das, was die *Natur* des Menschen konstituiert, das Wesen der Gattung, welches das *absolute* Wesen des Individuums ist, als endlich, als beschränkt zu bestimmen." (GW 5, 38) Und er liefert eine weitere ontologische Explikation nach, welche sich auf seinen eigentümlichen Begriff des Wesens beruft: „*Jedes Wesen ist sich selbst genug*. Kein Wesen kann sich, d. h. seine Wesenheit, negieren; kein Wesen ist sich selbst ein beschränktes." (Ebd.) Und auch hier ist wiederum der Gedanke zentral, dass diese Selbstbezüglichkeit als solche Unbeschränktheit und Unendlichkeit impliziert: „Jedes Wesen ist vielmehr *in sich* und *für sich* unendlich, hat seinen Gott, sein höchstes Wesen in sich selbst." Der letzte Teil dieses Satzes („hat seinen Gott ... selbst") ist ein Zusatz zur 2. und 3. Auflage. Diese Struktur des Für-Seins wird von Feuerbach auf die gegebene Pluralität der Wesen bezogen: „Jede Schranke eines Wesens existiert nur für ein *andres* Wesen *außer* und *über* ihm." (GW 5, 38)

Feuerbachs Insistieren auf der Pluralität und zugleich Geschlossenheit der angesprochenen Perspektiven bezieht sich sowohl auf die dimensional betrachtete Zeitlichkeit („Das Leben der Ephemeren ist außerordentlich kurz im Vergleich zu länger lebenden Tieren; aber gleichwohl ist für sie dieses kurze Leben so lang als für andere ein Leben von Jahren"; GW 5, 38) als auch auf den Begriff der Lebenswelt: „Das Blatt, auf dem die Raupe lebt, ist für sie eine Welt, ein unendlicher Raum." (Ebd.)

Denselben Kerngedanken transponiert Feuerbach dann noch in ein Register, in dem er im weitesten Sinne ökonomisch-ontologisch argumentiert: „Was ein Wesen zu dem macht, *was es ist*". Der Übergang vom Einzelwesen zu dem, „was es ist" bzw. auf welchen Begriff es zu beziehen ist, wird durch den konstitutiven Akt – das „Machen", eine *creatio continua*, also ein beständiger Reproduktionsprozess – vermittelt, „das ist eben sein Talent, sein Vermögen, sein Reichtum, sein Schmuck." (GW 5, 38) Hier fällt auf, dass Feuerbach hier neben „Vermögen" und „Reichtum" als grundlegende Kategorien der klassischen politischen Ökonomie auch noch die antikisierende Vorstellung des persönlichen „Talents" anführt, sowie auf die auf den Staat der frühen Neuzeit zurückgehende Vorstellung des „Apparates" (appareil) als „Schmuck" (vgl. Balibar 1983) zurückgreift.

Hier führt Feuerbach einen zentralen, weiterführenden Begriff ein, die „produzierende Wesenskraft". Diese nähere Bestimmung seines Wesensbegriffs wird zur Grundlage einer impliziten Definition des spezifischen Horizonts, wie er für jedes Einzelwesen festzustellen ist: „denn ihr Verstand, Geschmack würde nicht weiterreichen als ihre produzierende Wesenskraft" (GW 5, 38). In diesem Sinne gilt dann auch für Feuerbach ein affirmativer Grundzug jedes Wesens: *„Was das Wesen bejaht, kann der Verstand, der Geschmack, das Urteil nicht verneinen;* sonst wäre der Verstand, die Urteilskraft nicht mehr fällt der Verstand, die Urteilskraft dieses bestimmten, sondern irgend eines anderen Wesens." (Ebd.) Diesen Gedanken expliziert Feuerbach auch nach der Seite des von ihm als „Maß" angesprochenen jeweils spezifischen Kriteriums von Wahrheit und Geltung: *„Das Maß des Wesens ist auch das Maß des Verstandes."* (GW 5, 38) Feuerbach will dies aber nicht als Beschränktheit verstehen. Zwar leugnet er keineswegs die Existenz beschränkter Wesen, aber seine Beschränktheit kann diesem Wesen nicht als Beschränktheit erscheinen: „einem beschränkten Wesen ist sein beschränkter Verstand keine Schranke; [...] es empfindet ihn, es lobt und preist ihn als eine herrliche, göttliche Kraft; und der beschränkte Verstand preist seinerseits wieder das beschränkte Wesen, dessen Verstand er ist." (GW 5, 38f.) An dieser Stelle gebraucht Feuerbach bereits den Begriff des „Gesichtskreises", der für das in ihm lebende Einzelwesen nicht wahrnehmbar ist: „Der Verstand ist der Gesichtskreis eines Wesens. So weit du siehst, so weit erstreckt sich dein Wesen, und umgekehrt." (GW 5, 39) Oder auch, auf den Zusammenhang von theoretischem und praktischem Weltverhältnis bezogen: „Das Auge des Tieres reicht nicht weiter als sein Bedürfnis und sein Wesen nicht weiter als ein Bedürfnis." (Ebd.) In Bezug auf den Menschen hebt Feuerbach auch hier wieder kontrastierend auf die Unendlichkeit ab: „Und so weit *dein Wesen*, so weit reicht ein *unbeschränktes Selbstgefühl*, so weit bist du *Gott*." (GW 5, 39) Ein Auseinanderfallen, ein „Zwiespalt von Verstand und Wesen, von Denkkraft und Produktionskraft im menschlichen Bewußtsein" ist daher prinzipiell immer schon bedeutungslos, denn dieser Zwiespalt ist „einerseits ein nur individueller, ohne allgemeine Bedeutung, andererseits nur ein scheinbarer" (ebd.).

Dieser Gedanke wird im nächsten Schritt und abschließend von Feuerbach positiv gewendet und auf die Unendlichkeit des menschlichen Wesens hin zugespitzt: *„Denkst du folglich das Unendliche, so denkst und bestätigst du die*

Unendlichkeit des *Denkvermögens;* fühlst du das unendliche, so fühlst und bestätigst du die *Unendlichkeit* des *Gefühlsvermögens.*" (GW 5, 39) Diese Zuspitzung bleibt aber problematisch: Die Fähigkeit, das Unendliche zu denken, muss keineswegs mit der Eigenschaft einhergehen, selbst unendlich zu sein. Feuerbach untermauert seine Auffassung hier noch einmal, indem er vermittelst der Begriffe „Gegenstand" und „gegenständlich" wiederum „Vernunft" und „Gefühl" als selbstbezüglich fasst: „Der *Gegenstand* der Vernunft ist die *sich gegenständliche Vernunft,* der *Gegenstand* des Gefühls das *sich gegenständliche Gefühl.*" (GW 5, 39 f.) Feuerbach exemplifiziert dies am „Gefühl für Musik", in dem nichts anderes vernommen werde „als die Stimme deines eignen Herzens", und kommt zu der Schlussfolgerung: „Darum spricht das Gefühl nur zum Gefühl, darum ist das Gefühl nur dem Gefühl, d. h. sich selbst, verständlich", was er dann noch einmal mit seinem Theorem des Gegenstandes begründet: „darum, weil der Gegenstand des Gefühls selbst nur Gefühl ist." (GW 5, 40) Diese Argumentation wird von Feuerbach für die Vernunft nicht weiter ausgeführt, soll aber offenbar analog gelten: „Die Musik ist ein Monolog des Gefühls. Aber auch der Dialog der Philosophie ist in Wahrheit nur ein Monolog der Vernunft. Der Gedanke spricht nur zum Gedanken." (Ebd.)[1]

Damit hat Feuerbach den von ihm intendierten Ausgangspunkt für den Übergang zum zweiten, dem Wesen der Religion gewidmeten Abschnitt der Einleitung gewonnen – dort wird er das, was er hier „im Allgemeinen, selbst in Beziehung auf die sinnlichen Gegenstände, von dem Verhältnis des Subjekts zum Objekt" behauptet hatte, daraufhin untersuchen, wie es „*insbesondere* von dem Verhältnis des Subjekts zum *religiösen Gegenstande*" gilt (GW 5, 45). Er war von Bestimmungen ausgegangen, in welchen „das Bewußtsein des Gegenstandes wohl unterscheidbar [ist] vom Selbstbewußtsein", um dann zu Verhältnissen vorzustoßen, in welchen der Mensch das „*absolute Wesen*" als „*sein eignes Wesen*" erfährt (GW 5, 35): „bei dem religiösen Gegenstand fällt das Bewußtsein mit dem Selbstbewußtsein unmittelbar zusammen" (GW 5, 45).

---

[1] Feuerbach hält es hier offenbar für sinnvoll, diese These durch ein Zitat aus einer Schrift des deutschen Auflärers Hermann Samuel Reimarus zu belegen, der die posthum von Lessing seit 1774 stückweise publizierten „*Fragmente eines Wolfenbüttelschen Ungenannten*" verfasst hatte. Feuerbach zitiert aus der von Reimarus publizierten Schrift über die „Wahrheit der natürlichen Religion" (gemeint ist offensichtlich: *Abhandlungen von den vornehmsten Wahrheiten der natürlichen Religion,* 1754). Das wirft die Frage auf, wie weit Feuerbach selber – dessen Schriften zumeist die Betonung des eigenen Neuansatzes im Vordergrund steht – bereits daran gearbeitet hat, das eigene Philosophieren in eine spezifische Traditionslinie zu stellen.

4.6 Vorbereitung des Übergangs vom „allgemeinen Wesen des Menschen" zum „allgemeinen Wesen der Religion" (15.–18. Absatz)

In den letzten Absätzen bereitet Feuerbach den Übergang zum zweiten Abschnitt vor, indem er in seiner Argumentation eine Wendung vollzieht. Während die herrschende falsche Auffassung den von Feuerbach analysierten Strukturen des menschlichen Wesens – welche er hier als „Alles" zusammenfasst – „nur die Bedeutung des *Sekundären*, des *Subjektiven*, des *Mittels*, des *Organs*" zuschreibt, plädiert Feuerbach für die entgegengesetzte Auffassung, es in der „Bedeutung des *Primitiven*, des *Wesens*, des *Gegenstandes* selbst" zu denken (GW 5, 40). Auch dies wird wiederum exemplarisch am Gefühl gezeigt: „Ist z. B. das Gefühl das wesentliche Organ der Region, so drückt das *Wesen Gottes* nichts anderes aus als das *Wesen des Gefühls*." (Ebd.) Diese in Feuerbachs philosophischer Ausgangskonstellation in Schleiermachers Religionsbegriff seit 1799 ausgearbeitete Herangehensweise (KGA I/2, 185–326) wird anschließend von Feuerbach grundsätzlich als solche reflektiert: „Der wahre, aber verborgene Sinn der Rede: ‚Das Gefühl ist das Organ des Göttlichen' lautet: das Gefühl ist das *Nobelste, Trefflichste*, d. h. *Göttliche*, im Menschen." (GW 5, 40)

Feuerbach wendet sich nun aber kritisch gegen Schleiermachers Religionsbegriff; zwar lässt er es gelten, dass „das göttliche Wesen, welches das Gefühl vernimmt, [...] in der Tat nichts [ist] als das *von sich selbst entzückte und bezauberte* Wesen des Gefühls – *das wonnetrunkene, in sich selige Gefühl*" (GW 5, 41), aber er erneuert Hegels Kritik daran: „da, wo das Gefühl zum Organ des unendlichen, zum subjektiven Wesen der Religion gemacht wird, [verliert] der *Gegenstand* derselben seinen objektiven Wert" (GW 5, 41), weil nämlich dem bloßen Gefühl ein objektiver Inhalt fehle: „So ist, seitdem man das Gefühl zur Hauptsache der Religion gemacht, der sonst so heilige Glaubensinhalt des Christentums gleichgültig geworden." (Ebd.) Die bloße Subjektivität des Gefühls wird von Feuerbach im Namen seines Gegenstandsbegriffs kritisiert: „Der Gegenstand des Gefühls wird aber eben nur deswegen gleichgültig, weil, weil man das Gefühl das es subjektiven Wesen der Region ausgesprochen wird, es in der Tat auch das *objektive Wesen* derselben ist, wenn es gleich nicht als solches, wenigstens direkt, *ausgesprochen* wird" (GW 5, 41). Anstatt einen „*Unterschied zwischen spezifisch religiösen* und religiösen und irreligiösen oder wenigstens *nicht religiösen* Gefühlen" zu machen, führe der „Standpunkt, wo nur das Gefühl für das Organ des

Göttlichen gilt" (ebd.; Zusatz zur 2. und 3. Auflage) mit notwendiger Konsequenz dazu, dass „jedes Gefühl *als Gefühl* für religiös erklärt" wird (GW 5, 41).

Die Aufhebung des Unterschieds zwischen religiösen und nicht religiösen Gefühlen führt zu einer Schwierigkeit; Feuerbach befragt in dialogischer Haltung ein imaginäres Gegenüber, welchem er schrittweise die Einsicht vermittelt, dass erstens von diesem das Gefühl nur deswegen „zum Organ des unendlichen, des göttlichen Wesens" gemacht wird, weil eben dies in seinem „Wesen[], in seiner Natur" liegt und weil dies im Allgemeinen ebenso wie im Besonderen gilt: „Ist aber nicht die Natur des Gefühls überhaupt auch die Natur jedes speziellen Gefühls, sein Gegenstand sei nun, welcher er wolle?" (GW 5, 41f.) Auch der Hinweis auf den „bestimmte[n] *Gegenstand*" könne hier nicht die Frage beantworten, was „dieses Gefühl zum religiösen" macht (GW 5, 42). Vielmehr könne „dieser Gegenstand [...] *selbst nur ein religiöser* [sein], wenn er nicht ein Gegenstand des kalten Verstandes oder Gedächtnisses, sondern *des Gefühls* ist" (ebd.). Als Antwort verweist Feuerbach auf die „Natur des Gefühls, an der jedes Gefühl, ohne Unterschied des Gegenstandes, teilhat." (Ebd.) Auch hier deutet sich wiederum eine Schwierigkeit an: „Das Gefühl ist also heiliggesprochen lediglich weil es Gefühl ist; der *Grund* der Religiosität ist die Natur des Gefühls, liegt *in ihm selbst.*" Hieran schließen sich zwei Fragen an: „Ist aber dadurch nicht das Gefühl als das Absolute, als *das Göttliche selbst*, ausgesprochen? Wenn das Gefühl *durch sich selbst* gut, religiös, d. h. heilig, göttlich, ist, hat das Gefühl seinen Gott nicht *in sich selbst?*" (GW 5, 42)

Mit dieser Selbstbezüglichkeit als Selbstbegründetheit des Gefühls ist Feuerbach aber nicht zufrieden. Im nächsten Absatz löst er die Schwierigkeit, wie „ein Objekt des Gefühls" festgesetzt werden könnte, ohne zugleich zu verabsäumen, „dein Gefühl *wahrhaft* aus[zu]legen", bzw. ohne „mit deiner Reflexion etwas Fremdartiges hineinzulegen", indem er wiederum die These der Differenz zwischen „deinen individuellen Gefühlen" mit den „störenden, verunreinigenden Einflüssen, an welche in dir, dem bedingten Individuum, das Gefühl gebunden ist", einerseits und dem „allgemeinen Wesen, der Natur des Gefühls" andererseits vertritt (GW 5, 42). Allein „die Natur des Gefühls" lässt sich als solche „vergegenständlichen, als das Unendliche aussprechen, als dessen Wesen bestimmen" (ebd.). Damit ist dem denkenden Betrachter die einzige mögliche Bestimmung für Gott die Bestimmung als „*das reine, das unbeschränkte, das freie Gefühl*" (ebd.). Und dies ist auch die einzige an diesem Punkt mögliche Bestimmung Gottes: „Jeder andere Gott, den du hier setzst, ist ein von außen deinem Gefühl aufgedrungener Gott." (GW 5, 42.) Diese Selbstbezüglichkeit im Gefühl als Gottesbezug wird von Feuerbach dann auch als Negation des traditionellen Gottesglaubens artikuliert: „Das Gefühl ist *atheistisch* im Sinne des orthodoxen Glaubens, als welcher die Religion an einen äußern Gegenstand anknüpft. Das Gefühl leugnet einen *gegenständlichen* Gott – es ist *sich selbst Gott.*" (Ebd.) Diese zentrale These Feuerbachs wird dann noch einmal auf dem Standpunkt des Gefühls reformuliert: „Die *Negation des Gefühls nur* ist auf dem Standpunkt Gefühls die *Negation Gottes.* Du bist nur zu feige oder zu beschränkt, um mit Worten einzugestehen, was dein Gefühl im Stillen bejaht." (GW 5, 42) Das angesprochene menschliche Individuum, das „an äußere Rücksichten" gebundene Subjekt sei zwar „unfähig, die Seelengröße des Gefühls zu begreifen" und erschrecke „vor dem *religiösen Atheismus* deines Herzens" bzw. davor, dass Du „in diesem Schrecken die Einheit deines Gefühls mit sich selbst" zerstörst, indem Du „ein vom Gefühl unterschiedenes, gegenständliches Wesen vorspiegelst und dich so notwendig wieder zurückwirfst in die alten Fragen und Zweifel, ob ein Gott ist oder nicht ist." (GW 5, 42f.) Diese alten Fragen und Zweifel seien aber doch in dem Moment „verschwunden, ja unmöglich", „wo das Gefühl als das Wesen der Region bestimmt wird." (GW 5, 43) Genau hier bringt Feuerbach eine andere Differenz ins Spiel, nämlich die zwischen der Macht „in dir" und der Macht „über dir": „Das Gefühl ist deine innigste und zugleich eine von dir unterschiedene, unabhängige Macht"; es ist „dein eigenstes Wesen, das dich *als* und *wie ein anderes Wesen* ergreift." (Ebd.) Das Ergebnis dieser Analyse der im Gefühl als solchen immer schon angelegten Aufspaltung zwischen einem Inneren der Individuen und einer sie als individuelle Subjekte ergreifenden Macht wird von Feuerbach dann wieder in theologischer Sprache formuliert; das Gefühl ist „kurz, dein *Gott* – wie willst du also von diesem objektiven Wesen in dir noch ein anderes objektives Wesen unterscheiden? Wie über dein Gefühl hinaus?" (GW 5, 43)

4.7 Schluss: Exemplarischer Stellenwert der Untersuchung des Gefühls (19. Absatz)

Feuerbach betont den ausschließlich exemplarischen Charakter dieser Analyse des Binnenverhältnisses von Individualität und Unendlichkeit am Beispiel des Gefühls: „Das Gefühl wurde aber hier nur als Beispiel hervorgehoben. Dieselbe Bewandtnis hat es mit jeder anderen Kraft, Fähigkeit, Potenz, Realität, Tätigkeit" (GW 5, 43). Er unterstellt eine völlige Entsprechung zwischen dem Subjektiven und dem Objektiven: „Was *subjektiv* die Bedeutung des Wesens, das hat eben damit auch *objektiv* die Bedeutung des Wesens." (Ebd.) Dies wird von Feuerbach in einer eigentümlich logisch-psychologisch argumentierenden Wendung noch einmal begründet: Der Mensch könne „nun einmal nicht über sein wahres Wesen hinaus. Wohl mag er sich vermittelst der Fantasie Individuen anderer, angeblich höherer Art vorstellen, aber von seiner Gattung, seinem Wesen kann er nimmermehr abstrahieren"; das habe zur Konsequenz, dass „die Wesensbestimmungen, die positiven letzten Prädikate, die er diesen andern Individuen gibt, [...] immer aus seinem eigenen Wesen geschöpfte Bestimmungen" seien – „Bestimmungen, in denen er in Wahrheit nur sich selbst abbildet und vergegenständlicht." (GW 5, 43 f.) Feuerbach gibt diesen Argument danach einen im gewissen Sinne materialistische Wendung, indem er auf die anzunehmende Existenz anderer „denkende[r] Wesen auf den Himmelskörpern" verweist – in der Konsequenz es aber für begründet hält, dass dort „mehr solche oder ähnliche Wesen wir sind" (GW 5, 44).

Literatur

Althusser, Louis (2011): Ideologie und ideologische Staatsapparate, 1. Halbband, Hamburg.
Balibar, Étienne (1983): Apparat, in: Kritisches Wörterbuch des Marxismus, hg. v. Georges Labica unter Mitarbeit v. Gérard Bensussan, Berlin, 71–81.
Baum, Angelica (2001): Selbstgefühl und reflektierte Neigung, Ethik und Ästhetik bei Shaftesbury, Stuttgart-Bad Cannstatt.
Czieskowski, August von (1838): Prolegomena zur Historiosophie, Berlin.
Henning, Christoph (2009): Natur und Freiheit im Perfektionismus: Zum Verständnis der Natur des Menschen in progressiven Traditionen, in: Philosophische Rundschau 56 (2009), 111–129.
Jaeschke, Walter (1986): Die Vernunft in der Religion. Studien zur Grundlegung der Religionsphilosophie Hegels, Stuttgart-Bad Cannstatt.
Köpf, Ulrich (1974): Die Anfänge der theologischen Wissenschaftstheorie im 13. Jahrhundert, Tübingen.
Löwith, Karl (1928): Ludwig Feuerbach und der Ausgang der klassischen deutschen Philosophie, in: Ludwig Feuerbach, hg. v. Erich Thies, Darmstadt 1976, 33–61.
Projekt Ideologie-Theorie (1979): Theorien über Ideologie, Berlin.
Reichlin-Meldegg, Karl Alexander von (1843): Die Autolatrie oder die Selbstanbetung, Pforzheim.
Schmieder, Falko (2004): Ludwig Feuerbach und der Eingang der klassischen Fotographie. Zum Verhältnis von anthropologischem und Historischem Materialismus, Berlin und Wien.
Weckwerth, Christine (2002): Ludwig Feuerbach zur Einführung, Hamburg.
Wolf, Frieder Otto (2005): Feuerbach und Herder. Eine erste Annäherung an eine andere Genealogie des Humanismus, in: Aufklärung, Vernunft, Religion – Kant und Feuerbach, hg. J. Albertz, Bernau 2005, 105–127.

Adriana Veríssimo Serrão

5 Religion als Selbstbewusstsein: „Das Wesen der Religion im allgemeinen" (Kap. 2)

5.1 Gegenstand und Methode der Philosophie der Religion

Der zweite Teil der Einleitung in *Das Wesen des Christentums* ist der grundlegende Text, um die großen Linien der Religionsphilosophie Feuerbachs verstehen zu können. Die Ideen über das religiöse Phänomen sind hier in verdichteter Form dargelegt und bilden den theoretischen Kern, der im Lauf der nachfolgenden Kapitel erläutert wird. Um diesem Gang des Denkens zu folgen, muss man berücksichtigen, dass diese Ideen nicht von der methodologischen Wahl getrennt werden dürfen, die ihre Entwicklung leitet. Insgesamt besteht die Vorgehensweise Feuerbachs in einer Phänomenologie des religiösen Bewusstseins, das heißt, in der Beschreibung der Art und Weise, wie sich der religiöse Gegenstand im menschlichen Bewusstsein bildet. Folgt man jedoch dem Verlauf der Überlegungen, so lassen sich zwei unterschiedliche Akzentuierungen erkennen. Der anfänglich beschreibende Ton, der die Natürlichkeit eines geistigen Prozesses unterstreicht, verändert sich in dem Maße in einen dramatischen Ton, in dem die Ambivalenz der Religion ans Licht gestellt wird; Die anfängliche Betonung der Natürlichkeit geht über in die Beschreibung eines Krankheitsbildes.

In späteren Stellungnahmen, insbesondere in polemischen oder autobiographischen Zusammenhängen, wiederholt Feuerbach die Anwendung des neutralen Gesichtspunktes, der weder in Zustimmung noch Ablehnung eine persönliche Position zu verteidigen gedenkt, sondern einzig und allein zu verstehen versucht: „Die Aufgabe der Philosophie ist es nicht, den Glauben zu widerlegen, aber auch nicht zu beweisen, sondern allein ihn zu begreifen, zu erklären." (*Nachgelassene Aphorismen*, FSW 10, 327) Demselben Sinn folgen die erläuternden Bemerkungen im Vorwort der zweiten Auflage: „Ich aber lasse die Religion sich selbst aussprechen; ich mache nur ihren Zuhörer und Dolmetscher, nicht ihren Souffleur. Nicht zu erfinden – zu entdecken, ‚Dasein zu enthüllen' war mein einziger Zweck, richtig zu sehen mein einziges Bestreben." (GW 5, 16 f.) Aber der Vorsatz, das Wesen der Religion „im allgemeinen" zu fassen und zu erklären, das heißt, die gemeinsamen Elemente aller Religionen, die sie hervorrufen und sie stützen, verweisen auf die Methode der Religionsphilosophie, so wie sie Feuerbach Ende der dreißiger Jahre erarbeitet. Die Anerkennung des Erlebnisgehaltes der Religiosität und ihrer Funktion im menschlichen Leben ist das Kriterium, das die entsprechenden Bereiche des Religiösen und des Theologischen, beziehungsweise des Glaubens und der Lehre des Glaubens umgrenzt; jener Bereich ist eine genuine Erscheinung, dieser ein begrifflicher Apparat, der sich dem Sinn des Glaubens entgegensetzt. Feuerbach führt so den philosophischen Begriff der Religion auf den wahren Glauben zurück, der „eine *Wahrheit* ist, nicht bloß eine Einbildung [...] – eine *praktische, lebendige* Wahrheit" (*Zur Kritik der positiven Philosophie*, GW 8, 271), die dem Gefühl entspringt und in einer Einheit von Vorstellungen lebt, die das Universum der Transzendenz gestalten. Wenn die Philosophie mit der Theologie als einem Diskurs, der auf den Nachweis der Existenz und der Eigenschaften Gottes beschränkt ist, unvereinbar ist, dann kann sie auf der anderen Seite die Religion als ein Ereignis des menschlichen Lebens interpretieren: zentriert im Menschen ist sie ein privilegierter Zugang zu den Geheimnissen der menschlichen Natur.

Die vorrangige Beziehung der Philosophie zur Religion, zum Nachteil der Theologie – einer unreinen Vernunft, die Vernunft und Glaube vermischt – wurde deutlich in der Monographie über Leibniz von 1837 angekündigt: „Die Philosophie kann überhaupt kein synthetisches, sondern nur ein genetisches Verhältnis zu ihr [der Theologie] haben. Ihre Vermittlung besteht nur darin, *den* Standpunkt, der selbst das Fundament der Theologie ist, den Standpunkt der Religion, genetisch zu entwickeln" (GW 3, 123). Das Wesen der Religion könne weder dogmatisch noch induktiv durch den Vergleich zwischen den geschichtlich vorhandenen Religionen erkannt werden. Als Erlebnisausdruck des menschlichen Wesens müsse sie im ursprünglichen Stadium, so, wie sie sich im Bewusstsein entwickelt, begriffen werden. Feuerbach macht die Erörterung der Religion zwar nicht von einer vorherigen Bestimmung ihres Begriffs durch die Philosophie abhängig, sei diese Philosophie rational oder spekulativ, umgekehrt gilt jedoch: Nur wenn die Religion als ein Bestandteil des konkreten Lebens respektiert und ihr affektiver, nicht intellektueller Gehalt angenommen wird, ist es möglich, den Gegenstand der Religionsphilosophie zu umschreiben und zugleich die ihm entsprechende Interpretationsmethode zu bestimmen. Aber wie erfasst man diesen Kern, der sich nie im reinen Zustand zeigt? Eine deutliche Antwort findet sich im Manuskript *Entwurf zur Einleitung zum „Wesen des Christentums"*: „Die Schrift ist eine chemische Analyse der wesentliche Bestandteile der Religion. Die Methode ist reduktorisch, aber zugleich (kritisch-) genetisch, indem die Vorstellungen eben durch diese Zurückführung ihren Grund und Ursprung entstehen sehen." (Sass 1990, 19) Der philosophische Gegenstand wird die Verdeutlichung dieses zentralen Tatbestandes der menschlichen Erfahrung sein.

Es gibt daher eine unvermeidliche Zirkularität in der Phänomenologie der Glaubenserfahrung: zwischen dem Grund des Gemüts und seinen Äußerungen, zwischen dem inneren Leben und den Ausformungen des Gelebten. Der Philosoph geht von der Wurzel der Erscheinungen – der verborgenen und latenten Ebene, dem embryonalen Zustand – zu den offenkundigen Formen, wo das Phänomen bereits entwickelt ist und in verschiedenen Ausdrucksformen erfasst werden kann; von da aus geht er wieder zurück zu den Quellen der Subjektivität, um danach die entwickelten, vergegenständlichten Formationen der Religion zu erkennen. Die Kritik besteht darin, das Wesentliche zu umgrenzen; es ist ein Vorgang der Unterscheidung, eine Analyse der Fähigkeiten des Geistes mit der Absicht, das Subjektive vom Objektiven zu trennen. Der Religionsphilosoph ist ein Naturalist des Geistes, der eine ähnliche Methode anwendet, wie die der chemischen Analyse (vgl. GW 5, 6): in einer ununterschiedenen Einheit versucht er, die konstitutiven Elemente zu isolieren und sie, eines nach dem anderen, durch die Reduktionen des Zusammengesetzten auf die einfachen Substanzen zu bestimmen. Die Erkenntnis der Genese der Religion ist ein regressives Vorgehen, das auf die religiösen Vorstellungen zurückgeht, um dort die sie erzeugenden Mechanismen zu untersuchen. Durch das kritische Vorgehen oder durch die Reduktion ergibt sich die Erhellung und Unterscheidung der Bestandteile, die durch die Trennung der Elemente eines Aggregats erreicht wird. Durch das genetische Vorgehen ergibt sich die Enthüllung der unbekannten Zonen, der Dynamiken und Operationen, die den Ursprung der Elemente ergeben. Der Religionsphilosoph erfüllt zugleich die Aufgabe eines Geistesanalytikers und eines Tiefenpsychologen.

5.2 Analytischer Teil: Die Religion als Manifestation des Geistes

5.2.1 Die subjektive Seite der Religion: das bewusstlose Selbstbewusstsein

Nachdem Feuerbach im ersten Teil der Einleitung die direkte Verbindung zwischen dem Selbstbewusstsein und dem Bewusstsein des Wesens aufgezeigt hat, untersucht er im zweiten Kapitel eingehend, wie sich die Korrelation des Subjekts mit dem Objekt im religiösen Bewusstsein ergibt. Jede Religion besitzt, in letzter Instanz, ihre Bedingung der Möglichkeit im inneren Leben. Im Unterschied zu den sinnlichen Gegenständen, die die Elemente der äußeren Welt reproduzieren, bewohnt der religiöse Gegenstand das Bewusstsein, ohne das ihm irgendein sinnlicher Gegenstand entspricht. Es resultiert weder aus einer Affektion, noch ist es die Darstellung von Etwas. Vielmehr ist dieses religiöse Bewusstsein eins mit dem Subjekt und kann von ihm weder getrennt noch abgelöst werden. Das Bewusstsein des religiösen Gegenstandes und das Selbstbewusstsein sind daher dasselbe. Auch wenn es sich mit den anderen mentalen Inhalten vergleichen lässt, wie mit den abstrakten Ideen oder den Produkten der denkenden Aktivität, setzt Feuerbach hinzu, dass es der *„allerintimste, der allernächste Gegenstand"* (GW 5, 45) ist und noch eine andere Besonderheit besitzt: es ist ein auserwählter Gegenstand, stets mit einer Idee des Vorrangs und des Wertes verbunden, und selbst mit dem des höchsten Wertes, der ihn nicht nur über die weltlichen Sinnesgegenstände, sondern auch über die Produkte des Erkenntnisvermögens stellt. Gott ist dieser zugleich intimste und höchste Gegenstand.

Daraus folgt: a) dass jedes Objekt die Vergegenständlichung des Subjekts ist, weil das Subjekt sich im Objekt offenbart (durch das Objekt offenbart das Subjekt, was es ist). Gott als höchstes Objekt des Bewusstseins ist die Vergegenständlichung der Innerlichkeit. Das religiöse Bewusstsein ist deshalb nicht in dem Sinne vorstellend, dass es eine reale Welt reproduziert, es stellt sich vielmehr selbst dar; in seinen Vorstellungen, die es produziert, drückt es sich einzig und allein selbst aus. In Gott ereignet sich die Vergegenständlichung und die Offenbarung der Subjektivität, er ist „das *offenbare* Innere, das ausgesprochene Selbst des Menschen" (GW 5, 46). Und weiter folgt: b) dass das Selbstbewusstsein, wenn es von der Beziehung mit der Welt entbunden ist, allein dasjenige Bewusstsein des Individuum ist, das dieses von seiner Gattung hat. Das Bewusstsein, das der Mensch von Gott hat, stimmt mit dem Bewusstsein überein, das er vom Wesen des Menschen hat: *„Das Bewußtsein Gottes ist das Selbstbewußtsein des Menschen, die Erkenntnis Gottes die Selbsterkenntnis des Menschen."* (Ebd.) Daher gibt es im Ursprung des religiösen Prozesses eine Übereinstimmung zwischen der Vergegenständlichung und dem Selbstbewusstsein: „Aus seinem Gotte erkennst du den Menschen und hinwiederum aus dem Menschen seinen Gott" (ebd.).

Zu den Eigenschaften der Innerlichkeit und des obersten Wertes, die im Verlauf des vorherigen Abschnitts über das Wesen des Menschen im Allgemeinen entwickelt wurden, fügt sich im Folgenden die Besonderheit oder die *differentia specifica* dieses Vorgangs: die Abwesenheit des Bewusstseins. In der Religion hat der Mensch kein Bewusstsein davon, Subjekt oder Protagonist oder selbst Schöpfer dieser Darstellungen zu sein. Er weiß nicht, dass er sich selbst durch einen anderen offenbart und dass er sich durch diesen anderen mit seiner eigenen Menschlichkeit verbindet. Diese eigentümliche Mischung aus Erkenntnis und Unkenntnis nennt Feuerbach „die *erste*, und *zwar indirekte, Selbsterkenntnis* des Menschen" (GW 5, 47), das heißt, eine Beziehung zu sich durch einen anderen. Die gläubige Subjektivität ignoriert, dass die Beziehung zu Gott eine Beziehung zum

Menschen ist. Weil sie gegen jeden Versuch der Angleichung immun ist, nimmt sie für wahr, was eine bloße Illusion ist.

5.2.2 Die Objektive Seite der Religion: Gott ist das Göttliche

Während die genetisch-kritische Methode auf den menschlichen Ursprung des religiösen Gegenstandes führt, ist die Menschlichkeit der Religion immer noch durch die Interpretation der Art und Weise bestimmt, wie dieser Gegenstand konfiguriert ist. Gegen den Gemeinplatz, dass einen Glauben haben bedeuten würde, eine vorbestimmte Existenz gewisser Gottheiten zu akzeptieren, dass an Gott glauben bedeutet, an die tatsächliche Wirklichkeit von Wesen (Gott oder Götter) zu glauben, die autonom und existent seien, unterstreicht Feuerbach, dass der Glauben zuvor, wie in jedem Akt der Schöpfung, der Urheber seiner Gegenstände ist, und dass darüber hinaus diese Gegenstände im Bewusstsein stets bestimmt, das heißt, mit unterschiedlichen Qualitäten ausgestattet sind, welche die eigene Identität dieses Gottes bestimmen und nicht die eines anderen.

Diese Mannigfaltigkeit wäre für sich nur durch die Feststellung der Veränderlichkeit der Religionen und der historisch-kulturellen Konfigurationen des Göttlichen gerechtfertigt, da sich die Götter in der Weise verändern, wie ihre Eigenschaften wechseln. Setzt man jedoch die Untersuchung aus der Sicht der glaubenden Subjektivität fort, so ist Gott für den religiösen Menschen nie eine einfache, statische und unveränderliche Existenz, sondern ein Wesen (oder mehrere Wesen) mit vielerlei Eigenschaften. So, wie sich das Subjekt in seinen Gegenständen offenbart, so offenbart sich auch das Wesen Gottes (oder der Götter) in den entsprechenden Attributen. Gott ist kein Existierendes mit einer ureigenen Wesenheit, mit der sich im Nachhinein bestimmte Eigenschaften verbinden, sondern genau in der Verbindung der jeweiligen Eigenschaften liegt und erkennt man die ausgezeichnete Wesenheit eines jeden göttlichen Wesens. Dieser wichtige Interpretationsschritt, der den Vorrang der Wesenheit vor dem der Existenz betont, hat eine philosophische Grundlage in der Theorie der Prädikation, der zufolge das logische Subjekt das Substrat (*hypokeimenon* oder *suppositum*) der Attribute ist. Es existiert nicht ohne sie; nichts ist ohne sie. Logisch betrachtet ist das Subjekt die Voraussetzung, an die sich die Prädikate anlehnen. Grammatisch betrachtet ist es das Substantiv der Adjektive.

Auch in der Religion gibt es eine eigene Sprache, durch die sich das Bewusstsein in Worten ausdrückt, und diese konzentrieren sich auf Urteile, die einem Wesen Eigenschaften zusprechen und die, obwohl sie innere Ausdrücke sind, ebenso passiv gegenüber der Interpretation sind wie ein Text, so wie es Feuerbach poetisch ausdrückt: „die Religion ist die feierliche Enthüllung der verborgnen Schätze des Menschen [...] das *öffentliche Bekenntnis seiner Liebesgeheimnisse.*" (GW 5, 46) Selbst in dunklen Worten und in einer fremden Sprache ausgesprochen, sind es diese Worte und Sätze, welche die Übersetzung der gelebten Religion in einen philosophischen Gegenstand erlauben. Auch in diesem Punkt gibt es eine offensichtliche Kontinuität im Denken von Feuerbach, der die Grundsätze der bereits im historiographischen Werk gebrauchte Methode der Textinterpretation anwendet (vgl. *Darstellung, Entwicklung und Kritik der Leibnizschen Philosophie*, GW 3, 4–6; *An Karl Riedel*, GW 9, 6 f.). Beiden Methoden steht das Ziel vor Augen, zu einem treuen Verständnis des Sinns zu kommen. Doch während die historiographische Arbeit sich innerhalb derselben, dem Autor und dem Interpreten gemeinsamen Sprache bewegt, fordert die Aufgabe des Interpreten der Religion eine vorherige Übersetzung oder Umwandlung der verschiedenen Codes: „meine Schrift [ist] eine getreue, richtige Übersetzung der christlichen Religion aus der orientalischen Bildersprache der Phantasie in gutes, verständliches Deutsch" (GW 5, 14). Alle Kapitel des ersten Teils vom *Wesen des Christentums* sind Anwendungen dieser komplexen Methode der Übersetzung als Entzifferung des im Wesen Gottes enthaltenen Sinnes; im Polytheismus, im Judaismus und im Christentum: eine Methode die a) durch die Phase der Umkehrung des göttlichen Subjekt zum menschlichen Subjekt führt, und b) zu der Entfaltung der menschlichen Bedeutung, die den vielfachen göttlichen Prädikaten innewohnt.

Für den Erlebnisgehalt der Religion ist ein Gott, verstanden als eine reine theoretische Annahme, seiner Bedeutung beraubt: ein Substantiv ohne Adjektiv. Beim Nennen Gottes, beim Denken Gottes oder beim Beten zu seinem Gott tut der Gläubige dies, indem er sich an ein mit Eigenschaften ausgestattetes Wesen richtet. Und genau in der Verbindung dieser Eigenschaften beruht das Wesen des Göttlichen oder das, was es ist. Der Gehalt des Göttlichen ist gerade seine qualitative Besonderheit: „Die *Qualität* ist das Feuer, die Lebensluft, der Sauerstoff, das *Salz* der Existenz. Eine Existenz *überhaupt*, eine Existenz ohne Qualität, ist eine *geschmacklose*, eine *abgeschmackte* Existenz." (GW 5, 51) In dieser veränderlichen Fülle von Eigenschaften ist die Existenz sicherlich ein grundlegendes Prädikat, aber nicht so von den anderen zu trennen, als wäre sie eine Einheit für sich: „Die *Realität* des Prädikats ist allein die *Bürgschaft der Existenz*." (GW 5, 56) „Das Subjekt ist nun das personifizierte, das existierende Prädikat." (Ebd.) Diese vielfache Identität ist in allem einer logischen, uniformen und monolithischen Substanz entgegengesetzt. Es sind die Prädikate, die Gott in eine existierende Wesenheit verwandeln, verbildlicht als eine Person, als Subjekt: „Gott ist dir ein Existierendes, ein Subjekt aus demselben Grunde, aus welchem er dir ein weises, ein seliges, ein persönliches Wesen ist." (GW 5, 55)

Bevorzugt werden dem göttlichen Wesen darum positive Eigenschaften zugeschrieben, die dann angebetet werden. Somit ist der Akt, der die Eigenschaften vergöttlicht und sie in Gott setzt, weil sie hervorragend sind, wichtiger als die Wesenheit an sich: „Was ich zu einer Eigenschaft, einer Bestimmung Gottes mache, das habe ich schon vorher für etwas Göttliches erkannt." (GW 5, 71) Zu behaupten, dass die Eigenschaften das göttliche Wesen Gottes sind, bedeutet strenggenommen, dass sie das sind, was an Gott überhaupt göttlich ist. Wichtiger als Gott ist das Göttliche. Wenn in der religiösen Semantik behauptet wird, dass Gott selbst Liebe, Güte, Weisheit und Gerechtigkeit ist, bedeutet dies, dass die Liebe, die Güte, die Weisheit und die Gerechtigkeit allerhöchste Werte sind. Der Mensch setzt in Gott, was er als das höchste anbetet, was er als heilig annimmt. Die Schöpfung des Göttlichen folgt aus einem Akt der Vergöttlichung und *vor* der eigentlichen Setzung Gottes. In Gott betet der Mensch im Grunde ein idealisiertes Bild seines eigenen Wesens an. Auch auf diesem Weg, durch die Ähnlichkeit zwischen Schöpfer und Geschöpf, zeigt sich der menschliche Inhalt der Religion. In bemerkenswerter Analogie zu einer hypothetischen Religion der Vögel, müssen wir zugeben, dass der Vogel, wenn er ein inneres Leben hätte, seinen Gott notwendigerweise als ein geflügeltes Wesen darstellen würde: „Wenn Gott dem Vogel Gegenstand wäre, so wäre er ihm nur als ein geflügeltes Wesen Gegenstand: Der Vogel kennt nichts Höheres, nichts Seligeres als das Geflügeltsein." (GW 5, 53)

5.2.3 Der menschliche Gott der Religion

Doch ist unter diesen Voraussetzungen nicht jeder teogonische Vorgang eine fortgesetzte und wiederholte Ausübung der Vermenschlichung? Feuerbach greift hierzu auf historische Zeugnisse zurück. Die Geschichte der Religionen belegt, dass sich nicht nur die Prädikate verändern, sondern dass sie im Nachhinein als grobe Anthropomorphismen betrachtet werden, als Übergangsphasen bei der Entdeckung des wahren Gottes. Jede Religion verteidigt notwendigerweise ihren Gott als den eigentlichen Gott und sieht mit Misstrauen auf die fremden Götter wie auf Idole, als wären sie privat und falsch. Die institutionalisierten Religionen rivalisieren miteinander, weil sie nach Ausschließlichkeit streben; weil sie jedoch unfähig zur Selbstdistanzierung sind, sind sie im Angesicht ihrer selbst dogmatisch (vgl. GW 5, 27).

Doch wäre es tatsächlich möglich, das Subjekt allein zu begreifen, ohne Prädikate, und Gott von allen Anthropomorphismen zu reinigen, jenseits der menschlichen Sprache und der menschlichen Erkenntnismuster? So wie ein Wesen, dessen Existenz unbezweifelbar ist, jedoch mysteriös und unerreichbar? Dies war der Weg, der von der negativen Theologie verfolgt wurde. Aufgrund der

Einsicht, dass das menschliche Wissen unfähig ist, das Unendliche zu erkennen, dass die menschliche Sprache unzureichend ist, weil sie sich mit Einzelheiten befleckt vorfindet, um das Transzendente *als solches* durch den Verzicht auf jede Vermittlung zu erreichen, immer endlich und projektiv, verneint die negative Theologie alle göttlichen Namen. Von Gott könne nichts Positives gesagt werden, sondern lediglich Negatives, fortlaufend behauptend, dass er „nicht A ist", „nicht B ist", „nicht C ist", bis die göttliche Gegenwart in sich selbst in einer graduellen Annäherung erreicht wird. Die *unio mystica* wäre der endgültige Moment dieser direkten Zusammenkunft des Gläubigen mit Gott. Nun ist jedoch die *via negationis* paradox, da sie zum einen die Unerkennbarkeit Gottes anerkennt, aber im Gegensatz dazu eine direkte Einsicht jenseits der menschlichen Kategorien und jeder Diskursivität anstrebt. Indem der Mystiker die Unerkennbarkeit Gottes durch das Wort und das Bild hervorhebt, begibt er sich in einen Teufelskreis, der Gott als Wirklichkeit setzt und Gott zugleich nicht setzt und ihn so in letzter Instanz auf eine Null und eine Leere reduziert: auf bloßes Sein und zugleich auf Nichts (vgl. GW 5, 49f.).

Gegen die positive Theologie benutzt Feuerbach noch schärfere Argumente. Als legitimierender und rechtfertigender Diskurs über die Existenz Gottes begreift die Theologie, die ein Akt der Vernunft ist, Gott als intellektuelles Erfordernis und als Stützpunkt einer allumfassenden Konzeption der Wirklichkeit und bestimmt ihn, indem sie jene abstrakten und universellen Prädikate wählt, die ihn als Fundament, als erster Anfang, als *causa sui*, Intelligenz, Wille usw. bezeichnen. Der theologisch bewiesene, metaphysische Gott ist ein reines *ens rationis*, eine Idee der Vernunft, ein Grenzbegriff des Verstandes. In seiner beherzigten Anzeige gegen die metaphysische und dogmatische Theologie unterstreicht Feuerbach den Kontrast zwischen diesem theoretischen – universellen, unempfindlichen, autonomen und notwendigen – Gegenstand und dem persönlichen, gerechten, guten, weisen und barmherzigen Wesen. Als rationale Rechtfertigung des Glaubens ist die Theologie eine Zensur des Gefühls und ein toter Glaube. Aber der Gläubige bleibt teilnahmslos gegenüber diesem unpersönlichen Wesen, das ihn weder für sich einnehmen noch befriedigen kann: „Die Religion begnügt sich nur mit einem *ganzen, rückhaltlosen* Gott. Die Religion will nicht eine bloße Erscheinung von Gott; *sie will Gott selbst, Gott in Person.*" (GW 5, 52) Der Gott des Gläubigen ist menschlich, sensibel, bereichert mit Bildern und hat das ureigene Leben eines Individuums. Er erkennt ihn nur, wenn er ihm nahe ist, wenn er sein Gebet an ihn richten kann, sein Wort hört, Hilfe erbittet und seinem Beispiel folgt, als eine tatsächliche Gegenwart, ein Wesen aus Fleisch und Blut. Daher akzeptiert der Gläubige, dass Gott emotionale Verhaltensweisen hat, wie Handlungen des Mitleids und der Liebe, aber auch der Strafe, der Gerechtigkeit oder selbst des Zorns. Denn er ist meinesgleichen, ein Du. Außerhalb der Beziehung, in der er für mich ist, ist er nichts an sich. Religion ist eine Verbindung zwischen Personen, *religatio*.

Feuerbach führt immer mehr die religiöse Spontanität auf eine Manifestation der Sinnlichkeit als Energie, „Fleisch und Blut", Hitze und Feuer zurück, welche die kalte Logik des Verstandes zum Überborden bringt: „Die Religion ist wesentlich Affekt" (GW 5, 63). Feuerbach verteidigt selbst mit rhetorischer Absicht diesen naiven, aber ehrlichen Anthropomorphismus, der sich im lebendigen Gott verbirgt, der keinen Beweis nötig hat und der die Erbarmungslosigkeit anklagt, die sich hinter dem formalen Glauben verbirgt. Indem er eine seit seinem Buch über Pierre Bayle wiederkehrende These aufnimmt, schmäht er die Theologen mit den gefürchteten Beinamen des Skeptizismus, der Ungläubigkeit, der Unreligösität – kurz, des A-theismus (vgl. GW 5, 49f.). Damit ist die zentrale Trennung in der Schrift *Das Wesen des Christentums* vorbereitet: zwischen dem wahren (anthropologischen) Wesen und dem unwahren (theologischen) Wesen der Religion.

5.3 Kritischer Teil: Die Ambivalenz des religiösen Bewusstseins

5.3.1 Von der Vergegenständlichung zur Entfremdung

Wenn wir unter den vielen Bestimmungen dieses Kapitels eine hinlänglich anschauliche Position von Feuerbach suchen, dann finden wir sie im Folgenden: „Die Religion [...] *ist das Verhalten des Menschen zu sich selbst* oder richtiger: *zu seinem* (und zwar subjektiven) *Wesen, aber das Verhalten zu seinem Wesen als zu einem andern Wesen.*" (GW 5, 48) Religion ist in letzter Instanz eine Form der Selbstbeziehung, ein menschliches Verhalten, das auf einer Verdoppelung des Bewusstseins gründet. Während die Verdoppelung des Bewusstseins eine natürliche Wurzel hat, wird das Selbstbild gesetzt und außerhalb von sich gesucht, bevor es als eigenes Produkt anerkannt ist. Es ist ein typischer Zug eines infantilen Stadiums, eine normale Phase des Wachstums, die ebenso auf ontogenetischer wie auf phylogenetischer Ebene belegt ist. Die Gedanken werden veräußerlicht und den Dingen zugesprochen, als wären sie selbst die Bestandteile der Dinge. Ebenso wie die Kinder lebt der Primitive in Welten aus Persönlichkeiten, Erzählungen, Legenden und Geschichten. In den Religionen enthüllt sich derselbe Prozess: Im Animismus werden die nicht-menschlichen Naturkräfte in Personen verwandelt, im Theismus (Polytheismus oder Monotheismus) sind die Götter bereits Personen. In den Naturreligionen wird die Persönlichkeit auf die sinnlichen Gegenstände projiziert, wobei die Eigenschaften vergöttlicht werden und nicht die Dinge selbst. In den anthropomorphen Religionen, in denen die Götter übersinnlich und übermenschlich sind, wirkt etwas im Innern des Bewusstseins zurück und wird im Bewusstsein vergöttlicht und die Vermenschlichung umfasst zugleich das Subjekt und die Attribute; hier ist die doppelte Vermenschlichung ein einzigartiger Akt.

Die Einbildungskraft nimmt eine vorherrschende Rolle in der Herstellung der Bilder ein – Kennzeichen, Symbole und Beschreibungen, welche die Welt der Götter bevölkern und durch die das Bewusstsein, in dem es sich veräußerlicht, sich selbst in sinnliche Gestalten versinnbildlicht. Daher behalten sie, obwohl in die transzendente Sphäre versetzt, noch immer eine Verbindung mit der empirischen Wirklichkeit, selbst wenn sie fern und indirekt ist. Doch weil der Subjektivität aufgrund der Unbewusstheit des Prozesses die Fähigkeit fehlt, das Bild vom Gegenstand zu unterscheiden, das Subjektive vom Objektiven, die Vorstellung von der Wirklichkeit, ist sie unfähig, sich von der Dualität der Ebenen, in die sie involviert ist, zu lösen, und neigt dazu, an ihr gefesselt zu bleiben. Und indem die religiöse Haltung, die in der inneren Sphäre eingeschlossen und immun gegenüber dem Vergleich mit der Wirklichkeit ist, in diesem Stadium der Verwirrung zwischen der Innerlichkeit und der sensiblen Welt verharrt, ohne dass die Vernunft an den Punkt gelangt, sich selbst aufzuklären, gerät sie in einen fortlaufenden Zirkel der Entfremdung, der die Situation einer psychischen Krankheit erreichen kann. Die Unkenntnis der Vergegenständlichung ist für Feuerbach nicht selbst die Entfremdung, aber der entfesselnde Faktor der Entfremdung. Die gesamte Evolution des religiösen Bewusstseins, sei es im Leben der Völker, sei es im Leben des Individuums, folgt einem absteigenden Verlauf. Im geschichtlichen Gang neigt sie dazu, die Frische der ersten Zeiten zu verlieren, um sich zu intellektualisieren und zu institutionalisieren. Dabei können sich die ersten Symptome in eine chronische Krankheit verwandeln.

Die Entfremdung kann – ebenso wie eine Krankheit – als ein klinisches Bild diagnostiziert werden, das verschiedene Ursachen in verschiedenen Wirkungsgraden verbindet, die jedoch alle aus der Entzweiung zwischen Individuum und Wesen hervorgehen. Die Natur des menschlichen Wesens findet sich in der Lage, sich innerlich dessen bewusst und ein Element der Gattung zu sein, beziehungsweise darin, auf subjektive Weise eine unendliche, objektive und universale Macht in sich zu finden. Zur gesunden Vernunft gehört die klare Unterscheidung zwischen der endlichen Existenz, welche die Eigenheiten des Individuums definiert, und dem unendlichen Wesen, das allen angehört. Bewusstsein und Wesen – das Subjektive und das Objektive – sind die beiden Gesichter des Gattungslebens, des allgemein Menschlichen.

Feuerbach zieht zwei Hauptkonsequenzen aus seiner generellen Typologie der Entfremdung. Die erste ist anthropologischer Ordnung. Sobald sich die Hypostasierung der Prädikate in einem Subjekt ergibt und dieses als unabhängig vom Menschen existierend gesetzt wird, ergibt sich auch die Umkehrung des Status: „Der Mensch – dies ist das Geheimnis der Religion – vergegenständlicht [...] sein Wesen und macht dann wieder sich zum *Objekt* dieses vergegenständlichten, in ein Subjekt verwandelten Wesens; er denkt sich, ist sich Objekt, aber als *Objekt eines Objekts*, eines *andern* Wesens." (GW 5, 71) Wenn das Bewusstsein von sich die Gegenwart des Universellen verliert wird das reale Du abgewertet oder sogar unterdrückt. Das Du wird in ein anderes Wesen gesetzt, das die Menschheit als unendlicher Horizont der Möglichkeiten der Verwirklichung substituiert. Dadurch, dass es sich dem Universalen entzieht und vom Gefühl für die Gegenwart des Unendlichen ablässt, isoliert sich das Individuum vom Leben der Gattung, entmenschlicht es sich. Dies führt zum Einschluss in sich selbst, zum Misstrauen gegenüber der Welt und zur Hypertrophie der Individualität. Denn Bewusstsein ist bewusst-Sein und der Verlust der Menschheit ist zugleich Verlust des Seins. Dadurch, dass es das Unendliche in ein anderes Sein setzt, das privat ist, verliert sich das ganze Potenzial der Wesenheit. Die Öffnung zur Gesamtheit ist blockiert, die Weltsicht ist in ihrem Horizont begrenzt. Das religiöse Erlebnis ist notwendigerweise begrenzter als die rationale und sinnliche Existenz, die zur Welt geöffnet ist.

Die zweite Konsequenz ist moralischer Ordnung. Das kritische Urteil, dass das Positive und Negative unterscheidet, setzt das Gute in Gott und lässt die Kehrseite, die Gemeinheit, auf den Menschen zurückfallen (vgl. GW 5, 68f.). Gott erscheint also nicht nur als ein anderes Wesen, sondern er wird hierarchisch höhergestellt, und nicht nur gegenüber dem Einzelnen, sondern auch gegenüber dem Menschen im Allgemeinen. Er ist eine geläuterte Wesenheit, nicht nur von den individuellen Schranken abgelöst, sondern von den Grenzen der gesamten menschlichen Gattung. Wenn sich ein individueller Mangel auf die Gesamtheit der Menschen ausbreitet, wenn ein privater Defekt nicht als solcher angenommen, sondern als Defekt aller verallgemeinert wird, dann ist die moralische Entzweiung bereits angelegt. Der Kontrast zwischen Barmherzigkeit und Gemeinheit, Vollkommenheit und Unvollkommenheit, Macht und Ohnmacht gewährleistet die Hierarchie zwischen dem Höherem und dem Niederen. Der Unterschied im Status zwischen Herr und Untertan wiederholt diese Abstufung mit einer sozialen und politischen Konnotation. Gott besitzt alles das, was der Mensch nicht besitzt.

Dieses Gefälle führt zu der Aufsplitterung zwischen Sein und Sollen und in letzter Instanz zu der Umwandlung unbedeutender Fehler in Zeichen des allgemeinen Bösen, wie der Ursünde oder des grundsätzlichen Verfallenseins der menschlichen Natur. Die Sünde ist das Zeichen einer nicht zu überwindenden Kluft, ein eigentümliches Stigma der menschlichen Natur, das sich erblich überträgt. Eine ontologische Fehlerhaftigkeit, welche die Verehrung Gottes einfordert oder die Wiedergutmachung durch eine göttliche Hilfe erhofft. Weil er nicht so ist, wie er sein sollte, unfähig sich selbst zu retten, ist der Sünder von Mitleid und Barmherzigkeit abhängig. Im Disput zwischen Augustinus und Pelagius findet Feuerbach nur scheinbare Differenzen. Auf der Verteidigung zu beharren, dass mit Adam die gesamte Menschheit gesündigt hat und dass die menschliche Gattung eine Masse ist, die von diesem Punkt ab so verurteilt ist, dass sich ohne das Eingreifen der göttlichen Barmherzigkeit kein Mensch der Strafe entziehen kann; oder zu behaupten, dass die Sünde Adams nicht die Fähigkeit zum Guten belastet, aber dass dieses schlechte Beispiel die redliche Handlung des Menschen erschwert, ist im Grunde gleichgültig: beide Positionen kommen darin überein, das Böse in den Menschen zu setzen (vgl. GW 5, 69 f.). Je mehr diese theologischen Lehren versuchen, das Verdienst des Menschen auszulöschen, gelingt es ihnen nicht, den in ihm gegenwärtigen Sinn für das Gute zu vernichten. Durch das Erfassen eines *summum bonum* inkarnierte der Mensch das moralische Bewusstsein, das er im zwischenmenschlichen Umgang ausgebildet hat. Es handelt sich schließlich um eine Rotationsbewegung: die Quelle des Guten wird außer sich gesetzt, um erneut aus ihr zu trinken; die moralische Entzweiung unterliegt erneut einer Tautologie (vgl. GW 5, 72 f.), denn es ist absurd, das Gute zu erkennen und zugleich nicht die Veranlagung dafür zu haben, als ob man die Schönheit erkennen könnte, wenn man des ästhetischen Urteils beraubt ist.

5.3.2 Die Bestätigung des Egoismus oder die Religion als Kompensation

Das Ende des Abschnitts *Das Wesen der Religion im allgemeinen* ist ein überraschender Abschluss, der die regressive Bewegung der anthropologischen Ausrichtung radikalisiert. Feuerbach nutzt seine bemerkenswerte Gabe tiefenpsychologischer Analyse und macht einen weiteren Schritt in der Entdeckung der Beweggründe der Religion. Zu den ausführlich behandelten Aspekten – im Umkreis der Entzweiung des Bewusstseins – fügt er die Frage hinzu, was im Grunde der letzte Anstoß zur Entzweiung war. Diese Frage eröffnet ein neues Problem: was ist der letzte Grund dieses Prozesses? Seit dem Beginn der „Einleitung" bestand eine Undeutlichkeit in der Formulierung zwischen dem Wesen der Religion und dem Wesen des Menschen. Die Verbindung zwischen Bewusstsein und Selbsterkenntnis reichte nicht aus, um auf vollständige Weise das „Warum?" zu begründen; sie erklärte das „Wie", aber erhellte weder den Ursprung der Entfremdung noch die Erhaltung des religiösen Gefühls. Die Wurzel der Religion reicht jetzt in die praktisch-vitale Sphäre, denn Gott ist keine vollkommene Schöpfung, in einem einzigen Moment und ein für allemal, sondern muss in einem fortlaufenden Prozess der Schöpfung stets wiederbelebt werden, was in zwei entgegengesetzten, aber komplementären Bewegungen geschieht.

Eine Bewegung ist negierend: Der Mensch geht von sich selbst aus, um in Gott einen Teil seiner Eigenschaften zu legen, wobei er alles, was er in Gott legt, von sich selbst verneint. Diese Negation wird von dem Gesetz bestimmt „je mehr desto weniger": die umgekehrte Proportion zwischen Verarmung und Bereicherung, Winzigkeit und Größe, Unfähigkeit und Allmacht, Passivität und Aktivität, Elend und Reichtum (vgl. GW 5, 65 f.). Aber weil diese Negation weder desinteressiert ist noch frei von Gegensätzen, ist sie von einer Bewegung trügerischer Affirmation begleitet: Es ist in meinem Interesse, denn Gott ist für mich und nicht gleichgültig gegenüber meiner Existenz; je mehr er für sich ist, umso mehr kann er für mich tun. Die Vergrößerung Gottes ist nützlich für mich; die Weisheit hilft mir in meiner Unwissenheit, die freie Tathandlung in meiner Unfähigkeit, die Allmacht in meinen Schwierigkeiten. Der Mensch verneint sich, um sich erneut zu behaupten. In der Genese ist sein Ich auf sich selbst zentriert, der Egoismus: „Gott also die *Selbstbefriedigung* der eigenen, gegen alles anderen mißgünstigen Selbstischkeit, Gott der *Selbstgenuß des Egoismus.*" (GW 5, 67) Feuerbach gibt für dieses instabile Gleichgewicht zwischen dem Realen und dem Idealen eine annähernd ökonomische Erklärung, eine persönliche Bilanz hinsichtlich der Gewinne und der Verluste, eine Rechnung: ich verliere, um mehr zu gewinnen, unter der wohltuenden Voraussicht noch größerer Vorteile.

Ein Beispiel im entgegengesetzten Sinn könnte dem Klosterleben entstammen, das ein Modell für die Entbehrung irdischer Güter ist, eine einsame Zurückhaltung von den weltlichen Versuchungen, insbesondere den sexuellen. Doch was die Mönche auf der Erde zurückweisen, indem sie sich für die Keuschheit entscheiden, soll auf hervorragende Weise in einem Himmel entschädigt werden, wo die himmlische Jungfrau einen führenden Platz in der göttlichen Familie besetzt (vgl. GW 5, 65). Der Wunsch nach der menschlichen Frau wird sublimiert durch die Verehrung der Figur der mütterlichen Keuschheit. Strenggenommen sagt sich der Asket nicht von den Sinnen und vom Körper los, sondern verschiebt nur diese weltlichen Freuden und wartet darauf, sie in Vollkommenheit zu genießen: *„Je mehr das Sinnliche negiert wird, desto sinnlicher ist der Gott, dem das Sinnliche geopfert wird."* (GW 5, 65 f.)

Der Egoismus erklärt zudem die wachsende Neigung zum Sentimentalismus der religiösen Haltung und auch die wachsende Persönlichkeit Gottes, die dessen Korrelat ist. Gott wird in seiner Wesenheit immer mehr zu einem dem Menschen ähnlichen Wesen – er denkt, handelt und fühlt, hat Willen und macht Pläne –, aber zugleich wird er dem Menschen auch immer unähnlicher durch den Status der Prädikate, die in einen exzessiven hyperbolischen Rang erhoben werden: „Allein diese Selbstverneinung ist nur Selbstbejahung. Was der Mensch sich entzieht, was er an sich selbst entbehrt, genießt er nur in um so unvergleichlich höherem und reicherem Maße in Gott." (GW 5, 65) Dieser Kreislauf, der das Fließen der religiösen Strömung erhält, ist zweifach, zentrifugal und zentripetal, so wie der zweifache Verlauf der Blutzirkulation in der Systole und Diastole (vgl. GW 5, 73). So wie das Herz den Fluss des Blutes in die Arterien ausstößt, den ganzen Körper gleichsam bewässert und danach das Blut von den Venen wieder empfängt, so verhält sich der Mechanismus der Systole und Diastole zur Oszillation zwischen der fortwährenden Produktion des Göttlichen und der imaginären Selbstkompensation. Aber im Gegensatz zum Erhalt des Lebens, das auf einem Stoffwechsel gründet, gleichen sich der Selbstverzicht und die Kompensation in Gott nicht aus und führen zu einer auffälligen Schwächung. Die kompensatorische Funktion fordert einen immer reicheren Gott – Hypersubjektiv und auf das Äußerste persönlich – und einen immer abhängigeren und passiveren Menschen.

Die religiöse Sprache verwandelt das Aktive in das Passive. In diesem zwischenmenschlichen Kreislauf der Abhängigkeit beraubt sich der Mensch, um Dasjenige in einem erhöhten Grad in Gott zu setzen, was sein Eigentum ist – sein Wesen. Daher spricht er und betet er zum ihm wie zu einer anderen Person. Und er ruft diesen Gott an, um sich in ihm zu betrachten, um geliebt zu werden, angenommen zu werden und durch ihn Vergebung zu erhalten. Die Dynamik der Entfremdung ist eine rezessive Spirale des Verlusts, die, um sich auszugleichen, ein Medikament mit immer höherer Dosis verlangt. Der Mensch erniedrigt sich und erhebt sich zur selben Zeit. Ich liebe Gott und werde von ihm geliebt, aber die Weise wie er mich liebt (die Qualität seiner Liebe) ist unvergleichbar erhaben, so dass ich nicht fähig bin, ihr zu entsprechen: Gott muss der Tatkräftigste sein.

Aber in dieser Tathandlung muss Gott, in widersprüchlicher Weise, zugleich eine passive Subjektivität sein, damit er mich so akzeptiert, wie ich bin und mich als Ziel seiner Handlung anerkennt. Dieser Austausch von Gefälligkeiten ist von höchstem Interesse für den Menschen. Die individuelle Glückseligkeit erfordert einen Gott, der abgesehen davon, dass er nicht gleichgültig ist, wirklich dieses Ziel will und der das Wohl des Menschen in seine Absichten und in seine Handlungen mit einschließt. Das Wohl des Menschen ist somit ein Teil des göttlichen Plans: „Der Mensch bezweckt Gott, aber Gott bezweckt nichts als das moralische und ewige Heil des Menschen, also bezweckt der Mensch nur sich selbst. Die göttliche Tätigkeit unterscheidet sich nicht von der menschlichen." (GW 5, 72) Der Mensch ist der Anfang und das Ende Gottes. Nie gelangt er aus diesem Kreislauf heraus. So bestimmt Feuerbach in der Schlussfolgerung des Kapitels die Wurzel der Religion als Praxis. Der Hauptpunkt des Interesses für Gott, der die Suche nach der religiösen Haltung durch die Befriedigung seines Wohlseins und seiner Vollkommenheit vereint, ist der Höhepunkt des Egoismus und des Anthropozentrismus.

Hieraus wird deutlich, wie verzerrt die verbreitete Vereinfachung der Erklärung Feuerbachs vom Ursprung der Transzendenz als Projektion des menschlichen Wesens im göttlichen Wesen ist. Die Lesart ist einseitig, weil sie nur die Ausstoßbewegung des Subjekts im Objekt beachtet, aber dabei die komplementäre Bewegung der Selbstanziehung vergisst. Die Religion ist, wie dieses Kapitel treffend zeigt, immer zirkulär. Der Mensch rettet einen Teil seines objektivierten Wesens, wenn auch nur teilweise, und fordert es, wenn auch nur illusorisch, wieder zurück.

5.4 Die Philosophie der Religion: Diagnose und Therapie einer Illusion

In dem einleitenden Abschnitt über *Das Wesen der Religion im allgemeinen* präsentiert Feuerbach seinen Begriff der Religionsphilosophie, wobei er als erklärendes Bezugsfeld die Korrelation zwischen Wesenheit und Bewusstsein vorzuweisen hat. Religion ist ein synthetisches Phänomen, nicht analytisch, vielschichtig und nicht einfach, das einen subjektiven Pol (die Haltung, die das Bewusstsein und ihre Objekte miteinander in Beziehung setzt) und einen objektiven Pol (die Stellung der transzendenten Inhalte, Gebilde der Darstellungen und Figurationen göttlicher Wesen) miteinander verbindet. In der Unterscheidung zwischen der subjektiven Seite (dem Glauben) und der objektiven (dem Göttlichen) liegt die Originalität der Ausrichtung Feuerbachs auf der Suche nach dem tiefsten Entstehungsgrund der Religion, um sie als fleischgewordene Tatsache und *in nuce* zu fassen. Indem Feuerbach das Wesen der Religion mit dem Wesen des Menschen zusammen bestimmt, zeigt er, dass die Gegenwart der Darstellung einer oder mehrerer übermenschlicher Einheiten im Bewusstsein nur ein unvollkommenes Bewusstsein von sich selbst widerspiegelt und dass die Beziehung zur Transzendenz immer noch eine immanente Beziehung des Individuums zu dem Bewusstsein der Gattung ist. Wenn es darum geht, im menschlichen Bewusstsein das endliche Bewusstsein von sich als Individuum mit dem Bewusstsein der unendlichen Kräfte der Gattung in Übereinstimmung zu bringen, wird verständlich, dass dies in der Annahme eines zugleich privaten und allgemeinen Wesens, in dem empirische Individualität und überindividuelle Universalität zugleich existieren, geschehen kann, dass eine mangelnde Selbsterkenntnis diese Verbindung unterbricht und durch eine übertriebene Verallgemeinerung die individuelle Endlichkeit in die Endlichkeit der gesamten Gattung umgewandelt wird.

Weil aber der Mensch tatsächlich nicht sein Wesen überschreiten kann, das sein Grund und sein Ziel ist, das Maß und das letzte Kriterium der Wahrheit und des Lebens, welches das gesamte Feld seiner Denkhandlungen umschreibt, des Wollens und des Fühlens, ist die Entfremdung, die aus dem mangelnden Bewusstsein hervorgeht, nicht unumkehrbar. Die Enttäuschung kann durch das Licht der Erklärung überwunden werden: „Erklären heißt begründen" (GW 5, 189). Wie ein reflektiertes Bild auf der Oberfläche eines Spiegels erhalten die göttlichen Wesenheiten, abgesehen von dem Unterschied, die Ähnlichkeit mit dem Menschen und senden sie als imaginierte Verdoppelungen zurück zum Original. Die Enthebung dieser Wesenheiten von der Wirklichkeit, durch die übertriebene Verbildlichung ihres menschlichen Inhalts (durch die Identität der Prädikate), hat Folgen in theoretischer Hinsicht, aber auch praktisch in Bezug auf die Befreiung. Durch die Übersetzung des Bewusstseins vom Menschen, das der Mensch in seinem Wissen von Gott hat, wird die in ihm verborgene Menschlichkeit in ihrer Durchsichtigkeit hervorgebracht. Die Theorie des Bewusstseins erfüllt die Funktion eines philosophischen Fundaments und einer kritischen Waffe. Zur neutralen Hermeneutik, die das deskriptive (analytische und genetische) Moment erfüllt, fügt sich die Diagnostik und die therapeutische Vorschrift durch die gesunde Vernunft – das Leben in Bezug auf die Welt und auf die anderen Menschen. Deshalb setzt Feuerbach Vernunft und Religion gegeneinander als verschiedene, aber nicht unvereinbare Richtungen, und vermeidet es damit, zwei Klassen von Menschen einzuführen, was einen unannehmbaren Dualismus innerhalb der menschlichen Gattung herstellen würde. Der Unterschied zwischen Vernunft und Glaube ist psychologischer Ordnung. Indem sie kontrastiert werden, ohne jedoch eine unüberwindliche Kluft aufzureißen, legitimiert Feuerbach den Vorsatz seiner Religionsphilosophie als *medicina animae*, die Licht auf die Illusion wirft und sie zur Wirklichkeit hinführt, mit der Absicht, den Reichtum und den unbedingten Wert der weltlichen und gemeinschaftlichen Existenz zu rühmen.

Bereits in der ersten Ausgabe von 1841 zeigt sich Feuerbachs besondere Aufmerksamkeit für die Mechanismen der Subjektivität. Nicht reduzierbar auf die Ebene des Bewusstseins, verstanden als Gefühl der Passivität, sind der Affekt, das Herz, die unbestreitbaren Zeichen einer fortschreitenden Anerkennung der Sinnlichkeit in der anthropologischen Konzeption. Die Religion hat zuallererst keine Erkenntnisfunktion, als Konzeption der Welt, sondern ist als vitale Kompensation eine Garantie für die Erfüllung der menschlichen Wünsche der Glückseligkeit und der Erlösung. Es ist die unbewusste Antriebskraft der Impulse des Herzens, die das Bewusstsein bewegen und es dazu führen, die natürliche Ordnung umzukehren. Die sinnlichen Operationen der Einbildungskraft und die Sphäre der Gefühle erhalten im Verlauf des Buches immer tiefergehende Ausarbeitungen, die eine Anthropologie des sinnlichen Menschen verkünden.

Um *logos* und *pathos* in einer Vision des *ganzen Menschen* zu versöhnen, muss Feuerbach eine durch das Bewusstsein geformte Anthropologie mit einer Onto-Anthropologie überwinden, die auf der Existenz gegründet ist. In dieser Kehre, die etwa um 1842/43 erfolgt, verliert das Wesen die Funktion der Referenz für das Bewusstsein und wird durch die konkrete Gattung ersetzt, die auf sinnliche Weise in der Vielzahl der Individuen und deren Beziehungen zueinander entfaltet ist. Die Gattung wird immer mehr zum gemeinschaftlichen Raum der Verwirklichung der menschlichen Wesenheit. Daher können sich in der Immanenz der zwischenmenschlichen Beziehungen die Wünsche, die bisher in das Jenseits projiziert wurden, im sinnlichen Wesen inkarnieren und auf die Erde gelangen, um auf ihr eine neue Religion zu gründen.

Literatur

Amengual, Gabriel (1980): Crítica de la religión y antropología en Ludwig Feuerbach. La reducción antropológica de la teología como paso del idealismo al materialismo, Barcelona.

Barata-Moura, José (1991): Esclarecer significa fundamentar. Alienação e Alteridade em A Essência do Cristianismo, in: Pensar Feuerbach, hg. v. J. Barata-Moura und V. Soromenho-Marques, Lisboa.

Berner, Christian (1991): Substantialisation et substantivation: la syntaxe de l'objectivation religieuse chez Feuerbach, in: Revue de Métaphysique et de Morale 96, 395–406.

Braun, Hans-Jürg (1972): Die Religionsphilosophie Ludwig Feuerbachs. Kritik und Annahme des Religiösen, Stuttgart-Bad Cannstatt.

Harvey, Van Austin (1995): Feuerbach and the Interpretation of Religion, Cambridge.

Sass, Hans-Martin (1990): Ludwig Feuerbach und die Zukunft der Philosophie, in: Ludwig Feuerbach und die Philosophie der Zukunft, hg. v. Hans-Jürg Braun, Hans-Martin Sass, Werner Schuffenhauer und Francesco Tomasoni, Berlin, 15–35.

Serrão, Adriana Veríssimo (1999): A Humanidade da Razão. Ludwig Feuerbach e o Projecto de uma Antropologia Integral, Lisboa.

— (2008): Criar e recriar o divino. A humanidade da religião segundo Ludwig Feuerbach, in: A Questão de Deus na História da Filosofia, hg. v. M. Leonor Xavier, Lisboa, 617–629.

Tomasoni, Francesco (2011): Ludwig Feuerbach. Biografia intellettuale, Brescia.

Manuela Köppe
6 Das Wesen Gottes (Kap. 3–5)

6.1 Voraussetzungen zur Fassung vom Wesen Gottes: Auflösung der Theologie in Anthropologie

Im 1841 erstmals erschienenen *Wesen des Christentums*, mit dem Ludwig Feuerbach „eine neue Epoche der Religionsphilosophie eröffnet hat" (Feuerbach 1996, VIII), geht er, speziell in den Kapiteln 3 bis 5, auf Gott als Gesetz, als Wesen des Verstandes ein, bestimmt Gott als moralisches Wesen oder Gesetz und kennzeichnet Gott als Liebe, als Herzenswesen. Mit dem dritten Kapitel beginnt zugleich auch der erste, wesentlich umfangreichere Teil seines Werkes, den er anfänglich, d. h. in der Erstauflage, mit den Worten überschrieben hat *Die Religion in ihrer Uebereinstimmung mit dem Wesen des Menschen* (Feuerbach 1841, 37) – eine Überschrift, die er ab der zweiten Auflage präziser fasste als *Das wahre, d. i. anthropologische Wesen der Religion* (Feuerbach 1843, 48 bzw. Feuerbach 1849, 65) – während er im zweiten Teil *Die Religion in ihrem Widerspruch mit dem Wesen des Menschen* (Feuerbach 1841, 248) darstellt, eine Überschrift, die in der zweiten Auflage ebenfalls einen neuen Wortlaut trägt: *Das unwahre, d. i. theologische Wesen der Religion* (Feuerbach 1843, 275 bzw. Feuerbach 1849, 254).

Mit dem Grundgedanken seines Hauptwerkes, der Auflösung der Theologie in Anthropologie, entschlüsselt Feuerbach die bisherige christliche Religion und setzt sich bewusst religionskritisch und religionsphilosophisch mit einzelnen theologischen und religiösen Begriffen sowie den kirchlichen Dogmen auseinander. Um die Richtigkeit seines neuen Grundgedankens nachzuweisen, geht er auf unterschiedlichste Autoren ein, nimmt ihre Lehren zur Kenntnis, rezipiert aus deren Werken und wurde dadurch auch in die Lage versetzt, den *Anhang* in den beiden Nachauflagen zum *Wesen des Christentums* von 1843 und von 1849 um zahlreiche *Anmerkungen und Beweisstellen* zu erweitern. So werden beispielsweise die beiden frühchristlichen Apologeten Tertullian (um 160–um 220), mit seinem polemischen Traktat *Adversus Praxean*, in dem er die Trinitätslehre verteidigt, und Marcus Minucius Felix (um 200) herangezogen. Letztgenannter hatte mit *Octavius* einen religiösen, in Dialogform dargebotenen Disput verfasst, der sich aus den Angriffen des Heiden Caecilius gegen das Christentum und der Verteidigungsrede des Christen Octavius für seinen Glauben zusammensetzt (vgl. Aris und Müller 2018, 1035–1040). Den lateinischen Kirchenlehrer Aurelius Augustinus (354–430) zitiert Feuerbach aus dessen Schriften *Contra Academicos*, *Libris retractationum* und *Continens Sermones ad populum et clerum*. Der französische Zisterziensermönch, Theologe und Kirchenpolitiker Bernhard von Clairvaux (1090–1153) findet bei Feuerbach mit mehreren Schriften Erwähnung, von denen der *Tractatus de interiori domo*, der Tractatus *De XII gradibus humilitatis et superbiae* und *Sermones super cantica canticorum* genannt werden können. Petrus Lombardus (um 1095–1160) wurde besonders durch sein Hauptwerk, die *Libri Quattuor Sententiarum*, bekannt, mit denen er das Wissen der Theologie systematisch zusammenfasste und spekulativ zu durchdringen versuchte. Von den „Sentenzenbüchern" zieht Feuerbach in besonderer Weise das vierte Buch heran, welches von den sieben Sakramenten und den letzten Dingen handelt. Beides, die Schriften von Bernhard von Clairvaux und von Petrus Lombardus, hatte Feuerbach bereits bis Ende 1839 studiert. In einem undatierten Brief an Arnold Ruge, der offenbar Ende November 1839 geschrieben worden ist, führt Feuerbach an: „Ich habe zum Behufe meiner Arbeit auch die alte katholische Dogmatik – den Petrus Lombardus, die Konzilienbeschlüsse, den heiligen Bernhard, den langweiligen Ambrosius etc. ganz durchgemacht", weil er damit der „geistigen und politischen Unfreiheit", den „*Illusionen der Theologie*" auf den Grund gehen wollte (GW 17, 383).

Ganz intensiv hat sich Feuerbach, wie er Otto Wigand am 18. Januar 1842 mitteilte, mit „den beiden Matadoren des Christentums" beschäftigt, mit Martin Luther (1483–1546), auf den er mehrfach zurückgreift, und ebenso mit Augustinus von Hippo (354–430; GW 18, 153). Die vielen, teilweise auch sehr ausführlichen Luther-Passagen im *Wesen des Christentums* können nicht losgelöst von Feuerbachs vertiefenden Luther-Studien während der Abfassung aller drei Auflagen des *Wesen des Christentums* betrachtet werden – worunter die drei Abhandlungen *Das Wesen des Glaubens im Sinne Luthers. Ein Beitrag zum „Wesen des Christentums"* (GW 9, 353–412), *Merkwürdige Äußerungen Luthers nebst Glossen* (GW 9, 420–426) und auch der früher Karl Marx zugeschriebene Aufsatz *Luther als Schiedsrichter zwischen Feuerbach und Strauß* (vgl. Sass 1967 sowie Taubert/Schuffenhauer 1975) zu rechnen sind. Für das *Wesen des Christentums* hat Feuerbach „die köstlichsten Belegstellen" (GW 18, 153) gesammelt, mit der dreiundzwanzigbändigen Leipziger Ausgabe von Luthers *Sämtliche Schriften und Werke* (1729–1740) gearbeitet (vgl. GW 5, 89–90, Anm. 7 und 92, Anm. 12) und auch dessen *Konkordienbuch* herangezogen.

Von dem Philologen, Humanisten und reformatorischen Theologen Philipp Melanchthon (1497–1560), einem anfänglich engen Mitarbeiter Luthers, hat Feuerbach die *Declamationes* ausgewertet. Darüber hinaus kannte er auch den *Cosmotheoros* (vgl. Huygens 1698) des holländischen Mathematikers, Physikers und Astronomen Christiaan Huygens (1629–1695) und ging – unter Berufung auf seine eigene, bereits 1833 erstmals publizierte *Geschichte der neuern Philosophie von Bacon von Verulam bis Benedikt Spinoza* – auf den französischen Philosophen Nicolas Malebranche (1638–1715) und dessen Hauptwerk *De la recherche de la vérité* ein (vgl. den gesamten Abschnitt über die *Darstellung der Philosophie Malebranches* in GW 2, 329–361).

Nicht zuletzt zieht Feuerbach Immanuel Kant (1724–1804) mit seinen beiden Schriften *Critik der practischen Vernunft*, wobei er ihn aus der vierten, in Riga erschienenen Auflage von 1797 zitiert, und dessen *Vorlesungen über die philosophische Religionslehre* (1817) heran. Und auch der Schweizer Theologe Johann Caspar Lavater (1741–1801) wird erwähnt; Feuerbach zitiert ihn mit den Worten: „,Wir bedürfen', sagt, ganz richtig im Sinne der Religion, Lavater irgendwo, ,einen willkürlichen Gott.'" (GW 5, 112, Anm. 1. Vgl. dieses Zitat auch schon ebd. auf Seite 111).

Allein an Hand dieser Aufzählung, die sich nur auf die Kapitel 3 bis 5 des *Wesen des Christentums* bezieht, wird deutlich, was für ein intensives Quellenstudium Feuerbach, der durch die Schule Hegels hindurchgegangen ist, bewältigt hat. Er hat Theologen und Religionskritiker zur Kenntnis genommen und deren Lehren à la couleur intensiv studiert. Nur dadurch konnte er seinen entscheidenden Einwand gegen den bisherigen Gottesglauben anbringen und aufzeigen, dass Gott eine Projektion des menschlichen Wesens ist. Die Fußnoten in seinem Werk und die angeführten *Anmerkungen- und Beweisstellen* lassen deutlich werden, mit welchen Sachkenntnissen Feuerbach ausgestattet war. Sie dienten ihm einerseits zur Argumentation, zur Untermauerung seiner Religionskritik und der Herausbildung seiner neuen Philosophie, stellten andererseits aber auch eine Reaktion auf Kritiker und Rezensenten des *Wesen des Christentums* dar, die an der Rezeptionsgeschichte nachvollziehbar ist. In Bezug auf die von ihm im *Wesen des Christentums* verwendeten Quellen, äußerte sich Feuerbach am 18. Januar 1842 gegenüber seinem Leipziger Verleger Otto Wigand: „Mein Werk wird durch die zweite Auflage bedeutend genauer. Ich habe bereits mehrere Materien tiefer begründet und weiterentwickelt und dabei so klar, daß das Buch den Rang einer *unumstößlichen, evidenten Wahrheit* – einer wissenschaftlichen, und zwar mehr als wissenschaftlichen, *einer welthistorischen Tatsache* bekommen muß." (GW 18, 153, Hervorhebungen von M. K.) Zwei Monate nach diesem Brief, am Karfreitag 1842, geht Feuerbach gegenüber Wigand erneut auf seine vorgenommenen Veränderungen im dritten Kapitel ein: „Die Schrift hat nicht nur formell, sondern auch materiell bedeutend gewonnen; nicht nur der kritische, sondern auch der *produktive* Geist hat zum Schrecken und Ärger der Philisterwelt sein Scherflein dazu beigetragen; gleich das dritte Kapitel: Gott als Verstandeswesen oder die Gottheit des Verstandes ist ein höchst gewichtiger Zuwachs. Selbst schon durch die vielen Belegstellen aus Luther – durch die schließliche Deduktion der neuen

Lehre als die Wahrheit des Protestantismus am Ende der Anmerkungen hat die Schrift eine neue Gestalt und Bedeutung bekommen." (Ebd., 172f.)

Das dritte Kapitel, mit dem er *Gott als Gesetz oder als Wesen des Verstandes* darlegt, beginnt gleich mit den entscheidenden Worten: „Die Religion ist das bewußtlose Selbstbewußtsein des Menschen. In der Religion ist dem Menschen sein eignes Wesen Gegenstand" aber „ohne daß er weiß" – beziehungsweise ‚bisher weiß', möchte man hinzufügen –, „daß es das seinige ist; das eigne Wesen ist ihm Gegenstand *als ein andres Wesen.*" (GW 5, 75) Diese Feststellung wird Feuerbach in der weiteren Folge näher darlegen. Da die Religion „die *Entzweiung* des Menschen mit sich" ist, weil ihm „Gott als ein ihm *entgegengesetztes* Wesen" gegenüber gesetzt wird, er aber in der Religion „sein eignes geheimes Wesen" vergegenständlicht, gilt es nachzuweisen, dass „dieser Gegensatz, dieser Zwiespalt, mit welchem die Religion anhebt, *ein Zwiespalt des Menschen mit seinem eignen* Wesen ist." (GW 5, 75)

Feuerbach geht deshalb zunächst erst einmal auf die von Religionsphilosophen vorgenommene Unterscheidung zwischen Gott und Mensch ein, denen folgende Prädikate zugewiesen werden:

Gott	Mensch
ist nicht, was der Mensch ist	ist nicht, was Gott ist
das unendliche Wesen	das endliche Wesen
vollkommen	unvollkommen
ewig	zeitlich
allmächtig	ohnmächtig
heilig	sündhaft

Gott und Mensch stehen sich als Extreme gegenüber: Gott wird für „das schlechthin Positive" gehalten und als „Inbegriff aller Realitäten" angesehen, während der Mensch als „das schlechtweg Negative", für den „Inbegriff aller Nichtigkeiten" gehalten wird (GW 5, 75).

Im weiteren Verlauf wird deshalb den Fragen nachgegangen, ob Gott und Mensch tatsächlich entzweit sind, ob ein fortwährender Zwiespalt und Widerspruch zwischen ihnen vorhanden ist, ob „Gott wirklich ein *andres* Wesen" (ebd., 76) ist oder hier nicht eine Verkehrung vorliegt. Zunächst definiert Feuerbach aber erst noch einmal, was er unter „Entzweiung" versteht, denn sie kann nur stattfinden „zwischen Wesen, welche miteinander zerfallen sind, aber eins sein sollen, eins sein können und folglich im Wesen, in Wahrheit eins sind. Es muß also schon aus diesem allgemeinen Grunde *das* Wesen, mit welchem sich der Mensch entzweit fühlt, ein ihm *eingebornes* Wesen sein"; dieses Wesen „ist die Intelligenz – der *Verstand. Gott,* als *Extrem* des Menschen gedacht, ist das *objektive Wesen des Verstandes.*" (Ebd.) Mit dieser Betrachtungsweise verringert Feuerbach zugleich auch die bisher bestehende Distanz zwischen Gott und Mensch, weil er den Verstand als das „unverblendete Wesen in uns" (ebd., 77) ansieht; der Verstand ist objektiver Natur, widerspruchslose Einheit, Gesetzestätigkeit, das eigentliche Gattungsvermögen und die übermenschliche, unpersönliche Kraft oder Wesenheit im Menschen.

Was der Mensch verehrt, sind moralische Güter, beispielsweise Weisheit, Güte, Tugend, kurz gesagt: positive, wesenhafte Eigenschaften. Er verehrt in Gott, was er nicht hat und bei sich selbst nicht vorfindet. Was er sich aber wünscht, wonach er sich sehnt, woran er glaubt, worum er im Gebet bittet, was er sich von Gott erhofft und was er sich in seiner Phantasie erträumt, das besitzt Gott bzw. das schreibt er Gott zu. Gott ist damit so, wie der Mensch selbst gerne sein möchte.

Um das Wesen Gottes zu erfassen, muss den Fragen nachgegangen werden, wer oder was Gott sei, wie er bisher gefasst wurde und wie er neu aufzufassen sei. Zur Beantwortung dieser Fragen geht Feuerbach auf die Methode seiner Beweisführung ein, weil es ihm darum geht, inhaltlich richtige, d. h. wirklichkeitsnahe Resultate zu erlangen. Feuerbach führt verschiedenste Belege an: Bei den alten Mystikern, Scholastikern, den Kirchenvätern und auch schon bei den heidnischen Philosophen ist Gott ein „immaterielles Wesen, Intelligenz, Geist, reiner Verstand" (ebd., 79). Wenn man sich aber von Gott als Gott „kein Bild" machen kann, dann bleibt fraglich, ob man sich „von dem Verstande, von der Intelligenz" ein Bild machen kann. Feuerbach wirft daher die entscheidende Frage auf, ob nicht „das Selbstbewußtsein das Rätsel der Rätsel" ist (ebd.). Die Auseinandersetzung mit Gott vollzieht sich im menschlichen Selbstbewusstsein.

Im „Zeitalter des wundergläubigen Autoritätsglaubens machte sich wenigstens formell der Verstand zum Kriterium der Gottheit" (ebd., 82). Gott wurde „ein Bedürfnis des Denkens, ein notwendiger Gedanke – der höchste Grad der Denkkraft" (ebd., 80; vgl. auch 82). Die spekulativen Philosophen und Theologen definierten Gott als das „Wesen, bei welchem sich nicht Existenz und Wesen unterscheiden lassen, welches alle Eigenschaften, die es hat, selbst ist, so daß Prädikat und Subjekt in ihm identisch sind" – „alle diese Bestimmungen sind also auch nur vom Wesen des Verstandes abgezogne Begriffe." (Ebd., 86)

Feuerbach schlussfolgert nun neu: „Wie du Gott denkst, so denkst du selbst – das Maß deines Gottes ist das Maß deines Verstandes." (Ebd., 82) Der Verstand ist damit das „etre [sic] suprême, das höchste Wesen", er kann unter kein höheres Wesen, keine Gattung subsumiert werden, „weil er selbst das oberste Prinzip aller Subsumtionen" ist (ebd., 83 und 86).

Aber bei der verstandesmäßigen Erfassung Gottes kann man nicht stehen bleiben; wenn Feuerbach an späterer Stelle im *Wesen des Christentums* schreibt Gott ist der „personifizierte Gattungsbegriff" des Menschen (ebd., 466), so bringt er damit zum Ausdruck, dass die Gattung Mensch endgültig an die Stelle Gottes getreten ist, „der Begriff der Gottheit fällt mit dem Begriff der Menschheit in eins zusammen". (Ebd., 267) Alle göttlichen Bestimmungen „sind *Gattungsbestimmungen*". Sie mögen zwar „in dem einzelnen, dem Individuum" beschränkt sein, aber „in dem Wesen der Gattung und selbst in ihrer Existenz" sind deren Schranken aufgehoben (ebd.).

6.2 Gott als moralisches Wesen oder Gesetz

Diese Kapitelüberschrift hat Feuerbach erst in der zweiten und dritten Auflage hinzugesetzt und er beginnt den ersten Abschnitt mit den Worten: „Das Wesen des Verstandes, wie es dem Menschen innerhalb der Religion Gegenstand wird, ist Gott als *allgemeines, unpersönliches, abstraktes, d. i. metaphysisches Wesen*, Gott als Gott, Gott als Gegensatz der menschlichen Nichtigkeit." (Ebd., 89) Wie lässt sich aber die in der Religion festgehaltene Kluft, der Gegensatz zwischen Gott und Mensch überwinden? Einerseits verhält sich der Mensch in der Religion zum Wesen des Menschen als einem andern, ihm gegenüberstehenden Wesen, andrerseits verhält er sich zu diesen andern Wesen als dem eignen Wesen. Feuerbach stellt noch einmal heraus, dass in dem Moment, wo „ein andres, vom Menschen unterschiednes Wesen aus Heilsbedürfnis postuliert" wird, zugleich mit der Setzung dieses anderen Wesens das „Verlangen des Menschen *nach sich selbst*", nach seinem eigenen, unmittelbaren Wesen entsteht (ebd., 91).

Feuerbach zieht an dieser Stelle Luther hinzu, der in seinem Aufsatz *Großes Bekenntniß vom Abendmahl Christi. März 1528* geschrieben hatte: „Und wo du einen Ort zeigen würdest, da Gott wäre und nicht der Mensch, so wäre die Person schon zertrennet, weil ich alsdann mit der Wahrheit sagen könnte: Hier ist Gott, der nicht Mensch ist, und noch nie Mensch ward. Mir aber des Gottes nicht; denn hieraus wollte folgen, daß Raum und Stätte die zwei Naturen von einander sonderten und die Person zertrenneten, so doch der Tod und alle Teufel sie nicht könnten trennen noch von einander reißen. Und es sollte mir ein schlechter Christus bleiben, der nicht mehr denn an einem einzelnen Orte zugleich eine göttliche und menschliche Person wäre, und an allen andern Orten müßte er allein ein bloßer abgesonderter Gott und göttliche Person seyn, ohne Menschheit: Nein, Geselle, *wo du mir Gott hin setzest, da mußt du mir die Menschheit mit hinsetzen:* sie lassen sich nicht sondern und von einander trennen, es ist Eine Person geworden". (Zitiert nach Luther 1841, Bd. 8, 169 f.; vgl. auch das gekürzte Zitat in GW 5, 91 – Hervorhebung von M. K.)

Feuerbach zeigt, dass der Mensch sich in der Religion, die „sein höchstes Gut" ist (GW 5, 91, Anm. 5), in Gott befriedigen will und schlussfolgert, es müsse aber „auch noch etwas ganz andres als das Wesen des Verstandes dem Menschen in der Religion Gegenstand werden, wenn er *sich* in ihr befriedigen soll und will, und dieses" – bis dahin noch undefinierte – „Etwas wird und muß *den eigentlichen Kern der Religion* enthalten." (Ebd., 93, zweite Hervorhebung von M. K.) Feuerbach legt die Eigenschaften Gottes in den Menschen hinein, er überträgt quasi die göttlichen Prädikate auf den Menschen. Die Bestimmung, die er hierbei hinzuzieht, ist die der moralischen Vollkommenheit. „Gott ist der Religion als moralisch vollkommnes Wesen Gegenstand. Gott wohnt nur in einem reinen Herzen; nur dem reinen Sinne ist er zugänglich." (Ebd., 94) Gott als moralisches Wesen ist gleichsam eine moralische Instanz für den Menschen, denn „der moralische Gott stellt die Forderung an den Menschen, zu sein, wie er" (ebd., 95, Anm. 1). Selbst Kant habe zum Ausdruck gebracht: „Gott ist gleichsam das moralische Gesetz selbst, aber personifiziert gedacht." (Kant 1817, 135; vgl. GW 5, 95, Anm. 1)

Das „Bewußtsein der moralischen Vollkommenheit", definiert Feuerbach, ist im Grunde genommen nichts andres, „als das Bewußtsein dessen, was ich *sein soll*" (GW 5, 96); wenig später drückt er dies noch einmal präziser und ausführlicher aus, indem er sagt: „die Vorstellung des moralisch vollkommnen Wesens ist keine nur theoretische, friedliche, sondern zugleich praktische, zur Handlung, zur Nacheiferung auffordernde, mich in Spannung, Differenz, Zwiespalt mit mir selbst versetzende Vorstellung; denn indem sie mir zuruft, was ich sein soll, sagt sie mir zugleich ohne alle Schmeichelei ins Gesicht, was ich *nicht bin*" (ebd., 97) – beziehungsweise noch nicht bin, möchte man bei dieser Aufforderung zum praktischen Handeln hinzusetzen.

Es stellt sich somit die Frage: wie gelangt der Mensch zur moralischen Vollkommenheit, wie kann er aus seinem „unheilvollen Zwiespalt" heraustreten? Hier greift Feuerbach – neben der „Macht des Gesetzes, das Wesen des Verstandes" (ebd., 97) – ein neues Moment auf und nimmt die *„Macht der Liebe, das Wesen des Herzens"* (ebd.) als verbindendes Element hinzu, denn was „der Glaube, die Konfession, der Wahn trennt" kann nur die Liebe verbinden (ebd., 100). Sie ist der „terminus medius, das substantielle Band, das Vermittelungsprinzip zwischen dem Vollkommnen und Unvollkommnen, dem sündlosen und sündhaften Wesen, dem Allgemeinen und Individuellen, dem Gesetz und dem Herzen, dem Göttlichen und Menschlichen." (Ebd., 99)

Mit den Worten: „Die Liebe macht den Menschen zu Gott und Gott zum Menschen", sie ist Gott selbst (ebd., 99), schafft Feuerbach die Überleitung zum fünften Kapitel, welches die Überschrift trägt:

6.3 Das Geheimnis der Inkarnation oder Gott als Liebe, als Herzenswesen

Bevor darauf näher eingegangen wird, sei ein Einschub erlaubt, denn Feuerbach charakterisiert in diesem Kapitel die Vorgehensweise seiner neuen Philosophie. Er geht auf die Methode ein, mit der er arbeitet und der er eine Schlüsselfunktion zuweist. Er selbst bezeichnet sie hier als *„genetisch-kritische"* Methode (ebd., 105). Geht man auf die griechische Etymologie der drei Wörter zurück und fasst „genetisch" – in der griechischen Transliteration abgeleitet von *ginomai* – als Werden, Entstehen, Entwickeln; „kritisch" – in Ableitung vom Verb *krínein* bzw. *kritikós* – in der Bedeutung von Scheiden, Trennen, Entscheiden, Urteilen; und schließlich „Methode" – *méthodos*, als das Nachgehen; der Weg zu etwas hin –, so ergibt sich schon daraus neben der gegenwärtigen Fassung eine in die Zukunft weisende Richtung.

Die genetisch-kritische Methode Feuerbachs, die, wie Weckwerth für das *Wesen des Christentums* aufgezeigt hat, vielmehr eine analytische Methode bzw. eine Vorgehensweise mit analytischer Ausrichtung ist (Weckwerth, 2002, 78f.) – wobei hier bemerkt werden muss, dass Feuerbach schon im *Vorwort* seine Methode als *„objektive"* oder *„analytische"* gekennzeichnet (GW 5, 6) und sie später auch als eine „empirisch- oder historisch-philosophische Analyse" angesehen hat (ebd., 14) –, hebt sich ab von der alten spekulativen Philosophie und von der kirchlichen Lehre und weist in ihrer Neuerung eine Besonderheit auf: Sie „philosophiert nicht über die Menschwerdung als ein *besonderes, stupendes* Mysterium wie die vom mystischen Schein verblendete Spekulation; sie zerstört vielmehr die Illusion, als stecke ein ganz besondres Geheimnis dahinter, sie kritisiert das Dogma und reduziert es auf seine *natürlichen Elemente*, auf seinen innern Ursprung – auf die *Liebe*." (Ebd., 105 f.)

Wie geht Feuerbach im fünften Kapitel vor? Die Inkarnation, im christlich-theologischen Sprachgebrauch nach dem Prolog des Johannesevangeliums (Joh. 1,14) die „Fleischwerdung des Logos", bestimmt Feuerbach „als die tatsächliche sinnliche Erscheinung von der *menschlichen Natur* Gottes" (GW 5, 101). Der Grund, dass Gott Mensch geworden ist – Feuerbach benutzt die Formulierung der *„menschgewordne* Gott" oder die „Menschwerdung Gottes" (ebd., 102) –, ist nicht in Gott zu suchen, sondern in der „Not", im „Bedürfnis des Menschen" (ebd., 101). Der Menschwerdung Gottes, „ein unerwartetes, frappierendes, wunderbares" zugleich aber auch „geheimnisvolles Ereignis", wie Feuerbach es nennt, geht allerdings die „Herablassung Gottes zum Menschen" und der zuvor erfolgten notwendigen „Erhebung des Menschen zu Gott" voraus. „Der Mensch war also schon *in* Gott, war schon *Gott selbst*", bevor Gott überhaupt Mensch wurde bzw. werden konnte (ebd., 102).

Mit diesen Auffassungen geht Feuerbach anders heran als beispielsweise David Friedrich Strauß (1808–1874), der sich ebenfalls mit der Menschwerdung Gottes und der Gattung befasst hatte, für den aber die Menschheit, wie dem nachfolgenden Zitat aus der *Schlußabhandlung* des zweiten Bandes *Das Leben Jesu, kritisch bearbeitet* zu entnehmen ist, noch der zur Endlichkeit entäußerte unendliche Geist geblieben ist. Strauß schreibt: „Und das soll keine wahre Wirklichkeit der Idee sein? die Idee der Einheit von göttlicher und menschlicher Natur wäre nicht vielmehr in unendlich höherem Sinn eine reale, wenn ich die ganze Menschheit als ihre Verwirklichung begreife, als wenn ich einen einzelnen Menschen als solche aussondere? Eine Menschwerdung Gottes von Ewigkeit nicht eine wahrere, als eine in einem abgeschlossenen Punkte der Zeit?" (Strauß 1836, Bd. 2, 734) „In einem Individuum, einem Gottmenschen, gedacht, widersprechen sich die Eigenschaften und Funktionen, welche die Kirchenlehre Christo zuschreibt: in der Idee der Gattung stimmen sie zusammen. Die Menschheit ist die Vereinigung der beiden Naturen, der menschgewordene Gott, der zur Endlichkeit entäußerte unendliche, und der seiner Unendlichkeit sich erinnernde endliche Geist". (Ebd., 734 f., vgl. hierzu auch die Abgrenzung Feuerbachs von Strauß in GW 5, 23)

Nach christlichem Verständnis gehört die Liebe, neben Glaube und Hoffnung, zu den drei „theologischen Tugenden". Die Liebe ist aber die größte der Tugenden überhaupt (1. Kor. 13). Feuerbach sieht in der Liebe eine Beziehung gegeben, die ihn zu einem neuen Verständnis, einer neuen Ich-Du-Beziehung führt. Ein mitfühlender, barmherziger Gott ist schon Mensch, insofern er den Menschen liebt, an den Menschen denkt und Fürsorge für den Menschen zeigt (vgl. GW 5, 106), „um ihn gut, glücklich, selig zu machen" (ebd., 108).

Feuerbach zieht zustimmend Johann Caspar Lavater heran: „‚Wir bedürfen', sagt ganz richtig im Sinne der Religion, Lavater irgendwo, ‚einen willkürlichen Gott.'" (Ebd., 112, Anm. 1) Dieser willkürliche Gott ist als ein freier Gott zu verstehen, der sich seinen Menschen offenbart und mit Weisheit und Kraft schafft. In Lavaters *Lebensbeschreibung* heißt es dazu ausführlicher: „Die Menschen [...] bedürfen nicht nur einen anbethenswürdigen Gott, sondern einen, den sie sich als *theilnehmend an ihren Bedürfnissen* vorstellen können. [...] Der bedürfnißreiche Mensch, der zugleich Philosoph genug ist, die millionenfach zusammengekettete Nothwendigkeit aller Verhältnisse der Dinge, und aller bekannten Gesetze der Geister- und Körperwelt einzusehen, und seine absolute Unvermögenheit fühlt, dieses Joch abzuwerfen, [...] bedarf eines Gottes, der nach seinen Begriffen *willkürlich* ist. Ein *unwillkürlicher*, das heißt, ein gebundener, nothwendig handelnder, willenloser Gott – ist kein Gott *der Menschheit*, der Mensch bedarf eines Menschenähnlichen Gottes.'" (Lavater, 1802, Bd. 2, 175 f.)

Die Fassung des Liebesbegriffs ist auch geprägt durch die Auseinandersetzung mit der Philosophie Hegels, beispielsweise in dessen *Vorlesungen über die Philosophie der Religion*. In Übereinstimmung mit Hegel wird Liebe als Inbegriff mitmenschlicher Gemeinsamkeit und Versöhnung angesehen. Kritisch hingegen wird die Verwirklichung der Bewegung des Begriffs betrachtet. Feuerbach kehrt das abstrakte Denken um, für welches das Sein nur gedachtes ist, für ihn wird die Liebe zum Inbegriff realisierter Menschlichkeit bzw. Mitmenschlichkeit, die er am Dialog von Ich und Du aufzeigt; hier verwirklicht sich Gott in uns. Der Mensch „in seiner empirischen Totalität", so heißt es im *Wesen des Christentums*, existiert nur als „beziehungsreiche, erfüllte *Einheit von Ich und Du*", nur von da aus lässt er sich denken. (GW 5, 132)

Auch in seinen *Grundsätzen der Philosophie der Zukunft*, speziell im § 34, geht Feuerbach auf die Empfindung, auf die Liebe ein. Die Liebe erschließt das „Dieses" einer Person oder eines Dinges, den „absoluten Wert" im Einzelnen. Sie besitzt „unendliche Tiefe" soll zum Inhalt menschlichen Handelns und menschlicher Tätigkeit werden (vgl. GW 9, 317 f.).

6.4 Beseitigung eines Mangels: Theologie ist Anthropologie und Physiologie.

Feuerbach wird später einen wesentlichen Mangel in Bezug auf seine eigene Auffassung von Gott festhalten. Der Mangel ist ihm erst nach der Publikation seiner beiden programmatischen Schriften *Vorläufige Thesen zur Reformation der Philosophie* (GW 9, 244–268; vgl. auch Feuerbach 1996, 3–23) und der *Grundsätze der Philosophie der Zukunft* (GW 9, 264–341; vgl. auch Feuerbach 1996, 25–99), beide aus dem Jahr 1843, richtig bewusst geworden; aufgezeigt hat er ihn jedoch erst in der 1845 entstandenen komprimierten Abhandlung *Das Wesen der Religion* (GW 10, 3–79). Feuerbach, der später gegenüber Julius Duboc (1829–1903) einmal von sich sagen wird – und hier zeigt sich ein Wesenszug des Feuerbachschen Arbeitens –, dass er sich während seiner schriftstellerischen Tätigkeit immer selbst „aufs sorgfältigste und ausführlichste kritisiert, modifiziert und individualisiert" habe (GW 20, 339 f.), setzte neue Akzente, „die die frühere Religionskritik insofern weiterentwickelt, als sie nicht mehr so sehr den Menschen, sondern die Natur und die Wünsche als das Geheimnis Gottes enthüllt" haben (Feuerbach 1996, XXVI).

Die Natur sei nicht nur „der *erste ursprüngliche Gegenstand der Religion*" (GW 10, 4), sondern zugleich auch „der *bleibende Grund*, der *fortwährende, wenn auch verborgne, Hintergrund der Religion.*" (Ebd., 10 f.) Gott selbst ist zwar nicht Natur, weil er als Urheber der Natur als ein von ihr unterschiedenes Wesen vorgestellt wird, aber der wirkliche Inhalt Gottes ist nur Natur: „Alle Eigenschaften oder Bestimmungen Gottes, die ihn zu einem gegenständlichen, wirklichen Wesen machen, sind selbst *nur von der Natur abstrahierte, die Natur voraussetzende, die Natur ausdrückende* Eigenschaften" (ebd., 27).

Zum Wesen Gottes bzw. der Götter rechnet Feuerbach in seiner Abhandlung *Das Wesen der Religion* 1845 dann auch noch den Wunsch hinzu: „Der Wunsch ist der *Ursprung*, ist das *Wesen selbst der Religion. – Das Wesen der Götter ist nichts anderes als das Wesen des Wunsches.*" (GW 10, 37) Über die Wünsche findet sich eine Passage in Feuerbachs *Ungedruckter „Vorrede"*, die der erste Herausgeber von Feuerbachs Nachlass und Briefwechsel, Karl Grün (1817–1887), aus dem handschriftlichen Nachlass publiziert hat: „Im Wesen des Christentums sage ich: Das Wunder *bestätigt* das Wesen des Christenthums, denn das Wesen Gottes ist nichts Anderes als das menschliche Wesen in seiner Totalität, also auch in seinem sinnlichen, herzliche Wünsche und Bedürfnisse ausdrückenden, anerkennenden, bejahenden Wesen. Das Wunder ist ein *realisirter Wunsch*. Gott erfüllt diesen Wunsch, *erfüllt* was der Mensch wünscht und bedarf. Was wünscht aber der Mensch? *Sein* will er, und zwar glücklich sein, *glücklich* nicht blos der Seele oder Vernunft nach, wie die heidnischen Philosophen, sondern *auch dem Leibe nach*. Denn er ist kein abstraktes Wesen, wozu ihn die Philosophie macht, die selbst nur eine Abstraktion, *eine* bestimmte, zum Wesen gemachte Thätigkeit ist, sondern ein *wirkliches, sinnliches* Wesen." (Grün 2005, Bd. 2, 677) Karl Grün merkt an dieser Stelle an, dass die „grossartige, tiefsinnige Theorie des *Wunsches*", auch von David Friedrich Strauß in dessen *Alter und Neuer Glaube* „beiläufig anerkannt" worden ist. Sie beginnt ihre „Evolution im ‚Wesen des Christentums'", speziell dem darin enthaltenen 14. Kapitel, werde im „Wesen der Religion" wieder aufgegriffen und fortgeführt und feiere „ihre Apotheose in der immer noch nicht recht verstandenen und gewürdigten ‚Theogonie' Feuerbachs" (ebd., Anm. *174; mit zusätzlichen Hinweisen der Herausgeberin zu den entsprechenden Belegstellen der hier genannten Werke).

Feuerbach legte stets Wert darauf, dass man neben seinen frühen Schriften auch immer mit berücksichtige, was er über denselben Gegenstand in späteren Jahren gesagt und zu Papier gebracht hat. Dies wird an einem Beispiel, an der Behandlung des göttlichen Wesens deutlich, denn im *Wesen der Religion* kommt er noch einmal auf die Eigenschaften bzw. Prädikate Gottes zurück, die eine prägnantere Fassung gegenüber dem *Wesen des Christentums* erkennen lassen:

- Gott ist das *ewige Wesen*
- Gott ist das *allgütige* Wesen
- Gott ist das *allumfassende, universelle,* das *eine und selbe* Wesen
- Gott ist das *unermeßliche, große, unendliche* Wesen
- Gott ist das *überirdische, übermenschliche, höchste* Wesen
- Gott ist das *geheimnisvolle, unbegreifliche* Wesen (GW 10, 13 f.)

Auch an einem weiteren Beispiel lässt sich eine präzisere Fassung zum Inhalt der hier behandelten Kapitel drei bis fünf aufzeigen. In seinen zu Heidelberg im Winter 1848/1849 gehaltenen *Vorlesungen über das Wesen der Religion*, die zu Ostern 1851 auch gedruckt werden konnten, verdeutlicht Feuerbach noch einmal, dass er im *Wesen des Christentums* Gott nur „als moralisches Wesen", „nach seinen moralischen oder geistigen Eigenschaften betrachtet" habe. Weil aber Gott als moralisches Wesen nichts anderes ist, als das Wesen des Menschen, die Theologie also in Wahrheit in ihrem letzten Grund und Endresultat nur Anthropologie, kann Feuerbach seiner einseitigen Betrachtungsweise eine weitere Komponente hinzufügen, nämlich die „andere", im *Wesen des Christentums* „weggelassene Hälfte". Es ist diejenige, die „den physischen Gott zu ihrem Gegenstande hat" (GW 6, 28). Durch diese erweiterte Fassung kann er dann auch zu dem Schluss kommen: „Wenn ich daher meine Lehre zuvor in dem Satz zusammenfaßte: Die *Theologie ist Anthropologie*, so muß ich zur Ergänzung jetzt hinzusetzen: *und Physiologie*. Meine Lehre oder Anschauung faßte sich daher in zwei Worte *Natur* und *Mensch* zusammen." (Ebd., 28 f.)

Literatur

Aris, Marc-Aeilko und Müller, Stefan (2018): Minucius Felix. In: Grundriss der Geschichte der Philosophie. Begründet von Friedrich Ueberweg. Völlig neu bearb. Ausg. hg. von Helmut Holzhey, Bd. 5/1: Die Philosophie der Antike, hg. von Christoph Riedweg, Christoph Horn und Dietmar Wyrwa, Basel, 1035–1040.
Feuerbach, Ludwig (1841): Das Wesen des Christenthums. Leipzig.
— (1843)[2]: Das Wesen des Christenthums, 2. verm. Aufl., Leipzig.
— (1849)[3]: Das Wesen des Christenthums, 3., umgearb. und verm. Aufl., Leipzig.
— (1996): Entwürfe zu einer Neuen Philosophie, hg. v. Walter Jaeschke und Werner Schuffenhauer, Hamburg.
Grün, Karl (2005): Ausgewählte Schriften in zwei Bänden. Mit einer biographischen und werkanalytischen Einleitung hg. v. Manuela Köppe, Berlin.
Huygens, Christiaan (1698): ΚΟΣΜΟΘΕΩΡΟΣ, SIVE De Terris Cœlestibus, earumque ornatu, CONJECTURÆ. AD CONSTANTINUM HUGENIUM, Fratrem: GULIELMO III. MAGNEÆ BRITANNIÆ REGI, A SECRETIS. HAGÆ-COMITUM, Apud ADRIANUM MOETJENS, Bibliopolam. M. DC. XCVIII.

Kant, Immanuel (1797)[4]: Critik der practischen Vernunft, Riga.
— (1817): Immanuel Kants Vorlesungen über die philosophische Religionslehre, Leipzig.
Lavater, Johann Kaspar (1802–1803): Lebensbeschreibung von seinem Tochtermann Georg Geßner, 3 Bde., Winterthur.
Luther, Martin (1729–1740): Martin Luthers Sämtliche Schriften und Werke, 23 Bde., Leipzig (Des Theuren Mannes GOttes, D. Martin Luthers Sämtliche Theils von Ihm selbst Deutsch verfertigte, theils aus dessen Lateinischen ins Deutsche übersetzte Schrifften und Wercke, Welche aus allen vorhin Ausgegangenen Sammlungen zusammen getragen, Und Anietzo in eine bequemere und nach denen Materien eingerichtete Ordnung gebracht, nach denen ältesten und besten Exemplarien mit Fleiß übersehen und verbessert, mit verschiedenen in denen Altenburgischen und anderen Tomis ermangelnden Schrifften vermehrt, und mit nöthigen Vorbericht versehen.).
— (1841; Bd. 1 bis 4 ohne Jahr): Werke. Vollständige Auswahl seiner Hauptschriften. Mit historischen Einleitungen, Anmerkungen und Registern, hg. v. Otto v. Gerlach. (Auch unter dem Titel: Martin Luthers reformatorische Schriften. Vollständige Auswahl alles Wichtigen. Mit historischen Einleitungen, Anmerkungen und Registern, 10 Bde., Berlin).
Sass, Hans-Martin (1967): Feuerbach statt Marx: Zur Verfasserschaft des Aufsatzes „Luther als Schiedsrichter zwischen Strauss und Feuerbach". In: International Review of Social History 12, 108–119.
Strauß, David Friedrich (1835–1836): Das Leben Jesu, kritisch bearbeitet, 2 Bde., Tübingen.
Taubert, Inge und Schuffenhauer, Werner (1975): Marx oder Feuerbach? Zur Verfasserschaft von „Luther als Schiedsrichter zwischen Strauß und Feuerbach". In: Beiträge zur Marx-Engels-Forschung. Dem Wirken Auguste Cornus gewidmet, Berlin, 32–54.
Weckwerth, Christine (2002): Ludwig Feuerbach zur Einführung, Hamburg.

Ursula Reitemeyer
7 Gott-Mensch (Kap. 6 – 8)

7.1 Das Geheimnis des leidenden Gottes (Kap. 6)

Unter dieser Überschrift wird die Funktion des „menschgewordnen Gottes" oder des „menschlichen Gottes" (GW 5, 118) für die christliche Lehre untersucht. Jesus, der „fleischgewordene" Sohn Gottes, der einen ebenso qual- wie schmachvollen Kreuzestod erleidet, symbolisiert auf der einen Seite menschliches Leiden und Elend in höchster Ausprägung und auf der anderen Seite die menschliche Liebe, wenn erstens richtig ist, dass ihn der Vater aus Liebe zu den Menschen gesandt und ihm zweitens eine Mutter zur Seite gestellt hat, deren Liebe den irdischen Tod ihres Sohnes für alle Ewigkeit überdauert. Weil Gottes eingeborener Sohn ein Zeugnis der lebendigen Liebe ist, denn Liebe kann nach aufgeklärt protestantischer Vorstellung nur „unter Lebendigen" (Hegel, „welchem Zwekke ...", HGW 2, 84; Feuerbach konnte diese erst 1907 von Hermann Nohl edierten Texte noch nicht kennen) stattfinden, gilt die von Feuerbach schon 1830 affirmierte zentrale protestantische Glaubensformel: Gott ist die Liebe (GW 1, 203). Zwar erscheint als eine Wesensbestimmung des menschgewordenen Gottes die Passion, doch ist die Passion, das Leiden, nur ein Prädikat der zu Grunde liegenden allumfassenden Liebe, denn „die Liebe bewährt sich durch das Leiden" (S. 118).

Die Liebe bewährt sich deshalb durch das Leiden, weil die Selbstaufopferung Jesu freiwillig geschieht. Jesus, der nicht weniger Gott ist als sein Vater, ist nicht gezwungen, den Kreuzestod zu erleiden, sondern entscheidet sich für ihn aus Liebe zu den Menschen. Und diese Liebe überwindet nicht nur das selbstauferlegte Leid, sondern auch den Tod. Wer liebt, muss – konsequent zu Ende gedacht – weder Leid noch Tod fürchten, wer liebt, erhebt sich über den allen Lebewesen eingeborenen Selbsterhaltungstrieb und damit über die Natur selbst. So ist nicht nur Gott die Liebe, sondern der liebende, der sich hingebende, der sein Leben aufopfernde Mensch ist nun wie Gott Herr über die Natur, Herr seiner Triebe. Mit dem menschgewordenen Gott korrespondiert der gottgewordene Mensch, den Feuerbach als das Zentrum und als das Problem des Christentums ansieht, und zwar deshalb, weil in der Gestalt Jesu der Mensch in seiner höchsten Vervollkommnung vergöttert bzw. idealisiert wird und dadurch zugleich in seiner konkreten individuellen und imperfekten Ausgestaltung negiert werden muss. Die oberflächliche Vereinigung von Gott und Mensch, zum Ausdruck gebracht in der freien Selbstaufopferung Jesu, die, wenn er Gott wäre, entweder nicht notwendig oder nur inszeniert erscheint, zerbricht vor der Kulisse des Kreuzestods. Dort leidet Jesus nämlich als Mensch und nur als Mensch und nicht als Gott. Deshalb leidet er als Sohn Gottes, der eins mit dem allmächtigen Vater ist, nur zum Schein, so dass sein Leiden nicht nur als ein vorübergehendes Übel, sondern – wie Feuerbach sich ausdrückt – als „eine *bloße Komödie*" (GW 5, 121) erscheint.

Dennoch repräsentiert das Leiden Christi neben dem sittlichen Leiden, sich aus Liebe dem Anderen aufzuopfern, auch das menschliche Leiden an sich, „inwiefern es ein Ausdruck der Passibilität überhaupt ist" (ebd.). Christus, so Feuerbach, „ist in dieser Beziehung das Selbstbekenntnis der menschlichen Sensibilität" (ebd., 121f.) oder anders gesagt, Ausdruck eines menschlichen Spezifikums, durch welches sich der Mensch von anderen Lebewesen unterscheidet. Zwar ist davon auszugehen, dass auch Tiere Gefühle haben und leiden – daher gibt es heutzutage etwa Gesetze gegen Tierquälerei und für artgerechte Tierhaltung (Serrão 2006, 189) – doch nur der Mensch verfügt über Passibilität, also Leidensfähigkeit, die sich von der Passivität, also dem bloßen Erleiden von sinnlichen Eindrücken wie Schmerz, Hunger und Müdigkeit dadurch unterscheidet, dass sie mit einem freien Willen verknüpft ist, noch dann, wenn Gefühle, weil sie z. B. leidvoll sind, nicht gewollt werden. Die Passibilität ist mit Passivität nicht gleichzusetzen, denn es bedarf keiner besonderen Fähigkeiten, etwas zu erleiden, oder allgemeiner ausgedrückt, durch äußere Einflüsse affiziert zu werden, wohl aber, etwas erleiden zu wollen und damit in letzter Konsequenz den Umfang und die Intensität der äußeren Einflüsse selbst zu bestimmen. Nur so ist zu verstehen, dass das Leiden Jesu sowohl für die menschliche Passibilität und die damit verbundene Sensibilität steht, als auch für deren Selbstbekenntnis. Passibilität steht in Verbindung mit Sensibilität dann nämlich weniger für die Triebabhängigkeit als vielmehr für den freien Willen des Menschen. Sie ist eine aktive Fähigkeit, ein Vermögen, leiden zu wollen. So kommt Feuerbach zu dem Schluss, dass „ein Gott, der an Tränen Gefallen hat" (GW 5, 123), eigentlich nur das Selbstbekenntnis des Menschen zu seiner natürlichen und nur ihm zugehörigen Sensibilität zum Ausdruck bringt oder, anders gesagt: der leidende und am Leiden Gefallen findende Gott „ist nichts anderes als das gegenständliche Wesen des *leidenden* Herzens – des *Gemüts*" (ebd.), so wie die Religion auch nichts anderes ist als *„die Reflexion, die Spiegelung des menschlichen Wesens in sich selbst"* (GW 5, 127).

Oberflächlich betrachtet mag es so aussehen, als würde sich der Mensch in Gestalt des leidenden Gottes negieren – „Leiden ist eine Selbstnegation" (GW 5, 125). Insofern das Leiden aber unmittelbar mit der Hoffnung auf Erlösung verknüpft ist, ist „die Anschauung des leidenden Gottes [...] die höchste *Selbstbejahung*" des Menschen, „*die höchste Wollust des leidenden Herzens*" (ebd.). Zwar ist die polemische Zuspitzung nicht zu überhören, die dem christlichen Gemüt ein wollüstiges Gefallen am leidenden Gott und damit am Leiden schlechthin zuschreibt, doch es geht Feuerbach um mehr als um die psychologische Dekodierung des Passionskults. Es geht ihm darum, nachzuweisen, dass das Christentum in der Verehrung des leidenden Gottes die Empfindung aufwertet, und zwar nicht nur als etwas zum Menschen gehöriges wie Wille und Verstand, sondern „als eine herrliche, göttliche Macht und Vollkommenheit" (GW 5, 127). Menschliches Wollen und Denken ist immer beschränkt, Empfindungen sind dagegen immer vollständig und vollkommen. „Was", so fragt Feuerbach, „wäre der Mensch ohne Empfindung?" (Ebd.) Ohne die Empfindung wäre er wohl nicht Mensch, genauso wenig wie ein empfindungsloser Gott noch Gott sein könnte. Deshalb ist die menschliche Empfindsamkeit nach Feuerbach der höchste Ausdruck seines Menschseins und weiter gedacht auch die Quelle aller Moral. Sie übertrifft in ihrer Wirkmächtigkeit sowohl den Willen als auch den Verstand und ist als substantieller Kern des Menschen zugleich eine göttliche Macht, denn *„Gott ist der Spiegel des Menschen"* (ebd.).

Gott ist überhaupt dem Menschen „das *Kollektaneenbuch* seiner höchsten Gedanken und Empfindungen" (GW 5, 128), d. h. in der Vorstellung von Gott als vollkommenem Wesen versammelt der Mensch seine Eigenschaften und Fähigkeiten in ihrer höchsten Entfaltung. Gott ist gewissermaßen der Mensch in seiner ganzen Potentialität. Menschliche Potentialität und göttliche Universalität sind identisch, auch wenn das religiöse Bewusstsein diese Identität nicht auf den Begriff bringt und stattdessen (den leidenden) Gott als Objekt der Anschauung und Anbetung außer und über sich setzt. Daher, so Feuerbach, unterscheidet sich der nichtreligiöse vom religiösen Menschen nicht durch ein Weniger an Moral, also dadurch, dass ihm „nicht auch *an sich* heilig wäre, was dem Religiösen heilig ist" (ebd., 129). Der Unterschied bestehe darin, dass das, „was der Nichtreligiöse nur *in seinem Kopfe* behält", etwa die Idee eines sittlichen Lebens, „der Religiöse außer sich als Objekt" setzt und insofern „das Verhältnis der Subordination, der Subjektion in sich aufnimmt" (ebd.). Darum findet er auch keinen wirklichen sittlichen Halt, denn die Zwecke, die sich der Religiöse setzt, sind schon längst für ihn gesetzt worden. Er muss nur untertänig den Handlungsvorschriften seiner Konfession folgen. Der Nichtreligiöse setzt sich demgegenüber seine Zwecke selbst, und zwar nicht auf der Grundlage eines bloßen Willens oder eines vagen Wissens. Vielmehr setzt er seine Handlungszwecke so, dass sich in ihnen theoretische und praktische Tätigkeit verbinden, wodurch allein der Mensch einen „sittlichen Grund und Halt" findet bzw. einen sittlichen „Charakter" entfalten kann (ebd.).

Mit Blick auf eine von der Religion unabhängige sittliche Bildung als Endzweck des Menschen erweist sich Feuerbach als Repräsentant des realen Humanismus, von dem er überzeugt ist, dass er dem nach einem höheren Lebenssinn suchenden Menschen eine bessere, menschlichere Bildungsheimat bieten kann als die Religion. Wer sein Handeln nämlich einem höheren Zweck wie dem der sittlichen Bildung unterwirft, wer also einen Zweck hat, „der an sich wahr und wesenhaft ist, der hat darum *eo ipso* Religion – wenn auch nicht im Sinne der gewöhnlichen, der herrschenden Religion, aber doch im Sinne der Vernunft, der Wahrheit, der universellen, der allein wahren Liebe" (GW 5, 130). Die Liebe, in die Form des realen Humanismus gebracht, ist deshalb universell und wahrhaftig, weil sie alle Menschen umfasst und exklusiv nur in der individuellen Liebesbeziehung ist.

Der hier verwendete Begriff des „realen Humanismus" stammt nicht von Feuerbach selbst, auch wenn er der Sache nach von Feuerbach so hätte verwendet werden können. Er findet sich zum ersten Mal mit Blick auf Feuerbachs radikale Kritik an der spekulativen Philosophie Hegels im Vorwort der von Marx und Engels 1844 verfassten Streitschrift *Die Heilige Familie* (MEW 2, 7). Der von Alfred Schmidt (1973, 170) angebotene Begriff des „materialen Existenzialismus" zur Beschreibung von Feuerbachs Gegenstandpunkt zur spekulativen Philosophie deckt demgegenüber den impliziten gesellschaftlichen und allgemeinen Bildungsanspruch der Feuerbachschen Religionskritik nicht umfassend ab.

7.2 Das Mysterium der Trinität und Mutter Gottes (Kap. 7)

In dem vorangegangen Kapitel wird am Beispiel des leidenden Gottes die Empfindsamkeit als substantielles Merkmal der menschlichen Natur herausgearbeitet und aufgewertet. Hier steht Feuerbach in der Tradition Rousseaus, der als Kritiker des Rationalismus die menschliche Empfindsamkeit in Gestalt des „natürlichen Mitleids" als Anfang allen Menschseins, aller Humanität deutet (Rousseau 1988, 185). Auch im *Bekenntnis des savoyischen Vikars* heißt es: „Existieren ist für uns fühlen; es ist unbestreitbar, daß wir sensibel sind, bevor wir Intelligenz besitzen und wir haben vor unseren Gedanken bereits Gefühle gehabt. Welche Ursache es für unser Sein auch geben mag, sie hat für unsere Erhaltung gesorgt, indem sie uns unserer Natur entsprechende Gefühle gab; und es nicht zu leugnen, daß zumindest diese angeboren sind" (Rousseau 1963, 592; vgl. Reitemeyer 2013, 64 und Reitemeyer 2007, 124). Im Unterschied dazu widmet Feuerbach dieses Kapitel unter dem Stichwort der Trinität der dem menschlichen Leidensvermögen (Passibilität) gegenüberstehenden Tätigkeit des Geistes oder Verstandes (Aktivität). Die Erkenntnis- bzw. Verstandstätigkeit ist nicht als ein automatisierter, mechanischer Prozess zu verstehen. Vielmehr ist sie – und dies im Unterschied zur Empfindung – ein Akt der Spontaneität. Zwar ist auch die menschliche Empfindsamkeit an ein Selbstbewusstsein, und das heißt: an ein selbsttätiges Bewusstsein geknüpft, weshalb auch Empfindungen als Quelle von Erkenntnis gelten, doch Empfindungen können nicht willentlich ausgelöst oder gar befohlen werden. Dem Denken hingegen, verstanden als die logische Verknüpfung von sinnlichen Eindrücken, gehen Wille, Selbstbewusstsein und Selbsttätigkeit voraus. Die menschliche Natur und Selbsterkenntnis wären als bloß empfindsame nur unvollständig beschrieben, weshalb unter der Feuerbachschen Voraussetzung, dass der Mensch in Gott nur sich selbst bzw. seine herausragenden Eigenschaften abbildet, Gott nicht nur ein leidendes und empfindsames Wesen haben kann, sondern ebenso sehr als Inbegriff des selbsttätigen Geistes aufgefasst werden muss. Nur „ein Wesen", so Feuerbach, „welches den *ganzen Menschen* in sich trägt, kann auch den *ganzen Menschen* befriedigen" und das „Bewußtsein des Menschen von sich in seiner *Totalität* ist das Bewußtsein der Trinität. Das Geheimnis dieses Mysteriums ist nichts anderes als das Geheimnis des Menschen selbst" (GW 5, 131).

In der Trinität sieht Feuerbach drei Formen des menschlichen Selbstbewusstseins vergegenständlicht: erstens die abstrakte Beziehung des Selbstbewusstseins nur zu sich selbst, zweitens die konkrete Beziehung des Selbstbewusstseins zu einem wirklichen Du und drittens die unmittelbare Beziehung zwischen Ich und Du, wie sie in der Liebe aufscheint. Steht Gott, der Vater, für das reine, abstrakte Selbstbewusstsein, für Selbsttätigkeit und absolute Selbständigkeit, also für Gott „nur in Beziehung auf sich" (GW 5, 134), so steht Gott, der Sohn, für die Beziehung Gottes zum Menschen und nur als dieser Gott kann er überhaupt Gegenstand der Religion sein. Gott allein und ohne den Sohn, also Gott als bloßer Inbegriff des sich selbst denkenden Denkens kann wohl Gegenstand der Philosophie bzw. der Metaphysik sein, aber nicht der Religion, die eine lebensweltliche Praxis oder eine Lebensform ist. Damit Gott Gegenstand der Religion wird, muss er gewissermaßen aus seinem abstrakten Selbstverhältnis in die wirkliche Lebenswelt zurückgeholt werden, d. h. ein Gegenstand für den Menschen werden, woraus sich erklärt, dass im Christentum erst der Sohn, der menschgewordene Gott, der wirkliche Gott ist. „Gott als Gott ist selbst nichts andres als die *absolute, hypostasierte Einsamkeit und Selbständigkeit*" (ebd.), Gott als menschgewordener Sohn hingegen verkörpert das menschliche Bedürfnis nach Gemeinschaft, nach Erfüllung und Liebe.

So bringen Gott als Vater und als Sohn den Doppelcharakter des Menschen zum Ausdruck, d. h. sein Streben, sich sowohl zu vereinzeln als auch miteinander in Gemeinschaft zu treten. Hier scheint Feuerbach an Kant anzuschließen, der von der „ungeselligen Geselligkeit" mit Blick auf die menschliche Natur spricht (vgl. Kant 1977, 37). Während diese beiden Bestrebungen im realen Individuum als zwei Seiten der einen Persönlichkeit tätig sind, erscheint im Christentum der Sohn Gottes als „ein *anderes*, zweites Wesen", als „*alter ego*", das „*der Persönlichkeit* nach" vom Vater unterschieden sei, auch wenn er „dem *Wesen* nach" mit ihm identisch ist (GW 5, 136). Eine dritte Persönlichkeit findet sich in der Vorstellung vom dreieinigen Gott jedoch nicht, denn der Dritte im Bunde, der Heilige Geist, „drückt", wie Feuerbach sagt, „ja nichts weiter aus als die Liebe der beiden göttlichen Personen zueinander" (ebd., 137). Im Heiligen Geist wird die „Einheit des Vaters und Sohns" und damit das Prinzip oder der „Begriff der Gemeinschaft" zu einem persönlichen Wesen erhoben (ebd.), wodurch sich nun der Widerspruch ergibt, dass mit diesem persönlichen Wesen keine Persönlichkeit korrespondiert wie bei Gott und seinem Sohn, sondern nur ein Begriff. Der Begriff der Gemeinschaft wird in Gestalt des Heiligen Geistes personalisiert, d. h. die Liebe wird zur dritten göttlichen Persönlichkeit erhöht. Dass es sich bei der Trinität streng genommen nur um zwei Personen handelt, denn die dritte Person, obwohl als selbständiges Wesen vorgestellt, repräsentiert nur ein Verhältnis, nämlich die Liebe, hängt damit zusammen, so Feuerbach, „daß dem strengen Begriff der Liebe das Zwei genügt. Zwei ist das Prinzip und ebendamit der vollkommne Ersatz der Vielheit. Würden mehrere Personen gesetzt, so würde nur die Kraft der Liebe geschmälert; sie würde sich zerstreuen" (GW 5, 138).

So lässt sich schlussfolgern, dass in der Vorstellung der Trinität eine Philosophie der Liebe enthalten ist, die für das religiöse Bewusstsein aber nur in ihrer ins Göttliche, Supranaturalistische ausgelagerten Form verständlich ist und nicht als konkrete, leibliche und geistige Beziehung wirklicher Menschen. D. h., das religiöse Bewusstsein bleibt im Erkenntnisprozess auf halber Strecke stehen, da es zwar um die Bedeutung der Liebe für die Menschwerdung bzw. für die Humanisierung sozialer Beziehungen weiß und sie entsprechend verehrt, sie aber nicht praktiziert, jedenfalls nicht als Liebe zum Menschen und als Liebe zwischen den Menschen. Der religiöse Mensch kennt nur die religiöse Liebe. Es waren, so Feuerbach, die „alten" unaufgeklärten Christen, „die an die Stelle der natürlichen Liebe und Einheit eine nur *religiöse Liebe* und Einheit" setzten; sie „verwarfen das wirkliche Familienleben, die innigen Bande der *natursittlichen* Liebe, als ungöttliche, unhimmlische, d. h. in Wahrheit nichtige, Dinge" (GW 5, 142). Doch gilt diese Feststellung wohl auch für die neuen, durch die Aufklärung hindurchgegangenen Christen, und zwar unabhängig davon, ob sie auf der Seite der Offenbarungsreligion oder der Vernunftreligion stehen. Auch sie halten an der Dreieinigkeit Gottes fest und an dem Vorrang der religiösen Liebe gegenüber der natürlichen oder natursittlichen Liebe. Hier wird deutlich, dass Feuerbach die Frage nach dem Sinn und Zweck menschlichen Daseins als anthropologische Frage zu beantworten sucht, d. h. unter Einschluss des Menschen als Natur- und Triebwesen neu stellt (Reitemeyer 2019, 61 ff.).

Geben sich die neuen Christen wohl zufrieden mit der abstrakten Personifikation der Liebe im Heiligen Geist, so entsprach es dem weniger abstrahierenden religiösen Bewusstsein der alten Christen, den durch den heiligen Geist zum Ausdruck gebrachten „Liebesbund zwischen Vater und Sohn" (GW 5, 143) durch eine dritte, weibliche Person zu ergänzen. Denn „die Persönlichkeit des Heiligen Geistes ist eine zu vage und prekäre, eine zu sichtliche bloß poetische Personifikation der gegenseitigen Liebe des Vaters und Sohns, als daß sie dieses dritte ergänzende Wesen hätte sein können" (ebd.). Zwar steht Maria, die Mutter Gottes, nicht auf gleicher Stufe mit dem Vater und dem Sohn, denn sie ist Mensch geblieben, weshalb der Geburt Jesu auch kein göttlicher Zeugungsakt vorangeht – Gott ist immer selbstursprünglich – aber sie wurde in den Himmel aufgenommen und als „das mütterliche Prinzip neben den Vater und den Sohn aufgestellt" (ebd.).

Dennoch ist auch die Mutter Gottes nur Symbol einer scheinbaren, bloß geistigen Liebe, denn den Christen ist „die Vermischung des Mannes und des Weibes" unheilig und sündhaft; deshalb passt die Mutter Gottes „ganz in die Kategorie der Dreieinigkeits-Verhältnisse, weil sie ohne *männliche* Befruchtung den Sohn gebar" (GW 5, 143). Doch liegt auch dieser Personifikation mütterlicher Liebe etwas Wahres zu Grunde, nämlich der milde und sanfte Charakter der Liebe, der mit dem milden und sanften Charakter des „weibliche[n] Gemüt[s]" (ebd., 144) korrespondiert. Auch ist mit Blick auf den männlichen Reifungsprozess festzustellen – und hier argumentiert Feuerbach durchaus entwicklungspsychologisch – dass die „Liebe des Sohnes zur Mutter" die „*erste* Liebe des männlichen Wesens zum weiblichen" ist (ebd., 145). Die Mutterliebe des Sohnes, so Feuerbach, „ist die erste Sehnsucht, die erste Demut des Mannes vor dem Weibe" (ebd.) und damit die andere Seite, das *alter ego*, der mütterlichen Liebe.

Überhaupt ist die Liebe nach Feuerbachscher Interpretation „weiblichen Geschlechts und Wesens" (GW 5, 147). Steht wie im Christentum die Liebe Gottes im Zentrum des Glaubens, dann wird – entgegen der üblichen Lesart, nach welcher in dem theoretischen und praktizierten Christentum eher eine Dominanz des Männlichen zu beobachten ist – aus dem weiblichen „ein *göttliches Prinzip*" (ebd.).

Die Protestanten, also die neuen und aufgeklärten Christen, haben die Mutter Gottes und damit auch das weibliche Prinzip, die Liebe, aus der Himmelsordnung entfernt, aber nicht die Konsequenzen bedacht. Indem sie mit der Mutter Gottes das weibliche Prinzip als Gegenstand der Anbetung und Verehrung negierten, negierten sie auch die Liebe Gottes als zentrales Prinzip des Glaubens und hier insbesondere die Liebe des Sohns. „Wer einmal", so Feuerbach, „die Mutter Gottes dem Verstande aufopfert, hat nicht mehr weit hin, auch das Mysterium des Sohnes Gottes als einen Anthropomorphismus aufzuopfern" (GW 5, 147). Dadurch werde die alte katholische Lehre des dreieinigen Gottes hinfällig, denn diese Idee des überreichen, erfüllten und geselligen Gottes sei entsprungen aus der realen, irdischen „Leere und Einsamkeit" der Menschen (GW 5, 149). „Die Entleerung der wirklichen Welt und die Erfüllung der Gottheit ist *ein* Akt" (ebd., 148). Inwiefern in der „neueren Zeit", deren Beginn Feuerbach etwa mit der Reformation datiert (vgl. dazu vor allem Feuerbachs geschichtsphilosophischen Studien und Vorlesungen aus den 1830iger Jahren, insbesondere die *Geschichte der neuern Philosophie von Bacon von Verulam bis Benedikt Spinoza* 1833; GW 2), die wirkliche Welt weniger entleert wurde als zuvor, so dass auf die prunkvolle Ausstattung des himmlischen Jenseits und Gottes und, darin eingeschlossen, auf die Trinität verzichtet werden konnte, kann sozialgeschichtlich und sozialpsychologisch eigentlich nicht verifiziert werden. Darum erscheint Feuerbachs abschließende Schlussfolgerung, dass „die Trinität in der neueren Zeit zuerst ihre *praktische* und endlich auch ihre *theoretische* Bedeutung verlor" (ebd., 149), nicht wirklich begründet und müsste gerade aus der Sicht des revolutionären Vormärz eher als ein Zukunftsprojekt, also als pädagogische Aufgabe, entworfen werden.

7.3 Das Geheimnis des Logos und göttlichen Ebenbilds (Kap. 8)

Insofern der Sohn Gottes als Mittler zwischen Gott und den Menschen die Hauptperson des dreieinigen Gottes darstellt, ist er der wahre und reale Gott des Christentums. Nur der Mittler ist „der *unmittelbare* Gegenstand der Religion" (GW 5, 150) und diese Mittlerfunktion hat Gottes Sohn gemeinsam mit den Heiligen (und in erweitertem Sinne auch mit Moses und dem Propheten Mohammed).[1] Der Gott hinter dem Mittler „ist nur eine abstrakte müßige Vorstellung" (ebd., 150 f.), ein spekulatives Konstrukt zur Erhöhung des Vernunftprinzips (Gott als Vater) gegenüber der Liebesbotschaft (Gott als Sohn), die doch eigentlich der reale Gegenstand des christlichen Glaubens ist. Gott als Vater, Gott als das *„gegenständliche Wesen der Denkkraft*, überhaupt der Kraft oder Tätigkeit, wodurch sich der Mensch der Vernunft, des Geistes, der Intelligenz bewußt wird" (ebd., 151 f.), steht wie ein Fatum hinter und über seinem Sohn, entmachtet diesen als Ebenbürtigen und damit zugleich die Liebe als ein der Vernunft ebenbürtiges Handlungsmotiv.

Gott als Gott, also Gott ohne den Sohn, ist wie Feuerbach betont, „nichts andres als die von den *Schranken der Individualität, der Leiblichkeit* [...] abge-

---

[1] An manchen Passagen des *Wesens des Christentums* deuten sich Feuerbachs anschließende religionswissenschaftliche, also vergleichende, Studien bereits an. Zu nennen wären etwa die *Vorlesungen über das Wesen der Religion* von 1848/1851 (GW 6) und die *Theogonie* von 1857 (GW 7; vgl. Amengual 2009, Tomasoni 1998).

sonderte Intelligenz" (GW 5, 152). Der Sohn wird als leiblicher Mittler gebraucht, um den „reinen Geist", als welcher Gott nicht erst seit der Scholastik begriffen wird, zur Anschauung zu bringen. Von Gott selbst kann man sich genauso wenig ein Bild machen wie von der Vernunft oder der Intelligenz, insbesondere nicht, wenn diese Vernunft als unbeschränkt verstanden wird. Vernunft oder Intelligenz, abgetrennt von den Schranken der Individualität, die immer eine leibliche ist, führt nur eine spekulative Existenz und kann nicht Gegenstand der religiösen Verehrung werden. Um verehrt und angebetet, um überhaupt ein Gegenstand für das religiöse Bewusstsein zu werden, muss sich das Prinzip der Vernunft versinnlichen, verleiblichen, individualisieren, weshalb es des Mittlers in Gestalt des Menschensohns, in Gestalt der Heiligen, aber auch in Gestalt phantastischer Wesen bedarf. Von Gott kann man sich kein Bild machen, aber von seinem Sohn. Und da der Sohn eins ist mit Gott, dem Vater, ist er dessen Ebenbild. Der menschgewordene Gott ist das Ebenbild dessen, von dem wir kein Bild haben. Von hier aus ist es nicht weit, den Menschen als Ebenbild Gottes zu interpretieren oder umgekehrt und anthropologisch argumentiert, Gott als Ebenbild des Menschen in seiner gesamten Potentialität und Universalität zu begreifen. Feuerbach bezieht sich dabei auf Albertus Magnus, der unter Berufung auf Augustinus schreibt, dass der Sohn das Bild Gottes dadurch sei, dass er Sohn ist (*Summa de mirabili scientia Dei* (I.VIII. Qu. 35). Ähnlich argumentiert Thomas v. Aquin in der *Quaestio* 93 der *Summa Theologiae*, in welcher Thomas zwischen Urbild, Abbild und Ebenbild Gottes unterscheidet und voneinander ableitet (Jeong 2011, 41ff.).

Praktisch verhält es so, dass dem „sinnlichen und gemütlichen Menschen" der abstrakte Begriff einer höchsten Intelligenz „als eine abgezogene unsinnliche Tätigkeit und Wesenheit" (GW 5, 153) nicht zu vermitteln ist. Deshalb gebraucht der Mensch seine Phantasie und macht sich von Gott – trotz des Bilderverbots – ein Bild. Der menschgewordene Sohn als das Ebenbild Gottes ist Gott selbst, aber zugleich das Bild von ihm. So ist er das „zweite Wesen in Gott" (ebd.), der erste Gegenstand der Religion, aber als bloßes Bild von Gott zugleich ein Produkt der Phantasie bzw. der sinnlichen Vorstellungskraft. „Die Bestimmungen der zweiten Person", so Feuerbach, „sind vorzüglich *Bilder*" (ebd.), woraus sich der Schluss ziehen lässt, dass der Sohn „das oberste und letzte Prinzip des *Bilderdienstes*" (GW 5, 155) ist, welcher – und dies darf man, um die Sprengkraft der Schlussfolgerung zu verstehen, nicht übersehen – nach dem Verständnis des Alten Testaments nichts anderes als Götzendienst wäre.

Indem der Christ sich vermittelst des Sohnes als menschgewordenen Gott ein Bild von Gott macht, verstößt er nicht nur gegen das Bilderverbot, sondern setzt darüber hinaus das Bild an die Stelle der Sache. So wird mit der Verehrung des Sohns nicht Gott, sondern ein Bild von Gott verehrt. Die Verehrung Gottes im Bild seines Sohnes wird so zur Verehrung des Bildes selbst oder, wie Feuerbach sich ausdrückt: „Die Verehrung des Heiligen *im* Bilde ist die *Verehrung des Bildes als des Heiligen*" (ebd.). Anders kann das religiöse Denken des „sinnlichen und gemütlichen Menschen" auch gar nicht verfahren, denn das „*Bild* ist das *Wesen* der Religion, wo das Bild der wesentliche Ausdruck, das *Organ* der Religion ist" (ebd.). Hier beruft sich Feuerbach auf das Konstanzer Konzil (1414–1418) und zitiert (in der dritten Auflage in deutscher Übersetzung; GW 5, 156) aus dem achten Teil der *Acta Concilii Constantiensis*, wo es heißt: „Wir verordnen, daß dem heiligen Bilde unseres Herrn Jesu Christi ebenso wie dem heiligen Evangelium die Ehre der Anbetung zuteil werde." Das Konstanzer Konzil mag für Feuerbach vielleicht deshalb von besonderem Interesse gewesen sein, weil es im Vorhof der Reformationsbewegung stattfand und bereits auf nicht unbedeutende Abspaltungen von der Kirche u. a. mit der Verurteilung und Verbrennung des Theologen Jan Hus reagierte.

Nun ist das religiöse Bewusstsein, welches das sinnliche Bedürfnis des Menschen nur über den Umweg der Phantasie, also über den Umweg in ein himmlisches Jenseits, auf Erden befriedigt, „nicht der Maßstab der Wahrheit" (GW 5, 156). Maßstab der Wahrheit ist auch nicht die „spekulative Deduktion des Gottesbildes" (ebd., 157) von seinem Ebenbild. Wo es kein Urbild von Gott gibt, kann es logisch betrachtet auch kein Abbild oder Ebenbild von Gott geben. Das Bilderverbot kann sich daher auch nicht nur auf das Urbild beziehen: „die Sanktion des Urbildes" ist immer und zugleich „die Sanktion des Abbildes" (ebd.), des Ebenbilds. Doch statt dieser logischen Schlussfolgerung nachzugeben, dreht die christliche Lehre den logischen Argumentationsgang um und macht aus dem Bild Gottes, also dem Sohn, selbst Gott. Wenn nun aber das Bild, das Gott in seinem Sohn von sich selbst macht, selbst Gott ist, warum, so fragt Feuerbach, ist dann das Bild, das wir uns z. B. von einem Heiligen machen, nicht selbst dieser Heilige? Soll dieser Unterschied daher kommen – und hier polemisiert Feuerbach vom überlegenen Standpunkt des humanistisch gebildeten Protestanten – „daß das Gottesbild ein von Gott selbst produziertes, das Heiligenbild aber ein von einem anderen Wesen gemachtes ist? Ei", fährt Feuerbach mit ironischem Unterton fort, „das Heiligenbild ist auch eine Selbstbetätigung des Heiligen; denn der Heilige erscheint dem Künstler; der Künstler stellt ihn nur dar, wie er sich selbst ihm dargestellt" (GW 5, 157f.; zu Feuerbachs Stellung zu Katholizismus, Protestantismus und eines über den Horizont des Protestantismus hinausgehenden säkularen und politischen Humanismus vgl. Panasiuk 1998.).

Im Grunde genommen wendet Feuerbach die dem alttestamentarischen Bilderverbot entstammende Kritik des Protestantismus an der katholischen Heiligenverehrung, einschließlich der Verehrung der Mutter Gottes, auf den Protestantismus selbst an. Wenn der Bilderglaube Teil des naiven, unaufgeklärten, ungebildeten religiösen Bewusstseins ist, weshalb die Bilder der Heiligen aus den protestantischen Kirchen und den Köpfen der Menschen entfernt wurden, warum ist der Protestant dann nicht so konsequent und entfernt auch den Sohn als Gottes Ebenbild aus seiner Vorstellungswelt? Oder anders gefragt, warum muss Jesus nicht nur Gottes Sohn sein, so wie alle Menschen Kinder Gottes sind, sondern darüber hinaus als Selbstbildnis Gottes auch noch Gott selbst sein? Die Erklärung Feuerbachs für den logischen Bruch und die theoretische Inkonsequenz des Protestantismus fällt psychologisch aus: im religiösen Bewusstsein vergegenständlichen sich die sinnliche Natur und Bedürftigkeit des Menschen, weshalb dieser nur auf der sinnlichen Ebene seinen Glauben an Gott entfalten kann. Mangels einer Sichtbarkeit Gottes muss sich der gläubige Mensch seiner Phantasie bedienen und ein Bild von Gott machen. Die Substanz seines Glaubens, seiner Religion, sind genau diese Bilder. Ohne ein Bild von Gott zu haben, könnte Gott für den Menschen gar nicht existieren bzw. keine Religion existiert oder wird praktiziert ohne ein Bild von Gott. Gott an sich selbst betrachtet mag Gegenstand der Metaphysik sein, zum Gott als Gegenstand der Religion, der religiösen Praxis, kann er aber nur werden, wenn der Mensch ein Bild von ihm hat. Und genau diese Funktion erfüllt der menschgewordene, der leibhaftige Gott in der Gestalt Jesu, weshalb auch der Protestantismus als praktische Religion auf die in der Trinität mitgelieferte Bilderwelt nicht verzichten kann.

Nun gehört auch das Wort zur Bilderwelt, denn durch das Aussprechen wird aus dem „eingebildete[n] Gedanke[n]" (GW 5, 158) eine bildhafte Vorstellung. Der Gedanke, sagt Feuerbach, „äußert sich nur bildlich, die Äußerungskraft des Gedankens ist die Einbildungskraft" und „die sich äußernde Einbildungskraft [...] die Sprache" (ebd.). Die Sprachfähigkeit ist daher nicht bloß ein Überlebensinstrument der menschlichen Spezies, vielmehr ist sie ein „poetisches Talent" (ebd.) und setzt im gesprochenen Wort eine Einbildungskraft frei, die den Menschen „unter die Herrschaft der Phantasie gefangennimmt" (GW 5, 159). „Worte", so sagt Feuerbach wohl mit Blick auf die gesellschaftlichen und politischen Umwälzungen in Frankreich und den sich ankündigenden Machtkämpfen innerhalb des Deutschen Bundes, „Worte besitzen Revolutionskräfte, Worte beherrschen die Menschheit" und zwar auch dann, wenn sie nicht der „*Sache* der Vernunft und Wahrheit" (ebd.) verpflichtet sind, sondern bloß eine phantastische Bilderwelt erzeugen oder verstärken.

Dennoch gilt: Nur das Wort führt zur Wahrheit, weshalb Feuerbach den menschlichen Trieb, zu sprechen, über den das Tier nicht verfüge, auch als göttlich bezeichnet: „*Göttlich* ist dieser Trieb, *göttlich* die *Macht* des Wortes." (GW 5, 159) Nur Gott und die Menschen können sprechen, wodurch sich erneut zeigt, dass der Mensch in Gott seine eigenen, und zwar nur die ihm selbst zugehörigen Fähigkeiten vergegenständlicht. Nicht Gott macht Blinde sehend und Lahme gehend, nicht Gott wirkt Wunder, sondern es ist das Wort. Das Wort Gottes ist –

analog zum Ebenbild Gottes – deshalb so heilig wie Gott selbst, in dem sich, so die übergreifende, große These Feuerbachs, der Mensch selbst verehrt, und zwar nicht, wie er real ist, sondern wie er sein soll, entsprechend seiner bildsamen Natur und seiner zur Vervollkommnung strebenden Fähigkeiten. Daraus erklärt sich auch die in der Religion immer mitgesetzte pädagogische Aufforderung an den Menschen, sich im Sinne der religiösen Grundsätze zu vervollkommnen, also sittlich zu werden, wobei für Feuerbach nicht das Bildungsziel, das τέλος, in Frage steht, sondern der vom Christentum vorgeschriebene und durch Selbstverneinung der menschlichen Natur geprägte Bildungsweg.[2]

So ist für den humanistisch gebildeten Feuerbach das Wort die Quelle aller Bildung bzw. gilt ihm die „Sprachbildung für die Wurzel der Bildung" (GW 5, 160) schlechthin: „Wo das Wort kultiviert wird, da wird die Menschheit kultiviert" und zugleich befreit, denn *„Sprechen ist ein Freiheitsakt"* und, so fügt Feuerbach emphatisch hinzu, „das Wort ist selbst Freiheit" (ebd.). Göttlich oder heilig ist das Wort also deshalb, weil es den Menschen frei macht, er sich durchs Wort und mit Worten die Natur zu Diensten machen, aber auch von der Vormundschaft anderer Menschen (und Götter) befreien kann. In Wirklichkeit, so ließe sich schlussfolgern, ist der zum Menschen sprechende und mit dem Menschen sprechende Gott, nichts anderes als der Inbegriff der menschlichen Freiheit, wenn auch durch die Bilderwelt der Religion verstellt, aber doch nicht so vollständig verstellt, dass nicht „immer die allgemeine Wahrheit, die Natur der Sache, durch die partikuläre Wahrheit hindurchschimmert" (GW 5, 161).

Literatur

Amengual, Gabriel (2009): Schöpfung, Judaismus und Gottesbegriff, in: Feuerbach und der Judaismus, hg. v. Ursula Reitemeyer, Takayuki Shibata und Francesco Tomasoni, Münster, 13–25.
Jeong, Wonrae (2011): Die Lehre des Thomas von Aquin von der ewigen Glückseligkeit, Berlin.
Kant, Immanuel (1977): Werke, 12 Bde., hg. v. Wilhelm Weischedel, Bd. 9, Frankfurt/M.
Panasiuk, Ryszard (1998): Ruges und Feuerbachs Stellung zum Katholizismus und Protestantismus im Kontext des Streites um die Mischehen, in: Ludwig Feuerbach und die Geschichte der Philosophie, hg. v. Walter Jaeschke und Francesco Tomasoni, Berlin, 321–333.

---

2 Die pädagogischen oder im erweiterten Sinne bildungstheoretischen Implikationen von Feuerbachs anthropologisch gewendeter Religionsphilosophie, wie sie vor allem *im Wesen des Christentums* an vielen Stellen gefunden werden können, sind bis heute noch nicht systematisch herausgearbeitet worden; vgl Reitemeyer 2009.

Reitemeyer, Ursula (2007): Umbruch in Permanenz. Eine Theorie der Moderne zwischen Junghegelianismus und Frankfurter Schule, Münster.
— (2009): Das poröse Ich in der fragilen Moderne. Aspekte einer Pädagogik der Leiblichkeit im Anschluss an Ludwig Feuerbach, in: Vierteljahrsschrift für wissenschaftliche Pädagogik 85, 52–65.
— (2013): Perfektibilität gegen Perfektion. Rousseaus Theorie gesellschaftlicher Praxis, Münster, 2. Aufl.
— (2019): Praktische Anthropologie oder die Wissenschaft vom Menschen zwischen Metaphysik, Ethik und Pädagogik, Münster.
Rousseau, Jean-Jacques (1963): Émile oder über die Erziehung, hg. v. Martin Rang, Stuttgart 1963.
— (1988): Discours sur L'Origine et les Fondaments de L'inégalité parmi les Hommes (1755), in: Jean-Jacques Rousseau: Schriften, Bd. 1, hg. v. Henning Ritter, Frankfurt/M.
Schmidt, Alfred (1973): Emanzipatorische Sinnlichkeit, Frankfurt/M.
Serrão, Adriana Veríssimo (2006): Lebensbegriffe und Lebensrechte in Feuerbachs Philosophie, in: Ludwig Feuerbach (1804–1872). Identität und Pluralismus in der globalen Gesellschaft, hg. v. Ursula Reitemeyer, Takayuki Shibata und Francesco Tomasoni, Münster, 187–192.
Tomasoni Francesco (1998): Heidentum und Judentum, in: Ludwig Feuerbach und die Geschichte der Philosophie, hg. v. Walter Jaeschke und Francesco Tomasoni, Berlin, 148–162.

Francesco Tomasoni
8 Schöpfung und Natur (Kap. 9 – 12)

Die Gliederung von *Das Wesen des Christentums* in einen ersten, positiven und einen zweiten, negativen Teil scheint sich in den vier Kapiteln über die Schöpfung widerzuspiegeln. Die Kapitel „Das Geheimnis des kosmogonischen Prinzips in Gott" und „Das Geheimnis der Natur in Gott" wollen den göttlichen Ursprung der Natur und der Differenz hervorheben, die Kapitel „Das Geheimnis der Vorsehung und der Schöpfung aus Nichts" und „Die Bedeutung der Kreation im Judentum" die theologische Lehre der Schöpfung aus dem Nichts als eine offene Tür zu absoluter Willkür und zur Verneinung des selbständigen Werts der Natur verwerfen. Bei jenen lässt sich noch eine gewisse Übereinstimmung des Dogmas mit der Vernunft ablesen, bei diesen zeichnet sich hingegen deutlich ein Widerspruch ab. Dafür sind die kritischen Töne gegenüber dem Judentum ein deutliches Zeichen.

8.1 Schöpfung und Trinität

Die an sich bemerkenswerte Einfügung des Themas der Schöpfung ins Dogma der Trinität, das ihm unmittelbar vorangeht und ein positives Licht auf die ersten Kapitel wirft, findet in Feuerbachs theologischer und philosophischer Ausbildung eine Erklärung. Bekanntlich hatte sein Lehrer der dogmatischen Theologie in Heidelberg, Karl Daub (1765 – 1836), der sogenannten ökonomischen Trinität, d. h. ihrer Relationen ad extra, viel Gewicht beigelegt. Die erste Relation betraf die Schöpfung der Welt, der die Erlösung Christi und die Versöhnung des Weltalls mit dem Jüngsten Gericht folgten. Nach dieser Reihenfolge war die Kreation in der Heilsgeschichte fest verankert und auf die Neugeburt des Menschen und der Welt durch Gottes Gnade ausgerichtet. Bei seiner Hervorhebung der ökonomischen Trinität schrieb Daub sogar die Schöpfung der Welt nicht dem Vater, sondern dem Logos zu. Der Sohn Gottes sei der „Urheber der Welt" und der „Erlöser" (Daub 2008, 301, § 84).

Schon die Relationen der Dreieinigkeit nach außen waren also für die Menschen wesentlich, damit sie in ihr inneres Leben aufgenommen würden, doch Daub fügte noch hinzu, dass „die Welt als von Gott geschaffen angenommen wird, indem sie mit ihm selbst versöhnt wird" (ebd., 304, § 85). Die Versöhnung führe nicht nur zur Erkenntnis der Schöpfung, sondern auch zu ihrer Aufwertung, denn die von der Heilsgeschichte losgelöste Welt sei an sich „mangelhaft", nichtig (ebd., 115, 132, 140 f., 144 f.; §§ 25, 30 f.).

Feuerbachs Rezeptivität hinsichtlich der ökonomischen Trinität zeigt sich nicht nur hier, sondern auch in der zentralen Rolle, die die Menschwerdung Gottes in *Das Wesen des Christentums* spielt. Sie sollte auch später Bestätigung finden, als er 1844 die theologischen Bücher von Denys Petau (1583–1652) exzerpierte und dessen Behandlung der Trinität besondere Aufmerksamkeit schenkte. Bekanntlich hatte Petau auf der ökonomischen Trinität bestanden und diese Richtung in der Dogmatik angebahnt. In seiner Interpretation des Logos wird Feuerbach der Verlagerung der menschlichen Gestalt ins Herz der Trinität hohe Anerkennung entgegenbringen (Tomasoni 1990, 68, 71 f., 79 f.). Damit konnte das innere Leben Gottes mit der Geschichte und folglich der Welt und den Menschen verknüpft und von ihnen irgendwie bedingt werden. Daub suchte dem anscheinend vorzubeugen, indem er immer wieder die Nichtigkeit der Welt und der Menschen an sich betonte. Nur durch Gottes Gnade hätten sie Wert und Bedeutung. Feuerbach machte sich die von Daub vermiedene Konsequenz zu eigen und verband einerseits die innerlichen Beziehungen Gottes mit dem Menschen, andererseits bezichtigte er die Lehre von der Schöpfung aus dem Nichts der theologischen Lüge. Er beschritt wohl den von Daub gezeichneten Weg der ökonomischen Trinität bis zu den extremsten Auswirkungen, folgte seinem ehemaligen Lehrer aber nicht in der Annihilation der Welt, sondern kehrte vielmehr dessen Bewertung um. Dennoch beließ er dem Gottessohn seine unvergleichliche Rolle als Vermittler. „Die zweite Person ist *das Mittelwesen* zwischen dem *unsinnlichen Wesen* Gottes und dem *sinnlichen Wesen* der Welt" (GW 5, 162). Er vermittle den „*Übergang von Gott zur Welt*" und vergegenständliche damit den „*Übergang* von der *Abstraktionskraft vermittelst der Phantasie zur Sinnlichkeit*" (GW 5, 163). Vermittlung und Übergang verweisen auf eine Bewegung, die sich zuerst in der Zeugung des Logos und dann in der Schöpfung der Welt verwirkliche: „Die Zeugung geht der Schöpfung voraus" (GW 5, 164). Die tiefe Bedeutung dieser Aussage kommt nicht nur in diesen zwei Kapiteln zum Vorschein, sondern auch in der nachfolgenden Entwicklung des Feuerbachschen Denkens und in der progressiven Aufwertung der Natur im Unterschied zum künstlichen Schaffensprozess.

Der Sohn Gottes als wahrer Vermittler in der Beziehung zur Welt und zu den anderen Personen der Dreieinigkeit ist auch ein Ansporn zur Übernahme des Gedankens der immanenten Trinität. Sie war ja seit den kappadokischen Vätern und Augustinus, der die sogenannte „psychologische" Trinitätslehre aufgrund des Begriffs der Relation entwickelt hatte, Gegenstand wichtiger Spekulationen (Scheffczyk 1967, 180 f., 202 f.). Mit seinem dreigliedrigen System scheint Hegel der äußerlichen Tätigkeit Gottes in der Geschichte und in der Natur viel Gewicht beigemessen zu haben. Dennoch müsse die sich auf die Vorstellung stützende Äußerlichkeit als Ausdruck einer dem Begriff zugänglichen Innerlichkeit nicht nur verstanden (dazu Hodgson, 2005, 130), sondern auch aufgehoben werden. In seinem 1824 von Feuerbach besuchten Kolleg behauptete er: „Sobald Gott als Geist bestimmt ist, so ist die Äußerlichkeit aufgehoben" (Hegel 1984, 125). Die ökonomische Trinität weiche der philosophisch echteren immanenten Trinität (vgl. Jaeschke 1986, 318, 321, 327). Sogar die Vorstellung der Persönlichkeit und damit die „kindliche Form" des Verhältnisses von Vater, Sohn und Geist solle überwunden werden (Hegel 1984, 127). Vielmehr seien der Unterschied und die lebendige Identität in der Einheit von Bewusstsein und Selbstbewusstsein zu erfassen: „Und das Verhältnis ist so, daß das Bewusstsein des Einen sich nur hat im Bewußtsein des Anderen" (ebd. 126, auch 171). Auf dieser Linie wird Hegel im Kolleg von 1827 erklären: „Ich habe mein Selbstbewußtsein nicht in mir, sondern im Anderen, aber dies andere [...], indem es ebenso außer sich ist, hat sein Selbstbewußtsein nur in mir, und beide sind nur dies Bewußtsein ihres Außersichseins und ihrer Identität" (ebd. 201). Feuerbach spielt ausdrücklich auf den „psycho-logischen" Prozess der „Vergegenständlichung der *Einheit des Bewußteins und Selbstbewußtseins*" an, obwohl er anscheinend seinem ehemaligen Lehrer in der Unterordnung der ökonomischen Trinität und der sinnlichen Sphäre nicht folgt. Als „gegenständliche[r]" Gott vermittelt der Sohn Gottes die erste Person mit der dritten, aber auch den Gott an sich mit der Welt (GW 5, 164f.). Die Vergegenständlichung von sich selbst sei der Weg zum Erfassen der eigenen Einheit, aber auch zur Erschaffung der Welt.

Obgleich die Welt auf diese Art bei Feuerbach mehr Gewicht erhält (zur Kritik Hegels an der Aufnahme der Schöpfung in den ersten Glaubensartikel s. Jaeschke, 1986, 319), so erinnern doch die Vermittlung und die Vergegenständlichung von sich selbst in der Einheit des Bewusstseins und Selbstbewusstseins noch deutlich an Hegels Philosophie. Feuerbach verweist auf die Dialektik des Selbstbewusstseins, indem er den Sohn Gottes mit dem „Du" vergleicht und sagt: „Das Bewusstsein der Welt ist also für das Ich vermittelt durch das Bewusstsein des Du" (GW 5, 166). Dem anderen Menschen verdanke der Mensch, „dass er Mensch ist" (ebd.). Die Menschheit, die Wissenschaft sei also Resultat „ein[es] gemeinschaftliche[n] Akt[es]" (ebd.), in dem die Schranken jedes Einzelnen überwunden und die vereinten Kräfte unendlich gemacht werden (ebd.). Die Beziehung zum Anderen entspringt wie schon bei Hegel dem Gefühl des Mangels und des Konflikts. „Der erste Stein des Anstoßes, an dem sich der Stolz der Ichheit bricht, ist das Du, der alter ego" (GW 5, 165). Aber dank seiner wesentlichen Gleichheit mit mir hilft mir der Andere, mich mit der Welt zu versöhnen: „Der *andere* Mensch ist das Band zwischen mir und der Welt" (ebd.).

Insofern die Dreieinigkeit ein ewig dauerndes Sich-Beziehen auf sich selbst im Unterschied darstellt, kann sie als Symbol für das Selbstbewusstsein aufgefasst werden, das in sich das Bewusstsein der Welt einschließt. Neben Anklängen an Hegel sind aber schon im ersten Kapitel andere Stimmen zu vernehmen.

8.2 Die Differenz, die Materie und die Natur

Daub hatte die heilsgeschichtliche Tat des Logos auf eine ewige Tat zurückgeführt und von einer ewigen Versöhnung gesprochen (Daub 2008, 302, § 84). So gesehen ließe sich auch an eine ewige Schöpfung denken, deren bloße Entäußerung die zeitliche sei. Dieses Motiv taucht im ersten Kapitel auf und wird im zweiten auf Böhme und Schelling zurückgeführt. Bekanntlich hatte sich Daub zunächst für Schelling und erst später für Hegel begeistert. Nach seinem freundschaftlichen Verkehr mit diesem hatte er in Bezug auf die Frage nach dem Ursprung des Übels und der Differenz noch den Einfluss Schellings verraten und Bedenken hinsichtlich der Lösung Hegels gehegt (zu seiner Auffassung des absoluten Bösen, s. Daub 1816, 156, dazu mit unterschiedlichen Bewertungen Rosenkranz 1837, 13 f., 47, Wagner 1987, 21–24, 39, Stübinger 2008, 13 f.).

Auch Feuerbach hatte in einem Fragment aus den Jahren 1827/28 seinen „Zweifel" hinsichtlich der Möglichkeit, es lasse sich aus der „unbefleckte[n] Jungfer Logik" die „Negativität", „ein *andres* Element", die „Natur" ableiten, zum Ausdruck gebracht (GW 10, 155 f.). In den Erlanger *Vorlesungen über die Geschichte der neueren Philosophie* hatte er eine Übereinstimmung mit Schellings Gedanken, dass die Natur in Gott der Intelligenz vorangehe, geäußert. Dazu hatte er bemerkt: „Zur Annahme *dieser Natur* zwingt uns das *Dasein der Natur, der Materie*, des dunklen, verworrenen Lebens, das wir in der Natur sehen" (Feuerbach 1974, 167). Im Einklang mit seinem ehemaligen Lehrer Hegel hatte er allerdings die Möglichkeit abgelehnt, aus der Nicht-Intelligenz die Intelligenz abzuleiten (ebd., 180 f.).

Auf diesen Ansatz kommt Feuerbach noch einmal in *Das Wesen des Christentums* zurück: „Da nun aber eben die Verschiedenheit eine positive Vernunftbestimmung ist, so kann ich die Verschiedenheit nicht ableiten, ohne schon die Verschiedenheit vorauszusetzen" (GW 5, 169). Wenn der Sohn Gottes in der Ewigkeit mit dem Vater existiert, so behauptet sich der Unterschied als etwas Ursprüngliches, Unableitbares. Da aber in dem Sohn die Dinge, obgleich auf eine unsinnliche Weise, schon enthalten seien, sei in ihm die „geistige Materie" schon als „Prinzip der wirklichen" Materie vorhanden (GW 5, 167). Die von den Heiden anerkannte Ewigkeit der Materie habe sich also auch bei den Christen durchgesetzt (ebd.). Die Ableitung der Materie, der Welt, aus ihrem eigenen Wesen bedeutet für Feuerbach, dass die Welt ihren *„Grund in sich selbst* hat" (GW 5, 168). Schon in den Erlanger Vorlesungen hatte er der italienischen Renaissance den

„pantheistischen Sinn" für die Natur zugeschrieben (GW 13, 301–303, Feuerbach 1974, 21, 42–45). Unter ihren Stellvertretern war Bernardino Telesio dank seiner Forderung nach dem Verständnis der Natur „juxta propria principia" ein wichtiger Bezugspunkt (Feuerbach 1974, 30–49; GW 3, 7). Sie sollte in *Das Wesen der Religion* (GW 10, 61, § 48) eine relevante, wenngleich fragwürdige Rolle spielen. Aber auch hier, vor allem im Kapitel „Das Geheimnis der Natur in Gott", zeigt eine bedeutende Schwankung die latente Problematik an.

Da Feuerbach die Selbständigkeit der Natur und folglich der Naturwissenschaft auf ein ursprüngliches, in sich selbst begründetes Prinzip zurückführt, stellt sich die Frage nach dessen Verhältnis zu dem Bewusstsein und der Intelligenz. Feuerbach behandelt sie in seiner Erläuterung der Gedanken Schellings. Zuerst schreibt er ihm das Verdienst zu, in Gott zwei auseinander unableitbare Prinzipien, d. h. das Licht und die Finsternis, die Intelligenz und die Materie, anerkannt und daher die Abstraktion eines das dunkle Extrem verneinenden Theismus überwunden zu haben. In diesem Sinne führe Schelling zur Aufwertung der Natur, des Leibes und der Sexualität als wesentlichen Bestandteilen der Totalität. Es gebe ja keinen Geist ohne Natur, keine Natur ohne Leib, keinen Leib ohne Fleisch und Blut, kein Fleisch und Blut ohne Geschlechterdifferenz (GW 5, 171f., 174, 176, 179, 188). Der Ursprung bestehe aus zwei Prinzipien (GW 5, 172). Feuerbach bekräftigt, was er früher in Anlehnung an Hegel behauptete: „Es widerspricht sich aber, dass das Unreine aus dem Reinen, die Finsternis aus dem Lichte komme" (GW 5, 171). Man würde erwarten, dass er noch einmal der Kritik Hegels an Schelling folgt, doch er schlägt eine ganz andere Richtung ein. Im frühen Schelling betont er den Vorrang des Dunkels und der Natur, weil das Licht, die Intelligenz aus einem dunklen, verworrenen Zustand entstanden seien. „Das Bewusstsein entwickelt sich nur aus der Natur" (ebd.). In der Perspektive dieser Entwicklung ist er auch Leibniz und seiner Vorstellung der Monaden verpflichtet: „Gott soll sich aus dem Dunkel verworrener Gefühle und Triebe zur Klarheit der Erkenntnis emporringen" (GW 5, 173). Schon im *Leibniz* hatte er die Materie mit den dunklen Vorstellungen gleichgesetzt und sie als das „*Band der Monaden*" (GW 3, 63) bezeichnet. Noch einmal nimmt er hier diese Interpretation auf und stellt den Begriff von den „pensées confuses" (GW 5, 174) einem anderen, ihn sehr interessierenden Gegenstand zur Seite, nämlich dem des Bewusstlosen, aus dem das Bewusstsein und selbst die künstlerische Schöpfung entspringe (vgl. auch GW 1, 601, 608f.; GW 10, 127f.; GW 6, 349f.).

Was für eine Funktion hat dieser ursprüngliche Zustand? Geht er nur zeitlich voraus? Hier wird er immer wieder als Grund bezeichnet: die Natur, die Materie „ist vielmehr der *Grund* der Intelligenz, der Grund der Persönlichkeit, ohne selbst den Grund zu haben" (GW 5, 171). Da die Natur die „Basis" ist, ist der Geschlechterunterschied „die Basis der Sittlichkeit" (GW 5, 178). Die vorherrschende philosophische Tradition hatte noch die Seele als das Prinzip der persönlichen Einheit betrachtet, Feuerbach sagt hingegen: „Der *Leib ist der Grund, das Subjekt der Persönlichkeit*" (GW 5, 177). Er gebe ihr ihren „Zusammenhalt" (ebd.). Nur in der Beziehung zwischen Mann und Weib sei die Beziehung zwischen Ich und Du etwas Reales (GW 5, 178). Es ist nicht verwunderlich, dass diese Aussagen besonders oft von den Interpreten zitiert werden, die in *Das Wesen des Christentums* eine materialistische Konzeption ausgemacht haben. Auch Marxens Hochschätzung des *„aufrichtige[n] Jugendgedanke[ns]"* Schellings in Feuerbach (GW 18, 287) wird unter dieser Perspektive verständlich. Feuerbach deutet den angeblich in Schelling vorhandenen Mystizismus als „Deuteroskopie", sofern die wirklichen Gegenstände „im trügerischen Zwielicht", „*in* und mit der Einbildung" gezeigt würden (GW 5, 172). In seinem Versuch einer Zurückführung mystischer Anschauungen auf die Wirklichkeit hebt Feuerbach ihre materialistischen Anklänge hervor. Ist also er selbst hier beim Materialismus angelangt? Es ist schwierig, in *Das Wesen des Christentums* eine feste und kohärente Stellungnahme Feuerbachs zum Materialismus zu erkennen. Die Rolle des Bewusstseins und Selbstbewusstseins in Bezug auf das Unendliche, die Göttlichkeit der menschlichen Gattung, die Ethik der Liebe sprechen deutlich dagegen. Auch in diesem Kapitel spürt man eine gewisse Widersprüchlichkeit, da die Möglichkeit der Ableitung der Intelligenz aus der Nicht-Intelligenz zuerst verneint und dann bejaht wird (vgl. GW 5, 171, 174). Trotzdem ist festzustellen, dass Feuerbach in seinem späten materialistischen Werk dem deutschen Materialismus einen religiösen Ursprung zuschreibt (GW 11, 115, 117 f.). Neben der Herabsetzung der pathologischen, introvertierten Mystik hegte Feuerbach ein starkes Interesse an der „wahren", objektiven Mystik, d. h. an jener Mystik, die nach einer konkreteren, lebhafteren Totalität strebte (Tomasoni 1992). Er hielt sie auch für eine Möglichkeit, dualistische und spiritualistische Theorien in Bezug auf den Menschen zu überwinden.

Neben Schelling kommt als eine höhere Autorität Böhme zu Wort, denn er sei das Original, aus dem der idealistische Philosoph die „Lehre von der Natur in Gott" entnommen habe (GW 5, 180). Schon seit seiner Jugend begeisterte sich Feuerbach für die Gestalt des Görlitzer Schusters. Als Probe seines ersten geschichtsphilosophischen Werks, das er zum Druck zu geben wünschte, hatte er in der Zeitschrift „Athene" den Paragraphen „Der Ursprung des Bösen nach Jacob Böhm" veröffentlicht. Bekanntlich war Böhme unter dem Einfluss der Romantik wiederentdeckt worden. Doch hatte Hegel seine Mystik nicht als offene Tür zum Irrationalen, sondern als Ansporn zur Spekulation, zur Annahme der Widersprüche und zu ihrer Auflösung verteidigt (Hegel 1986, 79, 82–84, 107; Hegel 1984, 214). Auch Feuerbach hatte in der *Geschichte der neueren Philosophie* Böhme als einen „Mystiker der spekuliert", bezeichnet, denn er ringe „nach einer klaren, reiner Erkenntnis". Er hatte auch beklagt, dass er in die Hände derer geraten sei, die „nichts weniger als mit dem Denken etwas zu schaffen haben wollen" (GW 2, 161). Damals hatte er Böhmes Spekulationen über die Natur Gottes und ihre Gegensätze ausführlich dargelegt (GW 2, 174–200). In *Das Wesen des Christentums* stehen diese Themen im Hintergrund, während sein Bestreben um die Erkenntnis zu einer Begeisterung für die Natur und die Naturwissenschaft wird. Feuerbach geht ausführlich auf Böhmes Beschreibungen der Steine und Sterne, der vulkanischen und neptunischen Kräfte, der Gewürze und Pflanzen ein (GW 5, 181f.) und spiegelt damit sein eigenes wachsendes Interesse für diese Bereiche wider.

8.3 Die Nichtigkeit der Welt in der theologischen Lehre

Als Gegensatz zu diesem Naturinteresse begreift Feuerbach in den nachfolgenden zwei Kapiteln die Lehre von der Schöpfung aus dem Nichts, die in sich das Nichtsein der Natur und die Unbeschränktheit des subjektiven Willens des Menschen einschließe (GW 5, 190–192). Die in den Beweisen für das Dasein Gottes eine zentrale Rolle spielende Kontingenz der Welt wird jetzt zur Behauptung „eine[r] momentane[n], *willkürliche[n], unzuverlässige[n]*, d.h. eben *nichtige[n]* Existenz" der Welt (GW 5, 191). Die schon von Daub behauptete Nichtigkeit der Welt wird daher entschieden negativ bewertet, da sie von einem sich allmächtig einbildenden Willen abhänge und keine objektiven Gesetze anerkenne. Schon in seinen ersten Schriften hatte Feuerbach die Schöpfungslehre verworfen und in ihr den Ausdruck einer personalistischen, subjektiven Anschauung Gottes gesehen (GW 1, 290f.). Er verstand damals seinen Kampf als eine Weiterführung der Polemik Daubs und Hegels gegen den modernen Subjektivismus. Durch die Konzentration auf den Begriff der Allmacht Gottes wurde seine Auffassung immer radikaler. Mit der von den Cartesianern vollzogenen Rückführung der Gesetze der Vernunft auf den Willen des die Welt erschaffenden Gottes sei der absoluten Willkür und folglich einer despotischen Autorität Vorschub geleistet worden (GW 3, 98f., 115, 126). Vor der in einer solchen Anschauung wurzelnden Intoleranz und dem Absolutismus hatte Feuerbach in *Bayle* und in seiner Rezension zu Stahls Buch gewarnt (GW 4, 100–103, 212, 324–328; GW 8, 34–37, 43). Hier kommt noch einmal die Kritik an dem anmaßenden und von „allen objektiven Bestimmungen und Begrenzungen sich entbindende[n]" Willen zum Ausdruck (GW 5, 191). Im Christentum habe sich das Prinzip der Subjektivität „zur unbeschränkten Universalmonarchie" erhoben (GW 5, 192).

Offiziell liege die Macht wohl in Gottes Händen, tatsächlich werde sie aber vom Menschen ausgeübt, denn Gott stelle sich ihm durch seine Vorsehung zur

Verfügung. Hinter den Wundererzählungen stehe laut Feuerbach der Begriff der Schöpfung und der göttlichen Allmacht: kein Naturgesetz sei in ihnen gültig, denn sie richteten sich an den Menschen und die anderen Naturwesen würden seiner Willkür geopfert (GW 5, 193). Feuerbach betrachtet den „arme[n] Feigenbaum", der verflucht wurde, „weil er keine Früchte trug zu einer Zeit, wo er keine tragen konnte" oder die Tiere, denen die dämonischen Plagegeister „*ein*getrieben wurden", nachdem sie den Menschen ausgetrieben worden waren (GW 5, 194). Wenn die Vorsehung eine „*besondere*", nur auf den Menschen ausgerichtete sei, so sei der wirkliche Gott der Mensch und zwar der einzelne Mensch, der um „die unendliche Dauer" seines Daseins besorgt sei. Diese Behauptung spielt wieder auf den Glauben an die persönliche Unsterblichkeit an (GW 5, 195). Mit dieser Verbindung zu den *Gedanken über Tod und Unsterblichkeit* nimmt Feuerbach einen Gedanken vorweg, den er in *Das Wesen der Religion* noch entschlossener vertreten wird, wo er die privilegierte Stellung nicht nur des Einzelnen, sondern auch der menschlichen Gattung beanstanden und die Vorstellung der menschlichen Unendlichkeit anfechten wird (GW 10, 52, § 43).

Der Lehre der Schöpfung aus dem Nichts stehen hier der Naturalismus und der Pantheismus gegenüber, nach denen der Mensch „sich mit der Natur identifiziert" und „sich als einen Teil im Ganzen" betrachtet (GW 5, 195, 199). „Ein reiner Verstandesmensch, ein objektiver Mensch" feiere die Spinozistische Substanz und fühle „Antipathie gegen einen, persönlichen, d.i. subjektiven, Gott" (GW 5, 188). Trotzdem gibt Feuerbach auch hier zu, dass der Personalismus einen Grund habe, und zwar dass der Mensch „erst in der Persönlichkeit *bei sich* ankommt" und damit „*an den eignen Wert*" glaube, was „wohltätige Folgen" nach sich ziehe (GW 5, 188, 196). Hier erhalten zwar Naturalismus und Pantheismus den Vorrang und der Personalismus wird für die Trennung des Menschen von der Natur verantwortlich gemacht (GW 5, 199), doch werden auch die positiven Auswirkungen des „*Glauben[s] des Menschen an die absolute Realität und Bedeutung seines Wesens*" (GW 5, 196) eingeräumt. Der Mensch ist für Feuerbach übrigens nicht bloß ein Verstandesmensch. Daher wird eben in *Das Wesen des Christentums* das Herz aufgewertet und Jacobi dank seines Sinnes für die Persönlichkeit als ein „klassischer", „konsequenter", „mit sich einiger Philosoph" (GW 5, 188) anerkannt. Als Folge dieser Erörterung dürfte eine Synthese zwischen der Forderung des Pantheismus, der Mensch solle als ein Teil der Natur verstanden werden, und der Forderung des Personalismus, das Selbstbewusstsein dieses Teils als etwas Eigenartiges zu sehen, notwendig werden. Dass eine solche Synthese Spannungen und eine gewisse Unsicherheit verrät, steht außer Zweifel und wird im Kapitel über die Kreation im Judentum noch deutlicher.

8.4 Monotheismus und Judentum

Auf das Judentum führt Feuerbach die Schöpfungslehre als Bollwerk des Monotheismus zurück und erläutert die Erzählung der *Genesis* als Ausdruck eines „Befehls", einer „*egoistischen, praktischen Anschauung*" (GW 5, 207). Sein Abstand zur Interpretation Hegels ist sehr groß geworden. Bekanntlich hatte Hegel einerseits die biblische Aussage vom Wert aller Geschöpfe, andererseits den Begriff der „Creatio ex nihilo" als die Entgöttlichung der Natur und damit als die notwendige Bedingung zum freien Handeln des Menschen geschätzt (Hegel 1985, 328, 330–332, s. dazu Hodgson, 2005, 231, 233, 271). Eben weil sie aus Nichts geschehen sei, sei die Schöpfung kein „technisches Produzieren", sondern „ein inneres Tun" (ebd. 327f.). Feuerbach hingegen setzt nicht nur die vermeintliche Anerkennung des Werts der Natur herab, sondern erniedrigt auch den praktischen Standpunkt zum respektlosen Egoismus, der die Natur zur „*untertänigsten Dienerin*" des „selbstischen Interesses" des Menschen macht (GW 5, 207). Dem Judentum als Bahnbrecher des Monotheismus werden die Heiden, namentlich die Griechen mit ihren „theoretischen Sinnen", mit ihren „artes liberales", mit ihren Wissenschaften (GW 5, 208–210) gegenübergestellt. Der Gegensatz zwischen dem praktischen, egoistischen und dem theoretischen, interesselosen Standpunkt hatte schon im Leibniz-Buch eine wichtige Rolle gespielt, um den vermeintlichen Widerspruch zwischen der theologischen Aussage der von Gott prästabilierten Harmonie und des philosophisch selbständigen Systems der Monaden zu erklären (GW 3, 99, 116–122). Das Schema kommt hier noch einmal vor, obwohl Feuerbach es bald endgültig aufgeben sollte. Bekanntlich haben Marx und Engels in der ersten These über Feuerbach diesem den Vorwurf gemacht, er habe die Praxis nur in ihrer egoistischen, „schmutzig jüdischen Erscheinungsform" aufgefasst (MEW 3, 5). Der Vorwurf ist hier ganz treffend. Um das Negative der Schöpfung aus dem Nichts und des Monotheismus zu betonen, bedient sich Feuerbach der Materialien aus der antijüdischen Tradition. Es ist kein Zufall, dass er in der zweiten Auflage von *Das Wesen des Christentums* die Werke von seinen Freunden Georg Friedrich Daumer und Friedrich Ghillany erwähnt, die die Juden auch in neueren Zeiten der Menschenopfer beschuldigten (GW 5, 22, s. dazu Tomasoni 2009, 35–37). In den Anhang derselben Auflage fügt er weitere Zitate aus Johann Andreas Eisenmengers *Entdecktes Judenthum* (1711) ein, das von einer starken Feindlichkeit gegen die Juden aller Zeiten geprägt war (GW 5, 513f., s. dazu auch Tomasoni 1998, 153–159). Eduard Zeller wird Feuerbach vorwerfen, zur Beschreibung des Judentums einseitige Quellen benützt und daher ein Zerrbild desselben geliefert zu haben (Zeller 1844, 342f.). In der Vorbereitung der *Theogonie* wird Feuerbach versuchen, diese Lücke mit einem intensiven Bibelstudium auszufüllen und die Erzählung der Genesis in einem neuen Licht zu betrachten (s. Tomasoni 1998, 160–166; Tomasoni 2009, 39–44).

Die Juden waren angeklagt, auch mit dem Wucher gleichsam Menschenfresserei zu betreiben, und auch Feuerbach bemerkt hier, dass sie im Unterschied zur künstlerischen Anschauung der Griechen „nur die gastrischen Sinne" entfaltet hätten. Da sie als Krämer verrufen waren, streicht Feuerbach den folgenden Gegensatz hervor: „Kurz, der Grieche betrachtete die Natur mit den Augen des enthusiastischen *Mineralogen*, der Jude mit den Augen des seinen Vorteil berechnenden *Mineralienhändlers*" (GW 5, 210). Da sie beschuldigt wurden, hartnäckig den Sitten ihres Volks anzuhängen und dieses über alle anderen Völker zu erheben, erklärt Feuerbach: „Israels Bedürfnis ist das allmächtige Weltgesetz, *Israels Notdurft das Schicksal der Welt*". Der Gott Israels sei „das vernichtende Zornfeuer in dem rachegluhenden Auge des vertilgungssüchtigen Israels". Vor der Notwendigkeit seiner Existenz verschwinde „das Sein der Natur, das Sein anderer Völker in nichts" (GW 5, 216).

Hauptangriffspunkt dieser Polemik ist selbstverständlich der Monotheismus mit dem Ausschließlichkeitsanspruch seines einzigen Gottes, dem Autoritätsanspruch des Wortes und der Irrationalität des Glaubens. Dem „monotheistische[n] Egoismus" stellt Feuerbach den Polytheismus entgegen, der „der offne, neidlose Sinn für alles Schöne und Gute ohne Unterschied, der Sinn für die Welt, für das Universum" sei (GW 5, 210). Nur aus ihm sei daher die Wissenschaft entstanden. Eine gewisse Idealisierung des Heidentums ist hier spürbar. Ein autobiographischer Bezug ist erkennbar in der Anspielung auf die Pseudowissenschaft der Theologie, die ein „Brotstudium" sei. Bekanntlich hatte sie Feuerbach selbst mit der Begründung aufgegeben, dass sie ein partikularistisches, auf praktische Zwecke ausgerichtetes Wissen sei (GW 17, 71 f., 74–76, 78). Auf jeden Fall schreibt er sie den Israeliten als ihre einzige Leistung zu.

In dieser Kritik der Schöpfungslehre, die der Verwerfung des den eigenständigen Wert der Natur verkennenden Monotheismus dient, wird das Judentum als Beispiel herangezogen. Hier sind antijüdische Töne allerdings unüberhörbar. Selbstwidersprüche sind oft Anzeichen für Vorurteile. So verdammt Feuerbach etwa das feierliche Gastmahl der siebzig Ältesten mit Moses auf dem Berg Sinai und betont doch am Schluss von *Das Wesen des Christentums* die positive Bedeutung der Eucharistie als Anerkennung der natürlichen menschlichen und kulturellen Auswirkung des Essens und Trinkens (GW 5, 454; zu den Einseitigkeiten in Feuerbachs Bewertung des Judaismus, namentlich in Bezug auf die Schöpfungslehre und das Opfer, s. Vogel 1990, 218 f., 226–219). Man kann auch bemerken, dass die Erzählung des Schöpfungsakts keine Beschreibung einer Produktion ist. Während Hegel diesen Aspekt ausdrücklich betonte, stellte Feuerbach in der *Theogonie* erneut das hebräische Wort für „schöpfen", „*barah*", dem

Verb „machen" zur Seite (GW 7, 257 f., zur einseitigen Auffassung Feuerbachs der „Schöpfung aus Nichts", s. auch Amengual 2009, 18 – 23). Auf jeden Fall wird er in diesem späteren Werk die vereinfachende Gegenüberstellung von Heidentum und Judentum überwinden.

8.5 Ausblick

Das Hauptergebnis der vier hier erläuterten Kapitel ist die Aufwertung der Natur zu etwas Göttlichem und damit die Anerkennung des Leibes und der Sexualität als positive, notwendige Bereiche der menschlichen Tätigkeit und des Lebens. Dennoch stellt sich die Frage nach dem Umfang der menschlichen Tätigkeit im Vergleich zu Hegels Auffassung. In ihrer angeblichen Göttlichkeit ist die Natur für den Menschen immer ein Anstoß zur Selbstverwirklichung, aber auch eine unüberwindbare Grenze. In *Das Wesen des Christentums* wird besonders die positive Seite ins Blickfeld gerückt, während *Das Wesen der Religion* eingehender die negative Seite betrachtet und durch eine unaufhebbare Abhängigkeit die menschliche Freiheit beschränkt (GW 10, 40, 42, §§ 34 f.). In den hier behandelten Kapiteln sind auch Spannungen zwischen Materie und Geist, Natur und Bewusstsein aufgetaucht, wie auch eine einseitige Praxisauffassung, die Feuerbach bald überwinden wird. Trotzdem erweist sich die Aufforderung, den praktischen Standpunkt zu begrenzen und einer interesselosen Kontemplation Raum zu gewähren, als noch heute aktuell und einer respektvollen Haltung der Natur gegenüber angemessen.

Literatur

Amengual, Gabriel (2009): Schöpfung, Judaismus und Gottesbegriff, in: Feuerbach und der Judaismus, hg. v. Ursula Reitemeyer, Takayuki Shibata und Francesco Tomasoni, Münster, 13 – 25.

Daub, Karl (1816): Judas Jschariot oder das Böse in Verhältnis zum Guten, Heidelberg.

— (2008): Theologumena (1806), hg. v. Ewald Stübinger, Waltrop.

Feuerbach, Ludwig (1974): Vorlesungen über die Geschichte der neueren Philosophie (Erlangen 1835/36), hg. v. Erich Thies, bearb. v. Carlo Ascheri und Erich Thies, Darmstadt.

Hegel, Georg Wilhelm Friedrich (1984): Vorlesungen über die Philosophie der Religion, Teil 3, hg. v. Walter Jaeschke, Hamburg.

— (1985): Vorlesungen über die Philosophie der Religion, Teil 2, hg. v. Walter Jaeschke, Hamburg.

— (1986): Vorlesungen über die Geschichte der Philosophie, Teil 4, hg. v. Pierre Garniron und Walter Jaeschke, Hamburg.

Hodgson, Peter C. (2005): Hegel and Christian Theology. A reading of the „Lectures on the Philosophy of Religion", Oxford.
Rosenkranz, Karl (1837): Erinnerungen an Karl Daub, Berlin.
Scheffczyk, Leo (1967): Lehramtliche Formulierungen und Dogmengeschichte der Trinität, in: Mysterium Salutis. Grundriß heilsgeschichtlicher Dogmatik, Bd. 2, hg. v. Johannes Feiner und Magnus Löhrer, Einsiedeln, 146–220.
Stübinger, Ewald (2008): Kommentierende Einführung, in: Daub, 2008, 8–59.
Tomasoni, Francesco (1990): Ludwig Feuerbach und die nicht-menschliche Natur, Stuttgart-Bad Cannstatt.
— (1992): Materialismus und Mystizismus. Feuerbachs Studium der Kabbala, in: Sinnlichkeit und Rationalität. Der Umbruch in der Philosophie des 19. Jahrhunderts: Ludwig Feuerbach, hg. v. Walter Jaeschke, Berlin, 57–67.
— (1998): Heidentum und Judentum: vom schärfsten Gegensatz zur Annäherung. Eine Entwicklungslinie vom „Wesen des Christentums" bis zur „Theogonie", in: Ludwig Feuerbach und die Geschichte der Philosophie, hg. v. Walter Jaeschke und Francesco Tomasoni, Berlin, 148–166.
— (2009): Feuerbach und die *Biblia Hebraica*, in: Feuerbach und der Judaismus, hg. v. Ursula Reitemeyer, Takayuki Shibata und Francesco Tomasoni, Münster, 27–44.
Vogel, Manfred (1990): Feuerbachs Religionskritik: die Frage des Judaismus, in: Ludwig Feuerbach und die Philosophie der Zukunft, hg. v. Hans-Jürg Braun, Hans-Martin Sass, Werner Schuffenhauer und Francesco Tomasoni, Berlin, 217–242.
Wagner, Falk (1987): Die vergessene spekulative Theologie. Zur Erinnerung an Carl Daub anlässlich seines 150. Todesjahres, Zürich.
Zeller, Eduard (1844): Rez. zu Das Wesen des Christentums von Ludwig Feuerbach, zweite verm. Auflage, Leipzig 1843, in: Theologische Jahrbücher, Tübingen, II. Heft, 336–345.

Dimitris Karydas

9 Der gefühlte Gottmensch: Christus als (das) Wesen des menschlichen Gemüts (Kap. 13–19)

9.1 Programm–Prämissen–Kontexte

In den mit dem Kapitel über die Allmacht des Gemüts anfangenden Partien von *Das Wesen des Christentums*, die ca. ein Drittel des ersten Teils des Werkes umfasst, wird dessen analytisches Programm zu Ende geführt. Es zielt in Anlehnung an Kants transzendentale Analytik darauf ab, religiöse Bewusstseinsformen offenzulegen. In der zweiten und dritten Auflage gliedert sich dieser Abschnitt in die Kapitel 13 bis 19. Feuerbach will zeigen, dass „alle *Bestimmungen* des göttlichen Wesens [...] menschliche Bestimmungen" seien (GW 5, 49). Er greift im vorliegenden Abschnitt auf Hegels Konzept der Entäußerung zurück, wonach der Bezug des Bewusstseins auf einen Gegenstand einen Selbstbezug impliziert. In den göttlichen Prädikaten sieht Feuerbach als „absolute Wesensvollkommenheiten" aufgefasste, die menschliche Gattung auszeichnende, selbstzweckhaften Potenzen: Vernunft, Wille, Herz. (GW 5, 31) Dadurch wird die Selbstbestimmtheit des Gattungswesens erwiesen und die unerschöpfliche Tätigkeit und das schrankenlose Potential der Gattung durchsichtig gemacht.

Die Rückführung christlicher Religiosität auf das Bewusstsein kulminiert in dem mit Materialanalysen gesättigten Nachweis ihrer Verwurzelung im Gefühl in den Kap. 13 bis 15. Dadurch offenbart sich das Christentum als „das unbeschränkte, absolut befriedigte, in sich gesättigte Wesen des menschlichen Gemüts". (GW 5, 235) In Lichte dieser Projektion weist Feuerbach in den folgenden christologischen Kap. 16 und 17 den gefühlten Gottmenschen Christus als die Figur aus, die das Gattungswesen repräsentiert. Die Konsequenzen der Projektion für das christlich geprägte praktische Weltverhältnis werden in den abschließenden Kap. 18 und 19 anhand der Bilder der moralischen Vollkommenheit und des ewigen Lebens erörtert.

Der verzerrte Widerschein der Gattungspotenzen in der Religion weist sie als ein entfremdetes Verhältnis des menschlichen Bewusstseins zu sich selbst aus. Das subjektive Bewusstsein „macht sich wieder zum *Objekt* dieses vergegenständlichten, in ein Subjekt verwandelten Wesens: er denkt sich, ist sich Objekt, aber als *Objekt eines Objekts*, eines *andern* Wesens." (GW 5, 71) Am Gefühl, dem eigensten Mittel der Subjektivität, verdeutlicht Feuerbach, dass die subjektiv vorgenommenen Vergegenständlichungen des Menschen durch die Umkehr von Subjekt und Prädikat auf sich zurückgebogen werden. Somit bringen sie „auch *objektiv* die Bedeutung des Wesens" (GW 5, 43) zum Ausdruck, das in der christlichen Gottheit chiffriert wird.

Unter Vergegenständlichung wird der an Hegels Konzept modellierte Entäußerungsvorgang verstanden, nach dem das „Bewußtsein des Gegenstandes [...] das *Selbstbewußtsein* des Menschen" ist. (GW 5, 34) Hegel bettet dennoch das Selbstbewusstsein als ein Moment neben Bewusstsein und Vernunft in die Struktur des Geistes ein, der das „sich selbsttragende absolute reale Wesen" sei. (HGW 9, 239) Statt Abstraktion zu sein, wird das Selbstbewusstsein zum „wirklichen Selbstbewußtseyn", indem es mit dem allgemeinen Selbstbewusstsein vermittelt wird, das die Formen des Geistes darstellen (ebd., 241). Feuerbach verwirft die Geisteskonzeption Hegels, die er mit seinem Modell des Selbstbewusstseins gattungsmetaphysisch zu beerben trachtet (vgl. Rawidowicz 1964, 100 – 116). Das Wissen des Geistes von sich im Anderen wird zu einem durch das Du vermittelte Wissen des Ich im Ganzen der Gattung, deren Teil es ist.

Der junghegelianischen Lesart der *Phänomenologie des Geistes* folgend versteht sie Feuerbach als Geschichte der Gattung im Sinne einer Entfremdungsgeschichte des Menschen. So wird Entfremdung zu einer universalgeschichtlichen Konstante kritisch zugespitzt, die die Entzweiung der Realität des Individuums mit seinem nicht realisierten Potential als Gattungswesen bezeichnet. (Kap.1) Damit wird das idealistisch verstandene Entäußerungskonzept des Geistes, der sich seine Entäußerungen wieder aneignet, zugunsten einer anthropologischen Reduktion der Geistigkeit abgewiesen.

Die Hermeneutik des hilflosen Menschen wird zum analytischen Beleg der These, dass die Religion im Gefühl zu suchen sei. Der egoistische Bezug des christlichen Bewusstseins auf sich sei Grund der Religion, der nicht in der Transzendenz, sondern im Menschen selbst liegt. Deshalb liegen „die causae secundae [...] hauptsächlich" im Gemüt (GW 9 [1839], 52), auf welche die genetisch-kritische Methode Feuerbachs religiöse Phänomene zurückführt. Mit der Erklärung der Religion als einer abgetrennten, ausschließlich dem Gefühl zugeordneten Region und der Weigerung, die Identität von Objektivität und Subjektivität als anzustrebende Einheit unter Wahrung ihrer Differenz anzunehmen, wird der Einsatz von *Das Wesen des Christentums* markiert.

Den Leitfaden zur Durchführung des Programms gibt die Umkehrung des Subjekt-Prädikat Verhältnisses. Sie wird zum Signum der junghegelianischen Kritik an der idealistischen Verkehrung, die es durch die Bestimmung vom Bewusstsein und Denken durch ein blankes Sein materialistisch umzustülpen gelte. Demnach drückt sich die Wirklichkeit im empirisch Besonderen aus, das als Prädikat im herkömmlichen Satz „eine eigne, selbstständige Bedeutung" hat.

(GW 5, 63) Dies kann nur in einer bestimmten Beziehung der Fall sein. In ihr wird dem Prädikat das, was als Subjekt auftritt, als Bestimmung zugesprochen: „was das Subjekt oder Wesen ist, lediglich in den Bestimmungen desselben liegt, d.h. dass das Prädikat das wahre Subjekt ist." (GW 5, 68) Indem Feuerbach davon ausgeht, dass die Glaubensinhalte durch prädikative Verbindungen erfasst werden, legt ihre Umkehrung die anthropologischen Quelle ihrer theologisch-idealistisch mystifizierten Wahrheit offen.

Während die generische Bezeichnung der formalen Vermögensbestimmung dem Gefühl vorbehalten bleibt, wird das mit ihm konnotierte Gemüt im Feuerbachschen Gebrauch mit abschätzigen Vorzeichen belegt. Als Negativ des Herzens zeigt sich das „kranke", „übernatürliche" Gemüt, das sich gegen das Denken immunisiert (GW 8 [1838], 214). Es stellt die Kehrseite der Gattungspotenz dar, die den konstitutiven, unmittelbaren Bezug auf das Sinnliche herstellt. Von der darin implizierten Selbstbeziehung des Bewusstseins her entspricht das Herz dem positiven Aspekt, mit dem die natürliche Offenheit des Individuums und zugleich seine Angewiesenheit auf andere Individuen angezeigt ist. Das Herz bzw. die Liebe ist das vernünftige Selbstgefühl, das von der alle Potenzen koordinierenden Vernunft geleitet wird: „Die Vernunft ist also das *allumfassende*, das *allbarmherzige Wesen*, die *Liebe des Universums zu sich selbst*." (GW 5, 479) In die Vernunft wird von Feuerbach gemäß dem junghegelianischen Verständnis auch der Verstand eingemeindet, ohne beide zu unterscheiden. Das Gemüt bezeichnet die negative, wenn auch natürliche Seite der Individualität, die in sich verschlossen bleibt (vgl. ebd., 248). Damit wird der Grundstein von Feuerbachs Religionskritik gelegt, weil die Entäußerung des Gemüts aufgrund seiner Schwachheit und Krankhaftigkeit in überschwängliche illusorische Einbildungen ausarten kann. (GW 5, 121f; Tomasoni 2015, 185, 214).

Die Verwurzelung religiöser Einstellungen im Gemüt, die mit der Erhebung des Gefühls zum Hauptinhalt der Religion einhergeht, ist zwar dem Programm von *Das Wesen des Christentums* bereits eingeschrieben. Sie wird aber weder darin begründet, noch ergibt sie sich aus der Entfaltung der Religionsanalyse in diesem Werk (Jaeschke 1986, 397). Gerade in Bezug auf die Stellung des Gefühls ist die Klärung der Absetzungsbewegung Feuerbachs von Hegel für das Verständnis der vorliegenden Partien von Bedeutung. Denn auch Hegel sieht religiöse Inhalte im Gefühl verortet, das jedoch aufgrund seines subjektiven Charakters nicht fähig ist, ihnen eine objektiv gültige Form zu geben: „Alle Formen [...]: Gefühl, Vorstellung, können wohl den Inhalt der Wahrheit haben, aber sie selbst sind nicht die wahrhafte Form, die den wahrhaften Inhalt notwendig macht. Das Denken ist der absolute Richter, vor dem der Inhalt sich bewähren und beglaubigen soll." (HGW 17, 341) Feuerbach ist diese hauptsächlich an die Adresse Schleiermachers gerichtete Kritik bewusst, er bestreitet aber das Vermögen des Denkens, diese Inhalte an sich zu fassen, da es grundsätzlich nicht dafür zuständig sei. Es wird sich zeigen, dass Feuerbach im Resultat seiner Religionsanalyse auf Schleiermachers Erklärung des Glaubens durch das Gefühl rekurriert.

Die Gattung wird nun als Platzhalter für die Aufgabe eingesetzt, welche nach Feuerbach der absolute Geist verfehlt: die wesentliche Einheit religiöser Phänomene unter Beibehaltung ihrer Kontingenz und Unterschiedlichkeit vergleichend zu erfassen (Baroni 1990, 374f.). Feuerbachs religionskritisches Fazit im Kap. 17 lautet, dass erst alle Menschen „zusammengenommen, [...] wie sie sein sollen, den vollkommnen Menschen" darstellen (GW 5, 273). Die praktische Vervollkommnung wird an ein Erkenntnisideal gebunden, das sich im Gattungsbewusstsein realisiert: „Nur sämtliche Menschen erkennen die Natur, nur sämtliche Menschen leben das Menschliche" (GW 9 [1839], 11).

Religion entsteht im Individuum aus der Entzweiung zwischen Gattung und Individuum und bringt nicht erst die Entfremdung hervor. Sie entspringt aus dem Bewusstsein seines konstitutiven Unvermögens, die Schranken seiner Endlichkeit und Mangelhaftigkeit zu überwinden (vgl. GW 5, 267f.). „Der Glaube an die Allmacht ist der Glaube an die Irrealität der Außenwelt, der Objektivität – der Glaube an die absolute Realität des Gemüts." (GW 5, 226) Die Entäußerung des Subjekts ist der gegenständliche Ausdruck dieser Entzweiung, da sie das „gegenständliche Wesen" (GW 5, 33) der Gattung spiegelt. Und dennoch sieht sich Feuerbach genötigt, im Vorwort zur zweiten Auflage von *Das Wesen des Christentums* klarzustellen, dass er die Religion nicht bloß als „pure Illusion" entlarvt (GW 5, 19), denn er will die Objektivität, der in Bildern manifestierten Inhalte des Glaubens ergründen.

Die Stellung der Unmittelbarkeit bleibt der wohl umstrittenste Sachverhalt der Feuerbach-Interpretation. Diese Unmittelbarkeit ist nicht als bloßer Gegensatz zur Vermittlung zu interpretieren (Löwith 1976; Schmidt 1977; dazu Arndt 1990, 503f.). Denn die Unmittelbarkeit wird nicht nur dem vermittelnden Denken vorausgesetzt, sondern auch zu einer vom Denken abgetrennten „Sorte der Selbstvermittlung" stilisiert (Arndt 1990, 511). So wendet sich Feuerbach gegen die Wiederherstellung der Unmittelbarkeit als vermittelter in der Perspektive einer Erkenntnistheorie, die von der sinnlichen Unmittelbarkeit ausgeht und in ihr die Wahrheit findet. Feuerbach will die Voraussetzungen des vernünftigen Denkens aufdecken, damit dieses nicht einen „*unmittelbaren* Bruch mit der wirklichen Anschauung" vollzieht (GW 9, 42; Rawidowicz 1964, 113, 123). Er hält am Begriff der Vernunft und des Allgemeinen fest, versucht aber, sie in einem anschaulichen Substrat zu begründen, das mit ihnen strukturidentisch sein soll.

Am Verhältnis zwischen Natur und Vernunft wird sichtbar, dass Feuerbach sich nicht auf die unmittelbare Sinneswahrnehmung verlässt. Er hält die Sinne ohne ihre Vermittlung durch die Vernunft für manipulierbar, weshalb das Gemüt sie nach seinem Belieben durch die Einbildungskraft überspielen kann. Die Natur sei aber hinsichtlich der Gesetzmäßigkeit im Einklang mit der Vernunft. (vgl. GW 5, 458–459 [2.Aufl.], 480–485)

Die angesprochenen Ambiguitäten des Erkenntnisprogramms berühren aber auch das für Feuerbach entscheidende Verhältnis des Individuums zur Gattung. Feuerbach differenziert zwischen beiden, indem das Bewusstsein des Individuums als reflexive Selbstbeziehung zustande kommt, während die Gattung ein rein unmittelbares Selbstverhältnis darstellt. Mit dieser ist „die Unmittelbarkeit des menschlichen Wesens" angezeigt (Arndt 2002, 113), die auch in jedem einzelnen Bewusstsein enthalten ist. Feuerbach rekurriert auf die unmittelbare Identität von Gattung und Individuum im Wesen, die dem Denken entzogen ist. Dadurch kommt eine Zweideutigkeit in den Begriff des Wesens. Einerseits bezeichnet es die Allgemeinheit der Gattung, die aus den Vermögen als den Wesensvollkommenheiten besteht (vgl. GW 5, 31). Andererseits zeigt das Wesen die Präsenz des Allgemeinen „im Menschen über den individuellen Menschen" an, dessen Wesen dies Allgemeine ausmacht (ebd.).

In seiner Christologie identifiziert Feuerbach in Christus als dem Gottmenschen die Hauptzüge jeder Religionsform. Er stellt die entfremdete Form des Bewusstseins vom Gattungswesen dar. Die Christologie wird somit zum Prüfstein von Feuerbachs genetisch-kritischer Methode, die in der zweiten Auflage von *Das Wesen des Christentums* (1843) „historisch-philologische Analyse" genannt wird (GW 5, 22; Petzoldt 96–101, 107). Gegen David Friedrich Strauß' Zugang zu den religiösen Lehren mittels philosophischer Mythendeutung, aber auch gegen Bruno Bauers rein selbstbewusstseinstheoretische Reduktion Christi (Rawidowicz 1964, 97f.) nimmt Feuerbach nur „diesen religiösen Christus" an, den er als ein Gegenstand entlarvt, der vom „übernatürlichen menschlichen Gemüt" produziert wird (GW 5, 23). Darin wird das Wesen der Gattung chiffriert.

9.2 Die Selbstvergegenständlichung des Gemüts im Gebet und Wunderglauben

9.2.1 Kapitel 13

In den Kap. 13, 14 und 15 möchte Feuerbach zeigen, dass die Inhalte christlicher Glaubenssätze im Gemüt verortet sind und als Phantasiebilder aus ihm hervorgehen. Auch wenn diese Inhalte verständig sind, werden sie von der übergreifenden Willkür des Gemüts bestimmt. Es lenkt Verstand und Willen, damit ihre Entäußerungen dem Bilde des christlichen gefühlten Gottes angepasst werden.

Dafür führt Feuerbach sie auf die Momente der Triebstruktur des Gemüts zurück, indem er ihrem Abdruck in der Anschauungs- und Vorstellungswelt des Christentums nachspürt (Hüsser 1993, 57 f.).

„[D]as Gemüt ist der Gott des Menschen", so lautet der Grundsatz, anhand dessen Feuerbach den christlichen Glauben auf „die rücksichtlose Allmacht des Gefühls" zurückführt (GW 5, 220). Er interpretiert damit die basale christliche Auffassung, dass Gott die Liebe sei (vgl. GW 5, 219). Die Profilierung der Gottesliebe als das sich auf sich selbst beziehende, sich selbst über alle Schranken hinweg befriedigende Gefühl, wird mit dem jüdischen religiösen Bewusstsein kontrastiert.

Der Gott des jüdischen Volkes, „das sich als absolutes Wesen gegenständliche Selbstbewußtsein Israels" (GW 5, 218), bildet den jüdischen Nationalcharakter ab. Nach Feuerbach stellt Jehova einen Abdruck des jüdischen Volkes dar, der in praktischer Konsequenz nur auf Zwecke bezogen und utilitaristisch ausgerichtet ist. Um diese Zwecke zu realisieren, instrumentalisiert er intolerant und rücksichtlos die Menschen und die Natur. Dementsprechend drückt sich im Glauben an das Gesetz als das höchste anzuerkennende Prinzip die Partikularität des egoistischen Individuums aus (vgl. ebd.). In seinem egoistischen Handeln und seiner Selbstbezogenheit ist schon „das Geheimnis des Monotheismus" (GW 5, 208) enthalten. Freilich sind die Ausführungen Feuerbachs zum Judentum nicht frei von antijüdischen Vorurteilen und Motiven, müssen aber im Rahmen seiner Versuche bewertet werden, Religion als verbrämte Form menschlicher Selbstverständigung zu dechiffrieren (vgl. Plöger 2009).

Der Kontrast des Gesetzes mit der Liebe, die als universales Band der Menschen untereinander die nur auf das Judentum bezogene Autorität der mosaischen Gebote übertrifft, motiviert den Übergang zur Behandlung des christlichen Bewusstseins. Das Bewusstsein christlicher Subjektivität ist „vergeistigt", weil es sich nicht mehr nach der „irdische[n] Glückseligkeit" des Judentums sehnt, sondern in der Projektion auf die „himmlische[] Seligkeit" Erfüllung in der Entlastung von der diesseitigen Diremption mit der Objektivität sucht (GW 5, 219). Indem die Liebe als die höchste, umfassendste menschliche Disposition ausgegeben wird, weist ihre Erwiderung vom liebenden Gott auf, dass er das höchste Wesen ist, das sich der Mensch vorstellen kann. Wenn die „Bitte [...] der Imperativ der Liebe" ist (GW 5, 225), so zeigt sich in der Anrufung Gottes im Gebet, dem „einfachste[n] Akt der Religion" (GW 5, 221), die Instanz, die im Gegensatz zur kalten, unbarmherzigen Natur die restlose Erfüllung der Bitte gewährleisten kann (Kellner 1988, 14 f.). Gewissheit darüber kann das Gemüt aber nur dann erlangen, wenn die Wünsche, um die es geht, zur Sache des höchsten Wesens erklärt werden (GW 5, 220–221).

Im „*sich selbst vernehmende[n] Gemüt*" erkennt Feuerbach das „alter ego" des Menschen (GW 5, 220). Damit wird der psychische Vorgang im christlichen Menschen erfasst: Das von den realen Möglichkeiten des Diesseits enttäuschte Individuum entzweit sich, um im projizierten anderen Selbst die Rettung im Jenseits zu finden, die dem realen Selbst verwehrt bleibt. Überbrückt wird die gespaltene Subjektivität durch das Gebet (Röhr 2000, 106, 144). Es wird zur Instanz überhöht, die im Inneren des Subjekts von der Verzweiflung zur Seligkeit führen kann (vgl. GW 5, 221).

Im „*Ja-Wort* des menschlichen Gemüts" (GW 5, 222), das nur Gott auszusprechen vermag, bürgt er dafür, dass das Gemüt seine Diremption mit der Welt in der unmittelbaren, „*absoluten Identität des Subjektiven und Objektiven*" aufheben kann (GW 5, 223). In der Erhebung der Wünsche, Sorgen und Ängste des einzelnen Menschen zu Angelegenheiten des göttlichen Wesens scheint bereits Feuerbachs dialogisches Modell des religiös entfremdeten Selbstbewusstseins durch (Hüsser 1993, 36 ff.).

Paradigmatisch für den dialogischen Charakter des religiösen Verhältnisses ist die sprachliche Artikulation des Gebets, die ihm seine Wirksamkeit verleiht. Das Gebet drückt „die *Selbstteilung* des Menschen in *zwei* Wesen" in der Dialogform aus (GW 5, 223), die das Wesen der Religion in der Projektion des Ich in eine extramundane Instanz offenbart. Darin will Feuerbach den wesentlichen Unterschied seiner Religionsdeutung von der Hegels, die in „Christus das gegenständliche Wesen des menschlichen Herzens" ausleuchtet, verstanden wissen (GW 10 [1839], 230). Er ist „nichts andres [...] als das Wesen der Phantasie." (Ebd., GW 5, 231)

Gott ist jedoch nicht bloß eine kompensatorische Leistung des Gemüts, das die „*freie Luft des Herzens*" schafft (GW 5, 221), um darin den Seelenschmerz zu lindern. In ihm kommen nicht nur negativ die Mängel, sondern auch positiv die Eigenschaften des Menschen zum Ausdruck. Das Gebet ist die einfachste und klarste Form der Selbstvergegenständlichung des Menschen, da sie ohne jegliche Rücksicht auf vermittelnde Momente vollzogen wird. Dieses „*absolute Verhalten des menschlichen Herzens zu sich selbst, zu seinem eigenen Wesen*" (GW 5, 223) verdichtet die drei Schritte, durch welche die religiöse Projektion in Feuerbachs Interpretation zustande kommt: das Subjekt stellt sich sein eigenes Wesen gegenüber und macht sich selbst zum Objekt des eigenen Wesens, das es sich als separates, fremdes Subjekt vorstellt.

Das subjektive Gefühl des Individuums, eins mit der Objektivität zu sein, erhält im gemeinschaftlichen Gebet die Bestätigung, dass die individuelle Beschränkung gemeinschaftlich bewältigt werden kann. Deshalb kommt das „Freiheitsgefühl" (GW 5, 224, Anm.) als Bewusstsein dessen, was der einzelne Mensch als Gattungswesen vermag, im gemeinsamen Gebet zur Geltung. In der

Anerkennung des im Christentum, wenn auch nur negativ, enthaltenen Freiheitsmoments kündigt sich die Übereinstimmung Feuerbachs mit Hegel an, dass das Prinzip der Freiheit im christlichen Bewusstsein aufgeht. Das Verlangen des Menschen, darüber Herr zu werden, was seine Existenz bedrängt und sich, auch in seiner Hilflosigkeit, nicht fremd bestimmen zu lassen, kommt entfremdet und pervertiert zur Geltung, indem die „*Allmacht des Herzens*, des *Gefühls*, [...] alle Verstandesschranken durchbricht". (GW 5, 226) Die absolute Abhängigkeit des Kindes vom Vater, die das Kind durch den „amatorischen Imperativ" zur Notwendigkeit seiner Wunscherfüllung durch den Vater umkehrt, ist „Ausdruck der innigsten, intensivsten Identität" (GW 5, 225 f.) des christlichen Subjekts mit sich. Dass die „Irrealität der Außenwelt" (GW 5, 226) dafür vorausgesetzt werden muss, ist nur der negative Nachweis der Irrealität der Projektion. Unverkennbar ist hier die sich zunächst an Hegel anschließende Kritik an Schleiermachers Konzept von Religion als Gefühl der schlechthinnigen Abhängigkeit. Indem der Grund des Verhältnisses in das menschliche Gemüt verlegt wird, entlarvt sich aus Feuerbachs anthropologischer Sicht die Abhängigkeit als Schein, durch den die Selbstbeziehung des Bewusstseins, d. h. das Bewusstsein der Freiheit verhüllt wird. Gleichwohl deutet sich von der Struktur dieser Selbstbeziehung her eine Verschränkung des Hegelschen Modells der Entäußerung mit dem Schleiermachers an.

Der Hinweis Feuerbachs darauf, dass Judentum und Christentum Mittlerreligionen sind, legt nahe, die von ihm analysierten Selbstbewusstseinsstrukturen als Strukturen des religiösen Bewusstseins nach der Vorgabe Hegels zu formalisieren, indem Allgemeines, Besonderes und Einzelnes vermittelt werden. Feuerbachs Glaubenspsychologie will dem aber gerade entgehen. Gleichwohl gewinnt seine Fassung der basalen Struktur des jüdischen bzw. christlichen Glaubens durch den Rückbezug auf Hegels Modell des Begriffs ein schärferes Profil. Im Judentum vermittelt das Besondere, das von Gott auserwählte Volk, das Einzelne, den Menschen jüdischen Glaubens, mit dem Allgemeinen, dem Gott des Gesetzes. Dagegen wird im Christentum die Vermittlung des Einzelnen mit Gott als dem Allgemeinen nicht mehr über das Besondere, sondern über das Allgemeine selbst in der Gestalt Jesu geleistet. Formal lässt sich die jüdische Religion als Schluss in der Form A–B–E ausdrücken, während sich die christliche als A–E–A fassen lässt. Die Identifikation des Individuums mit dem Mittler im Christentum kann aber mit gleichem Recht umgekehrt, d. h. als E–A–E ausgedrückt werden.

9.2.2 Kapitel 14

Vor dem Hintergrund der Verortung des Glaubens im Gemüt wird der Wunderglaube auf die Verfasstheit und Funktion des Gemüts zurückgeführt. Im Glauben an Wunder manifestiert sich der unmittelbare Bezug des Subjekts zum Gegenstand. Seine Vermittlung wird insofern verdeckt, als die christliche Anschauung sie im „Wunder des Gemüts, das sich im äußern Wunder nur vergegenständlicht" tilgt (GW 5, 227). Die Unmittelbarkeit der Beziehung des Subjekts zum Gegenstand, die für das christliche Bewusstsein konstitutiv ist, weist auf die innere Verwandtschaft von Glauben und Wunder hin: „der Glaube an Wunder [ist] eins mit dem Wesen des Glaubens überhaupt". (Ebd.) Die im Gemüt erzeugte Gewissheit, die das Wunder dem Glauben und umgekehrt zukommen lässt, wird zur evidenten Bedingung des zirkelförmigen Zusammenschlusses von Glauben und Wunder, der ein Form-Inhalt Verhältnis darstellt.

Der Glaube beseitigt „das *Prinzip des Zweifels*", womit die Verstandestätigkeit außer Kraft gesetzt wird, sofern er Sache der sich absolut setzenden Subjektivität unter Missachtung der Objektivität ist: „*die absolute Realität der Subjektivität*" eines in sich verschlossenen Individuums (GW 5, 228; vgl. Hüsser 1993, 32 f.). Der Glaube bezieht seine alle Schranken überwindende Kraft aus der Allmacht seines Gegenstandes. Durch das Wunder, das anstelle der Reflexion und der Arbeit am Gegenstand sich der objektiven Welt bemächtigt, festigt der Mensch seine Selbstgewissheit. Darin liegt für Feuerbach die indirekte Bestätigung der ontologischen Vormacht des Gattungswesens (vgl. GW 5, 229 f.). An dieser Stelle schiebt Feuerbach eine Überlegung ein, die, wie sich noch zeigen wird, weitgehende Konsequenzen für seine Religionskritik hat. Wenn der Wunderglaube die Unterordnung der Gesetze von Natur und Verstand zur Voraussetzung hat, bezeugt er die Nichtigkeit der diesseitigen Welt fürs christliche Bewusstsein. Beredtes Zeugnis dafür legt die eschatologische Erwartung als Glaube an die Aufhebung des Diesseits ab. Die seit der Menschwerdung Gottes dem Untergang geweihte reale Welt beweist den Christen, dass diese Welt immer „schon untergegangen" sei (GW 5, 230).

In der „*schrankenfreie[n] Subjektivität*" Gottes (GW 5, 230), die einzig dem Glauben die Überwindung objektiver Schranken zusichern kann, spiegelt sich die Subjektivität des Christen, der nicht imstande ist, die Welt objektiv anzuschauen. Er folgt dem „Prinzip der unbeschränkten, maßlosen, überschwenglichen, supranaturalistischen Subjektivität". (GW 5, 237) Dass vernünftige Vermittlungen durch das Gefühl überspielt werden, weist das Christentum als eine vom Supranaturalismus geprägte Religion aus (Salem 2003, 67): „Der Wunsch bindet sich an keine Schranke, kein Gesetz: Er ist ungeduldig; er will unverzüglich, augenblicklich erfüllt sein." (GW 5, 232)

Obwohl Wunder kein Gegenstand der Erfahrung sein können, stellen sie sinnlich wahrnehmbare Zustände vor. Sie entsprechen einer *creatio ex nihilo*, welche die Phantasie als Medium des Gemüts hervorbringt. In der Phantasie, die Feuerbach von der (produktiven) Einbildungskraft in ihrer christlich bedingten Funktion nicht unterscheidet, wird das Medium ausgemacht, in dem die schrankenlose Erfüllung der Forderungen des Gemüts vollzogen werden kann (vgl. Kellner 1988, 58 f.): „dem Wesen, dem Inhalt nach eine natürliche, sinnliche" Tätigkeit, wird die Phantasie zur „*übernatürliche[n], übersinnliche[n]*" nach dem „*modus*" der Vorherrschaft des Gemüts (GW 5, 232). Demgegenüber ist die Phantasie unter der Kontrolle der Vernunft nur „eine unmittelbare, unwillkürliche Tätigkeit". (GW 5, 239)

Die Ausführungen zur Einbildungskraft und Phantasie verdeutlichen das Verhältnis der Potenzen untereinander in Feuerbachs Gattungsmetaphysik zur Zeit der Abfassung von *Das Wesen des Christentums* und dessen Überarbeitungen. Die der Vernunft zugesprochenen Leitung der Phantasie wird im Christentum durch die Entgrenzung der Einbildung aufgrund der Vorherrschaft des Gemüts außer Kurs gesetzt. Dafür macht Feuerbach den Rückgang an Bildung im klassischen Sinne verantwortlich (Xhaufflaire 1972, 104 ff.). Der Ausschaltung des „Prinzips der Bildung" (GW 5, 236, 239) verdankt sich die Durchsetzung und Ausbreitung der von Gefühl und Wunscherfüllung gelenkten Anschauung. Sie wurde bezeichnenderweise von den Aposteln geprägt, die „keine wissenschaftlich gebildeten Männer" waren (GW 5, 236).

Den Übergang zur Forderung nach unmittelbarer Befriedigung subjektiver Zwecksetzung erklärt Feuerbach, wahrscheinlich im Anschluss an Gibbon (Tomasoni 2015, 174, 186, 224), durch den Verweis auf die sozialpolitische Entwicklung der spätantiken Welt. Der Rekurs auf die heidnische Antike, in der menschliches Leben von der Einsicht in die und den Einklang mit den natürlichen Schranken geprägt war, soll den a-kosmischen Charakter christlicher Subjektivität verdeutlichen. Das Entschwinden des „*objektive[n]*" (GW 5, 237) klassischen Geistes der Antike führte dazu, dass dem Gemüt die objektive Welt als von undurchsichtigen, fremden Zwecken der Natur beherrscht und als von verderblichen Trieben der Menschen durchzogen erschien (GW 5, 237 f.). Menschliche Wünsche können vom Individuum nur in der heilen Welt der Phantasie realisiert werden.

Den Erfahrungsgehalt von Wundern als unmittelbarer lebensweltlicher Realität entnimmt Feuerbach den christlichen Urgemeinden aus „enge zusammenhaltenden Individuen" (GW 5, 239), die sich in der Naherwartung der Wiederkunft Christi eine eigene, für sie objektiv geltende Wunderwelt kreiert hätten. Die vom Urchristentum geglaubten Wunder werden sogar als „*wirkliche*" (GW 5, 238) apostrophiert, weil die Gemeinde sich unmittelbar und nicht über die Tradition oder Zeugenschaft die sinnliche Bescheinigung der Wunder einbildete.

9.2.3 Kapitel 15

Die Vorstellungen von der Auferstehung und der übernatürlichen Geburt werden nun auf Operationen des Gemüts reduziert, während deren allgemeine Bestimmung, Wünsche zu erfüllen, auf die unmittelbare Bewältigung von Trieben und Ängste zurückgeführt wird. Damit will Feuerbach zeigen, dass seine Analyse des praktischen Wunderglaubens auch auf die „theoretischen oder eigentlich dogmatischen Wunder[]" zutrifft, die den basalen Glaubenssätzen des Christentuns zugrundeliegen (GW 5, 240). Insofern sie die wesentlichen Bestimmungen individueller Endlichkeit aufheben, entsprechen sie dem natürlichen Trieb des Individuums, der „ursprünglich eins mit dem Selbsterhaltungstriebe" ist, die eigene Sterblichkeit zu überwinden (ebd.).

Feuerbach macht die Lebenserfahrung dafür verantwortlich, dass die Gewissheit der Negativität dieses Wunsches zum „Wunsche [...] eines besseren Lebens, nach dem Tode" (ebd.) verwandelt wird. Seine Erfüllung muss durch ein allgemeines „Vorbild" gesichert werden, welches der auferstandene Christus darstellt (GW 5, 241). Dies ist ein weiteres Beispiel dafür, dass die beanspruchte Geistigkeit des Christentums im Grunde geistlos ist. Die antike Reflexion über Seele, Geist oder Lebensprinzipien wird durch den Absolutheitsanspruch des subjektiven Gefühls im Christentum zum Gebot persönlicher, auch fleischlicher Ewigkeit (Kellner, 39–40). Auf die Macht des Gemüts, sich selbst absolut setzen zu können, gründet Feuerbachs These von Christus als Abbild des Menschen.

Feuerbach muss die Gemütsstruktur differenziert erörtern, um zu zeigen, dass die projizierte Erfüllung von Wünschen zum einen ihre natürliche Anlage pervertiert und zum anderen, dass in ihnen heterogene Gefühlsinhalte ohne Rücksicht auf ihre Widersprüchlichkeit verbunden werden. Indes spiegelt sich das widersprüchlich strukturierte Gefühl des christlichen Menschen in der Vorstellung von der übernatürlichen Geburt. Sie kommt dadurch zustande, dass sich der Geschlechtsakt bzw. die Mutterliebe und die das Christentum kennzeichnende Herabwürdigung des Leibes zur einheitlichen Wunschprojektion gestalten. Anders als der „objektive Mensch" setzt sich der „in der Phantasie lebende Mensch" über die ihm widerlichen Aspekte der Natürlichkeit, einschließlich der eigenen, aufgrund seiner sich vergrößernden Entfremdung von der Natur hinweg, indem er sie schlicht negiert (GW 5, 242f.). Da er „seine Gefühle zum Maßstab dessen, was *sein soll*" macht (ebd.), verherrlicht er Jungfrau und Mutter zugleich, indem er von der vermittelnden leiblichen Funktion absieht, die die eine nicht in der anderen bestehen lässt.

Die Jungfräulichkeit wäre realer Beweis der Beherrschung des Triebhaften. Wenn Feuerbach sie für den Christen zum „höchste[n] Begriff, [...] cornu copiai seiner supranaturalistischen Gefühle und Vorstellungen" erklärt (GW 5, 243), spielt er wohl auf die Beweiskraft der Enthaltsamkeit in Bezug auf die Beherrschung des Triebhaften an, die der Subjektivität ihre Macht der Natur gegenüber bescheinigt (Kellner 46–47). Keuschheit mag realisierbar sein, ist jedoch nicht vereinbar mit der Mutterschaft, der unabdingbaren Voraussetzung der Gattungsreproduktion, die der Inbegriff von Fürsorge und Barmherzigkeit ist. „Der Supranaturalist muß beides verbinden, in einem und demselben Subjekte zwei sich gegenseitig ausschließende Prädikate zusammenfassen." (GW 5, 244) Durch die Heiligung von Jungfräulichkeit und Mutterschaft treten Christologie und Mariologie in der unbefleckten Empfängnis Christi zu einer Konstellation zusammen. Analog zur Auferstehung bürgt diese Leistung des Gemüts für die Rettung des Menschen, weil die unbefleckte Empfängnis „das eigentliche contagium [...] der Erbsünde" (GW 5, 245) dadurch wettmacht, dass der von der Erbsünde nicht belastete „theanthropos" die Menschheit von ihr reinigt.

Feuerbach führt am Vergleich der katholischen mit der protestantischen Einstellung zur übernatürlichen Geburt die historische Bedingtheit der Geltung christlicher Dogmen vor. Der Katholizismus bleibt dem „widernatürlichen Gefühl", das sich im „*Mysterium des Lebens, der Moral*" niederschlägt (GW 5, 246), auch in der schon bei Paulus angelegten praktischen Haltung gegenüber dem Mysterium der Ehe behaftet. Dagegen gilt das Mysterium der „gottgebärenden Jungfrau" (GW 5, 245) im Protestantismus zwar theoretisch weiter, doch wird seine dogmatische Geltung praktisch in der „rationalistisch" geprägten Moral des Protestantismus aufgeweicht. Dass es deshalb nicht zum „Objekt der Spekulation" gemacht werden darf, liefert einen weiteren Beleg dafür, Dogmen seien „nur noch ein Gespenst der Vorstellung." (GW 5, 246)

Das Wunder von der jungfräulichen Mutter bezeugt die Absehung von sonst unaufhebbaren natürlichen Bedingungen als Triebfeder der produktiven Einbildungskraft. Wünsche gehen überhaupt aus der menschlichen Triebstruktur hervor, ohne dass alle Wünsche von vornherein supranaturalistisch ausgerichtet sind. Dennoch werden einige unter ihnen supranaturalistisch pervertiert, wenn die tätige Vermittlung der Natur aufgrund der Verschlossenheit des Gemüts in sich reflexiv nicht einholbar wird (Schmieder 2004, 93).

Mit der Vorherrschaft der Phantasie geht einher, dass die Natur als Bezugsgröße ausscheidet. Dagegen mobilisiert Feuerbach die Unabhängigkeit und Unendlichkeit der Natur. Nur diese unhintergehbare Instanz kann dem Übergriff des Gemüts Einhalt gebieten, da nur die Gesetzmäßigkeit der Natur Maßstab der Wahrheit sei (Hüsser 1993, 33). Physik und Metaphysik, Natur und Vernunft, treten in ein inniges Verhältnis zueinander, wenn dieser Maßstab zugrunde gelegt wird. Das Verhältnis zwischen Natur und Vernunft wird im überarbeiteten Anhang (GW 5, 471–488; Hüsser 1993, 52f.) weiter ausgeführt, während am Ausschluss der Natürlichkeit die im zweiten Teil des Werks behandelte Widersprüchlichkeit des

Christentums wesentlich profiliert wird. Darin schreibt sich auch Feuerbachs Entwurf der Gestaltung eines neuen, nicht entfremdeten Verhältnisses des Individuums zur Gattung ein. Wenn Religion und Theologie „die Wahrheit des endlichen [...] nur auf eine *indirekte*, *verkehrte* Weise" (GW 9 [1839], 47) erfassen, wäre seine Analyse nun soweit vorgedrungen, dass sie die Wahrheit auf eigene Füße stellen kann.

9.3 Die christologische Umkehrung: Christus als Widerschein des Gattungswesens

9.3.1 Kapitel 16

Die im Kap. 15 vorgenommene Deutung der Christologie kulminiert in der Reflexion über das Bild des personifizierten Christus im Kap. 16. Da das irdische Leben des personifizierten Christus die schlechthinnige Dramatisierung religiöser Inhalte darstellt, erblickt Feuerbach im Bilde Jesu die wesentliche Gestalt der Trinität. An Jesus als der Instanz, die den Forderungen des Gemüts restlos genügt, erweist sich das Christentum als die vollkommene und deshalb auch wirksamste Form von Religion überhaupt. Dafür trägt Feuerbach Argumente vor, die die Notwendigkeit der Erscheinung einer konkreten leiblichen Person, vom Gemüt zum Mittler und zur Identifikationsfigur in einem erhoben, darlegen (Kellner 1988, 35 f.). Die Menschwerdung Gottes wird als eine Leidens- und Erlösungsgeschichte inszeniert, um die Notlage und das Erlösungsbedürfnis der Menschen zu spiegeln. Deshalb muss die Figur des Erlösers als konkrete, mit den wesentlichen menschlichen Eigenschaften ausgestattete Person erdichtet werden. Insofern er sie in ihrer Vollkommenheit verkörpert, wäre er als Personifizierung der menschlichen Gattung zu verstehen (Röhr 2000, 106 f.).

Feuerbach motiviert diese im Gemüt angesiedelte Operation durch den nochmaligen Verweis auf dessen Funktionsweise. Das Gemüt vermag es, das Subjekt von den Anforderungen der Natur und der sozialen Welt unmittelbar zu entlasten. Daher kommt ihm der Primat in der Strukturierung christlicher Subjektivität zu. Das Individuum richtet sich im Glauben geradezu ein, denn er macht es ihm „gemütlicher, zu leiden als zu handeln, gemütlicher, durch einen andern erlöst und befreit zu werden, [...] gemütlicher, von einer Person als von der Kraft der Selbsttätigkeit sein Heil abhängig zu machen." (GW 5, 247)

Um die Tiefenstruktur christlicher Subjektivität an der Figur Christi erschließen zu können, wird die vorrangige Stellung des Gemüts für ihre Konstitution weiter entfaltet. Feuerbach betont noch einmal, weshalb die Leistung, eine

Einheit von subjektiven Bedürfnissen und deren Realisierung zu stiften, nur der Einbildungskraft zukommen kann. Wenn die Mittel der Natur und des endlichen Menschen dem Gemüt aufgrund der fehlenden Besinnung auf die Stellung des einzelnen Ich in der Objektivität nicht ausreichen, kann es seine Herzensangelegenheiten nur phantastisch regeln (vgl. GW 5, 248). Glaubenssätze, v. a. die christologischen, werden zwar durch die Einbildungskraft erstellt, deren Produktion wird jedoch vom „höchste[n] Gesetz des Gemüts" gesteuert, um „die unmittelbare Einheit des Willens und der Tat, des Wunsches und der Wirklichkeit" herzustellen (GW 5, 249; Wildermuth 1970, 128–129).

Das Potential des Gemüts kann sich im Traum ungehemmt entfalten. So wie in der Ergriffenheit des Gemüts ihm die Selbstaffektion als Affektion von außen erscheint, wird das Ich „im Traume von sich selbst als wie von einem anderen Wesen *affiziert*". (GW 5, 248) Den innigsten Wünschen des Menschen kann deshalb insbesondere im Traum Genüge geleistet werden, dessen Deutung als Wunscherfüllung Freuds Auffassung vom Traum sehr nahekommt. Im Traum ist die Umkehroperation des Gemüts manifest, die es seine eigene Aktivität als Passivität empfinden lässt. Diese Vertauschung liefert nach Feuerbach den „Schlüssel zu den Geheimnissen der Religion", die zum „Traum des wachen Bewußtseins" erklärt wird (GW 5, 248 f.).

In Anspielung auf das paulinische Theologumenon der Befreiung vom Gesetz besteht der moralische Einschnitt des Christentums darin, dass der Erlöser das Gesetz aufhebt, indem er es erfüllt. Anstatt die Erfüllung rigider moralischer Normen einzufordern, die von realen Bedingungen abstrahieren, erfüllt er sie beispielhaft. In der Person Christi ist das „höchste Gesetz des Gemüts", nämlich die „unmittelbare Einheit des Willens und der Tat" (GW 5, 249) schon immer erfüllt. Feuerbach hebt hervor, dass das Leben Jesu das Gemüt animiert, weil es ihm sein eigenes, idealisiertes Spiegelbild vorhält (Xhauff023 1972, 136). Als Beispiel kann die Person Jesu fungieren, weil er zur Einfühlung durch die Vorführung paradigmatischer Gemütszustände anregt. Statt die blinde, übermenschliche Einhaltung des Gesetzes zu verlangen, ist er „ein sichtbares, persönlich lebendiges [...] menschliches Gesetz." (GW 5, 250)

Die Inkarnation ist sachlich im Sinne der prinzipiellen Erfüllung des Erwünschten durch Wunder zu verstehen (Petzoldt 1989, 108; Heinrich 2001, 222 f.). Nur reale Leidenserfahrung sowie äußerste Opferbereitschaft können für unendliches Mitleid bürgen: „Die Liebe *bewährt sich durch Leiden*", weil sie Leid in sich fasst (GW 5, 118). Wenn Leiden, Mitgefühl und Opferbereitschaft, d. h. die Ingredienzien des Liebesbandes, Christi Leben bestimmen, sieht der Mensch sein eigenes Abbild in ihm. Die Bürgschaft dafür, dass die geläuterten Herzensangelegenheiten der Menschen erhört werden, liefert der Gott, der als Mensch die Dramatik endlichen Daseins in konkreter Weise vorlebt. Die Subjektivität des religiös geprägten Menschen konstituiert sich in der Gewissheit der Vertretung durch eine Figur Gottes, die „*für ihn* handelt, *für ihn* leidet, *für ihn sich opfert.*" (GW 5, 252) Weil diese Funktionen nur von einer menschlichen Figur erfüllt werden können, tritt der Erlöser in personifizierter, den Menschen spiegelnder Gestalt auf, die die Erfüllbarkeit menschlicher Wünsche sinnlich fassbar werden lässt (Tomasoni 2015, 217). Die Entlastung, die sich das Gemüt dadurch verschafft, bildet die Grundlage der Feuerbachschen Kritik der christlichen Moral.

Diese Kritik ist in der Umkehrung der aktiven, vergegenständlichenden Haltung des Ich zur passiven im Traum angelegt. Die Aktivität Christi, durch dessen Handlungen die dem Menschen objektiv oder vermeintlich gesetzten Schranken überwunden werden, schlägt in eine passive Haltung des Christen um. Der Erlöser nimmt dem Menschen die Last ab, mittels Selbstbesinnung und Reflexion der Bedingungen des bewussten Handelns tätig zu werden. Das Vorbild wird zum Bild, in dem geglaubte, idealisierte Handlungen die Antwort auf alle Anforderungen der Objektivität an das Subjekt auf für das Gemüt befriedigende Weise geben.

Die von Paulus im Galater-Brief gemeinte Verinnerlichung der Moralnorm wird von Feuerbach als Konstruktion gedeutet, die das Gemütsleben von der Berücksichtigung objektiver Bedingungen befreit. Erlösung ist „der realisierte Wunsch des Gemüts, frei zu sein von den *Gesetzen* der Moral." (GW 5, 252) Damit wird nicht unterstellt, der Mensch sei grundsätzlich unmoralisch, sondern im Gegenteil die egoistische Verfasstheit des christlichen Gemütsmenschen kritisiert, der sich in Moral einhüllt, um der eigenen Seligkeit und nicht dem Wohl des Mitmenschen zu dienen (Tomasoni 2015, 215). Feuerbach zeigt jedoch, dass sich der Mensch der mühevollen Auseinandersetzung mit den jeweiligen Bedingungen, unter welchen moralisches Handeln konkret zu erfolgen hat, dadurch enthebt. Die Beziehung der moralischen Entlastung zur Unmöglichkeit geschichtlichen Eingreifens bringt die geschichtsphilosophische Dimension der Christologie-Kritik Feuerbachs zum Vorschein, die im nächsten Kapitel noch weiter entfaltet wird.

Das Wesen des Christentums scheint hinsichtlich der Fundierung des praktisch-moralischen Gehalts des Glaubens Kant nahe zu stehen, zumal auch Kant in Jesus den Beweis des Ideals und das „Beispiel der Nachahmung" moralischer Vollkommenheit sieht (AA 6, 63f.). Feuerbachs Interpretation, die auch auf Kant zutrifft, artikuliert das klassische Muster der Ideologiekritik, in deren Licht christliche Moral als Ausdruck eines entfremdeten, falschen Bewusstseins entlarvt wird. Kants Begriff der Pflicht kann keinen Bestand mehr in Feuerbachs Entwurf einer Ethik der Liebe haben, da er sie in die immer schon gegebene Vermittlung von Vernunft und Sinnlichkeit einbettet (vgl. GW 5, 439; Förster 2001, 80 ff.). Die Formalität des Pflichtbegriffs ist genauso wie die Abstraktheit christlicher moralischer Dogmen der Schein, unter welchem die entfremdete Lebensführung der Christen zum glückswürdigen bzw. frommen Verhalten verklärt wird.

Die Vorbild-Funktion Christi ist jedoch unzureichend, um die Identifizierung des Subjekts mit dem Gegenstand des Glaubens herbeizuführen. Denn ohne die Spannung zwischen der konkreten, sinnlichen, menschgewordenen Gestalt der Gottheit und der abstrakten, verstandesmäßigen Persönlichkeit des Schöpfers aufzulösen, bliebe das Ich ohne Halt in der Objektivität. Den braucht es, um sich seiner eigenen Individualität als allgemein versichern zu können. Der erste Schritt zur monotheistischen Religionsbildung wird durch die Überantwortung der Schöpfung sowie jeder Wunderkraft an den göttlichen *logos* getan, der für Vernünftigkeit und Macht des Wortes zugleich steht. Als „metaphysische Idee" (GW 5, 253) entsteht damit ein Jenseits, das mit der diesseitigen, sinnlichen Welt noch vermittelt werden muss.

Der christliche Glaube verbindet Jenseits und Diesseits dadurch, dass er die Verstandesabstraktion unmittelbar in der Sinnlichkeit aufgehen lässt. Die abstrakte Vorstellung von Gott-Vater kann ihre Wirksamkeit aus der vollständigen Entsprechung dessen entfalten, was „das Gemüt will und bedarf". (GW 5, 256) Im Christentum tritt „aus einem Gedankenwesen ein wirkliches Wesen" hervor (GW 5, 253, 3. Aufl.), indem aus dem „abstractum [...] ein entschiedenes concretum" wird (GW 5, 253). Dies entspricht der Hegelschen Bestimmung, „daß [...] die Einheit der göttlichen und menschlichen Natur, zur Gewißheit komme, für die Menschen die Form unmittelbar sinnlicher Anschauung, äußerlichen Dasein erhalte, daß er erscheint als auf der Welt gesehen, als auf der Welt erfahren." (Hegel 1995, 237) Feuerbach sieht jedoch im Gegensatz zu Hegel die Objektivität der Vorstellung vom Sohn Gottes im Inhalt des subjektiven Gefühls von ihm, weil dieser Inhalt die Form von der menschlichen Subjektivität selbst sei. Die „Religion im allgemeinen" – das trifft vor allem auf Christus zu – sei „*identisch* mit dem *Wesen* des Menschen, [...] identisch mit dem *Selbstbewußtsein*, mit dem Bewußtsein des Menschen von seinem *Wesen*." (GW 5, 29)

Die Persönlichkeit Gottes ist die Vorbedingung, um die ihm aufgetragene Funktion, menschliche Not zu stillen, wahrzunehmen. Der Mensch erlangt erst in Christus „die frohlockende Gewißheit von der Wahrheit und Wirklichkeit seiner in Gott verborgnen Wünsche". (GW 5, 255) Um dem Gemüt die Erfüllbarkeit seiner Wünsche zu sichern, muss die Mittlergestalt als „*wirklicher Mensch* Realität" haben (GW 5, 256 f.), während die abstrakte Persönlichkeit Gottes „in Christus zur *Erscheinung*" kommt (GW 5, 256). Christus avanciert somit zur Hauptfigur, der „ersten Person" des trinitarischen Gottes, in der sich das Wesen der Religion kundtut. Damit wird die resümierende funktionale Analyse der Christologie in die schon etablierte logische Figur E–A–E eingebettet. Erst in Christus als dem unmittelbar Allgemeinen ist „das Gemüt *vollkommen seiner selbst gewiß und versi-*

chert, [...] über die *Wahrhaftigkeit und Göttlichkeit seines eignen Wesens*". (GW 5, 254) Die Einsicht in die christozentrische Verfasstheit des Glaubens überführt für Feuerbach die Trinitätslehre und das Christentum insgesamt der Unwahrheit (vgl. Petzoldt 1989, 108 f., 119 f.). Daraus, sowie aus den angeführten Konsequenzen für die Lebensgestaltung, will er in der Folge die Wahrheit seiner Gattungsmetaphysik und Ethik weiter entfalten.

Zu dieser Wahrheit gehört eine weitere Folgerung, die Feuerbach unmittelbar im Anschluss an die Auflösung des Geheimnisses der Religion in Christus zieht: „Insofern kann man die christliche Religion die absolute nennen." (GW 5, 256; vgl. Petzoldt 1989, 132) Dies mag verwundern, denn Feuerbach bestreitet vehement an mehreren Stellen die Möglichkeit einer absoluten Religion. Er wirft Hegel vor, dass dieser die Unterschiede zwischen den Religionen hervortreten lässt, indem er sie, wie auch die Philosophie als „Stufengang" begreift (GW 8, 248 f.). Da Philosophie und Religion unterschiedliche Gegenstände haben, wäre es sinnlos, sich dem Phänomen der Religion überhaupt begrifflich anzunähern. Obwohl es deshalb verfehlt wäre, von einer absoluten Religion im Sinne der Entsprechung zu ihrem Begriff zu sprechen, bleibt Feuerbach dennoch im Bannkreis des Hegelschen Anspruchs, denn er will, statt Religionsphilosophie zu betreiben, durch „Beobachtung und Vergleichung die *allgemeine* Natur der Religion" erfassen (ebd., 249). Außer der Verdeutlichung der Struktur des christlichen Bewusstseins dienen diesem Zweck die von ihm hervorgehobenen Kontraste zwischen den Religionen oder den christlichen Konfessionen. Deshalb stellt Feuerbach die Inkarnation sowie auch die Sündenlehre des Christentums (Kap. 18 und 19) als schlechthinnige Glaubenssätze heraus, in denen die anthropomorphe Projektion ihre reine Gestalt annimmt (Weckwerth 2002, 70). Im Grunde lassen sich andere projektive Bildungen als verschwommene Varianten des christlichen Grundtypus erkennen. In der Konsequenz führt Feuerbachs Analyse auch in dieser Grundfrage in die Nähe Hegels, insofern letztlich im Christentum die vollkommene und absolute Religion erkannt wird.

In Abwandlung des ontologischen Gottesbeweises wird die logische Schlussform in die *„Notwendigkeit des Gemüts"* als die *„Sehnsucht"* zusammengezogen (GW 5, 257), die „sagt: Es muss ein *persönlicher* Gott sein, d. h. er kann *nicht nicht* sein, das befriedigte Gemüt: *Er ist.*" (GW 5, 258) Dem Zweck, der Wunscherfüllung Genüge zu tun, erfüllt „notwendig nur *eine* Persönlichkeit und diese *eine* notwendig eine historische, wirkliche Persönlichkeit. Nur in der Einheit der Persönlichkeit befriedigt, sammelt sich das Gemüt." (Ebd.) Die wahre, objektive Versinnlichung der innigsten Entsprechung des Gefühls findet sich im Blut des leidenden Jesus. Feuerbachs Unterstellung, das Blut Christi sei dem Gemüt „die *höchste Wonne, die letzte Zuversicht, der höchste Selbstgenuß, der höchste*

Trost" (GW 5, 259), bekräftigt, dass dieses seinen Gott nur dann (als) wahr-nimmt, wenn er ihm im tiefsten Leiden gleicht.

In etymologischer Anspielung auf den Begriff der Notwendigkeit, dessen Grund die Abwendung der Not, die „kein Gesetz außer sich" kennt, ausmache (GW 5, 258; Kellner 1988, 40), legt Feuerbach nahe, dass es für das Gemüt anthropologisch zwingend ist, sich einen personalen Gott einzubilden. Das Gemüt „perhorresziert die Notwendigkeit der Natur, die Notwendigkeit der Vernunft" und legt sich damit die Notwendigkeit eines personalen Gottes auf (GW 5, 258). Mithin erweist sich für Feuerbach „eine historische, wirkliche Persönlichkeit Gottes" (ebd.) als einziger Fluchtpunkt aller Projektionsleistungen des Gemütsmenschen. Der Gott des Monotheismus hat diesen Vorteil gegenüber den Gottheiten anderer Religionen, die eine sinnlich erfahrbare Form in unterschiedlichen Inkarnationen annehmen. Ihre Vielfalt lässt sie entweder „gleichgültig" (GW 5, 256) werden oder zumindest wird die Identifikation mit der Gottheit gehemmt, weil „Mehrheit zerstreut." (GW 5, 258)

Die Durchführung der anthropologischen Reduktion des christlich geprägten subjektiven Bewusstseins, indem es als dem Gattungsbewusstsein homologe Struktur durchsichtig gemacht wird, weist auf das systematische Problem der Feuerbachschen Religionsdeutung hin. Gerade in der christozentrischen Engführung des trinitarischen Monotheismus kommt dies am prägnantesten zum Vorschein, da sie aus der amphibolischen Struktur des zugrunde gelegten Selbstbewusstseinsmodells erfolgt (Arndt 2002, 112–114). Die Ambiguität zwischen Individuum und Gattung, der sich Feuerbach bedient, wird nicht gänzlich aufgelöst, wenn die projizierte Zusammenführung der Gattungseigenschaften in Christus erkannt und durch Umkehrung in das Gattungswesen zurückgenommen wird. Die Selbstvergegenständlichung des Ich wird zwar als solche bewusst, sofern das Individuum sich als Gattungswesen durch die Beziehung zum Du erkennt. Wenn aber dadurch die Vermittlung, die der Selbstvergegenständlichung inhäriert, zustande kommen soll, wird die Ambiguität ins Ich verlegt, da das Du ihm unmittelbar zugehört: „die Identität des Selbstbewußtseins [existiert] nur als die beziehungsreiche, erfüllte *Einheit von Ich und Du*." (GW 5, 132) Die dem Christentum angelastete Äquivokation vom Individuum und der Projektion seiner Gattungseigenschaften, die sich im Bilde Christi zusammenfügen, ist die umgekehrte Gestalt des Selbstbewusstseins sowie des theoretischen und praktischen Verhältnisses zur Welt: „An dem Gegenstande wird daher der Mensch *seiner selbst* bewußt: Das Bewußtsein des Gegenstands ist das *Selbstbewußtsein* des Menschen." (GW 5, 34)

9.3.2 Kapitel 17

Die einzelnen Analysen der im Gemüt verwurzelten Anschauungen werden in Kap. 17 zusammengeführt, das im Grunde den gesamten ersten Teil von *Das Wesen des Christentums* einklammert. Feuerbach zieht Bilanz seiner anthropologischen Analyse der christlichen Religion als Projektion, um durch Umkehrung dieser Projektion die Wahrheit über den Menschen und ihre Verhältnisse zur Welt darzustellen. Dabei wird das Verhältnis zwischen Individuum und Gattung ins Zentrum gestellt, um die Frage nach der philosophischen Wahrheit überhaupt zu beantworten. Da Feuerbach seine Gedankengänge nicht streng systematisch ordnet, sei an dieser Stelle eine methodische Überlegung vorangestellt.

Den konstitutiven Zug christlicher Subjektivität hatte Feuerbach schon an der Loslösung „vom *Zusammenhang des Weltganzen*" festgemacht; aus dem Bild des Gott-Menschen ergibt sich das „zu einem selbstgenügsamen Ganzen" erhobene Subjekt (GW 5, 262), als dessen Projektion sich der Gott-Mensch erweist. Die Analyse hat die Wahrheit der christlichen Religion, die in Christus in verkehrter Form enthalten ist, durch die Entlarvung ihres subjektiven Wesens offengelegt. Bevor Feuerbach von der Analyse zur synthetischen Darstellung der wirklichen Formen fortschreitet, will er die Wahrheit seiner Auslegung auch historisch absichern. Durch den Kontrast der christlich geprägten Subjektivität mit der heidnischen tritt die Unwahrheit der christlichen Assimilation der Gattung im Subjekt zutage (Petzoldt 1989, 104 f.; Tomasoni 1998, 149 f.). Im Blick auf die Nivellierung der Vermittlung des Einzelnen mit dem Allgemeinen im Christusglauben wird dessen Unwahrheit als Gegenpart zu der im Heidentum vorgezeichneten Wahrheit vorgeführt.

Unwahrheit und Wahrheit werden zunächst als Alternative zwischen zwei Subjekttypen expliziert, die von ihrer spekulativen Hülle entkleidete Subjektivierungsstrukturen darstellen. Nach dem christlichen Typus macht sich das Ich zum Subjekt eines Objekts, mit dem es sich identisch fühlt, indem es den vermittelnden Bezug außer Acht lässt (GW 5, 263). Dagegen kommt die Subjektivierung im Heidentum dadurch zustande, dass das Ich sich im Du, dem Kosmos oder dem menschlichen Gemeinwesen, integriert (Röhr 2000, 113). In der klassischen Antike stellte sich das Individuum bewusst den Gesetzen der Weltordnung und des Gemeinwesens und wurde, nach Feuerbach, theoretisch wie praktisch vom Standpunkt der Gattung angeschaut: „Das Heidentum dachte und erfasste das Individuum *nur* als Teil im Unterschiede von dem Ganzen der Gattung." (GW 5, 265) Dies bedeute ein bestimmtes Vermittlungsverhältnis von Individuum und Gattung, das ein verzerrtes Spiegelbild des Christlichen darstellt. In der Konsequenz wird im Heidentum das Individuum der Gattung geopfert, während im Christentum das Gegenteil der Fall ist. Im Kontrast zur Unwahrheit der christlichen Fassung dieses Verhältnisses wird die Wahrheit an der heidnischen Fassung demonstriert. Feuerbach ist gewiss nicht blind gegenüber den Realitäten des praktischen Handelns. Unter Verweis auf Thomas von Aquin kann er nur bestätigen, dass die Aufopferung der Gattung im Christentum nur „in der Dogmatik, [...] in der Theologie" ausgemacht werden kann (GW 5, 266, Anmerkung). Sie betrifft nicht das praktische Leben, das nicht ohne die Beziehung zu den Anderen, sei sie privat oder institutionell, zur Reproduktion der Gattung gestaltet werden kann.

Die Form der christlichen Subjektivität markiert die vollkommene Verzerrung des entfremdeten Bewusstseins, die durch den Kontrast des Christentums zum Heidentum verdeutlicht wird. In dieser dem Christentum eigenen Form setzte sich das Individuum „*nur* in seiner unmittelbaren unterschiedslosen Einheit mit der Gattung". (GW 5, 265) Im „*Begriff der Gattung als eines Individuums*" (GW 5, 268), d. h. Gottes, manifestiert sich im Vergleich zum Heidentum die christlich geprägte Subjektivität. In ihr wird religiös das für das Bewusstsein konstitutive Ich-Du-Verhältnis bis zur völligen Nivellierung verunstaltet. Dies führt dazu, dass „alle Bestimmungen, die Gott zu Gott machen [...] *Gattungsbestimmungen*" seien (GW 5, 267). Die unmittelbar gefühlte Identifikation mit Christus stellt dennoch zugleich einen enormen Fortschritt im Bewusstsein der Freiheit dar, weil sich das Individuum durch diese Identifikation, wenn auch illusionär, ans Steuer der Welt setzt. Durchaus im Gefolge Hegels signalisiert die christliche Selbstermächtigung der Subjektivität auch für Feuerbach, dass die Vorstellung der Freiheit in entfremdeter Form zuerst im christlichen Horizont aufgeht. Dennoch ist die Freiheit des Christen die „Freiheit des Gemüts und der Phantasie, *die Freiheit des Wunders.*" (GW 5, 263) Ihre Voraussetzung ist die Freiheit von den Naturgesetzen, die aber gerade die Freiheitsperspektive verschließt. Denn einerseits versperrt das Fehlen einer vernünftig geleiteten Einsicht in die Natur den theoretischen Zugang zur Wirklichkeit, andererseits artikuliert sich das praktische Verhältnis zur Welt im passiven, moralisch-politischen Verhalten der Christen, deren Selbstbestimmung aufgrund eben dieses Verhaltens verhindert wird. Freilich intendiert Feuerbach nicht das Heidentum als die Wahrheit schlechthin zu exponieren, sondern im Vergleich mit ihm die Unwahrheit des Christentums zu illustrieren (vgl. Xhaufflaire 1972, 18; Tomasoni 2015, 213–214, 431 f.).

Die unbewusste Vergegenständlichung des Subjekts ergibt ein „tiefgemütliches, die Phantasie entzückendes Objekt" (GW 5, 269); das Individuum ist „zugleich die Idee, die Gattung, die Menschheit in der Fülle ihrer Vollkommenheit und Unendlichkeit, d. h. der Gottheit". (GW 5, 272) Die Wahrheit wird dem individualisierten Gott des Christentums durch die Umkehrung der zu ihm führenden Projektion entlockt.

Die Einsicht in die Vollkommenheit menschlicher Potenzen, die im Bild des christlichen Gottes chiffriert werden, ist der wesentliche Schritt, um am Ende der naturwissenschaftlichen und philosophischen Entwicklung die Schwelle zur Wiederaneignung dieser Potenzen durch den Menschen zu erreichen (Thies 1976, 463 ff.). In der unmittelbaren Setzung des Ich in Jesus versteigt sich die religiöse Einbildung sowie die theologische Konzeptualisierung des Sohnes Gottes in die Verobjektivierung Gottes als empirische Persönlichkeit. Nach der im Kap. 16 angeführten, bei Hegel vorgebildeten Argumentation, versinnbildlicht Christus als „das charakteristische symbolum dieser unmittelbaren Identität der Gattung und Individualität im Christentum [...], de[n] reale[n] Gott der Christen." (GW 5, 270 f.)

Aus der eschatologischen Erwartung, die unentbehrlicher Bestandteil des Glaubens an den Erlöser ist, erhält das passive Verhalten der Christen eine geschichtsphilosophische Einbettung. Die Gewissheit der Menschenwerdung Gottes zieht die Gewissheit seiner Wiederkunft und die Errichtung seines Reiches nach sich. Wenn Individuum und Gattung im Gefühl identisch werden, geht damit „das Ende der Welt, der Geschichte" einher, weil dort, „[w]o dieser Unterschied aufhört, hört die Geschichte auf". (GW 5, 271) Damit wird die scharfe Trennung von Individuum und Gattung in *Zur Kritik der Hegelschen Philosophie* umgedeutet (vgl. Petzoldt 1989, 104, 126 f.). Während dort das Wesen des Menschen als bloßes anthropologisches Fundament hingestellt ist, in das sich die sich historisch gestaltende Individualität in unbestimmter Weise einschreibt, wird nun die Geschichte vom „Unterschiede des Individuums und der Gattung" vorangetrieben (GW 5, 271, 441–443).

Von der Zeitdiagnose wissenschaftlichen und sozialen Fortschritts getragen, entwirft die Gattungsmetaphysik Feuerbachs ein Bild des endlichen Menschen, der sich seinem Wesen gemäß in unendlicher Perfektibilität entwickelt. Vollkommen kann aber nicht der Einzelne werden, sondern nur die Gattung als aus der Gesamtheit der Menschen zusammengesetztes Kollektiv (Schmieder 2004, 86–88). Die christliche Auffassung von der Sündhaftigkeit des Menschen ist Beleg der „gänzliche[n] Abwesenheit des Begriffs der Gattung im Christentum". (GW 5, 272) Von der Sündhaftigkeit im Sinne moralischer Defizienz kann nur dann die Rede sein, wenn das menschliche Individuum *„ein für sich selbst vollkommenes, komplettes des andren nicht* [...] *bedürftiges Wesen"* ist (GW 5, 275). Wohlgemerkt spricht Feuerbach in den späteren Auflagen des Werkes vom „biblischen oder dogmatischen" Christus anstelle eines „historisch-dogmatischen". (GW 5, 272; dagegen GW 9 [1839], 18 ff.; Petzoldt 1989, 101, 107) Damit lässt er mit David Friedrich Strauß der möglichen Missdeutung Jesu als realhistorischer Figur keinen Platz. Auch gegen Schleiermacher gerichtet ist es eine Absage an die letzte Zuflucht eines orthodoxen christologischen Diskurses, der bereit war, dem Wunder phantastischen Charakter beizumessen, aber an der Realität der Menschwerdung festhalten wollte (Petzoldt 1989, 106).

Dem Ich-Du-Verhältnis wird eine kompensierende Funktion „im *Moralischen* wie im Physischen und Intellektuellen" zugesprochen, damit die Menschen „gegenseitig [...], im ganzen zusammengenommen", die normativ verstandene Gattungsvollkommenheit erreichen (GW 5, 273). Die naturgegebenen Unterschiede und Ungleichheiten der Menschen untereinander werden im Ich-Du-Verhältnis der Liebe gegenseitig ausgeglichen.

Es „kann nicht vollkommne Gleichheit, es muss vielmehr Unterschied stattfinden" (GW 5, 274), damit sich die Gattung in der gegenseitigen Komplementierung der unvollkommenen Individuen vervollkommnet. Die „unendliche [...] Verschiedenartigkeit" der einzelnen Menschen untereinander ist die daseiende Mannigfaltigkeit, in der sich das unendliche Wesen des Menschen manifestiert (GW 5, 276). Die Gattung ist „das *letzte Maß der Wahrheit*" (GW 5, 277) und kann nur in Bezug auf ein Du gewonnen werden, auch wenn dieses Du ein einzelnes ist, da es zugleich als „der Deputierte der Menschheit" fungiert (GW 5, 276). Der Einzelne kann nur in der gemeinschaftlichen Interaktion die ihm anhaftenden Mängel beheben und zur vollen Entfaltung seiner physischen und geistigen Potenzen gelangen (Schmieder 2004, 92f.). Dies gelingt nur dort, wo der einzelne Mensch sein Menschsein im Verhältnis zum Du wiederfindet, wodurch ihm klar wird, „daß nur die Gemeinsamkeit die Menschheit konstituiert." (GW 5, 277)

9.4 Diesseits und Jenseits: Reflex der Spaltung zwischen Individuum und Gattung

9.4.1 Kapitel 18

Feuerbach thematisiert im Kap. 18 die christliche Askese und das Mönchtum, um an diesen Formen des Niederschlags christlicher Prinzipien in der Lebenspraxis den Ausschluss der Geschlechterdifferenz aus dem Selbstbewusstsein des Subjekts zu untersuchen. Deren Anerkennung ist dem Selbstgefühl des Ich konstitutiv, sofern es ein geschlechtlich bedingtes *„Teilwesen"* ist, „welches eines andern Teilwesens zur Hervorbringung des Ganzen, der wahren Menschheit bedarf." (GW 5, 291) Damit wird das nicht entfremdete Selbstbewusstsein über das gefühlte Du vermittelt; Grundform der Andersheit ist dabei die Geschlechtsdifferenz.

Wenn dem Menschen „die Idee der Menschheit nur als die Idee der Gottheit Gegenstand ist", sperrt er den anderen Menschen aus seiner in sich verschlossenen Innerlichkeit aus; deshalb wird im selbstgenügsamen christlichen Individuum der „Bildungstrieb" erstickt (GW 5, 279). Welt und Mitmenschen werden nicht als unabdingbarer Bestandteil des eigenen Ich angeschaut, sondern nur sekundär berücksichtigt. Das Prinzip der Identifizierung mit Gott kommt seiner praktischen Umsetzung in der christlichen Askese am nächsten und spitzt sich im Zölibat zu. An diesem Extremtypus der christlich vergeistigten Individualität zeigt sich die sinnliche Kehrseite des entsinnlichten christlichen Glaubens. Analog zu Gott, der desto sinnlicher vorgestellt wird „*[j]e mehr das Sinnliche negiert wird*" (GW 5, 65), verhält sich das klösterliche Leben, dem die Sinnlichkeit zu Opfer fällt (Salem 2003, 83). Es gestaltet sich als Sublimierung der Sinnlichkeit in den Riten der klösterlichen Gemeinde (GW 5, 281–282). Die „Scheidung von der Welt, von der Materie, von dem Gattungsleben" (GW 5, 280), die im protestantischen Christentum ihren Höhepunkt erreicht, legt von dem vertieften Zwiespalt des Menschen mit sich Zeugnis ab und macht ihn zugleich als solchen erkennbar.

Die christliche Askese ist die „sinnliche Bewährung" (GW 5, 282) der Nichtigkeit der Sinnlichkeit für die Christen. In diesem Grundsatz des Glaubens ist schon die moralische „*Mortifikation*" (GW 5, 283) des Christentums vorgezeichnet, da seine moralischen auf ein ewiges, entleibtes, leeres Leben bezogenen Prinzipien von den jeweils vorliegenden Umständen abstrahieren. Im frühen Christentum, dessen Wirklichkeit seiner Religion entsprochen habe, sieht Feuerbach die Bewahrheitung der Freiheit von Besitz und Geschlechtstrieb (GW 5, 284). Das spätere Christentum zeigt sich dagegen „höchst praktisch und weltklug". (GW 5, 285) Es hält zwar an den Prinzipien der Entsagung fest, geht jedoch zugleich selbstsüchtigen irdischen Zielen unentwegt nach. „Heuchelei" (ebd.) ist die notwendige Folge des sich allein in der Phantasie bewegenden Gemüts, das sich im selbst erfüllenden Gefühl befriedigt, während es sich den bestehenden Verhältnissen gegenüber konform verhält (GW 10 [1848/49], 16; Lefèvre 1994). Die Scheinheiligkeit der Ehe (GW 5, 284–285) bei der praktischen Lockerung geschlechtlicher Beziehungen zu Zeiten Feuerbachs lässt ihm keinen Zweifel an dem heuchlerischen und Konformität fördernden Charakter der christlichen Moral (GW 5, 285–286). Feuerbach zeigt, dass Ehe und Geschlechterbeziehungen einen nicht zu versöhnenden Widerspruch mit dem Christentum darstellen, denn der Platz des Liebesobjekts wird von der absoluten Subjektivität Gottes eingenommen, die von keinem Menschen beansprucht werden kann (GW 5, 287–289). Deshalb empfindet der Christ „das natürliche Prinzip" (GW 5, 291) der Ehe als Last, die nur als notwendiges Übel ausgelebt werden kann. Feuerbach behandelt dieses Verhältnis offensichtlich deshalb so ausführlich, weil die nicht aufzuhebende Widersprüchlichkeit der christlichen Einstellung zur Liebe das die Gattung konstituierende Verhältnis betrifft (GW 5, 290–292, 409 ff.).

9.4.2 Kapitel 19

Im Abschlusskapitel des ersten Teils von *Das Wesen des Christentums* untersucht Feuerbach die Vorstellung vom christlichen Himmelreich und den damit zusammenhängenden Glauben an die persönliche Untersterblichkeit. Damit will er zur Neubesinnung auf menschliche Existenz und Vergesellschaftung beitragen. Er greift zunächst die Problematik der Unsterblichkeit als Aufhebung der persönlichen Endlichkeit wieder auf und verbindet sie mit der schon entwickelten Kritik an der christlichen Tilgung der Geschlechtlichkeit. Im Unsterblichkeitsglauben werden die jede menschliche Individualität auszeichnenden Merkmale dem Glauben an „ein geschlechtsloses, für sich selbst vollständiges, *absolutes* Wesen" geopfert (GW 5, 293). Wenn aber die Geschlechtlichkeit als „innerstes Selbst" des Individuums übersehen wird, kommt das „*Bewußtsein der Gattung* und folglich *ihrer Realität*" abhanden (GW 5, 293f.). Der Bezug zur Realität kann nur in der Form der Vergegenständlichung hergestellt werden, indem die Menschen tätig werden. Arbeit wird als Dienst für die Entwicklung und Bewusstwerdung der Gattung aufgefasst: „Wer daher in dem Bewußtsein der Gattung als einer Realität lebt, der hält sein Sein für andere, sein öffentliches, gemeinnütziges Sein, für *das Sein*, welches Eins ist mit dem Sein *seines* Wesens, für sein unsterbliches Sein." (GW 5, 295)

Auf der Grundlage dessen, dass „der Christ den Unterschied zwischen Seele und Person, Gattung und Individuum aufhob, unmittelbar *in sich* selbst daher setzte, was nur der Totalität der Gattung angehört" (GW 5, 296), hat die unvermittelte Entgegensetzung von Mensch und Gott, Endlichkeit und Unendlichkeit, Diesseits und Jenseits statt: „hier sind wir Menschen, dort Götter". (GW 5, 297) Diese Umkehrung entsteht durch die projektive Leistung des christlich verfassten Bewusstseins, dass das diesseitige Leben gegen das ewige, himmlische eintauscht. Die Abstraktion von der Gattung bedingt den Komplex der religiösen Figuren, die die Transzendierung der Endlichkeit durch das Individuum flankieren (Schmidt 1977, 100f.). Indem das Christentum Eigenschaften, die nur der Gattung eigen sind, unmittelbar ins Individuum setzt, projiziert es sie zugleich in Gott als „das Wesen der *absoluten, uneingeschränkten Subjektivität*". (GW 5, 296) Setzt sich das Individuum als Allgemeines, erweist sich der Glaube an die persönliche Unsterblichkeit als der Ursprung des Glaubens an Gott.

Gott wird zum Kontraktionspunkt, einem Kompendium zum ewigen Leben, in dem verdichtet wird, was sich als persönliches Leben einzelner Menschen im Himmel individuiert (vgl. GW 5, 298). Die Fülle der Ewigkeit der Gattung wird in Gott komprimiert, indem „*mein futurum* zu *einem präsens*" gemacht wird (GW 5, 299). Den Vorstellungen vom Himmel als ausgedehnter, von konkreten Einzelnen bewohnter Welt, sowie von Gott als dem Fluchtpunkt aller Idealisierungen liegt die gleiche Projektion zugrunde (Weckwerth 2002, 72f.). Sie werden nur durch die Phantasie aufgespalten, die „die Einheit des Begriffs auseinandertrennt" (GW 5, 298), indem sie Gott als „Entwurf, Konzept" von dessen Ausführung unterscheidet, die das himmlische Reich darstellt (GW 5, 301). Aus der unmittelbaren Identifizierung des Einzelnen mit dem Erlöser erfolgt die persönliche Unsterblichkeit, die als „*analytische*[] *Wahrheit*" hervortritt, weil Gott ohne das Prädikat des Ewigen nicht gedacht werden kann (GW 5, 301).

Die „Unsterblichkeitslehre" ist die „Schlußlehre" (GW 5, 300) und der „Himmel [...] daher der Schlüssel zu dem innersten Geheimwissen der Religion" (GW 5, 301), so sehr sich auch die Bilder von ihm in den Religionen oder einzelnen Menschen unterscheiden können. Das einzelne Ich ist sowohl das „Subjekt" dieser Vorstellungen, als auch die gegenständliche „Substanz, die Diesseits und Jenseits zur Einheit verbindet" (GW 5, 304) oder, anders gesagt, in der die subjektiven Vorstellungen verobjektiviert werden.

Feuerbach wendet sich explizit gegen negativ theologische Vorstellungen, denen er Scheinreligiosität vorwirft. Sie haben bloß „hinter der Religion sich versteckt" (GW 5, 303), insofern die Gewissheit des Seins, sei es des Gottes oder des Paradieses, bei gleichzeitiger Weigerung der Aussage über dessen Qualitäten, eine idealistische Täuschung darstellt (vgl. GW 5, 303–304).

Der Gottheit und ihren Prinzipien wird Wahrheit bescheinigt, wenn sie sinnlich, d.h. bildhaft erfahrbar sind. Das spezifisch Religiöse besteht in der Behauptung der Wirklichkeit der Bilder, die religiöse Inhalte versinnlichen (vgl. GW 5, 302). Die Erfahrung der Urgemeinde und die Wunder sind in Feuerbachs Analyse deshalb von tragender Bedeutung, weil sie bescheinigen, dass Bild und Sache ineinander fallen. In ihnen erhält das Bewusstsein die Verankerung der vom Gemüt imaginierten Gestalten in der Wirklichkeit (GW 5, 304). Wenn die gefühlten Inhalte von der Phantasie als Projektion des Ich erzeugt werden, können sie nur eine bildhafte Form annehmen, die das Gemüt zu der Allgemeinheit und Absolutheit religiöser Anschauungen und Vorstellungen erhebt. „Das *Wesen im Bilde* ist das *Wesen der Religion*"; im Bilde verwandelt sich das subjektiv verwurzelte Gefühl unmittelbar in ein allgemeines Prinzip, indem „die Sache dem Bilde" aufgeopfert wird (GW 5, 311).

Die anthropomorphe Gestaltung des Prinzips in seiner christlichen Ausprägung ist nicht nur der wirksamste Typus, sondern die basale Gestalt jeglicher Religiosität. Deshalb scheut sich Feuerbach nicht trotz seiner grundsätzlichen Ablehnung der Möglichkeit einer „absoluten Religion", an dieser Stelle das Christentum so zu bezeichnen (GW 5, 306; Petzoldt 1989, 132). Das Christentum erweist sich aber nicht nur als der gemeinsame Nenner aller Glaubensvorstellungen (Tomasoni 2015, 213), sondern es stellt auch die höchste Entwicklungsstufe von Religion überhaupt dar. Feuerbach demonstriert die Vollkommenheit der christlichen Religion mittels einer aufklärungsdialektischen Figur. In ihren Vorstellungen vom Leben nach dem Tode transponieren „unkultivierte[] Völker" (GW 5, 307) Gegebenheiten ihrer spezifischen, natürlichen Existenz, die im Jenseits fortbestehen. Das entwickelte Christentum pflegt ein Bild des Jenseits, das durch wertende Urteile entsteht. Die Bildung, die von Feuerbach sonst für die treibende Kraft der Auflösung religiöser Mystifikation gehalten wird, steht hier hinter dem abstraktiven Vermögen der Christen, „das diesseitige *wahre* Leben" im jenseitigen auszumachen (GW 5, 309). Die Abstraktion von den natürlichen Bedingungen, die die Überwindung der Schranken der Objektivität ermöglicht, lässt das Jenseits als die statische, entleibte, von Naturgesetzen freie, gemütliche Welt Gottes zur „wesentliche[n] Inhaltsbestimmtheit des Diesseits" werden (GW 5, 309). Gemeinsam ist dennoch allen Vorstellungen vom Nachleben, welche Form auch immer sie annehmen, dass sie den Wunsch der Heimkehr des Menschen zu sich als leiblicher, natürlicher Existenz bedeuten (vgl. GW 5, 307, 310).

In der Religion wird die Mangelhaftigkeit der Welt durch Abstraktion prinzipiell aufgehoben. Deshalb bildet sich der Gläubige ein, dass die subjektiv empfangene Freude im Himmel unendlich verlängert wird. Diese Bewegung „der Entfernung von sich" (GW 5, 312), in der sich der Mensch ein fremdes Objekt aus seiner Selbstvergegenständlichung konstruiert, wird zurückgenommen, indem er die Wiederherstellung der Einheit mit sich phantasiert. Nach dem Tode lebt das göttliche Wesen der Seele befreit von den Fesseln des Leibes im Himmel weiter. Dem Inkarnationsmodell spiegelbildlich folgend deutet Feuerbach die Wiedervereinigung der Seele mit dem Leib in der Auferstehung als imaginierte Erfüllung des Wunsches, die Scheidung von Leib und Seele aufzuheben (vgl. Jeske 2012, 115, 121 f.). Das Dogma der *restitutio in integro* würde dann auf die Rücknahme der Projektion, für welche die Absonderung des Leibes von der Wesenheit des Menschen konstitutiv ist, innerhalb der Projektion selbst hinweisen (vgl. GW 5, 314). Das Wechselspiel einander unmittelbar negierender Negationen, das Feuerbachs Rekonstruktion des christlichen Glaubensgefüges zugrunde liegt, hält er für die Beglaubigung seiner eigenen, freilich viel komplexeren Konfiguration des Gattungswesens. Sie wird im „ernsten Monolog der Selbstbesinnung" komprimiert (GW 5, 315), in dem aber eben dialogisch mit dem Du die Vermittlungen dieser Konfiguration einzuholen wären. Damit schließt sich der Kreis der anthropologischen Reduktion der Religion, die im Kap. 13 durch die Thematisierung des Gebets eröffnet wurde.

9.4.3 Die Ethik-Kritik Feuerbachs

Feuerbach attestiert dem Christentum einen wesentlichen Beitrag zur verträglichen Gestaltung sozialer Beziehungen, der aber nur der Abdruck der in der Religion verkehrt artikulierten Humanität ist. Diese zivilisatorische Leistung wird mit der Auflösung der Religion als realer Macht im Leben der Menschen geschmälert, von der zu Feuerbachs Zeit nur die Positivität der kirchlichen Institution und der „Doktorglauben" übrig seien (GW 8 [1839], 235). Diese Diagnose geht mit der Konstatierung der verschärften, realen Entfremdung in den sozialen und politischen Verhältnissen einher. Daraus zieht Feuerbach konkrete moralische und sozialkritische Konsequenzen. Er bezieht sich zunehmend auf praktisch-moralische Entäußerungsformen der christlichen Subjektivität, in denen er den Wiederschein des moralischen und sozialen Verhaltens sowie insbesondere der Geschlechterbeziehungen erblickt.

Die Forderung, den Mitmenschen bewusst zu achten, die in idyllisch gezeichnete Figuren der Vergesellschaftung mündet, ergibt jedoch ein zweideutiges Bild. Die Vorstellung vom Jenseits erscheint einerseits als verklärende Abstraktion realer Lebensverhältnisse, ohne dass Feuerbach sie oder die durch sie vermittelten Bewusstseinsgestalten weiter thematisiert. Dagegen setzt er andererseits ein Ehe, Besitz und Gesetz bejahendes soziales Projekt. Mit der Affirmation bestehender Regelungen des Privatlebens geht somit die Hoffnung einher, dass der gattungsbewusste Mensch neuartige moralisch-politische Einstellungen innerhalb bestehender Verhältnisse entwickeln kann. Feuerbach bezieht die Rücknahme des Ich-Du Verhältnisses aus der religiösen Projektion auf den unmittelbaren Umkreis des Individuums, das seine geschlechtlichen, familiären und sonstigen privaten Beziehungen bewusst, d. h. in ständiger Berücksichtigung des Du, gestaltet. Obwohl er nicht blind gegenüber rechtlichen, politischen oder anderen das Gemeinwesen gestaltenden Instanzen ist (Schmieder 2004, 25, 70, 85), erwartet er die Aufhebung der Entfremdung von einer fortscheitenden, bewusstseinsverändernden Bildung, die eine die Mitmenschen einbeziehende Umstellung des privaten bürgerlichen Lebens bewirken soll (Schneider 2013, Sieverding 2013).

Den Zeitgenossen Feuerbachs ist nicht entgangen, dass sein Gegenentwurf mit den Abstraktionen und Idealisierungen behaftet ist, die nach seiner eigenen Analyse den Glauben kennzeichnen. Max Stirner wirft ihm vor, dass er unter dem Mantel eines „frommen Atheismus" die vorliegenden Verhältnisse praktisch bejaht, weil seine Kritik die religiöse Form nur verinnerlicht und die Institutionen und Sitten des bürgerlichen Lebens damit in Einklang bringt, statt sie radikal zu negieren (Stirner 1845, 60 ff., 381 ff.). Dieser Vorbehalt gegenüber der Konsequenz von Feuerbachs praktisch-moralischer Absicht in *Das Wesen des Christentums* ist durchaus berechtigt.

Trotz eines affirmativen Zugs seiner Liebesethik ist ihre kritische Pointe jedoch nicht zu übersehen, die darin besteht, dass die religiös aufoktroyierte moralische Normierung nur zur Festigung entfremdeter Verhältnisse beitragen kann. Moralische Urteile können sinnvoll nur dann gefällt werden, wenn die natürlichen Triebe der Menschen mit dem sittlichen Verhältnis vermittelt werden. Dieses wird in *Das Wesen des Christentums*, wie vage auch immer, durch das Vernünftig-Allgemeine bestimmt, das den Egoismus des Individuums zu bändigen hat (vgl. dazu Schlüter u. a. 2018). Daraus erklärt sich, dass der theoretische Egoismus des gläubigen Bewusstseins zur Folie der Kritik an den praktischen Konsequenzen des Christentums wird. Während die natürliche Kehrseite des Egoismus, die der Glückseligkeitstrieb darstellt, wie die anderen natürlichen Anlagen des Menschen in *Das Wesen des Christentums* zwar anerkannt werden, werden sie aber nicht mit dem Prozess der Aufhebung der Entfremdung vermittelt. Noch unmittelbar im Ich-Du Verhältnis eingeschrieben, kommt die Umkehrung des Egoismus erst in der späteren, auf die Leiblichkeit gründenden Ethik in der Devise „Kein Egoismus ohne ‚Communismus'" zum Tragen (Arndt 2002).

Die Kritik an abstrakt-allgemeinen Pflichtvorstellungen wird in der späten eudämonistischen Ethik Feuerbachs fortgeführt. Sie wird auf die Harmonierung des Glücksstrebens der Individuen untereinander zur Verbesserung der jeweils historisch gegebenen Bedingungen sozialer Existenz ohne Rekurs auf abstrakte Prinzipien ausgerichtet (Lèfevre 1994; vgl. Kittsteiner 1998, 102–105). Auch wenn es Feuerbach in *Das Wesen des Christentums* nicht gelingt, einen überzeugenden alternativen sozialpolitischen Kurs zu entwerfen, legt er die wesentlichen Bestimmungen christlicher Sozialität offen. Daraus, dass sie die Natürlichkeit des Individuums herabsetzt, um es geistig zu erhöhen, ergibt sich ihre apologetische Abwendung von den diesseitigen Verhältnissen, denn die diesseitige Erniedrigung der bedrängten Kreatur wird im Schein des ewigen jenseitigen Lebens aufgehoben. In dieser Perspektive zeigt die Analyse der christlichen Asketik und des himmlischen Reichs, dass und wie das soziale Band verklärt wird.

Literatur

Arndt, Andreas (1990): „Unmittelbarkeit". Zur Karriere eines Begriffs in Feuerbachs und Marx' Bruch mit der Spekulation, in: Ludwig Feuerbach und die Philosophie der Zukunft, hg. v. Hans-Jürg Braun, Hans-Martin Sass, Werner Schuffenhauer und Francesco Tomasoni, Berlin, 503–527.

— (2002): Kein Egoismus ohne ‚Communismus'. Anmerkungen zur Philosophie Ludwig Feuerbachs, in: Humanismus und Gegenwart, hg. v. Richard Faber und Enno Rudolph, Tübingen, 103–117.

Baroni, Robert (1990): Der Begriff der „Gattung" bei Ludwig Feuerbach – Beitrag zu einer Aktualisierung der Problematik, in: Ludwig Feuerbach und die Philosophie der Zukunft, hg. v. Hans-Jürg Braun, Hans-Martin Sass, Werner Schuffenhauer und Francesco Tomasoni, Berlin, 369–380.
Förster, Herbert (2001): Die „neue Philosophie" Ludwig Feuerbachs unter besonderer Berücksichtigung des Konzepts der Ich-Du-Begegnung in der Liebe, Bremen.
Hegel, Georg Wilhelm Friedrich (1995): Vorlesungen über die Philosophie der Religion, Bd. 3: Die vollendete Religion, hg. v. Walter Jaeschke, Hamburg.
Heinrich, Elisabeth (2001): Religionskritik in der Neuzeit. Hume, Feuerbach, Nietzsche, Freiburg/München.
Hüsser, Heinz (1993): Natur ohne Gott. Aspekte und Probleme von Ludwig Feuerbachs Naturverständnis, Würzburg.
Jaeschke, Walter (1986): Die Vernunft in der Religion. Studien zur Grundlegung der Religionsphilosophie Hegels, Stuttgart-Bad Cannstatt.
Jeske, Michael (2012): „Sensualistischer Pantheismus". Seine heuristische Bedeutung im Werk Ludwig Feuerbachs, Frankfurt/M u. a.
Kellner, Manuel (1988): Feuerbachs Religionskritik, Frankfurt/M.
Kittsteiner, Heinz-Dieter (1998): Listen der Vernunft. Motive geschichtsphilosophischen Denkens, Frankfurt/M.
Lefèvre, Wolfgang (1994): Feuerbach und die Grenzen der Ethik, in: Solidarität oder Egoismus. Studien zu einer Ethik bei und nach Ludwig Feuerbach, hg. v. Hans-Jürg Braun, Berlin, 125–140.
Löwith, Karl (1976): Feuerbach und der Ausgang der klassischen deutschen Philosophie (1928), in: Ludwig Feuerbach, hg. v. Erich Thies, Darmstadt, 33–61.
Petzoldt, Matthias (1989): Gottmensch und Gattungmensch. Studien zur Christologie und Christologiekritik Ludwig Feuerbachs, Berlin.
Plöger, Fredrick (2009): Feuerbach ein Antisemit? Begriffsnöte im Kontext einer verkürzten Debatte, in: Feuerbach und der Judaismus, hg. v. Ursula Reitemeyer, Takayuki Shibata und Francesco Tomasoni, Münster, 177–189.
Rawidowicz, Simon (1964): Ludwig Feuerbach. Ursprung und Schicksal, Berlin.
Röhr, Henning (2000): Endlichkeit und Dezentrierung. Zur Anthropologie Ludwig Feuerbachs, Würzburg.
Salem, Jean (2003): Une lecture frivole des écritures: L'essence du christianisme de Ludwig Feuerbach, Paris.
Schlüter u. a. (2018): Philosophie und Pädagogik der Zukunft. Ludwig und Friedrich Feuerbach im Dialog, hg. v. Stefan Schlüter, Thassilo Polcik und Jan Thumann, Münster.
Schmidt, Alfred (1977): Emanzipatorische Sinnlichkeit. Ludwig Feuerbachs anthropologischer Materialismus, Frankfurt/M.
Schmieder, Falko (2004): Ludwig Feuerbach und der Eingang der klassischen Fotographie. Zum Verhältnis von anthropologischem und Historischem Materialismus, Berlin und Wien.
Schneider, Katharina (Hg., 2013), Der politische Feuerbach, Münster.
Schuffenhauer, Werner (1965): Feuerbach und der junge Marx. Zur Entstehungsgeschichte der marxistischen Weltanschauung, Berlin.
Sieverding, Judith (2007): Sensibilität und Solidarität. Skizze einer dialogischen Ethik im Anschluss an Ludwig Feuerbach und Richard Rorty, Münster.

Thies, Erich (1976): Philosophie und Wirklichkeit. Die Hegelkritik Ludwig Feuerbachs in: Ludwig Feuerbach, hg. v. Erich Thies, Darmstadt, 431–482.
Tomasoni, Francesco (1998): Heidentum und Judentum: Vom schärfsten Gegensatz zur Annäherung. Eine Entwicklungslinie vom „Wesen des Christentums" bis zur „Theogonie". In: Ludwig Feuerbach und die Geschichte der Philosophie, hg. v. Walter Jaeschke und Francesco Tomasoni, Berlin, 148–167.
– (2015): Ludwig Feuerbach. Entstehung, Entwicklung und Bedeutung seines Werkes, Münster.
Weckwerth, Christine 2002: Ludwig Feuerbach zur Einführung, Hamburg.
Wildermuth, Armin (1970): Marx und die Verwirklichung der Philosophie, Den Haag.
Xhaufflaire, Marcel (1972): Feuerbach und die Theologie der Säkularisation, München.

Jörg Dierken
10 Theologie und der Gott der Theologen (Kap. 20–23)

10.1 Ortsbestimmung

Mit dem Kapitel 20 eröffnet Ludwig Feuerbach den zweiten Hauptteil seines Werkes *Das Wesen des Christentums*. Insbesondere hierin zeigt er sich als unerbittlicher Kritiker, der die inneren Antagonismen von Religion und Christentum grell beleuchtet. Das kommt schon in den Überschriften zum Ausdruck. Danach stellt der erste Hauptteil des Buches „die Religion in ihrer Übereinstimmung mit dem Wesen des Menschen" dar, der zweite akzentuiert hingegen den „Widerspruch" von Religion und menschlichem Wesen (GW 5, 75, 316). In den entsprechenden Überschriften der späteren Auflagen kennzeichnet Feuerbach dann bündig, worin dieser Widerspruch liegt: Dem „wahre[n], d.i. anthropologische[n] Wesen der Religion", Thema des ersten Hauptteils, wird im zweiten das „unwahre, d.i. theologische Wesen der Religion" gegenübergestellt (zweite und dritte Auflage; ebd.). Danach besteht der fundamentale Gegensatz zwischen einem anthropologischen und einem theologischen Verständnis von Religion, wobei ‚Religion' von Feuerbach über weite Strecken mit dem Christentum gleichgesetzt wird. In markantem Gegensatz zu traditionalen Selbstbeschreibungen der christlichen Religion, wonach sie sich auf göttliches Offenbarungshandeln zurückführt und mithin in Gott ihren Grund habe, vertritt Feuerbach bekanntlich die bereits im Vorwort formulierte Generalthese, „daß das Geheimnis der Theologie die Anthropologie ist" (GW 5, 7). Dieses Geheimnis will er in seinem Buch enthüllen, gleichsam als kritische Gegenoffenbarung. Dazu dient ihm eine in krass naturalistischen Metaphern beschriebene Methode der „pneumatischen Wasserheilkunde" oder klärenden „Hydrologie" (GW 5, 8). Feuerbachs „geistige Naturforschung" gebraucht allerdings keine materiellen Essenzen, sondern stellt auf den Nutzen des „kalten Wassers der natürlichen Vernunft" ab (GW 5, 8; 2. und 3. Auflage ebd., 15). Dieser besteht darin, dass die vermeintlich übernatürlichen und divinen Fundamente der Religion zugunsten natürlicher anthropologischer Strukturen und Bedürfnisse aufgeweicht werden. Auf diese Weise sollen sich die Glaubensgehalte und Lebensvollzüge der Religion in den Koordinaten des Menschlichen explizieren lassen. Dabei kommt es zu der grundlegenden Unterscheidung zwischen dem, was mit dem ‚Wesen' des Menschen kompatibel ist – und was ihm widerspricht. Ersteres sind nahezu alle Motive der christlichen Religion, sofern sie sich im Kontext anthropologischer Strukturen und Bedürfnisse

https://doi.org/10.1515/9783110677027-011

verstehen lassen. Letzteres ist im Kern nur der gegenständlich-existierend vorgestellte Gott. Insofern er als vermeintlicher Grund und erstrebtes Ziel der Religion gilt, bildet er das zentrale Hemmnis für das wahre, nämlich anthropologische Verständnis von Religion und Christentum. Darum gilt Feuerbachs grundstürzende Kritik der religiösen Gottesvorstellung als solcher. Demgegenüber will er die zentralen Motive des Christentums durch ihre ‚hydrologische' Reinigung in die Form der Anthropologie überführen und darin bewahren. Religion soll mithin in Hegelschem Doppelsinn ‚aufgehoben' werden, allerdings nicht in der Form des spekulativ begreifenden Denkens, sondern der für Sinnlichkeit geöffneten Anthropologie.

Insofern Feuerbachs Kritik Religion besser erklären will als sie sich selbst versteht, hat sie ein genetisches Gepräge. Die Herkunft von Religion soll durch nichtreligiöse – für Feuerbach: anthropologische – Faktoren plausibilisiert werden. Das unterscheidet sie von älteren Kritiken, die Religion etwa auf primitive Unwissenheit oder betrügerische Machtstrategien von Klerikern und Herrschern zurückführten. Dass der Mensch hinter der Religion steht, ist freilich eine bereits in der Antike fassbare Figur aufklärerischer Kritik religiöser Mythen und Fabeln. Sie entzündete sich insbesondere am anthropomorphen Gepräge von Götterwesen. Feuerbachs genetische Methodik, deren Selbstcharakterisierung als hydrologischer Chemismus eher in die Irre führt, geht über solche Beobachtungen hinaus, indem sie feststellen will, wie es zur Religion hat kommen können. Dazu rekurriert Feuerbach variantenreich auf zwei Grundfiguren. Die eine Grundfigur arbeitet mit subjekt-, bewusstseins- und sozialtheoretischen Mitteln in gewissem Anschluss an einschlägige Figuren aus der klassischen deutschen Philosophie, allerdings ohne Wetteifer mit deren Subtilität. Danach komme in der Religion das Selbstbewusstsein des Menschen als sozial-kommunikatives Wesen in verklausulierter Weise zum Ausdruck. Während dieses Selbstbewusstsein die Allgemeinheit des Menschlichen beinhalte, werde es in der Vorstellung von einem selbständigen, gleichsam mit überempirischer Objektivität ausgestatteten Gott jedoch von der Struktur des gegenständlichen Bewusstseins überlagert. Der Gehalt der Gottesvorstellung umfasse daher die Allgemeinheit des Menschlichen als Gattungswesen, dem ihre besondere Gestalt allerdings nicht entspreche und daher zu negieren sei. Die zweite methodische Grundfigur Feuerbachs stellt auf psychologische Funktionen ab, die in der sinnlichen Natur des Menschen fundiert sind. Religion wird mit den Gefühlslagen des Menschen abgeglichen und auf Triebe und Bedürfnisse, Träume und Wünsche bezogen. Sie stehen für Feuerbach hinter den göttlichen Prädikaten bzw. Eigenschaften im weiten Spektrum von Kreativität, Macht und Liebe bis hin zu den Unendlichkeitssehnsüchten des Auferstehungs- und Ewigkeitsmotivs. In diesen vielfach aufgefächerten methodischen Grundfiguren zeigt sich der anthropologische Fokus von Feuerbachs

Religionstheorie. Sie integriert dabei eine Vielzahl von Motiven und Mustern, die aus älteren Theorien bekannt sind. Religion ist danach die Erkenntnis des Menschen auf einem Umweg, den es zu kartographieren gilt. Im Unterschied zu den älteren Theorien ist Feuerbach allerdings nicht der Meinung, dass dieser Umweg ein notwendiger, unumgänglicher sei. Zumindest in der Gegenwart sei vielmehr ein gerader Weg angezeigt.

Feuerbach verbindet seine beiden methodischen Grundfiguren dadurch, dass er im ersten Hauptteil seiner Schrift die menschliche Bedeutung der Prädikate herausstellt, die an Gott als Trägersubjekt haften; im zweiten Hauptteil dekonstruiert er sodann eine gleichsam ontologische Selbständigkeit des divinen Subjekts als logischer Träger dieser Prädikate. Dabei wird den nunmehr dem Menschen zugesprochenen Eigenschaften eine gleichsam prädikative Divinität attestiert. Das gilt zumindest im Blick auf positiv konnotierte Eigenschaften wie Kreativität und Unendlichkeit. In seiner unendlichen Kreativität ist der Mensch für Feuerbach gleichsam göttlich. Allerdings wird dies auf die überempirische ‚Natur' des Menschen als Gattungswesen bezogen. Damit kommt eine Spannung zu Feuerbachs Fokussierung der sensitiven Seite des Menschen auf. Eine ähnliche Spannung zeigt sich darin, dass Feuerbach zwar mit begrifflichen Mitteln auf den Menschen als endliches Wesen abstellt – lasse sich doch nur etwas Endliches als Bestimmtes denken, während das rein Unendliche nur etwas Unbestimmtes sei –, aber seine anthropologische Religionstheorie gerade das über die Endlichkeit existierender Einzelwesen hinausgehobene Gattungswesen Mensch zum Fluchtpunkt hat. Feuerbach präsentiert sich im *Wesen des Christentums* nur am Rande als Denker der menschlichen Individualität. Dem entspricht, dass er im Hinblick auf Gott Merkmale des Endlichen abblendet – insbesondere Figuren von Personalität, die ohne Eigentümlichkeit nicht gedacht werden können.

Die beiden methodischen Grundfiguren Feuerbachs erhellen die Vorgehensweisen und Ziele beider Teile, und sie zeigen ihre Verschränkung auf. Ihre Spuren ziehen sich auch durch die Einzelheiten der materialen Argumentation. Ohne sie sind auch Feuerbachs Pointen nicht zu verstehen – einschließlich ihrer inneren Spannungen.

10.2 Der wesentliche Standpunkt der Religion" (Kap. 20)

Feuerbach eröffnet das Kapitel, indem er seine konzeptuelle Standortbestimmung in Sachen Religion vergegenwärtigt. Nicht Wissen um göttliche Dinge, keine kontemplative Gottesschau – Theorie –, sondern die subjektiv-praktischen Ziele des menschlichen „Wohls" und „Heils" bilden danach den Mittelpunkt der Religion (GW 5, 316). Es geht um Seligkeit und Seelenheil, und Gott steht für deren Verwirklichung. Religion ist mithin keine „Gotteslehre", sie ist vielmehr praktische, nichtdoktrinale „Heilslehre" (GW 5, 317). Damit schließt Feuerbach an reformatorische Grundintuitionen an, wonach das menschliche Heilsstreben die Koordinaten für das Gottesverhältnis sowie das daraus destillierbare Gottesverständnis abgibt. Allerdings bringt er die abgründige Dialektik, die nach reformatorischem Verständnis mit dem eudämonistischen Heilsstreben einhergeht und über die Zerrissenheit des Sünden- und Schuldbewusstseins zum Rechtfertigungsglauben führt, auf Distanz. Religion wurzelt für Feuerbach im „Glückseligkeitstrieb" des affektiven Gemütslebens (GW 5, 318). Er soll keineswegs umgekehrt werden, auch wenn er sich insbesondere im Negativ von Leid und Schmerz zeigt, die ein Bedürfnis nach Lust und Freude provozieren. Religion wurzelt im Heilsbedürfnis des Menschen, das über bloße Seelenzustände hinausgreift und auf elementare Glücksbedürfnisse zielt. Und Gott wird in ihr gesucht als „unbeschränkte Macht" der Erfüllung solcher Bedürfnisse (ebd., 316).

Sosehr Feuerbach das Glücksbedürfnis als Quelle der Religion anerkennt, so sehr sieht er seine Erfüllung hintertrieben, wenn sie Gott anheimgestellt wird. Denn Gott kann sie als Gott gerade nicht befriedigen. Seine Divinität steht der Erfüllung des zur Religion motivierenden Glücksstrebens entgegen. Die Göttlichkeit ist für Feuerbach zwar selbst ein Produkt des praktischen Gemüts und nicht der Vernunft, aber dieses Gemütsprodukt wird wie ein ‚Wesen' der theoretischen Vernunft behandelt: Ihm wird gegenständliche, anschaulich-erfahrbare Existenz zugesprochen. Feuerbach rezipiert in vergröberter Form Kants Kritik der spekulativen Theologie im Rahmen der theoretischen, mithin auf das Erkennen bezogenen Vernunft. Danach markiert ‚Existenz' das Gegebensein des Gegenstands im Kontext sinnlicher Erfahrung. Allerdings greift Feuerbach nicht die von Kant geltend gemachten inneren Motive des Gottesgedankens auf, die nach Kant aus einer unausweichlichen, darum selbst zur Vernunft gehörigen Dialektik des endlichen Denkens hervorgehen.[1] Mit Kant verortet Feuerbach die Religion im Bereich des praktischen Lebens, mit ihm hält er ein Verständnis Gottes nach Maßgabe theoretischer, mithin empirischer Verstandeserkenntnis, die die an das Zusammenspiel von Sinnlichkeit und Verstand gebundenen Kriterien empirischer Existenz bei einem quasiempirisch konzipierten, aber gleichsam mit überempirischer Existenz ausgestatteten ‚Wesen' übergeht, für unangemessen. Über Kant hinausgehend verkoppelt Feuerbach in seiner Psychologie das Praktische zudem mit der affektiven Sphäre des Gemüts bis hin zu einem geradlinigen, nicht durch

---

[1] Vgl. KrV B 350 ff.; bes. Drittes Hauptstück: Das Ideal der reinen Vernunft (B 595 ff.).

Sittlichkeitsmotive gebrochenen Eudämonismus, und er kontrastiert dieser Sphäre das Theoretische, das aber im Blick auf die göttlichen Dinge kaum über die innere Dialektik von Verstand und Vernunft konzipiert wird, sondern vor der Gegenständlichkeitsstruktur des empirischen Bewusstseins gesetzt sein soll. Daher zielt Feuerbach in immer neuen Anläufen darauf, diese Widersprüche aufzuzeigen und das göttliche Wesen über sie zu dekonstruieren. Dabei kommt er zu religionstheoretisch aufschlussreichen Einsichten, gelegentlich zeigt sich auch ein Bestreben, etwas billig Punkte zu machen.

Beides lässt sich im 20. Kapitel beobachten. Auf die eher simple und in ihren Konsequenzen kaum durchdachte Feststellung, dass Gott für das aus dem ‚Wesen' kommende Gute im Kontext der Glückssuche stehe, der Teufel hingegen für das aus dem ‚Willen' resultierende Üble, folgen Überlegungen über Gott und den Zufall. Damit ist das in späteren Religionstheorien prominente Thema der Kontingenz als Anker des Religiösen im Spiel. Feuerbach verortet es bei der als Chiffre für Willkür verstandenen göttlichen Gnade. Der grundlose, weil machtvoll-ungebundene Wille Gottes stellt danach eine Mystifikation der „Macht des Zufalls" dar (GW 5, 320 f.). Welche Paradoxien daraus in der inneren Logik der Psychologie der Glückssuche oder der Theologie des Guten entstehen, lässt Feuerbach jedoch offen. Stattdessen fokussiert er religiöse Verteilungsversuche des Guten und Üblen auf Gott und den Teufel, die von Gott alle Folgelasten der Theodizee fern halten sollen. Wenn nun Gott Urheber des Guten sein soll, stelle sich die Frage nach den „Mittelursachen" für dessen Umsetzung in den konkreten weltlichen Zusammenhängen (GW 5, 232 ff.). Andernfalls sei Gott nur abstrakt als Weltschöpfer immer auch irgendwie Ursache des Guten, allerdings eine leere. Oder die im deistischen Uhrwerk- bzw. Maschinen-Modell verstandene Welt bewirke das Gute selbst. Sobald aber die Reflexion auf die natürlichen und sozialen Mittelursachen anhebt, komme es zur Emanzipation der Ursache des Guten vom göttlichen Wesen: Sie verschiebt sich dahin, dass „die Natur das Wesen" wird, Gott aber „das Unwesen" (GW 5, 325, 3. Aufl.). Damit wird freilich der Natur die Verantwortung für die Verteilung von Gütern und Übeln aufgebürdet. Sie müsste besser Rechenschaft darüber ablegen können als Gott. Reflexionen über die Rechenschaftsfähigkeit der Natur finden sich bei Feuerbach angesichts seines sensualistisch-materialistischen Optimismus, der zugleich auf die technische Kreativität des Menschen zugunsten eines geschichtlichen Fortschritts abstellt, nicht. Ein Pessimismus gänzlicher Sinnferne der Natur kommt für Feuerbach erst recht nicht in Betracht.

Stattdessen erörtert er die Funktion der göttlichen Schöpfungskausalität. Ganz im Sinne der alten Kosmotheologie, die die Eigenart des seinerseits ungegründeten Grundes der Welt im Interesse der Rationalität des an der Differenz von

Grund und Folge haftenden Kausalprinzips erschloss,[2] sieht er die Aufgabe der göttlichen Erstursache der „Weltmaschine" darin, deren *„prima causa* [...] zu erklären" (GW 5, 325). Gott wird danach über seine Funktion verstanden, eine Ursachenerklärung abzugeben. Und diese Funktion resultiert aus der Logik des Kausalprinzips selbst, in der die innerweltlichen Dinge erkannt werden. Da allerdings die machinal verstandene Welt selbsterklärend ist, sei dieser Erklärungsgott tatsächlich „aus der Not eines beschränkten Verstandes" geboren (ebd.). Er wolle das Kausalprinzip erklären – und wird dabei selbst zu einem abgeleiteten, mithin nicht mehr selbständigen und ursprünglichen Wesen. Ähnlich wie bei einem Wunderglauben, der entsprechende Phänomene über natürliche Mittelursachen mit Gott verbindet, erklärt der kosmogonische Schöpfungsglaube mit seinem Rekurs auf die mechanistische Kausalitätsfigur am Ende gar nichts: Der letztlich alles verursachende Gott wird zur vermeintlichen „Erklärung des Unerklärlichen" (GW 5, 328). Es resultiere freilich aus einem *„Mangel der Theorie"*, und Gott sei der diesen Mangel *„ersetzende Begriff"* (ebd.). Er kann nicht funktionieren, allenfalls in seiner Dysfunktionalität den Mangel an Theorie und Erklärung verdunkeln. „Die Nacht ist die Mutter der Religion" (GW 5, 329). Demgegenüber vermöge der „Standpunkt des Denkens, des Forschens, der Theorie", auf dem die Dinge nun von Feuerbach ganz unkantisch „an sich selbst", „in ihrer Beziehung auf sich" betrachtet werden, das Wunder als *„natürliche[s]* Wunder" aufzufassen und damit in seiner Naturkreativität zu bewahren (GW 5, 331, 3. Aufl.). Damit werden freilich die Rationalitätsprobleme von der Schöpfungstheologie in eine naturalistische Weltanschauung verschoben, für die die Zuordnung von kausalmechanischen und teleologischen Figuren zur Nagelprobe wird.

Feuerbach kapriziert sich demgegenüber auf die Psychologie von Wunderglaube und Gebet. Darin gehe es um eine praktische Dienstbarmachung der Natur mithilfe des *„übernatürlichen* Mittel[s]" der göttlichen Allmacht (GW 5, 329): Der Mensch „unterwirft [...] die Natur als eine *für sich selbst nichtige* Existenz der Realität *seiner Zwecke"* (GW 5, 330). Feuerbach beschreibt dies markant als „religiösen Egoismus" (GW 5, 331, 3. Aufl.). Dessen wesentlich praktischer Standpunkt verkehre das „Wesen der Natur und Menschheit" zu einem *„andern, wunderbaren, übernatürlichen Wesen"* (GW 5, 331f.). Es besitzt menschliche Merkmale, die aber ins Übermenschliche gesteigert werden und solcherart nur die Merkmale der menschlichen Gattung repräsentieren – obgleich das göttliche Wesen widersprüchlicherweise in seiner besonderen Existenz ebenso Individualitätsmerkmale

---

[2] Diese Grundfigur der Kosmotheologie expliziert klassisch im Anschluss an Aristoteles Thomas von Aquin (Summa theologiae I, q 2, a 2 et 3; Thomas 1986, 46–59). Sie bezieht sich bei Thomas allerdings nicht auf das von Feuerbach favorisierte machinale Modell der Welt, sondern bettet das wirkursächliche Kausalitätsschema in eine zielursächliche Teleologie ein.

darbietet. Dieser Widerspruch rührt daher, dass die Religion nicht das „Bewußtsein des *wirklichen* Unendlichen" habe: das „Bewußtsein der Gattung" als wahre „Anschauung des *Universums*" (332f.).[3] Da ihr praktischer Standpunkt „nichts von den Freuden des Denkers, [...] des Naturforschers, [...] des Künstlers" weiß (GW 5, 332, 2. und 3. Aufl.), suche die Religion „Ersatz der *verlornen Welt*" in Gott, der ihr fälschlich zur „Anschauung" und „*Theorie*" wird (GW 5, 333). Gegen den praktischen Charakter der Religion bringt Feuerbach eine „*in sich befriedigte, selige* Anschauung" von Natur und Gattung in Stellung (ebd.), die deutlich mehr ästhetischer Kontemplation und Imagination ähnelt als nüchtern materialistischer Forschung.

10.3 Der Widerspruch in der Existenz Gottes (Kap. 21)

Das Kapitel zeigt, dass die Kritik der Theologie das Zentrum von Feuerbachs sogenannter Religionskritik bildet. Religion sei – so seine affirmative These – das „Verhalten des Menschen zu seinem eigenen Wesen", und darin liege gar ihre „Wahrheit und sittliche Heilkraft" (GW 5, 334, 2. und 3. Aufl.). Doch wenn dieses Wesen nicht sein eigenes im essentiell-gattungsmäßigen Sinne ist, sondern eben ein anderes, von ihm unterschiedenes und mithin singuläres göttliches Wesen, dann liege darin die „Unwahrheit" der Religion, ihre „Schranke" und ihr „Widerspruch mit Vernunft und Sittlichkeit" (GW 5, 334, 2. und 3. Aufl.). Feuerbach rekurriert auf die Äquivokation im deutschen Terminus ‚Wesen', das ebenso das Wesentlich-Allgemeine als auch das Einzelwesen meint, um Ersteres gegen Letzteres zu wenden. Das lässt nach der Genese der gegenständlichen Gottesvorstellung fragen.

Dass Religion um ein abgesondertes divines Einzelwesen kreist, steht für Feuerbach keineswegs an ihrem geschichtlichen Anfang. Zunächst sei es dem religiösen Menschen um sich selber gegangen, ein wesentlicher Unterschied zwischen Gott und dem Menschen habe nicht bestanden. Der alte Jehova und auch die frühchristlichen Vorstellungen von Gott hätten für Feuerbach nur menschliche Prädikate zum Ausdruck gebracht. Der Anthropomorphismus in den

---

[3] Zur Formel „Anschauung des Universums" vgl. Schleiermacher: Über die Religion (1799; KGA I/2, 211ff.). Da sich die Religionsformel aus Schleiermachers *Reden* neben der Anschauung auch auf das Gefühl bezieht und beim reifen Schleiermacher die Anschauung gänzlich zugunsten des Gefühls zurücktritt, hat Feuerbach Schleiermachers Fokussierung des Gefühls als schlagenden Beleg seiner religionspsychologischen Grundthese verstanden; vgl. GW 9, 230f.

Gottesvorstellungen zeige eine nur formelle Differenz von Gott und Mensch, die wesentliche Identität dominiere. Der Grund solcher Gottesvorstellungen liegt für Feuerbach in der Verfasstheit des menschlichen Bewusstseins. Es betätige sich in der „Gattungsfunktion des Denkens des Sprechens" (GW 5, 29), in der sich der Mensch selbst ent-äußert. Damit kann sich der individuelle Mensch an die Stelle seines Anderen setzen, der ihm als *alter ego* einerseits gegenständlich als anderer gegenübersteht, andererseits aber zugleich seine eigene Gattung vergegenwärtigt. Darum werde dem Menschen an diesem kommunikativ und sozial vermittelten Gegenstandsbewusstsein sein eigenes Selbstbewusstsein als Gattungswesen bewusst (vgl. GW 5, 34). Es ist unendlich, trotz seiner Momente von Gegenständlichkeit, an denen seine konkrete Bestimmtheit haftet. Ohne sie sei das Bewusstsein abstrakt und leer, sosehr mit der Konkretheit auch Endlichkeit verbunden ist. Der innere Zusammenhang des Selbstbewusstseins als Gattungsunendlichkeit, auf die Feuerbach offensichtlich den Vorwurf abstrakter Leere nicht bezieht, und dessen konkretisierendes kommunikatives Gegenständlichkeitsmoment bleibt bei Feuerbach letztlich unerörtert. Er beschreibt nur, dass dieses Unendlichkeitsbewusstsein einerseits ein Unendliches als gegenständliches Anderes setzt, während es andererseits auch in seiner Vergegenständlichung nur seiner Struktur als unendliches Selbstbewusstsein folgt und das gegenständliche Andere zum Göttlich-Unendlichen macht.

Während auf naiven Religionsstufen beide Strukturmomente des Bewusstseins in den anthropomorphen Gottesvorstellungen weitgehend ineinander liegen und die Scheidung zwischen Gott und Mensch harmlos ist, werde durch das Erwachen der „Reflexion" in der und über die Religion die Unterscheidung zu einer „absichtlichen" und „ausstudierten" (GW 5, 335). Feuerbach sieht diese Reflexion mit dem Aufkommen von reflektierender Theologie gegeben, und das geht wiederum mit einer Institutionalisierung der Religion in der Kirche einher. Die „Reflexion über die Religion", mithin die *„Theologie"* macht „das göttliche Wesen zu einem anderen Wesen" (GW 5, 336f.): Gott wird vergegenständlicht und mit eigener Existenz ausgestattet. Dass ein Reflexionsprodukt verselbständigt wird, ist für Feuerbach das entscheidende Problem der Religion.

Bei seiner Nachzeichnung der Genese der Gottesvorstellung bleibt allerdings die Herkunft der zur verselbständigen Theologie führenden Reflexion unerklärt. Dem entspricht, dass Feuerbachs Bewusstseinstheorie den inneren Zusammenhang von Selbst- und Gegenstandsbewusstsein nicht erläutert. In den Subjektivitätstheorien der klassischen deutschen Philosophie[4] steht hierfür die Reflexi-

---

4 Feuerbach hat deren Subjektivitäts- und Bewusstseinsdenken v. a. in der Gestalt seines ehemaligen Lehrers G.W.F. Hegel kennengelernt. Dass Feuerbach Subjektivität und Bewusstsein in

vität des Bewusstseins, die bereits mit dessen Vollzug einhergeht und damit den Zusammenhang von intentionalen Gegenständlichkeitsmomenten ermöglicht. Freilich zeigt sich auch in diesen Theorien, dass Selbstvollzug und Reflexivität des Bewusstseins einander wechselseitig beanspruchende Strukturmomente sind, hinter deren Polarität nicht zurückgegangen werden kann. Die sich darin manifestierende innere Endlichkeit des seinerseits unendlichen Bewusstseins bildet daher den Anker für korrespondierende Symbolisierungen in Gottesbildern, allerdings ohne eine gleichsam empirische Existenz höherer Ordnung.

Auf eine solche Existenz richtet sich Feuerbachs polemische Kritik. Dabei bezieht er sich insbesondere auf Debatten um den ontologischen Gottesbeweis. Dieser sucht einen Existenznachweis aus dem Begriff Gottes heraus zu führen. Die von Feuerbach beiläufig erwähnte Urgestalt von Anselm von Canterbury folgerte aus der Formel, dass Gott dasjenige ist, worüber ein Größeres nicht gedacht werden könne, die Widersprüchlichkeit eines als nichtexistierend gedachten Gottes und meinte daraus seine Existenz ableiten zu können (Anselm von Canterbury 1962, 84 ff.). Die von Feuerbach nicht erörterten Subtilitäten dieser Gedankenfigur mögen auf sich beruhen bleiben. Er anerkennt einerseits das mentale Transzendieren einer jeden fixierten Gottesvorstellung durch den Gedanken eines Größeren, erachtet andererseits den Schluss auf die Existenz als krasses Missverständnis. Gott wird darin zu einem gleichsam sinnlichen Ding höherer Ordnung gemacht, also zu einer *„empirische[n]"* und *„sinnlichen* Existenz" (GW 5, 344 f.), die aber keineswegs empirisch im Kontext der sinnlichen Erfahrung aufgefasst wird, sondern ein reines Gedankenerzeugnis ist.[5] Gott wird zum „Mittelding zwischen sinnlichem Sein und Gedachtsein, ein Mittelding voll Widerspruch." (GW 5, 341). Feuerbach notiert selbst zu Recht die Nähe seiner Kritik zu der von Kant. Deren Grundstruktur wird mit der Verortung des Existenzurteils im Kontext sinnlicher Erfahrung – nach Feuerbach: dem Ort eines *„Außer-uns-Seins"* (GW 5, 340) – aufgenommen, wenngleich die von Kant explizierten Motive zur Ausbildung des Gottesgedankens allenfalls gestreift werden. Für Feuerbach heißt

---

Verbindung mit Sprache und Kommunikation thematisiert, lässt Spuren des Lehrers auch nach der Abwendung des Schülers erkennen. Denn eine wesentliche Pointe Hegels besteht darin, dass Subjektivität und Bewusstsein nur über Kommunikation und Intersubjektivität konkretisiert werden können und sich anderenfalls in Abstraktion verlieren. In Feuerbachs Rückkopplung von Bewusstsein an sprachliche Interaktion zwischen verschiedenen Subjekten zeigt sich mithin idealistisches Erbe auch nach seiner Wendung zum sensualistischen Materialismus. Hierin findet der Begriff des Allgemeinen von Subjektivität Widerhall im Begriff der Gattung, der unbeschadet seines materialistischen Anscheins gedanklich konzipiert ist, da er sich niemals nur sinnlich aufgreifen lässt.

[5] Damit schließt Feuerbach an einen zentralen Einwand Kants gegen den ontologischen Gottesbeweis an; vgl. KrV B 620 ff.

das notwendige Resultat der Kritik des ontologischen Gottesbeweises kurz und bündig: *„Atheismus"* (GW 5, 341).

Dieser Atheismus wird von Feuerbach gegen den Vorwurf der Moralfeindlichkeit verteidigt, und er gilt auch als das Ernüchterungsmittel gegen die überschießenden Kräfte von Einbildung und Phantasie. Auch auf sie gehe die Annahme einer sinnlich-übersinnlichen Existenz Gottes zurück (vgl. GW 5, 344). Damit kommt in diesem Kapitel noch Feuerbachs weitere Quelle der Gottesvorstellung gegenüber Bewusstseinsstruktur und Gedankenbildung in Betracht. Allerdings wird die Rolle von Einbildung und Phantasie hier eher beiläufig angeführt und kaum näher analysiert.

Von ihrer Funktion in Feuerbachs Konzept her gesehen, erbringen Einbildungskraft und Phantasie gleichsam im Ausgang von der sinnlichen Seite des Menschen ähnliche Vermittlungsleistungen wie das Zusammenspiel von Selbst- und Gegenstandsbewusstsein auf Seiten des verständigen Denkens. Daher mag gefragt werden, ob Feuerbach gut daran tut, seinen Atheismus als Gegenmittel gegen die Kräfte der Einbildungskraft und Phantasie in Stellung zu bringen. Das hinterlässt nicht nur anderweitig aufzufüllende Leerstellen, sondern tangiert auch seine psychologische Methode. Wenn an anderer Stelle seines Werkes von Feuerbach der Kunst die Rolle zugemessen wird, diese Leerstelle zu füllen, lässt sich zwar gut die Funktion der Kunst als Nachfolgeformativ der in der Moderne antiquierten Religion verstehen – aber um den Preis, dass mit ihrer Fiktionalität ähnliche Probleme aufkommen wie ehedem in der Religion.

10.4 Der Widerspruch in der Offenbarung Gottes (Kap. 22)

Der Offenbarungsbegriff hängt für Feuerbach eng mit dem Begriff der Existenz Gottes zusammen. Offenbarung meine eine Selbstdemonstration Gottes durch Sprache und Wort im biblischen Text. Gerade die mit der Offenbarung verbundenen Merkmale göttlicher Selbstbetätigung sind für Feuerbach Indizien dafür, dass „der Offenbarungsglaube [...] der Kulminationspunkt des religiösen Objektivismus" ist (GW 5, 347). Dieser Objektivismus der in Subjektivitätsmustern beschriebenen Offenbarungstätigkeit zeige sich insbesondere in den von ihr autoritativ gesetzten „Tatsachen" (ebd.), die allem Zweifel entzogen werden. Offenbarungstatsachen stehen unter dem Tabu, nicht „bekrittel[t], nicht an[ge]taste[t]" werden zu dürfen, „ohne sich eines Frevels schuldig zu machen" (GW 5, 347). Sie sind „sinnliche Gewalt" und passen zur Vernunft „wie die Faust aufs Auge" (GW 5, 347 f.). Feuerbach zieht alle Register der Polemik gegen die mit dem

Offenbarungsbegriff verbundenen Autoritätsansprüche, für die eine diskursiv unzugängliche Tatsächlichkeit steht. Daher verderbe der Offenbarungsglaube nicht nur Moral und Ästhetik, sondern auch den „*Wahrheitssinn*", der Feuerbach als der „göttlichste" im Menschen gilt (GW 5, 355). Allenfalls bei einem noch kindlichen Glauben könne die Offenbarungsfigur akzeptabel sein, vielleicht auch noch für eine ungeheuchelte Hinnahme der Bibel als ganzer. Doch sobald verschiedene Tatsachen voneinander abgehoben werden – was mit dem auf Einzelnes abstellenden Tatsachenbegriff einhergeht –, kommt dem Tatsachenbegriff eine ähnliche Widersprüchlichkeit zu wie dem der Existenz Gottes, wenn er in einem Abgegrenzten das Unendliche vermeint. Eine solche Abgrenzung verschiedener Tatsachen finde sich insbesondere in der rationalistischen Bibelkritik; diese ist Feuerbach in seinem Theologiestudium insbesondere durch seine Heidelberger Lehrer, v. a. durch H.E.G. Paulus, nahegebracht worden. Während die ältere Lehre von Verbalinspiration der Bibel nur wegen ihres vernunftwidrigen Autoritätsprinzips geziehen wird, sind die neueren historisierenden oder rationalisierenden Bemühungen um die biblischen Texte mehr noch darum problematisch, weil sie über „*Unterscheidung*" und „*Kritik*" das Göttliche vom Menschlichen in der Bibel separieren wollen (GW 5, 356). Wenn solche Methoden auf die Bibel angewandt werden, ist es nach Feuerbach bereits um ihre Divinität geschehen: Die Bibel wird zum profanen Buch wie jedes andere. Zudem wird ähnlich wie bei der Kritik der Offenbarungstatsachen die Offenbarung ob ihrer vereinzelnden Besonderheit dekonstruiert, und zwar aus ihrem eigenen Dokument heraus. Eine konstruktive Theorie der Medialität göttlicher Mitteilung, die auch das Außereinander der Sinnlichkeit integrieren müsste, präsentiert Feuerbach im Kontext seiner Erörterung des Offenbarungsbegriffs nicht. Es dominiert die Dekonstruktion von allem Externen und Äußeren, das dem Sinnlichen verhaftet bleibt, obwohl Übersinnliches thematisch werden solle.

Feuerbachs konstruktive Deutung des Offenbarungsbegriffs rekurriert stattdessen auf die mit ihm verbundenen Subjektivitätsfiguren. Wenn der Gehalt der Offenbarung die Selbsttätigkeit Gottes ist, dann lasse sich diese vielmehr als eine des Menschen dechiffrieren: „*[D]ie Offenbarung ist nur die Selbstbestimmung des Menschen*" (GW 5, 350). In ihr vermittle der Mensch sein eigenes Wesen mit sich, insofern er als ebenso prinzipiell zur Selbstbestimmung „bestimmt" wie auch als sich aktual selbst Bestimmender verstanden wird und diese Momente dadurch zu verbinden sucht, dass er das göttliche Wesen zwischen sie „einschiebt" (GW 5, 350). Um diesen Einschub zu erklären, verweist Feuerbach allerdings weniger auf die verwickelten logischen Probleme des Selbstbestimmens. Obwohl sie subkutan in seinen Formulierungen anklingen, erblickt er hinter dem Einschub Gottes beim Umgang mit den Selbstverhältnissen des Menschen das Thema der Vermittlung von „Gattung" und „Individuum", von „menschlicher Natur und dem menschlichen Bewußtsein" (GW 5, 350, 3. Aufl.). Die Offenbarung Gottes schließe dem Menschen seine „verborgene Natur auf" und gilt daher als „*Offenbarung der Natur des Menschen*" (GW 5, 352). Inwiefern dem Menschen seine Natur zunächst ‚verborgen' ist, lässt Feuerbach indes offen – ebenso wie er die bewusstseinstheoretischen Hintergründe dafür, dass der Gotteseinschub aus der „*Reflexion über die menschliche Natur*" entsprungen ist (GW 5, 351), nicht näher erörtert. Daher verbucht Feuerbach seine wirkmächtige Überlegung, dass auch „in der Offenbarung der Mensch *nur von sich fort[geht], um auf einem Umweg wieder auf sich zurückzukommen*", nur als weiteren Beleg für seine Generalthese, der zufolge das „*Geheimnis der Theologie* nichts anderes als die *Anthropologie* ist" (GW 5, 352). Das für die genetische Theologiekritik fruchtbare Motiv der Selbsterkenntnis des Menschen auf einem ‚Umweg' wird selbst aller genetischen Erhellung entzogen. Es hätte sich als Scharnier der beiden methodischen Stränge von Gemütspsychologie und Subjektivitätslogik angeboten.

10.5 Der Widerspruch in dem Wesen Gottes überhaupt (Kap. 23)

Auch in diesem Kapitel variiert Feuerbach seine theologiekritischen Hauptthesen. Es geht um die Spannung zwischen der besonderen Alterität Gottes und dem darin vergegenwärtigten menschlichen Wesen, um sinnliche und intellektuelle Elemente in der Gottesvorstellung, um Gattungsallgemeinheit und die Besonderheit des Individuellen. Insbesondere das letztere verberge sich hinter der Frage nach der Personalität Gottes, der eine pantheistische Universalität gegenübergestellt wird. Feuerbach fokussiert solche Widersprüche, um den Gottesgedanken als verkapptes Moment der menschlichen Selbstanschauung zu identifizieren und damit als solchen zu negieren: Es geht um die Abscheidung des Wahren vom Falschen (vgl. GW 5, 444).

Die Auseinandersetzung setzt ein bei den Prädikaten der göttlichen Unerforschlichkeit und Unbegreiflichkeit. Sofern diese streng gedanklich verstanden werden, seien sie nur simple Strategien zur Immunisierung vor aller Kritik an der Gottesvorstellung. Tatsächlich aber stünden Phantasie und Gemüt hinter ihnen. Feuerbach versteht diese Prädikate als affektive Ausdrücke menschlicher Eigenschaften und Eindrücke, etwa von überraschenden Erscheinungen außerhalb und innerhalb des Seelenlebens. Deren Begrenztheit wird in der Übertragung auf Gott quantitativ entgrenzt, qualitativ bleiben die Prädikate im Wesentlichen gleich. Das ist die Feuerbachsche Variante der alten *via eminentia* der theologischen Gotteslehre, der die *via negationis*, also die Abhaltung alles Negativen von Gott, zur Seite gestellt wird. Gottes Unendlichkeit ist demnach der Inbegriff dessen, was der Mensch hat, „aber in unendlich vergrößertem Maßstab" (GW 5, 361). Hierzu zählen etwa die Existenz unter den Bedingungen von endlichem Raum und endlicher Zeit, die in den sinnlich-übersinnlichen Prädikaten der göttlichen Allgegenwart und Ewigkeit entgrenzt werden. Ähnliches gilt für sinnlich vermitteltes Wissen und die überdiskursive göttliche Allwissenheit sowie weitere Prädikate der Unendlichkeit. Sie negieren nur die „Schranke der Quantität" menschlicher Eigenschaften, nicht aber der „Qualität" (GW 5, 362f.). Und diese ist an Sinnlichkeit gekoppelt. Daher hat die Religion die „wohltätige Wirkung", den Menschen über die Grenzen einer rohen, ungebildeten Sinnlichkeit ins „*Freie[]*" hinauszuführen (GW 5, 363). Religion haftet für Feuerbach überhaupt am ungebildeten sinnlichen Bewusstsein. Es werde durch Religion einerseits entschränkt, andererseits aber wieder beschränkt, wenn der Mensch bei der Religion stehenbleibt und seinen Horizont nicht um „Geschichte, Natur, Philosophie" erweitert (ebd.). Religion ist ein Bildungsmittel – und sie hintertreibt ihre Bildung zugleich, wenn sie dem Menschen mit der quantitativen Erweiterung seiner Eigenschaften in einem jenseitigen Wesen Befriedigung verschafft. Feuerbach führt etliche geschichtliche Beispiele dafür an, dass und wie Religion Bildungsbedürfnisse hemmt.

In ähnlicher Weise wird von Feuerbach das Prädikat des Schöpferischen bearbeitet. Der Begriff „*der Tätigkeit, des Machens, Schaffens*" ist demnach „ein *göttlicher Begriff*" und bezeichnet ein „*positives Selbstgefühl*" (GW 5, 365). Feuerbach zieht Linien von der kreativen Produktivität bis hin zu Glück und Seligkeit. Ungetrübt ist solche Produktivität indes im Endlichen nicht. Daher werde sie in der Religion Gott zugeschrieben und zu einer unbeschränkten entgrenzt. Im Unterschied zum Menschen, dessen Tätigkeit etwas außer ihm hervorbringt, hat die göttliche Tätigkeit kein Objekt außer sich. Da Gottes Kreativität alles hervorbringe, kenne sie kein bestimmtes oder besonderes Produkt. Sie geht in ihrem Vollzug auf. Darum kann sie keinem abgesonderten göttlichen Subjekt zugerechnet oder auf die Urheberschaft einer von ihm differenten Welt bezogen werden. Damit zersetzt sich über die Unbestimmtheit des Kreativitätsprädikats zugleich die Eigenart des dieses Prädikat tragenden Subjekts, mithin Gott. Hegels Logik des spekulativen Satzes, nach der die Prädikate das seinerseits zunächst unbestimmte Subjekt bestimmen, wird gleichsam umgekehrt (vgl. HGW 9, 43f.). In seiner Unbestimmtheit lässt das göttliche Subjekt sich nicht von etwas anderem abheben: Es geht mit Welt und Mensch zusammen. Von hier aus ist es nur ein kurzer Schritt, die menschliche Gattungsallgemeinheit hinter der göttlichen Produktivität zu erblicken. Hier, wie auch bei der göttlichen Kreativität, hätte sich jeder „Begriff der *Besonderheit* unrechtmäßigerweise eingeschaltet" (GW 5, 366). Die gott-menschliche Produktivität ist denn auch eine Allkausalität, die alles hervorbringt, aber nichts Bestimmtes in seiner Erzeugung sehen lässt. Damit ist der Weg zu einem Pantheismus universaler Produktivität gebahnt.

Bevor der Pantheismus im Kontrast zu der Vorstellung von der Persönlichkeit Gottes erörtert wird, bearbeitet Feuerbach noch zwei Einwände. Der erste ergibt sich aus der Vorstellung der göttlichen *creatio ex nihilo* – im Unterschied zu menschlichem Schaffen, das immer auf etwas bezogen ist. Feuerbach entsorgt einen möglicherweise aus dieser Differenz entspringenden Einwand etwas sophistisch, indem er zunächst das Nichts zum Merkmal der von aller menschlichen Endlichkeit abgesetzten göttlichen Kreativität erhebt, um sodann auf den negativen Charakter dieser Unterscheidung von Göttlichem und Menschlichem abzuheben, die darum am Ende in Gänze nichtig sei. Der zweite Einwand bezieht sich darauf, dass auch bei Gottes Tätigkeit sinnliche Bestimmungen auftreten. Die innertrinitarischen Verhältnisse von Vater und Sohn, die zudem durch die sinnliche Figur des Zeugens verbunden sind, dienen als Beispiel. Hier sei das Natürliche menschlicher Verhältnisse in Gott gesetzt worden, allerdings wie die mutterlose Zeugung dokumentiert, „*im Widerspruch* mit dem Wesen des Menschen" (GW 5, 372). Dieser Widerspruch sei aber einer der Theologie selbst, die es in ihrer Besonderheit eben zu negieren gelte.

Das Hauptproblem für die Identifikation von Theologie und Anthropologie erblickt Feuerbach in der Vorstellung von der „*Selbständigkeit*, der *Individualität* oder […] der *Persönlichkeit*" in Gott (GW 5, 372). Dass Gott ein „*persönliches Wesen*" sei, ist für Feuerbach der entscheidende „Machtspruch", der alles verkehrt (ebd.). Sie ist das „*antidotum* gegen den *Pantheismus*" (ebd.). Für ihn votiert Feuerbach mit Entschiedenheit, mag der Begriff auch ungeschlacht und „roh" sein (GW 5, 373). Seine These, dass der Mensch „Ausfluß oder *Teil* des göttlichen Wesens" ist (ebd.), ist aber faktisch auch die Auskunft der Religion, wenngleich sie die „*Vernunftidentität*" (GW 5, 376) von Gott und Mensch bildlich fasst. Dafür steht der religiöse Anthropomorphismus ebenso wie die Vorstellung der Gottebenbildlichkeit des Menschen. Darin sei die im Pantheismus in logisch-begrifflicher Form explizierte „Nichtverschiedenheit Gottes und des Menschen" (GW 5, 374, 3. Aufl.) auf eine bildlich-familiale Weise über „Verwandschaftsverhältnis[se]" zum Ausdruck gebracht (GW 5, 373), mögen sie auch patriarchalisch sein. Die Ebenbildlichkitsvorstellung stelle dar, dass der Mensch als Bild Gottes „ein lebendiges Wesen" sei: „Gott ähnlich, weil das Kind Gottes" (GW 5, 375). Während solche Vorstellungen sich unbeschadet ihrer durchaus auch täuschenden Metaphorik mit dem Pantheismus zusammenbringen lassen, steht die Vorstellung der Persönlichkeit der „Natureinheit" von Gott und Mensch entgegen (ebd., 375, 3. Aufl.). Sie gilt es für Feuerbach zu beseitigen. Das führt freilich im Umkehrschluss von der Einheit des Göttlichen und Menschlichen zu der Frage nach den Konsequenzen für die Persönlichkeit und Individualität des Menschen.

Feuerbach beendet das Kapitel, indem er die Religion als „Licht des Geistes" beschreibt, die „im Medium der Phantasie und des Gemüts" das verdoppelt, was für die Vernunft identisch ist (GW 5, 376).[6] Diese Verdopplung kann bis zur Entzweiung führen, wofür die Persönlichkeit steht. Sie kann aber auch eine Ähnlichkeit fokussieren, womit die Nähe zur Vernunft angezeigt ist. Während die Vernunft die Ähnlichkeit bejaht, wird die Einbildungskraft zur Quelle eines *„Schein[s] des Unterschieds"* (ebd.). Er ist, nach Hegels Logik des Scheins, ebenso nichts, wie er als verneinendes Anderes des Seins eine gleichsam geborgte Eigenständigkeit hat. Die pantheistische Identität von Gott und Mensch hat angesichts der Frage nach dem Individuellen auf der Ebene der Anthropologie ein Widerlager, insofern Vernunft und Einbildungskraft nicht zur vollen Deckung kommen.

10.6 Theologiekritische Menschheitsreligion?

Nicht nur Feuerbachs Darlegungen zur Übereinstimmung von Religion und menschlichem Wesen, sondern auch seine Ausführungen zu deren Widerspruch zeigen, dass die übliche Charakterisierung von Feuerbachs Denken als Religionskritik nicht ganz passt. Im Zentrum der Kritik stehen vielmehr theistische und deistische Gottesvorstellungen, während die Religion als Angelegenheit des Menschen aus humanen Vermögen und Vollzügen heraus erklärt wird. Das Ziel ist dabei, sie hierauf wieder zurückzuführen. Dabei sieht sich Feuerbach auf der einen Seite in großer Nähe zu christlich-religiösen Grundmotiven. An erster Stelle steht dabei das Motiv der Menschwerdung Gottes (vgl. Petzoldt 1989), weiterhin kommen die anthropomorphen Züge im Gottesbild oder die Gottebenbildlichkeit des Menschen in Betracht. Zudem schließt Feuerbach vielfach konstruktiv an reformatorische, v. a. lutherische Figuren wie Herz und Gewissen als subjektive Orte von Religion wie deren Fokussierung des menschlichen Heilsstrebens an (vgl. Bayer 1976, Brunvoll 1996). Die Liste ließe sich leicht verlängern. Auf der anderen Seite will seine durchgängige Kritik des supranaturalen göttlichen ‚Wesens' es ermöglichen, dass dessen Prädikate dem Menschen vindiziert werden. Es geht ihm, wie etwa aus seiner Deutung der göttlichen Kreativität oder seiner Sicht pantheistischer Figuren erhellt, um eine Divinisierung des Humanen. Das ‚Wesen' des Menschen sei das wahrhaft Göttliche. *„Homo hominis Deus est"*: Das ist

---

6 Dieser Abschluss des Kapitels mit knappen Überlegungen zu Phantasie, Gemüt und Einbildungskraft findet sich erst in den späteren Auflagen; die Erstauflage hat – bei anderer Kapiteleinteilung und ohne deren Zählung – die in den späteren Auflagen folgenden Darlegungen zur spekulativen Gotteslehre sowie zur Trinitätslehre in das Kapitel zum Wesen Gottes integriert.

Feuerbachs durch die genetisch-kritische Betrachtung der Religion aufkommender „oberste[r] praktische[r] Grundsatz" (GW 5, 444; vgl. Janowski 1980). Er sei durch die Macht der Liebe zu verwirklichen. Es geht Feuerbach mithin um die Religion im Modus ihrer Verwirklichung gegenüber ihrer Konzentration auf Glaubensgehalte. Dazu wird sie enttheologisiert und in Anthropologie umgeschmolzen. In der Form der Anthropologie wird sie zugleich aufgehoben und aufbewahrt. Sie kreist um den Menschen als Gattungswesen in einem durchaus normativen Sinn, der nicht in seiner biologischen Klassifikation im Reich des Lebendigen aufgeht (vgl. Kern 1998). Freilich war Feuerbach der Meinung, dass diese Transformation über die Religion in engerem Sinn hinausführt. Als Gottesglaube habe sie ihre Zeit gehabt und gehöre der Vergangenheit an. Wissenschaft und Technik, Philosophie und Kunst treten an deren Stelle, wenn jener oberste Grundsatz, nach dem der Mensch zum göttlichen Maß schlechthin wird, als „Wendepunkt der Weltgeschichte" Platz greift (GW 5, 444).

Dennoch lebt bei Feuerbach die Religion als Anthropologie fort (vgl. Löwith 1981, 358 ff.). Seine Anthropologie des Menschheitlichen hat religiöse Züge, nicht nur im Blick auf die mitunter naiv-utopischen Erwartungen an die neue, menschheitliche Zeit. Feuerbachs eigene Anthropologie ist selbst ein Beispiel für seine religionstheoretische These, wonach es zur Erkenntnis und Anerkennung des Menschen auf einem Umweg kommt. So gewinnen die Charaktere des Menschlichen als Gattungswesen ihren gleichsam prädikativ-divinen Status aus der Kritik der Theologie. Sie ist darum mit deren Überführung in Anthropologie nicht beendet, erst recht nicht die Kritik der Religion durch die mit Feuerbach abgeschlossene Umschmelzung in Anthropologie, wie Marx meinte (MEW 1, 378–391). Vielmehr hat die Anthropologie ähnliche Probleme zu bearbeiten wie zuvor die Religion. Dazu gehören etwa die Integration von sinnlichen und intellektuellen Funktionen, der Ausgleich des spanungsvollen Verhältnisses von Einbildungskraft und Reflexion, die Vermittlung von Endlichkeit und Unendlichkeit des Menschen in seiner Freiheit und die Dialektik des Allgemeinen und Besonderen. Feuerbachs eigener methodischer Zugang zur anthropologischen Religionsdeutung über psychologische und subjektlogische Figuren schreibt sich in deren anthropologischem Resultat fort. Das gilt unabhängig von der Einschätzung der sachlichen Validität und methodischen Konsistenz dieser Figuren.

Die gattungsanthropologische Verwaltung ehedem religiöser Probleme muss sich deshalb auch deren Grundfragen stellen. Zwei miteinander korrespondierende seien genannt. Zum einen lässt sich fragen, ob der Begriff des menschlichen Wesens in seiner Gattungsallgemeinheit überhaupt ohne Beanspruchung von Formen des Symbolischen auskommen kann, für die in der theologisch orientierten Religion Gott im weitesten Sinn stand. Schon der naturalistische Begriff der Gattung weist Spannungen zu dem logischen des allgemeinen Wesens auf.

Damit bilden die anthropologischen Begriffe zentrale Spannungen der Gottesvorstellung, die von deren symbolischer Fassung umgriffen werden sollten, gleichsam im Negativ ab. Die andere Frage betrifft die Stellung des Individuellen und Besonderen. Es wird über die Kritik einer besonderen göttlichen Existenz distanziert, und es hat letztlich auch in der an der Gattungsallgemeinheit ausgerichteten Anthropologie kaum einen eigenen Ort. Das erstaunt, insofern die Spannung von Einzelnem und Allgemeinem nach Feuerbachs Verständnis ein Grundmotiv für die theologisch geleitete Theologie ist. Und das verwundert, insofern gerade die Moderne, deren Katalysator Feuerbach sein will, durch Prozesse der Freisetzung des Individuellen ausgezeichnet ist. Doch Feuerbach ist kein Denker des Individuellen, ebenso wenig wie er einen besonderen, über die Kritik hinausgehenden Sinn für das Symbolische hatte. Das dürfte mit seinem wissenschaftsgläubigen Selbstverständnis als ‚hydrologischer' Aufklärer zu tun haben – und einen Kontrast markieren zu seiner Aufmerksamkeit auf Triebe, Wünsche und Bedürfnisse.

Literatur

Anselm von Canterbury (1962): Proslogion. Untersuchungen. Lateinisch-deutsche Ausgabe, hg. v. P. Franciscus Salesius Schmitt O.S.B., Stuttgart-Bad Cannstatt.
Bayer, Oswald (1976): Gegen Gott für den Menschen. Zu Feuerbachs Lutherrezeption, in: Ludwig Feuerbach, hg. v. Erich Thies, Darmstadt, 260–309.
Brunvoll, Arve (1996): „Gott ist Mensch". Die Lutherrezeption Ludwig Feuerbachs und die Entwicklung seiner Religionskritik, Frankfurt/M.
Janowski, J. Christine (1980): Der Mensch als Maß: Untersuchungen zum Grundgedanken und zur Struktur von Ludwig Feuerbachs Werk, Köln und Zürich; Gütersloh.
Kern, Udo (1998): Der andere Feuerbach. Sinnlichkeit, Konkretheit und Praxis als Qualität der „neuen Religion" Ludwig Feuerbachs, Münster 1998.
Löwith, Karl (1981): Von Hegel zu Nietzsche. Der revolutionäre Bruch im Denken des 19. Jahrhunderts, Hamburg, 8. Aufl.
Petzoldt, Matthias (1989): Gottmensch und Gattung Mensch. Studien zur Christologie und Christologiekritik Ludwig Feuerbachs, Berlin.
Thomas von Aquin (1986): Die Gottesbeweise, hg. v. Horst Seidl, Hamburg, 2. Aufl.

Marina F. Bykova

11 The God of the Philosophers and Theology (Kap. 24–25)

If any thinker has had to suffer from unmerited neglect, it is Feuerbach. Histories of philosophy degrade him either to the rank of an unfaithful disciple of Hegel or to a merely transitional philosophical figure who is rarely studied for the sake of his own ideas. He is mostly known as one of the principal representatives of the Young Hegelians of the 1840s who gave a human-centered twist to Hegel's thought and thereby essentially influenced Marx, providing him with the important foundation for his humanism. While many recognize Feuerbach as a radical thinker who attempted to reinterpret religious myth in terms of man and show that religion is nothing else but alienation of man's essence, even in this radical undertaking, he is still viewed as a precursor to the true "masters" of critique of religion and religious consciousness: Nietzsche, Marx, and Freud. As a consequence of such an unwarranted treatment, admirers and scholars have not given due consideration to Feuerbach's own insights or the significance of these has been persistently downplayed. Thus there is a need for an objective reassessment of his work and a redefinition of his specific place within the philosophical and intellectual tradition.

Despite Feuerbach's loneliest paths in the realm of thought, his views played a vital role in the development of modern ideas, not only breaking ground for some of the most significant intellectual and political movements of the contemporary world, but also mounting a "positive humanistic and naturalistic critique" (MEGA 1, 3, 232) of the philosophical and religious traditions of his time and formulating a humanistic program for philosophy of the future. Even a cursory review of Feuerbach's works reveals his indebtedness to Hegel. Not only did he acquire his historical method from Hegel, but he also adopted the logic of Hegel's dialectic, incorporating it in his psycho-anthropological analysis of religion. Indeed, one cannot really understand Feuerbach without a good grasp of Hegel's own ideas (Wartofsky 1977, 1–7). Yet he was one of the first to offer a shattering critique of Hegel. Feuerbach's 'inversion' of Hegel's idealistic philosophy had taken the form of a 'transposition' of being and consciousness. Whereas in Hegel the real material world had been viewed as a mere aspect of the self-subsistent "Absolute," Feuerbach asserted that ideas and consciousness were rather subordinate to material reality. The "real" is "that which exists materially" – consciousness is only its "reflection" (GW 9, 284). Thus in the 1840s, Feuerbach stood at the center of a specifically philosophical radicalism, which had developed out of the contradictions of Hegelianism. His anthropological interpretation of religion along with his criticism of Hegel pervaded radical political and philosophical thought that carried out the battle over the meaning of religion and the function of philosophical critique.

In his most famous, epoch-making work, *The Essence of Christianity* he attempted not merely to develop a theory of Christian religion but to explain its true nature. He aimed to prove that the essence of religion was not God but man and that the theology that he views as "the reflection of religion upon itself" (EC, xvii; GW 5, 18) was a 'psychic pathology' from which humanity had to be freed. In this effort he went beyond his contemporaries, such David Friedrich Strauß and Bruno Bauer known for their attacks on Christianity. Unlike these and other biblical critics, he chose as his theme not the authenticity and historical value of scriptural records, but the significance of Christianity as an anthropological and psychological phenomenon. While criticizing religion, he did not abandon what he viewed as its core value for humanity. This twofold approach to religion is reflected in the structure of the book. In the first part Feuerbach discusses religion "in its agreement with the human essence" (GW 5, 75), arguing that when religious claims are understood in their proper sense, they express anthropological truths, and not perverted theological ideas. Declaring that the idea of God is the perversion of the idea of man, Feuerbach, in fact, reverses Hegel's idea of man as God self-alienated. For him, God is the projection of human mind, an imaginary representation of the human-species essence. What religion really worships is not God but human nature, humanity itself, and this is what comprises "the true or anthropological essence of religion." In the second part Feuerbach considers religion "in its contradiction with the human essence" (GW 5, 316), criticizing the various perversions that necessarily result from inability to comprehend the true essence of religion. Those "falsehoods, illusions, contradictions, sophisms" (GW 5, 360) arise when the religious projection of human nature is made into an object of reflection, which constitutes the core of theology. Thus the false essence of religion that Feuerbach denounces is, in fact, theological, and God that is a target of his criticism is that of the theologians.

Almost a century has passed since Karl Barth first pointed to the seriousness of Feuerbach's challenge to the whole phenomenon of modern theology, for he was able to correctly expose its weakness. Praising the thinker for astutely unmasking the problem of theology, Barth suggests that Feuerbach's critique should not be understood as a reduction of religion to a "nonsensical illusion," but rather as the conversion of theology into anthropology (Barth 1962, 230–235). However, the complexity of Feuerbach's *The Essence of Christianity* is easily obscured if one takes too literary his catchy formula 'theology is anthropology' or regards the inversion of Hegel's principle alone as the single thesis of his project. As Van A. Harvey rightly points out, this formula might be deceptive, because it suggests that all Feuerbach attempted in *The Essence of Christianity* was to demonstrate that Christian doctrines are mystified claims about human nature (Harvey 1995, 67). What has often been overlooked is that *The Essence of Christianity* is not merely a critique of theology or an examination of religion *per se*. First of all this is a *philosophical* work, in which Feuerbach sought to settle a score not only with Hegel, openly rebuffing his attempt to reconcile faith with knowledge and beginning to move away from his idealism, but also with all speculative philosophy that he here equates with theology. Feuerbach's critique of theology can be thus taken as an implicit critique of idealist philosophy itself, indeed of the whole philosophical tradition immediately preceding Feuerbach's work.

This chapter focuses on three interconnected issues: first, it examines Feuerbach's account of theology and of the relation between philosophy and theology as it is presented in *The Essence of Christianity*; second, it discusses the correlation between "the God of the philosophers" and "the God of the Bible"; third, it analyzes the real source of some intellectual contradictions in theology, especially in the theological doctrine of the Trinity (EC, Ch. 24) and in the Christian sacraments of baptism and the Holy Communion, or the Lord's Supper (EC, Ch. 25).

11.1 Philosophy and Theology

To appreciate Feuerbach's view of theology and of the relation between theology and philosophy in *The Essence of Christianity* it is important to understand how it evolved. Having its source in Hegel's distinction between philosophy and religion as different expressions of human consciousness, it underwent a number of conceptual changes ultimately leading to the explicit attack on theology in *The Essence of Christianity*. Hegel, who argued for a synthesis of faith and knowledge in the *Phenomenology of Spirit*, discusses religion and philosophy as independent forms (*Gestalten*) of the Absolute's self-realization, the former being subordinated to the latter as the highest stage of the developmental process of the Absolute Spirit toward its self-conscious freedom. For Hegel, religion represents the Absolute Spirit in its mediated form as other (HGW 9, 363). And the conditions of its representation are determined by the form and appearance of the Absolute itself. Only in philosophy can this limitation be overcome.

Being still under the spell of Hegel, in his early works, Feuerbach makes his own distinction between religion and philosophy. He defines the object of religion as the immediate, the conditional, the particular, and the finite, contrasting it to the object of philosophy, which is the unconditioned, the universal, and the infinite. Pointing to feeling and fantasy as the domain of religion, he opposes it to thought and reason as the domain of philosophy, declaring the two mutually irreconcilable. His conviction that Christian faith is inimical to reason was strengthened by his own studies of the history of modern philosophy, especially his studies of Leibniz and Bayle. Beginning with his *History of Modern Philosophy: Presentation, Development, and Critique of the Leibnizian Philosophy* (1837; GW 3), Feuerbach sought increasingly to distinguish philosophy from religion, and to demonstrate the incompatibility of the two standpoints: 'the philosophical' and 'the theological.' While initially he did not make any conceptual distinction between religion and theology, in this work he first starts differentiating between the two, mounting an increasingly negative attack on theology. He condemns theology for its lack of the genuine interest in the divine, its involvement with the here and now affairs, which is hypocritically concealed by a faked concern with the divine and the eternal.

Feuerbach's attempt to show a mutual exclusiveness of philosophy and religion was reinforced in *Pierre Bayle: A Contribution to the History of Philosophy and Humanity* (1838; GW 4), a work that reveals an important turning point in the author's intellectual development (Rawidowicz 1964, 62f.; Wartofsky 1977, 110–134). Referring to the results of the Protestant Reformation, here Feuerbach argues that despite settling the conflict between the spirit and the flesh that was central to medieval Catholicism, the Reformation failed to resolve the opposition between faith and reason, or theology and philosophy.

Feuerbach sought to further expose this opposition in his 1839 essay, "On Philosophy and Christianity," in which he for the first time publically repudiated Hegel's claim that philosophy affirms in the form of conceptual thinking the same truths affirmed by religion in the form of sensible representations. Instead, he argued that philosophy and religion do not only rely for their "material" on different faculties (senses vs. reason), they represent opposed modes of knowing. While philosophy relies on thought, religion appeals to feeling and fantasy. However, religion is more than the mere activity of fantasizing. It also expresses itself in concepts, ideas, that is, in forms that properly belong to the realm of rational thought. Philosophy clashes with religion once the latter presents itself in conceptual form, and appeals to the intellect in the mode of representation. Thus philosophy comes into conflict with religion "only insofar as religion has a literary representation – in theology" (GW 8, 234). In this sense, the critical task of philosophy, how Feuerbach viewed it in his 1839 essay, is to expose and attack theology as an illegitimate "intruder" into the domain of thought.

In "Philosophy and Christianity," Feuerbach also further sharpens the distinction between religion and theology, which was proposed in his book on Leibniz. He maintains that the contradictions we find in religion do not arise in religious belief itself. For there can be no real contradictions in feeling; in the realm of imagination and fantasy all things are possible. The true realm of contradiction is in thought. Thus contradictions arise only in theology, where religious content is transformed into reflective thought. In *The Essence of Christianity*, Feuerbach formulates it in the most lucid way: "The essence of religion is the immediate, involuntary, unconscious contemplation of the human nature as another, a distinct nature. But when this projected image of human nature is made an object of reflection, of theology, it becomes an inexhaustible mine of falsehoods, illusions, contradictions, and sophisms" (EC 213f.; GW 5, 360). Theology is thus the rationalization of illusion, whereas religion is the "childlike, simple act of the mind" (EC 197; GW 5, 334f.). Such an understanding enables Feuerbach to identify religion with natural feeling and theology with dogma and to view the former as harmless until corrupted by the latter. In fact, the two-part structure of *The Essence of Christianity* follows this formula. It is religion that contains the true essence of religion, and it is theology that embodies the false essence of religion.

Thus, in regards to Feuerbach's distinction between religion and theology and his insistence on the corrupted nature of theology, *The Essence of Christianity* is an elaboration and explication of the themes that are already contained in his earlier writings. But what does this mean for philosophy? Philosophy, with which so much of the earlier writings are concerned, does not seem to enter explicitly into discussion in *The Essence of Christianity*. Indeed, the aim of the work – to reveal the anthropological essence of theology – does not appear to suggest any connection with philosophy. However, when one analyzes the project of the work in all of its ramifications, it becomes clear that the theme of philosophy plays a prominent role here, despite perhaps not being explicitly stated. Feuerbach's view of philosophy and its relation to theology is not so simple and unproblematic as it may appear at the first glance. This is largely due to Feuerbach's own complex relationship to Hegel and his philosophy at the time. Feuerbach was indebted to Hegel but increasingly critical of the master and the whole tradition of speculative philosophy. While in the early 1830s he vigorously defended the Hegelian philosophy against its numerous critics, a few years later, in his 1839 essay entitled "Toward a Critique of the Hegelian Philosophy," he first began to distance himself publically from Hegel and Hegel's "too mystified" notion of the (Absolute) Spirit. Another source of trouble for Feuerbach was at the time the so-called "Christian" or "positive philosophy." The latter did not only take Hegel's Absolute Spirit to be God, but it also viewed God of the Christian revelation as the supreme metaphysical principle (Gooch 2011, 257–260).

In Feuerbach's early analysis, theology, which he views as the "philosophically rationalized" form of religious consciousness (Wartofsky 1977, 213) is interpreted as incomplete or false philosophy. While the object of both – philosophy and theology – is the Absolute, only philosophy is able to grasp it in its true essence as the "free, independent, universal and infinite." It is not difficult to recognize Hegel in this view. The Absolute that Feuerbach so enthusiastically endorses here is the Absolute Spirit, which dialectically unfolds itself in the process of its self-development in Hegel's system. And even later, in his 1838 review of J. Sengler's work *Über das Wesen und die Bedeutung der spekulativen Philosophie und Theologie in der gegenwärtigen Zeit, mit besondere Rücksicht auf die Religionsphilosophie* (GW 8, 181–207), where he, along with the metaphysical tendency of "positive" philosophy, attacked speculative philosophy, Feuerbach still defended Hegel and his notion of the Absolute Spirit as the most "liberating" mode of self-consciousness. Yet speculative philosophy itself had been here criticized in a way similar to theology. In fact, he viewed philosophy as theology, which has merely appeared in professor's robe instead of theologian's vestment. The essence, however, remains the same, only presented in a speculative "self-illusory" form, which also conceals the truth about the world and the man, fostering absolutization and "mystification of the self." This crude anthropomorphism, with which Feuerbach charged speculative "positive" philosophy, is what makes it identical to theology with its perverse notion of the divine. Of course, in the light of this denunciation of speculative philosophy, Feuerbach's affirmative attitude toward Hegel could not last for long. At first spared from criticism, Hegel has soon lost favor with one of his most loyal disciples, who in the 1838 essay "Toward a Critique of the Positive Philosophy" issued a call for philosophy to surpass Hegel. Here Feuerbach urged: "It is speculative superstition to believe in an actual incarnation of philosophy in a particular historical appearance" (GW 8, 207). The critique that Feuerbach leveled in 1838 at "positive philosophy" and at speculative thought provided a solid foundation for his fervent attack on Hegel initiated a year later.

Recognizing a great historical significance of Feuerbach's critique on Hegel, Marx praises him for decisively opposing "sober philosophy to drunken speculation" (MEW 2, 132). Feuerbach maintains that Hegel's alleged "Absolute" is no absolute at all, but is rather a fantasy, a mere thought of the philosopher, who presents his finite idea as an "incarnation" of the world. Granting Hegel's system the important role in overcoming some conceptual weaknesses of the preceding speculative philosophy, Feuerbach charges it with repeating contradictions inherent to speculative thought. Not only had Hegel intensified them by formulating them in the most abstract form, but he also failed to provide a real solution to those contradictions. Instead of identifying the actual material encounters of the contradiction, he recognized only its formal appearance in thought. As the result, all material reality (being) became ultimately subsumed in the ideal (thinking). Rejecting Hegel's speculative idealism, Feuerbach rejects not only the whole tradition of speculative philosophy, but philosophy itself, insofar as it is idealist.

Feuerbach's critique of Hegel is a focus of many scholarly investigations (cf. Jaeschke 1978; Bishop 2009; Toews 1980; Winiger 2004; Ameriks 2000; Wartofsky 1977, esp. 135–195) and it is beyond the scope of this chapter. I would like, however, to make a few further comments relevant to the present discussion. What is often overlooked is that Feuerbach's critique of Hegel and Hegelian (speculative) philosophy follows a trajectory similar to his prior critique of theology. Furthermore, the latter also serves as the model for his critique of idealist philosophy in general. This similarity is thus not accidental. What it suggests, in effect, is that there is the formal similarity of the foundations of theology and the foundations of philosophy. As Feuerbach observes, like in theology, the foundation of "absolute" philosophy is irrational, uncritical notion of the Absolute that serves as an immediate beginning. This formal connection allows Feuerbach to use the whole arsenal of his critique of theology laid out in his early writings – especially in such works as *Pierre Bayle*, "On Philosophy and Christianity," and in the Sengler review – and make it into critique of philosophy itself. But the formal similarity has another profound sense: speculative philosophy is nothing but the "rationalist form" of theology, and, as Feuerbach will state it clearly in 1842, the "Hegelian philosophy is the last place of refuge and the last rational support of theology" (GW 9, 258; PT, 167). Speculative philosophy, Feuerbach argues, deriving the finite from the infinite, the determined from the undetermined, or proceeding from the abstract to the concrete, from the ideal to the real, "never arrives at a true position of the finite and determined" (GW 9, 249; PT, 160) or at the truth of reality. The objects of both theology and speculative philosophy are mystifications of the real, only the speculative philosopher expresses it not in the language of the heart, but in the abstract language of the intellect, in philosophical language, which obscures the object even further.

What was launched in early works, still fundamentally grounded in Hegel and his speculative system, as the sharp distinction between philosophy and theology, eventually leads to an identification of speculative (idealist) philosophy and theology, based on the rejection of Hegel and his idealism. The critique of theology leveled in *The Essence of Christianity* can be thus taken as the implicit critique of speculative philosophy, indeed, all of the preceding philosophical tradition itself. That this was Feuerbach's intention made explicit by his comment in the Preface to the second (1843) edition of the work, where he explains that his "investigation includes *speculative* theology or philosophy, and not, as has been here and there erroneously supposed, *common* theology only" (EC, xvii; GW 5, 19). He also emphasizes a *"historic-philosophical"* character of his work, which is not explicitly stated but always assumed. He writes: "Although a thoroughly independent production, [the work] has yet its necessary logical basis in history. I very frequently refer to this or that historical phenomenon without expressly designating it; thinking this superfluous. [...] For example, in the very first chapter where I develop the necessary consequences of the standpoint of feeling, I allude to Jacobi and Schleiermacher; in the second chapter I allude chiefly to Kantianism, Skepticism, Theism, Materialism and Pantheism; in the chapter on the 'Standpoint of Religion', where I discuss the contradictions between the religious or theological and the physical or natural-philosophical view of Nature, I refer to philosophy in the age of orthodoxy, and especially to the philosophy of Descartes and Leibniz, in which this contradiction presents itself in a peculiarly characteristic manner" (EC, xxiii; GW 5, 24).

Thise reference to the history of philosophy gives us another strong indication that the work is designed and executed not only as a *philosophical* critique of religion and theology, but a genuine *critique of philosophy* as well, which becomes explicit from the content of *The Essence of Christianity* itself as well as Feuerbach's subsequent writings.

11.2 The God of the Philosophers

An important element of Feuerbach's critique of philosophy and speculative theology in *The Essence of Christianity* is his exposition of the fundamental contradiction in the Christian idea of God. On the one hand, God is presented as a divine, and not a personal, being, which is said to have only spiritual existence and be universal, omnipresent, and impassable; on the other hand, this God "must be conceived as a personal, individual being" (EC, 213; GW 5, 359), who is compassionate and always moved by human suffering. This contradiction, Feuerbach argues, "can be concealed only by sophisms" (EC, 213; GW 5, 359).

To be sure, this criticism was not originated by Feuerbach. And not only unbelievers and skeptics developed this critique. Reflective Christians, including those from theological circles, have been troubled for centuries by the apparent conflict in the concept of the Christian God. Perhaps one of the first to explicitly articulate it was Blaise Pascal, who in his most intimate religious work *Memorial* (1654) pointed to a dramatic difference between what he called the "God of Abraham, God of Isaac, God of Jacob" and the God "of the philosophers and the scholars" (Pascal 1960, 618). The 'God of Abraham' is a personal being, a 'living God' who feels and suffers with each man and who is concerned, compassionate, and loving. The 'God of the philosophers,' by contrast, is universal, unchangeable, timeless and infinite, who, by definition, cannot be affected by any 'earthly' act or emotion. A few years later, Spinoza has formulated similar insights in his *Theological-Political Treatise* (1670), when he pointed to a notable conflict between metaphysical and personal divine predicates in the concept of God (cf. Spinoza 2007, 63).

Not only does Feuerbach take to heart Spinozian and other thinkers' observations concerning the internal conflict of the idea of the Christian God, making it the "central standpoint" of his own critique of theology and philosophy, but he further elucidates the notion of a God of the philosophers revealing its conceptual emptiness.

He approaches the topic from two different perspectives: from within and from without philosophy proper. In the "Critique of Positive Philosophy," he makes insightful comments on the issue in the context of his confrontation with Schelling's late, so-called 'positive,' philosophy that emphasized the personality of God. Rejecting the principle of personality as the very antithesis of philosophy, which focuses on conceptualization rather than on "*in concreto*" encounter of the particular (cf. GW 8, 182), Feuerbach argues that by seeking an "absolute self-grounding" in the concrete personality of God, positive philosophy renounces the universal and pantheistic God of the philosophers in favor of the God of theology and common belief (Breckman 2001, 120). Yet trying to be both philosophy and theology, positive philosophy, in fact, becomes neither one nor another, abandoning philosophical ground and never acquiring any theological value. According to Feuerbach, a genuine object of philosophy is an absolute, and this is what distinguishes it from other forms of cognition.

Despite being largely implicit, this discussion provides important details about the evolution of Feuerbach's views of real content and the significance of the philosophical notion of God. While in the "Critique of Positive Philosophy", whose primary goal was to reveal delusions of the personalist conception of God, Feuerbach employs instead an affirmative account of God of philosophy, effectively advancing it over the theological concept of the particular and sensuous God, in *Pierre Bayle* he presents the philosophical notion of God in a highly negative light. He writes: "The God of theology is a special, particular God. [...] He is not a God of the universe, a universal God. This latter God, who is not personal, who is not of the masculine gender (Masculinum), but gender-neutral (Generis neutrius), who has no proper name but only a class-name – such a God is a God of the philosophers – that hated, chimerical, merely intellectual, pantheistic God, who exists only in thought – just as the universe exists for us only in thought, and not as an object of the heart's feelings" (GW 4, 230).

But if a God of the philosophers is not an object of the human imagination, how can this God be an object of belief? There is no belief without a representation of its object in the human mind. "Belief requires an image, or it becomes a belief in nothing" (GW 4, 231). Feuerbach thus concludes that the God of the philosophers is an "empty shell," just a name without reference. God either is an object of feeling or is nothing. As an object of rational knowledge, the 'philosopher's God' is merely an empty name, nothing. And such characteristics as absoluteness, justice, goodness, and omniscience that philosophy attributes to its 'philosopher's God' are predicates without a subject or that effectively replace a subject itself. What is thus a real object of philosophy is not God as such, but the philosophical knowledge of God, knowledge of the absolute and eternal.

This theme profoundly formulated in *Pierre Bayle* becomes the leitmotif of *The Essence of Christianity*. Here Feuerbach explicitly states: "The distinction between the 'heathen', or philosophic, and the Christian God – the non-human, or pantheistic, and the human, personal God – reduces itself only to the distinction between the understanding or reason and heart or feeling" (EC, 285; GW 5, 475). As an object of reason, the God of the philosophers is a "vague, metaphysical entity" (EC, 186; GW 5, 318) that is fully abstracted from human experience and thus cannot be comprehensible to man, or indeed of any use to him. This God is in a way an infinite construction, and not a concrete reality. In contrast, the human, points out Feuerbach, is, in fact, concrete: a human being is not just abstractly human, "personality is essentially distinguished into masculine and feminine" (EC, 92; GW 5, 178), and this distinction, which breaks apart the abstract human, "penetrates not only bones and marrow, but also his inmost self, the essential mode of his thought, will, and sensations" (EC, 170; GW 5, 294). The human is concrete in work and all other modes of his activity and life in general. Furthermore, the human is a limited individual, insofar as he has a definite individual existence and a unique personal experience of the world.

Awareness of this limitation is for Feuerbach the source of religiosity – an issue that Feuerbach will continue exploring in his subsequent works. But recognition of both the concreteness and limitation of a human also explains why in *The Essence of Christianity* Feuerbach shows sympathy for popular religion and its ordinary notion of a personal God, preferring the 'God of the Bible' to the 'God of the philosophers.' Feuerbach's support for popular religion is nothing else but his endorsement of its concrete character: it expresses the essence of man as finite, suffering, determined, and divided rather than infinite, elated, absolute, and a whole. This "bitterly realistic" view of man is what makes the standpoint of religion "the practical or subjective standpoint" (EC, 186; GW 5, 319). Furthermore, religious faith, which is not a matter of theory or the intellect, but rather a matter of conscience and the heart (ibid.) is a practical urge in man. And this urge cannot be satisfied by belief in the 'God of the philosophers', but only by ordinary belief in the God of religion, the only God that exists. "God, as the object of religion, – and only as such is he God, – God in the sense of a nomen proprium, not of a vague, metaphysical entity, is essentially an object only of religion, not of philosophy, – of feeling, not of the intellect, of the heart's necessity, not of the mind's freedom: in short, an object which is the reflex not of the theoretical but of the practical tendency in man" (EC; GW 5, 318).

The 'God of the philosophers' is a rational principle, formulated in such indefinite metaphysical terms as 'the first Cause,' 'the Absolute,' 'the supreme Being,' etc. Obtained by elaborating the world of logic and abstract values, this notion of God attempts to grasp God unconditionally, free from everything which could in any way be limited, finite, secular, determined, and anthropomorphic. As a theoretical object of rational reflection, this 'God as God' is a timeless, impassable, metaphysical entity. A merely intellectual construct, ultimately undistinguishable from reason itself, the 'philosopher's God' is more absolute than man is able to conceive. Furthermore, a God lacking any features of human nature is alien to man. Not only is this God indifferent to human prayers and unaffected by human sufferings, but as a purely theoretical principle, a God of the philosophers is unresponsive to individual human needs. While the relation of religious consciousness to its objects is determined by the desire to satisfy those needs, philosophical consciousness is purely contemplative. In contrast to the religious attitude, which is practical, the attitude of philosophy is theoretical, and the belief in the 'philosopher's God' does not lead to any 'practical consequences' for man. Moreover, God as "the infinite, universal, non-anthropomorphic being of the understanding" has no significance for a religion (EC, 44; GW 5, 79); this is a God who is religiously empty or impotent (Gooch 2013, 196). As Feuerbach contends, "the consciousness of human limitation or nothingness which is united with the idea of this being, is by no means a religious consciousness; on the contrary it characterizes skeptics, materialists, and pantheists" (EC, 44; GW 5, 89), i.e. those speculative philosophers and theologians who seek through the metaphysical concept of deity to reconcile the claims of faith and reason. And one of Feuerbach's urgent tasks in *The Essence of Christianity* is to show how far the disbelieving faith (*der unglaubliche Glauben*) of those speculative savants and theorists is removed from what he takes to be the "real standpoint of religion" and the true spirit of Christianity.

11.3 Contradictions in Theology and Their Nature

In *The Essence of Christianity*, Feuerbach's critical attitude is displayed most profoundly when he considers contradictions that arise when the original naïve, pious beliefs and feeling-based religious projections are made objects of thought and rational contemplation. As becomes evident from the text, Feuerbach uses the term 'contradiction' – along with similar terms such as falsehoods, illusions, and sophisms – in a broad sense to cover a wide range of diverse objects that he vigorously criticized: from doctrines to which he objected because they exhibited what he thought to be typical of 'religious illusions', to religious dogmas with which he disagreed, to inconsistent attributes of God, and to virtues that appeared to be incompatible. Most of these contradictions Feuerbach associates with theology. Thus contradiction comes to be a repeated subject of the work's second part, whose goal is to uncover "the illusions of theology" (EC, xviii; GW 5, 19). According to Feuerbach, contradictions are not something external to the theological discourse. They rather belong to the very nature of theology as its inherent attribute. As a theoretical inquiry into religious speculations, theology attempts to rationalize religious praxis, that is, to rationalize feeling, love, and the imagination, which are principally irrational or 'subconscious.' This explains why most of the contradictions are intellectual and why theology, in effect, turns into "the web of contradictions and delusions" (EC, xvi; GW 5, 17).

The clearest example of the intellectual contradiction is the traditional Trinitarian concept of God as it is affirmed in Christian theology and speculative religious philosophy. When Feuerbach discusses the doctrine of the Trinity in the first ("positive") part of his work (EC, Chapter 6), he pictures it as a genuine religious concept explaining "the mystery of the Trinity" by referring to human nature: to the very essence of human self-consciousness and its social (intersubjective or communal) structure. "The Trinity is therefore originally nothing else than the sum of the essential fundamental distinctions which man perceives in the human nature [...] But these distinctions, perceived in one and the same human nature, are hypostasized as substances, as divine persons" (EC, 232; GW 5, 387). Yet such 'personalities' exist only in imagination and not in thought. For thought and for reason these personal substances are "mere relations", not persons. By "rationalizing" the original religious doctrine of the Trinity, theology – along with its counterpart of speculative religious philosophy – does not only "rob[] the Trinity of its very heart and soul" (EC, 232f.; GW 5, 388) but, most importantly, advances the idea that "resolves itself into delusions, phantasms, contradictions, and sophisms" (EC, 235; GW 5, 393). Thus when Feuerbach returns to the doctrine of the Trinity in the second ("negative") part of his work

(EC, Ch. 24), he displays a highly critical, dismissive attitude toward the very idea of the Trinity revealing its internal contradiction. The latter is not just a result of a conceptual misconstruction or merely a fallacy in reasoning; instead, this is, according to Feuerbach, the most fundamental "contradiction of polytheism and monotheism, of imagination and reason, of fiction and reality" (EC, 232; GW 5, 388).

Indeed, the Christian doctrine of God is not a simple exemplification of monotheism but it is distinctive in that it posits three 'persons' in the Godhead, a Trinity. In Trinitarian doctrine, God existing as three hypostases is one being who has a single divine nature. All three 'persons' of the Trinity are co-equal and co-eternal; they are one in nature, essence, existence, and action. 'The Father and the Son and the Holy Spirit' are neither the names of different persons representing God nor the names for separate "parts" of God, but is one single name for God. The three persons are not only "identical in essence," but they "have no existence out of each other." They exist in God as *Unus*, one single entity. The truth of monotheism is affirmed in that "unity is the existential form of God," and as such it resists any division and distinction. This gives rise to the most paradoxical notion of God: "Three are one: the plural is a singular. God is a personal being consisting of three persons" (EC, 234; GW 5, 389f.).

Feuerbach shows that while unity of the divine being conceived in this way can be imagined, it cannot be thought of as real. For this reason, the three divine persons are not realities but 'phantoms', because such a unity undermines the very idea of personality. The essential characteristic of a person is independent physical existence. Even if there are two human persons who are in love with each other and who affirm the unity of their nature through their reciprocal affection, they still have separate existences. They are distinct substances, and as such they exist apart from each other. Thus personal reality is essentially polytheistic, and once this "polytheistic element" is denied, persons are reduced to "only imaginary, pretended persons" stripped of any actuality, turned into pure phantasms. "The self-subsistence of the persons is annihilated in the self-subsistence of the unity", and as a result, they become "mere relations." (EC, 234; GW 5, 390) In the Christian Godhead, the divine persons are distinguished from each other only by their relation to each other: the Father by being a father, the Son by being a son, and the Holy Spirit by relating both to each other. Contrary to a real personal being who has a variety of predicates not limited to being merely a father or a son, the personality of the Father or the Son in the Godhead has no other essential characteristics except fatherhood and sonship. This abstract fatherhood alone is what constitutes the personality of the Father, like the abstract sonship alone is what constitutes the personality of the Son. The idea of the person is thus here completely replaced by 'the idea of relation.' Yet these relations are presented to be not mere relations, but real personal beings. Thus what is fictitious and just imaginary is declared real, and we are told to "think phantoms realities." Not only does the reason fail to "bring itself in accord with this," but, furthermore, this move renounces the truth of monotheism and reaffirms again the truth of polytheism.

The reality of the persons and the reality of the unity are not, in effect, coexistent; they are two contradictory ideas: by upholding the personal reality we deny the idea of unity, and by maintaining the unity we abandon the idea of personality. What imagination makes possible leads thus to sophism in thought and reason. Feuerbach, therefore, concludes that the "holy mystery" of the Trinity, which can be explained in terms of religious belief is replete with contradictions and phantasms if rationalized and taken "to represent a truth distinct from human nature" (EC, 235; GW 5, 392f.). In this sense, both the 'positive' and 'negative' treatments of the Trinity presented in Chapter 6 and Chapter 24 of the work are intrinsically connected: they both serve the same goal, namely to show that religious doctrines – be they a result of naïve beliefs or of the further rationalization undertaken in theology – only define and make objective "the true nature of the human word" (EC, xviii; GW 5, 19). Both chapters, and ultimately, both parts of the work they present, directly or indirectly support the single claim that theology is anthropology.

And Feuerbach's critical analysis of the sacraments carried out in Chapter 25 serves the same purpose. As he explains in the Preface to the second edition of *The Essence of Christianity:* "With regards to the true bearing of my analysis of the Sacraments, especially as presented in the concluding chapter, I only remark, that I therein illustrate by a palpable and visible example the essential purport, the peculiar theme of my work; that I therein call upon the senses themselves to witness to the truth of my analysis and my ideas, and demonstrate *ad oculos, ad tactum, ad gustum*, what I have taught *ad captum* throughout the previous pages (EC, xx; GW 5, 21). While in the previous chapters devoted to the contradiction in the idea of God (EC, Ch. 20 – 24) his main concern was the objective essence of religion, now he has shifted his interest to its subjective essence, pointing to additional contradictions in theology. Defining faith and love as only two proper subjective elements of religion, he links each of them to a specific sacrament thus focusing on two: baptism as the sacrament of faith and the Lord's Supper (Holy Communion) as the sacrament of love. Similar to other work's chapters on contradictions, in his discussion of the sacraments, Feuerbach attempts an anthropological and naturalistic reduction of the sacraments in order to reconstruct their real (natural) content while negating their 'false' and 'delusive' irrational form.

Feuerbach treats baptism as a miracle. In earlier chapters he has defined "miracle" as the objective form of faith and as "a supranaturalistic wish realized – nothing more" (EC, 128 f.; GW 5, 231). In this sense, "the miraculous efficacy of baptism" does not contradict Christianity, even more, "to have a Christian significance it must of necessity to have a supranaturalistic one" (EC, 238; GW 5, 396). And this is exactly what makes baptism so persuasive for believers. Whereas the material of baptism is just natural common water that we drink, use for taking a shower, irrigate our lawns with, etc, this water is assigned the power and significance that common water cannot have, such as an ability to "purify" man from the stains of origin sin, to liberate him from "the inborn devil," and reunite man with God. As a result, the water of baptism is "natural water only in appearance; in *truth* it is supernatural" (EC, 236; GW 5, 394). In other words, the supernatural power of water employed in baptism is not real but imaginary, and yet this water is said to be natural common water. The 'inconsistency' between the truth and appearance is a source of contradiction. The latter arises when one attempts to reconcile miracle with 'freedom of inquiry' and thought, which are, in essence, irreconcilable. Not only do miracles, such as baptism, as well as all the supernatural truth of religion contradict experience, but what is imaginary cannot be real. And while "faith is stronger than experience" and "the facts that contradict faith do not disturb it" (EC, 240; GW 5, 398), reason and thought rely on experience for justification of the reality of the external world. Furthermore, for reason the value of an object is associated with its natural qualities and not with any supernatural effects. This is why in the "reduction" of baptism, Feuerbach writes: "Baptism has no validity and efficacy if it is not performed with water. Thus the natural quality of water has in itself value and significance, since the supernatural effect of baptism is associated in a supernatural manner with water only, and not with any other material" (EC, 236 f.; GW 5, 394).

A similar naturalistic reduction is employed in the critical analysis of the sacrament of the Lord's Supper, only here the appeal to human senses is made more profoundly. Feuerbach shows that the bread and wine of the Lord's Supper are symbols of the body of Christ, and more specifically, of Christ's flesh and blood. Like the water in baptism, the bread and wine are thus taken here to have supernatural power and significance. Yet "this supernatural significance exists only in the imagination; to the senses, the wine remains wine, the bread, bread" (EC, 241 f.; GW 5, 402). Our senses, "the only valid witnesses of an objective existence" (ibid.), testify – unanimously and without doubt – to the reality of the wine and bread. Thus the wine and bread are divine only in the imagination, and not in reality, and yet they are said to be supernatural. Just as the water in baptism, the wine and bread in Lord's Supper are at the same time 'literal and symbolic', natural and supernatural, real and unreal. This contradiction, which points to a conflict with the nature of things, and as such is unbearable for reason, is the mystery of the Lord's Super. And its reality lies in faith alone, and more precisely, in its imaginative activity. For "a thing which has a special significance for me, is another thing in my imagination than in reality. The thing signifying is not itself that which is signified. What it *is*, is evident to the senses; what it *signifies*, is only in my feelings, conception, imagination, is only for me, not for others, is not objectively present" (EC, 244; GW 5, 406).

Here again Feuerbach points to faith and the power of imagination as a true source of the supernatural and the divine. But in his analysis of the sacraments he goes much further than in previous chapters devoted to critiquing theology. By demonstrating that the reality of baptism and of the Lord's Supper – as well as the reality of all other religious doctrines and ideas – is not a natural true reality, but only the reality that lies in faith, he, in effect, shows not only conceptual but also moral flaws of the religious consciousness. Operating on faith and making an "imaginary thing" the most real principal thing, the religious consciousness "subordinates" the human to the divine, truth to imagination, and morality to religion (cf. EC, 246; GW 5, 408). As a result of putting religious practice above morality, morality becomes completely surrendered to the "groundless arbitrariness" of religion. But if morality has its foundation in religion and not in itself, it loses its fundamental value and significance for humanity. Not only does morality become unnecessary, but the righteousness of man is shaken. In other words, doing away with truth and withdrawing itself from the "test of reason," religion resolves itself into immorality. Thus, Feuerbach concludes that *"wherever religion places itself in contradiction with reason, it places itself also in contradiction with the moral sense*. Only with the sense of truth coexists the sense of the right and good. Depravity of understanding is always depravity of heart" (EC, 246; GW 5, 409). Beset with illusions and sophisms, religion in its most sophisticated form, as theology, corrupts the whole man, and we must free ourselves from these contradictions by giving a true, and not imaginary, significance to the sacraments and other religious doctrines.

Such an approach, obviously, invites the 'deconstruction' of theology itself, and this is what Feuerbach successfully undertakes in the second part of *The Essence of Christianity*. Yet the magnitude of his analysis of the contradictions in the Trinity, in the sacraments as well as in some other fundamental Christian doctrines and dogmas goes far beyond a mere deconstruction project. The drawn conclusions reaffirm the main idea of *The Essence of Christianity* that religion must be resolved into anthropological investigation of human nature and that theology is, in fact, anthropology and only treated as such could it be properly understood and deconstructed. As Feuerbach himself puts it in the Preface to the second edition of the work: "I by no means say (that were an easy task!): God is nothing, the Trinity is nothing, the Word of God is nothing, &c. I only show that they are not *that* which the illusions of theology make them, – not foreign, but native mysteries, the mysteries of human nature" (EC., xviii; GW 5, 19). Only by regarding the Trinity, the sacraments and other fundamental religious doctrines as *symbols* of the power of human consciousness and man himself as well as of the value and pure force of the nature itself (cf. EC, 276 f.; GW 5, 455 f.), we can unravel the essence of religion and, at the same time, further delve into the essence of man.

It would be thus difficult to exaggerate the historical significance of Feuerbach's contribution to the critique of theology and, more generally, to philosophy of religion. Not just a 'transitional' thinker, but an important figure in philosophy of religion, an explorer in his own right, Feuerbach offers a revolutionary critique of religion, in which he declares the divinity of humanity in place of God and seeks to elevate anthropology to the level traditionally occupied by theology. Whether or not he was successful in this attempt has been debated ever since. The answer to that question very clearly depends on how one understands what success would be in this case. Feuerbach certainly did not eliminate religion or theology; neither did he convince all theists to turn into atheists. Yet it is hard to believe that it would have made him philosophically successful even if he had. Philosophy is not about conversion rates, it is about bringing hidden things into the light. What Feuerbach did manage to do without a doubt was to radically change the focus of the Christian intellectual tradition of the West by giving it a whole new perspective from which to analyze religion and religious consciousness. Both Christian theology and Western philosophy of religion after Feuerbach were, almost entirely, a reaction to and development of Feuerbach's ideas. And in this sense, he was as successful in his attempt as any philosopher could ever hope to be.

Bibliography

Ameriks, Karl (2000): The Legacy of Idealism in the Philosophy of Feuerbach, Marx, and Kierkegaard, in: The Cambridge Companion to German Idealism, ed. Karl Ameriks, Cambridge: Cambridge University Press, 258–281.

Barth, Karl (1962): Ludwig Feuerbach, in: Karl Barth, Theology and Church: Shorter Writings 1920–1928, trans. Louise Pettibone Smith, intr. T.F. Torrance, New York: Harper & Row, 217–237.

Bishop, Paul (2009): Eudaimonism, Hedonism and Feuerbach's Philosophy of the Future, in: *Intellectual History Review* 19, 65–81.

Breckman Warren (2001): Marx, the Young Hegelians, and the Origins of Radical Social Theory: Dethroning the Self. Cambridge: Cambridge University Press.
Gooch, Todd (2011): Some Political Implications of Feuerbach's Theory of Religion, in: Politics, Religion, and Art: Hegelian Debates, ed. Douglas Moggach, Evanston, IL.: Northwestern University Press, 257–280.
— (2013): Philosophy, Religion, and the Politics of *Bildung* in Hegel and Feuerbach, in: Hegel on Religion and Politics, ed. Angelica Nuzzo, Albany SUNY Press, 187–213.
Harvey, Van A. (1995): Feuerbach and the Interpretation of Religion, Cambridge: Cambridge University Press.
Jaeschke, Walter (1978): Feuerbach redivivus: Eine Auseinandersetzung mit der gegenwärtigen Forschung im Blick auf Hegel, in: Hegel-Studien 13, 199–237.
Pascal, Blaise (1960): Oeuvres completes, Paris: Seuil.
Rawidowicz, Simon (1964): Ludwig Feuerbachs Philosophie. Ursprung und Schicksal, Berlin De Gruyter.
Spinoza, Benedict (2007): Theological-Political Treatise, ed. Jonathan Israel, trans. Michael Silverstone and Jonathan Israel, Cambridge: Cambridge University Press.
Toews, John E. (1980): Hegelianism: The Path Toward Dialectical Humanism, 1805–1841, New York: Cambridge University Press.
Wartofsky, Marx W. (1977): Feuerbach, Cambridge: Cambridge University Press.
Winiger, Josef (2004): Ludwig Feuerbach: Denker der Menschlichkeit, Berlin: Taschenbuch Vlg.

Kurt Appel
12 Sakramente, Glaube und Liebe und Schlussanwendung (Kap. 26 – 28)

12.1 Vorbemerkung

Im Folgenden werden die letzten drei Kapitel aus Feuerbachs Werk „*Das Wesen des Christentums*" interpretiert. Während Kapitel 26 „Der Widerspruch in den Sakramenten" und 27 „Der Widerspruch von Glaube und Liebe" noch neue Elemente bringen, stellt das Kapitel 28 „Schlußanwendung" eine Zusammenfassung zahlreicher Motive des Werkes dar.

Da viele Themen der letzten drei Kapitel schon im bisherigen Verlauf des Werkes angesprochen wurden, kann manche Textpassage, die an anderer Stelle bereits eingeführt wurde, in der Auslegung übergangen werden, und es bietet sich die Möglichkeit, zentrale Gedanken exemplarisch herauszugreifen und über eine bloße Interpretation hinaus in eine Diskussion mit Feuerbach einzutreten. Es wird sich zeigen, dass es Feuerbach immer wieder gelingt, Inkongruenzen nicht nur christlicher Theologie, sondern darüber hinaus auch des neuzeitlichen Weltverständnisses überhaupt offenzulegen. Allerdings wird ebenso kritisch zu diskutieren sein, inwieweit manche Anfragen auf Feuerbach bzw. die (nachhegelsche) Epoche, die er eingeleitet hat, selber zurückfallen. Letzten Endes wird ein entscheidender Gesichtspunkt der Auseinandersetzung mit Feuerbach in einer Interpretation des Mythos und der Zeichen liegen.

12.2 Der Widerspruch in den Sakramenten (Kap. 26)

Am Eingang des Abschnitts werden die „subjektiven Wesensmomente" der Religion aufgeführt, nämlich „*Glaube* und *Liebe*" (GW 5, 393) und deren äußerliche Darstellung im Kultus, „die Sakramente der *Taufe* und des *Abendmahls*" (ebd.), wobei die Taufe dem Glauben und das Abendmahl der Liebe zugeordnet wird. Es überrascht die Zweizahl, d. h. die Tatsache, dass die „Hoffnung" wegfällt, was Feuerbach damit begründet, dass sie nur der Glaube in Bezug auf die Zukunft sei. Ebenso wie der Heilige Geist nicht als besonderes Wesen angesehen werden dürfe (vgl. GW 5, 394), habe auch die Hoffnung kein eigenes Gebiet.

Feuerbach hätte sich, seinem Schema folgend, die Möglichkeit geboten, ein Triptychon Glaube-Taufe, Liebe-Eucharistie und Hoffnung-Buße zu thematisieren, allerdings war die Buße, obwohl auch im Protestantismus ursprünglich (fast) gleichberechtigt mit Taufe und Eucharistie anerkannt (die Fundierung in Jesus schien bei ihr umstrittener), zunehmend in den Hintergrund getreten. Bemerkenswert ist die Streichung der Hoffnung als eigener Bereich, nicht zuletzt auch angesichts der Tatsache, dass diese noch bei Kant das Zentrum der Religion ausmacht. Tatsächlich scheint sie bei Hegel bereits in den Hintergrund getreten, um schließlich von Feuerbach auf den Glauben reduziert zu werden. Es zeigt sich also folgende noetische Abstufung in seinem Werk: Wissen-Glaube-Hoffnung. Der Glaube gilt als defizientes Nicht-Sicher-Wissen und die Hoffnung als defizienter Glauben, der seine Ideen in eine völlig ungewisse Zukunft auslagert. Feuerbach trifft damit insofern einen zentralen Nerv, als in christlicher Theologie tatsächlich der Unterschied und Zusammenhang von Glaube und Hoffnung unterbestimmt scheint. Die damit verbundene Fragestellung ist auf alle Fälle in der Folge noch näher im Auge zu behalten.

Verbindet man den Geist mit der Hoffnung, wird die Bemerkung von Feuerbach nachvollziehbarer, dass Geist und Hoffnung inkonsistenterweise als Drittes eingeführt würden. Es muss allerdings noch kritisch diskutiert werden, wie weit Feuerbachs Behauptung, dass der Heilige Geist die „Symmetrie" zwischen Vater und Sohn „stört" (vgl. GW 5, 391), einen wunden Punkt vieler christlicher Trinitätstheologien (Greshake 2007) trifft, in denen der Geist streng genommen in der Beziehung Vater und Sohn aufgeht. Weiterhin wird zu fragen sein, ob die bei Feuerbach zum Ausdruck gebrachte Symmetriestörung durch den Geist nicht die Spur zu einer Gedankenwelt legt, in der – allerdings gegen die Intention Feuerbachs – der Gedanke sowohl des Heiligen Geistes als auch christlicher Hoffnung überhaupt erst verständlich gemacht werden kann. Damit verbindet sich die Frage, ob es überhaupt ein *Objekt* der Hoffnung gibt (Gott, die Zukunft, ein Ding, einen historischer Zustand etc.) oder ob die Hoffnung nicht per se ihren Ort in einer Signatur hat, in der die Realität aus ihrer Identität mit sich, aus ihrem lückenlosen präsentisch-chronologischen Zusammenhang verschoben wird hin zu einer Öffnung, in der Wirklichkeit auf neue Weise als ebenso lesbar wie unendlich mannigfaltig erlebt wird (vgl. Agamben 2009, Benjamin 1977, Deleuze 1993).

Bevor auf die Frage der Zeichen und Signaturen, die zentral für einen Zugang zum Sakramentenverständnis und damit auch zur Feuerbachschen Kritik daran ist, zurückgekommen wird, sei der weitere Fortgang im Kapitel 26 beachtet. Feuerbach geht darin zunächst auf die Taufe ein und auf das „übernatürliche Wirkungen" mit sich bringende Taufwasser: „Es ist also ein natürliches Wasser eigentlich nur zum Schein, in Wahrheit übernatürliches. Mit anderen Worten: das Taufwasser hat übernatürliche Wirkungen – was aber übernatürlich wirkt, ist selbst übernatürlichen Wesens – nur in der Vorstellung, in der Imagination. Aber doch soll zugleich wieder der Taufstoff natürliches Wasser sein." (GW 5, 394) Feuerbach fokussiert in diesem Satz den Widerspruch zwischen natürlicher Dimension des Wassers, welches „*natürliche Qualität*" (ebd.) als Reinigungsmittel habe, und dessen zeichenhafter Dimension. Er stellt also das Wesen des Wassers als chemisches Element und Lebenselixier des Organismus seiner „über dieses Wesen hinausgehenden Wirkung" (GW 5, 395, 3. Aufl.) als Heilszeichen und Symbol gegenüber. In diesem Zusammenhange lohnt zunächst ein Blick auf die christliche Tauftheologie (vgl. dazu Meßner 2001, 59–135) und deren Bedeutungsgebung des Wassers: Im alten römischen Taufwasserweihegebet, welches der okzidentalen Tauftradition (sowohl der katholischen als auch der protestantischen) zugrunde liegt, werden dem Taufwasser drei Bedeutungen zugeordnet:

(1) Das Gebet erinnert an „Gottes Geist über den Wassern" (Gen 1,2) und symbolisiert so das Chaoswasser, welches durch den Geist zum Lebensspender und Symbol des Kosmos, also der geordneten und strukturierten Welt wird.

(2) Es evoziert die Sintflut und so die Todessphäre, die der Mensch in der Taufe durchqueren muss. Damit ist zunächst die tödliche Dimension des Seins sowie die Sterblichkeit, Sündhaftigkeit und Aggressivität des (menschlichen) Daseins ausgesprochen. Das Sintflutmotiv, demgemäß die Welt als Folge ihrer eigenen Gewalttätigkeit zu Grunde geht (Gen 6,5.13), verbindet sich allerdings auch mit dem Gedanken des ewigen Bundes, den Gott mit der gewalttätigen Schöpfung schließt (Gen 9, 8–17). Dieser beinhaltet die Zusage, dass das Leben in seiner Ambivalenz und auch moralischen Defizienz von Gott angenommen ist, d. h. nicht letzter Vernichtung und Vergeltung anheim gegeben wird. Von zentraler Bedeutung ist ferner die Bewegung des Täuflings: Dieser taucht in das Chaoswasser ein und geht unter, stirbt damit seiner alten Existenz („legt Adam ab") und dezentriert sich in dieser Namensablegung (der alte „Name" und die alte Existenz werden hinter sich gelassen), um als messianische Existenz (in „Christos", was ja nichts anderes darstellt als die griechische Übersetzung von „Messias") neu anzufangen. Damit ist die Taufe erstens eine Reinigung von den Sünden – es sei an dieser Stelle andeutungsweise gefragt, ob der kollektive Duschzwang heutiger westlicher Gesellschaft nicht eine Art permanenter Reinigung von einer als ekelhaft empfundenen Existenz zum Ausdruckt bringt? –, zweitens der Übergang in eine neue Existenz, die unter dem Leitfaden der Hin-Gabe und Pro-Existenz des Messias steht. Drittens bedeutet sie eine Solidarisierung mit der „gefallenen", „schwachen" Welt, wie sie auch im Theologumenon der Höllenfahrt Jesu zum Ausdruck gebracht ist. In der Taufe taucht der „Christ" im wahrsten Sinne des Wortes in die gottverlassenen Zonen der Welt ein.

(3) Es stellt eine Verbindung zum Leben Jesu her, zu seiner Taufe durch Johannes am Jordan (Mk 1) und seiner Kreuzigung, bei der nach Darstellung des

Johannesevangeliums Blut und Wasser aus der Seite des Gekreuzigten geflossen ist (Joh 19,34). Die Johannestaufe, der sich Jesus am Jordan unterzog, beinhaltet massive Reminiszenzen an die Geschichte Israels. Der Jordan bezeichnet jenen Fluss, an dem der Exodus Israels mit dem Einzug ins gelobte Land endete, d. h. er stand an der Grenze von „Wüstenexistenz" und „Verheißung". Der Gang zum Jordan beinhaltete damit die Vorstellung eines bevorstehenden neuen Exodus, weil das gelobte Land auf Grund des sozialen Verhaltens Israels („Abfall") verlorengegangen war. Die Taufe stellt sich somit auch in die Exodustradition und verbindet sich mit dem Auszug aus den alten sozialen und symbolischen Bezugssystemen hin zu einer neuen Gemeinschaft (ekklesia), in der alle bisherigen Identitätsmarkierungen („Herr-Knecht", „Freier-Sklave", „Mann-Frau" – letzteres blieb allerdings am prekärsten) keine letzte Gültigkeit mehr in Anspruch nehmen können (Agamben 2006).

Damit schließt sich ein Kreis, denn die Signierung des Wassers als Todes-, Exodus-, Reinigungs- und Neuschöpfungswasser bedeutet eine Umorientierung des symbolischen Bezugssystems. Die oben genannten Dimensionen des Taufwassers verbinden sich mit einer Anrufung des Hl. Geistes („Epiklese"), der den Logos auf diese neuen Deutungen öffnen und den Täufling in direkte Verbindung mit den zentralen Ereignissen der Vergangenheit bringen soll. Diese transformiert sich dadurch von bloß vergangenem Welt-Geschehen zur Zukunft (oder zum Futur anterieur, insofern es um eine Zukunftgebung der Vergangenheit handelt) *des* Täuflings (im Sinne eines Genetivus subiectivus) und der ihn aufnehmenden (kommenden) Gemeinschaft. Die Taufe bezeichnet auf diese Weise auch den Übergang von bloß zufälligem und damit beliebig distanzierbarem Geschehen hin zu einer Geschichte *des* kommenden (sozial-messianischen und individuellen) Subjekts, welches im Verlassen der alten Unterdrückungsmechanismen und Festschreibungen in die Lage versetzt ist, die Welt sprachlich neu zu gestalten. Die letzte Konsequenz davon besteht darin, dass eine neue Funktion der Sprache hervorgeht: Diese ist nicht mehr den Vorgaben des (natürlichen, sozialen) Seins ausgeliefert, sondern hat Schöpfungsmacht über ihre Objekte. Die messianische Sprache zeichnet sich dadurch aus, dass sie der ihr begegnenden Welt eine neue den Gegensatz von Subjekt und Objekt übersteigende Bedeutung eröffnet. Letztlich scheint genau darin die entscheidende Diskussion zwischen Feuerbach und dem Christentum zu liegen, inwiefern eine Aufhebung (durchaus im Hegelschen Sinne) der Natur durch Sprache möglich ist, inwiefern also Natur zu einem über sie hinausweisenden Zeichen werden kann.

Diese (messianische) Dimension des Christentums wird von Feuerbach in den vorliegenden Kapiteln negiert, wobei etliche der zentralen Aussagen genau die Konfliktlinien zu bezeichnen vermögen, die die messianische Bedeutung des Christentums gegenüber einer ontologischen (am „Sein", am „Gegebenen" orientierten) Interpretation kennzeichnen. Die Wette geht letztlich dahin, dass mit dem Verlassen des alten sozialen (zwanghaften) Klassensystems auch eine neue Deutungs- und Sprachmächtigkeit der Welt einhergeht. Der Gegensatz liegt weniger, wie Feuerbach dies vermeinte, in einer naturalen und supranaturalistischen Bedeutung der Dinge, sondern vielmehr in einer ontologischen versus einer messianischen. Im Anlegen des messianischen Namens („Christos"=„Messias") wird die alte Weltbedeutung „außer Kraft gesetzt", „aufgehoben" (vgl. Agamben 2006).

Die hier vorgebrachten Überlegungen mögen dazu dienen, einige der folgenden Bemerkungen von Feuerbach diskutieren zu können: „Die Taufe kann daher nicht ohne den Begriff des Wunders gefaßt werden" (GW 5, 395); ferner: „Erst der auf das Wunder gestützte Glaube ist bewiesener, begründeter, objektiver Glaube" (GW 5, 396). Feuerbach sieht in diesen Stellen wesentlich tiefer als spätere theologische Tradition, die versucht hatte, das Wunder entweder metaphorisch oder existenzial zu deuten. Beginnend im 19. und dann im 20. Jahrhundert konnte die Theologie immer weniger bestreiten, dass es einen massiven symbolischen Bruch zwischen der antiken und der neuzeitlichen Welt gab und dass sich dieser nicht zuletzt an der Frage des Wunders und seiner Interpretation entzündete. Da die Taufe, so Feuerbach, „eine *supernaturalistische* Bedeutung" habe (GW 5, 396), gehöre sie in den Bereich der Wunder und sei, so die implizite Folgerung, nicht mit dem modernen Naturbegriff vereinbar, sodass sie gewissermaßen einen schizoiden Akt darstellt. Die interessanteste Bemerkung Feuerbachs geht genau in diese Richtung: „Es ist die größte Inkonsequenz, wenn man die Erfahrung, daß die Menschen durch die heilige Taufe nicht geheiligt, nicht umgewandelt werden, als ein Argument gegen den Glauben an eine wunderbare Wirkung der Taufe anführt [...], denn auch die Wunder, auch die objektive Kraft des Gebetes, überhaupt alle übernatürlichen Wahrheiten der Religion widersprechen der Erfahrung. Wer sich auf die Erfahrung beruft, der verzichte auf den Glauben." (GW 5, 398)

Diese Passagen haben folgende Argumentationsstruktur: 1) Der Glaube ist zuallererst ein Glaube an Wunder, an deren supranaturalistische Dimension. 2) Die Wunder halten keiner kritischen Überprüfung stand und sind nicht mit unserer – naturwissenschaftlich geprägten – Erfahrungswelt kompatibel. 3) Diese Nichtkompatibilität erschüttert den wirklichen Glauben nicht, weil dessen entscheidender Bezugspunkt nicht die „physikalische" (ontische) Erfahrung darstellt. Die rationalistische Theologie hat den ersten Punkt geleugnet, damit aber verdrängt, dass das Wunder keineswegs isoliert vom symbolischen Bezugssystem der Religion betrachtet werden kann (und umgekehrt), vielmehr beide wesensmäßig miteinander verbunden sind. Folgte man Hegel, müsste man zunächst festhalten, dass das entscheidende Wunder des Christentums in der Menschwerdung Gottes besteht, von dem her dann alle anderen christlichen Glaubensaussagen zu deuten wären. Im vorliegenden Falle würde dies bedeuten, dass auch die Wunder in innerer Verbindung mit der Menschwerdung Gottes zu betrachten sind (und umgekehrt, was allerdings Hegel im Gegensatz zu Feuerbach kaum diskutiert). Die Punkte 2) und 3) der Feuerbachschen Argumentation laufen letztlich auf die Feststellung hinaus, dass empirische Erfahrung im neuzeitlichen Sinn – also objektiv messbare und wiederholbare Erfahrung – nicht das entscheidende Moment des Glaubens darstellt. Daraus ergibt sich die Fragestellung, ob die Welt letztendlich einer Ontologie des Messbaren folgt.

Unbestreitbar ist die Diagnose von Feuerbach, dass die neuzeitliche Weltordnung auseinandergefallen ist. Es besteht dabei nicht nur eine Dichotomie von Naturalismus und Supernaturalismus, sondern auch diejenige von Natur und Freiheit oder cartesianisch gesprochen von *res extensa* und *res cogitans*. Leibniz versuchte, zu zeigen, dass jede bestimmte Naturbeobachtung bereits innere Einheiten voraussetze, also nicht als atomistisch zusammengesetzt betrachtet werden könne. „Denkt man sich etwa eine Maschine, deren Einrichtung so beschaffen wäre, daß sie zu denken, zu empfinden und zu perzipieren vermöchte, so kann man sie sich unter Beibehaltung derselben Verhältnisse vergrößert denken, so daß man in sie wie in eine Mühle hineintreten könnte. Untersucht man alsdann ihr Inneres, so wird man in ihm nichts als Stücke finden, die einander stoßen, niemals aber etwas, woraus man eine Perzeption erklären könnte." (*Monadologie* § 17; vgl. aber etwa auch Nagel 2013). Bedeutungen sind also nicht zusammensetzbar, sondern setzen den Verweisungszusammenhang von Zeichen (ontologisch gesprochen von Ganzem und Teil) voraus. Für Leibniz ist die fundamentale Einheit des Seins daher nicht das atomisierbare Objekt, sondern das mit spezifischer Bedeutung versehene Subjekt (Monade), dessen Bedeutung sich aus einem universalen Verweisungszusammenhang (mit anderen Monaden) ergibt. Dieses Subjekt objektiviert sich in seinen raumzeitlichen Relationen, es „zeitigt" (um hier einen Husserlschen Terminus aufzunehmen) und verräumlicht sich (vgl. Cassirer 1996). Für die Diskussion mit Feuerbach ist entscheidend, dass die ontologische Ordnung nicht eine atomare ist, sondern eine solche von Subjekten (Signifikanten). Deren Teile und Bezugssysteme sind durch das Subjekt signifiziert und gewinnen damit je spezielle Bedeutung (so sind die Stücke der Mühle durch die Perzeption/den Bewusstseinsinhalt signifiziert und nicht umgekehrt), wodurch sie über ihre objektivierbare, raumzeitliche Dimension hinausweisen (vgl. dazu auch Deleuze 2000). In den Jugendschriften Hegels wird diese Diskussion inhaltlich weitergeführt: „Begreiffen ist beherrschen. Die Objekte beleben, ist sie zu Göttern machen" (HGW 2, 8), stellt einen zentralen Satz des jungen Hegel dar. Die Objekte sind nie bloße Objekte, sondern Zeichen in einem intersubjektiven Bezugssystem. Sie stehen daher nie als Entitäten in sich, die immer

12 Sakramente, Glaube und Liebe und Schlussanwendung (Kap. 26–28) — 193

differenzierter bestimmt und prädiziert werden könnten, vielmehr erwächst ihr Sinn aus dem jeweiligen Weltumgang, in dem sie zum Ausdruck gebracht werden (und umgekehrt). Die große Revolution in Hegels Jugendschriften besteht also darin, dass er die „Welt" konsequent in der Subjekt-Subjekt-Objekt-Relation verortet (was zunächst durchaus mit der Akzentuierung von Feuerbach des Menschen als Gattungswesen Ähnlichkeiten aufweist). Sie ist die gestaltete und gestaltgewordene Weltbegegnung des Menschen (vgl. Liebrucks 1966, 3, 218–235). Dabei ist zu betonen, dass das intersubjektiv vermittelte Sein nicht ein positives X ist, dem in verschiedenen intersubjektiven Konstellationen von Subjekten je andere Bedeutung zugeschrieben würde. Es ist also nicht dahin zu verstehen, dass es Bedeutung durch Übereinkunft der Subjekte erlangte, auch nicht, dass es an sich Bedeutung besäße, welcher sich die Subjekte in einem infiniten Prozess annäherten. Vielmehr gilt der Satz: „Alle bestimmte Wirklichkeit ist abhängig von mir und ist von mir [besser: uns, K.A.] bestimmt" nur auf dem Grunde des ersten Satzes „Alles bestimmte Wirkliche ist unabhängig von mir und bestimmt mich [besser: uns, K.A.]" (Liebrucks 1966, 3, 41). Das Sein ist insofern durch die Weltbegegnung des Menschen vermittelt, als dieser durch das Sein vermittelt ist. „Die Objekte zu Göttern machen" heißt verstehen lernen, dass sie insofern vom Menschen oder, allgemeiner ausgedrückt, von Subjekten bezeichnet werden können, als sie in einem nie fixier- und begrenzbaren Zeichenzusammenhang stehen, der ebenso abhängig wie unabhängig vom Weltumgang des Menschen ist. Mit anderen Worten: Sie sind gesetzte Voraussetzung jedes menschlichen Weltumganges, diesen ebenso bewirkend wie von ihm bewirkt werdend.

Diese Dialektik wird von Feuerbach aufgelöst; aus dem „Wasser" als Zeichen des menschlichen Weltumgangs, welches diesem im Symbol gestalthaft entgegentritt, wird ein Objekt mit ganz bestimmten Wirkungen auf den Menschen. Es wurde vorhin erwähnt, dass das Wunder, christlich interpretiert, im Zusammenhang mit der Menschwerdung Gottes zu verstehen ist. Diese besagt, dass „Gott" sich an den menschlichen Weltumgang gebunden hat, es bedeutet die Überzeugung, „daß der Mensch, indem er seine Götter macht, sie empfängt, und daß dieses nur zwei Seiten eines Geschehens sind", wie Liebrucks Hegels Jugendschriften (und letztlich auch die *Wissenschaft der Logik*) zusammenzufassen versucht (vgl. Liebrucks 1966, 3, 79; ähnlich Schelling in der „Historisch-Kritischen Einleitung in die Philosophie der Mythologie" (vgl. Schelling 1856–1861, 11, 1–252). Genau am Verständnis dieses Satzes entscheidet sich die Reichweite der Religionskritik von Feuerbach, der diesen Satz auf die erste Bewegung, d.h. auf das Machen der Götter beschränkt. Legt man den Akzent auf die gesamte Bewegung, so wird man sagen, dass das Wunder weder subjektives noch objektives Geschehen ist, sondern die Entsprechung des (nach Hegel sich selbst auslegenden) Absoluten auf der Stufe eines bestimmten menschlichen Weltumgangs. Man könnte dies auch dahingehend ausdrücken, dass im Wunder die (Heils-)bedürfnisse einer bestimmten Bewusst-Seinsstufe und geschichtlichen Epoche zum Ausdruck kommen. Es bezeichnet genau jenes Moment, in dem eine (durch Krankheit, Krieg, Unterdrückung etc.) zerstörte symbolische Ordnung, die aus eigenen gesellschaftlichen und individuellen Anstrengungen nicht mehr wiederherstellbar ist, einen neuen, aus dem Gegebenen unableitbaren Sinn gewinnt. Insofern trifft Feuerbach also den Punkt, wenn er daran festhält, dass der Glaube und das Wunder aus der Erfahrung nicht ableitbar sind.

Im zweiten Teil des Kapitels 26 geht Feuerbach auf die Eucharistie ein. Den grundlegenden Widerspruch, den er sieht, bringt er auf folgende Weise zum Ausdruck: „Der Gegenstand des Sakramentes des Abendmahls ist nämlich der *Leib* Christi selbst" (GW 5, 399); es ist „ein *wirklicher* Leib da; aber es fehlen ihm die notwendigen *Prädikate der Wirklichkeit*." (GW 5, 400) Allgemeiner findet die Kritik folgendermaßen Ausdruck: „Das Subjekt ist ein sinnliches, das Prädikat aber ein *nicht* sinnliches, d. h. *diesem Subjekt widersprechendes*." (Ebd.) Feuerbach denkt in der klassischen Subjekt-Prädikat-Struktur. Es gibt ein Subjekt X, welches dann mittels Prädikaten immer näher bestimmt wird. In Feuerbachs Interpretation des Abendmahles wäre das Subjekt Jesus Christus, die Prädikate allerdings solche des Weines und des Brotes, bei denen nichts auf ein menschliches Wesen hindeutete. Von diesen Prädikaten (Wein, Brot) kann nur mittels „Phantasie" (Einbildungskraft), also subjektiv, auf Jesus Christus geschlossen werden. Daher besteht die Frage darin, welche Macht die Einbildungskraft besitzt. Wenn der gesellschaftliche Konsens fehlt, das Subjekt X mit dem Prädikat „Körper Christi" zu bezeichnen, bräche, folgt man Feuerbach, die Bedeutung dieses kultischen Geschehens zusammen, da es keinerlei objektive Wirklichkeit beanspruchen kann.

Bevor auf die Frage des Abendmahles, in der die „Negation der objektiven, ungemütlichen Wahrheit, der Wahrheit der Wirklichkeit" laut Feuerbach „ihren höchsten Gipfel" erreicht hat (GW 5, 403), weiter eingegangen wird, scheint es sinnvoll, ein paar theologische Motive herauszuarbeiten (vgl. dazu Meßner 2001, Emminghaus 1992). In der katholischen, orthodoxen und altorientalischen Tradition wird der Terminus „Eucharistie" verwendet, um zu verdeutlichen, dass das Gebet die Grundstruktur des christlichen Kultus ausmacht. In den protestantischen Kirchen wurde die Bezeichnung „Abendmahl" oder „Nachtmahl" bevorzugt, um die Kontinuität mit und den Bezug auf das letzte Zusammentreffen Jesu mit seinem Schülerkreis anzuzeigen. Die zwei Hauptteile dieser Feier bilden der Wortgottesdienst, d. h. die Gegenwart Christi (des Messias) im verkündeten Wort, und die Eucharistiefeier, d. h. die Gegenwart Christi in Brot und Wein. Der zweite Teil kennt als integrale Bestandteile die Elemente der *Anamnese*, der *Doxologie* und der *Epiklese*. Die Anamnese ist die erinnernde Vergegenwärtigung des

Heilsgeschehens, welches öffentlich proklamiert wird in Gestalt der Eucharistie, also eines Lob- und Dankbekenntnisses (Doxologie). Diese Bewegung von der erinnerten Vergangenheit zur bekannten Präsenz verlängert sich in der Epiklese, d.i. die Anrufung und Herabrufung des Heiligen Geistes auf die durch Brot und Wein symbolisierte Gemeinde zum messianischen Geschehen, in dem sich Natur und Gesellschaft wandeln zur durch Jesus repräsentierten Basileia (Königsherrschaft) Gottes.

Man kann zunächst sagen, dass das kultische Geschehen des Christentums mit einer doppelten *Signierung* verbunden ist: Die *erste* besteht darin, dass Brot und Wein Symbole der menschlichen Natur darstellen. Beide sind keine unmittelbaren Naturprodukte, sondern (mittels Arbeit) in den Geist gehobene Natur, wobei das Brot die Grundbedürfnisse des menschlichen Corpus bzw. die Grundentsprechung menschlicher Arbeit als erste Verwirklichung des Menschseins darstellt, während der Wein Symbol der festlichen, eschatologischen Freude und des Überflusses ist, also die zweite entscheidende Dimension des Menschseins, nämlich das Sein im Fest, im Überfluss, in der Transzendenz der Arbeit zum Ausdruck bringt. Die *zweite Signierung* ist die Wandlung von Brot und Wein in den Corpus Christi. Sie hat die Bedeutung, dass die in den Geist gehobene Natur und die sich darin manifestierende menschliche Gemeinschaft in ein geschichtlich-messianisches Geschehen gewandelt werden. Das Sein ist nicht mehr (nur) Natur, nicht mehr (nur) in den Geist gehobene Natur, auch nicht (nur) menschliche Gemeinschaft, sondern der messianische Corpus (Corpus Christi). Dieser zeichnet sich dadurch aus, dass er in der *Hingabe* (Sein-Für) bis in den Tod (gebrochenes/r Brot/Körper, vergossener/s Wein/Blut) seinen letzten lebendigen Ausdruck findet. Er bedeutet einen radikalen Akt der Entsubjektivierung oder besser Dezentrierung der Gemeinde und ihrer Sprachwelt – diese geht im Wandlungsgeschehen ihrer alten Gestalt verlustig, radikaler betrachtet ist damit das Sein nicht mehr in sich geschlossen/identisch und bedeutsam, fällt nicht mehr mit sich zusammen –, verbunden mit der gleichzeitigen Übernahme eines neuen Subjekts bzw. Corpus (Christus). Dieses steht nicht mehr in sich, sondern ist kollektiver und individueller Corpus als Sein-Für, als reiner empfindsamer Austausch mit der Umwelt. Natur verwandelt sich in das Ereignis geschichtlicher, gegenwärtiger und zukünftiger Compassion und Empfindsamkeit. Vergangenheit (Anamnese), Gegenwart und Zukunft fließen in dieses (messianische) Ereignis zusammen, welches nicht mehr kausal-chronologisch bestimmbar ist, sondern die festliche Transzendenz der Zeit selber zum Ausdruck bringt. Sein verschiebt sich also in der messianischen Signierung (vgl. zu diesem Terminus Agamben 2009) hin zur Compassion und zum affektiven Austausch. Dabei bleibt entscheidend, dass im christlichen Verständnis dieses Geschehen seinen Fokuspunkt in einer partikularen Geschichte, nämlich im Corpus des Jesus von Nazareth hat, und gerade in dessen Konkretheit universale Bedeutung erlangt.

Gegenüber Feuerbach liegt die entscheidende Differenz darin, dass Brot und Wein messianisch-geschichtlich signiert sind. Deleuze schreibt in seinem Buch „Proust und die Zeichen": „Wir haben Unrecht, wenn wir an Fakten glauben, es gibt nur Zeichen [...]. Wenn der Duft einer Blume ein Zeichen gibt, geht er über die Gesetze der Materie und gleichzeitig über die Kategorien des Geistes hinaus. Wir sind weder Physiker noch Metaphysiker: wir müssen Ägyptologen werden." (Deleuze 1993, 76; vgl. dazu auch Guanzini 2014.) Die Diskussion zwischen Feuerbach und dem Christentum geht also dahin, ob die Zeichen arbiträr sind, also etwas Willkürliches und Äußerliches darstellen gegenüber einer unbezeichneten ontologischen (quantifizierbaren) Substanz. Man kann diese Frage dahingehend wenden, ob der Wort- und Zeichencharakter gegenüber jeder dinghaften Ontologie einen niemals verobjektivierbaren und niemals intentional einholbaren Überschuss hat. Agamben stellt in seinem Kommentar zum Römerbrief die grundlegende Frage, ob Sprache im letzten denotativ ist, also eine quasi äußerliche Beziehung zwischen Wort und außersprachlicher Wirklichkeit zum Ausdruck bringt (Agamben 2006). Er verneint dies dezidiert für die messianische Sprache, die „nicht nur alles Gesagte, sondern den Akt des Sagens selbst, die performative Kraft der Sprache selbst überschreitet." (Agamben 2006, 152) Die messianische Sprache ist, wie oben im Zusammenhang mit der Eucharistie bereits angedeutet, Ergebnis einer Dezentrierung und Neuformierung des Subjekts, einer Verschiebung und Wandlung bestehender sozialer und noetischer Konventionen. Man könnte von daher vermuten, dass das Moment des Signierens weder ein subjektiv-intentionaler Akt ist noch den Zeichen objektiv eingeschrieben ist, sondern Ergebnis einer Verschiebung des „Seins", d. h. eines Sich-Anders-Werdens, welches das Subjekt erleidet/erfährt und übernimmt. Im Zerbrechen des noetischen Haushaltes erfolgt eine Ablösung der „natürlichen" Bedeutungen und der Verweis des Zeichens auf eine semantisch-denotativ uneinholbare Dimension reiner Offenheit, die im Falle der Eucharistie/des Abendmahles durch den zerbrochenen messianischen Körper symbolisiert wird.

Die von Feuerbach ins Spiel gebrachten Aussagen darüber beschreiben auf der einen Seite die Problematik, welche mit dem Kultus des „Abendmahls" verbunden ist, durchaus treffend, v. a. dessen defiziente und unkritische theologische Auslegung. Die Frage ist allerdings, ob die von ihm gezogene Konsequenz den geistigen Reichtum des Geschehens wirklich erfasst. „So wird also auch hier das religiöse Subjekt *von sich selbst als wie von einem andern Wesen vermittelst der Vorstellung eines eingebildeten Objekts affiziert*." (GW 5, 408) Das „eingebildete Objekt" ist der Corpus und das Blut Christi; die Frage, die sich damit verbindet, lautet, ob die Welt der Bedeutungen der Zeichen und Signaturen wirklich von einem handelnden Subjekt (mittels Konvention) hergestellt werden kann. Feuerbach brachte eine Welt zum Ausdruck, der die Dialektik Hegels und deren Wissen von der untrennbaren Verbindung von Dezentrierung und Instaurierung des Subjekts abhanden gekommen war – und das Wissen, dass das Sein, wie Hegel in großer Meisterschaft im Kapitel „Kraft und Verstand" der *Phänomenologie des Geistes* gezeigt hat (vgl. Appel 2008), an ihm selbst negativ und bewegt ist, was es mit dem beobachtenden Subjekt ebenso zusammenschließt, wie es dadurch von ihm unterschieden wird. An die Stelle der Sprache und des Zeichens trat zunehmend das unbewegte Ding (paradoxerweise war es der „Materialist" Marx, der diese Engführung und Fixierung immer wieder aufbrach; vgl. Arndt 2012), allerdings kommt Feuerbach das Verdienst zu, aufgezeigt zu haben, wie sehr das dinghafte Wissen bereits die Religion durchdrungen hatte, ohne dass seitens Letzterer daraus die Konsequenzen gezogen worden wären.

12.3 Der Widerspruch von Glaube und Liebe (Kap. 27)

Kapitel 27 thematisiert die zwei christlichen Grundtugenden Glaube und Liebe – die Hoffnung fällt aus oben angesprochenen Gründen bei Feuerbach weg. Drei Grundlagen der folgenden Argumente formuliert Feuerbach am Eingang dieses Kapitels: „Das *geheime* Wesen der Religion ist die *Identität* des göttlichen Wesens mit dem menschlichen – die Form der Religion aber oder das offenbare, *bewußte* Wesen derselben der *Unterschied*." (GW 5, 410) Zu diesem Grundaxiom feuerbachscher Überlegungen kommen die Sätze hinzu: „Die Liebe identifiziert den Menschen mit Gott, Gott mit dem Menschen, darum den Menschen mit dem Menschen; der Glaube trennt Gott vom Menschen, darum den Menschen von dem Menschen" (ebd.), und etwas später, eher versteckt, aber dennoch zentral der Satz, es sei „das charakteristische Prinzip der Religion, daß sie das natürliche activum in ein passivum verwandelt" (GW 5, 415).

Was den ersten Satz betrifft, legt sich der Gedanke der Einheit des göttlichen und des menschlichen Wesens nahe, wenn man das Christentum als Bezugspunkt der Betrachtung wählt. Die Menschwerdung Gottes ist dessen zentrales Dogma. Bei näherem Hinsehen verkompliziert sich die Sache allerdings: Die Menschwerdung Gottes ist nicht einfach die Hinzufügung Gottes zur menschlichen Gattung oder die Integration desselben darin. Vielmehr verändert sie die Bedeutung auch des menschlichen Subjekts. Bereits bei der Lektüre von Kants Paralogismen der reinen Vernunft befinden wir uns ja vor der großen Verlegenheit, dass das Subjekt nicht mehr als substanzielles Objekt unseres Wissens aussagbar ist.

Grundsätzlicher stehen wir in der Frage nach dem Menschen, die im Zentrum Feuerbachs steht, vor dem Problem, inwieweit überhaupt das menschliche Subjekt Objekt einer (Selbst-)Betrachtung werden kann. Weder das menschliche Individuum noch die menschliche Gattung sind unmittelbar darstellbar und symbolisierbar. Ein entscheidender Punkt der Religion besteht möglicherweise darin, dass sie darauf aufmerksam macht, dass der Mensch nicht im Rahmen der (Objekt-) Welt, im Rahmen des Seins repräsentierbar ist. Vielmehr bleibt er sich radikal entzogen. Versucht man diesen Gedanken positiv zu fassen, dann ist der Mensch niemals Signifikant eines bestimmbaren Signifikaten, Verweis auf „etwas", sondern Bezug auf „Anderes", auf eine radikale Offenheit, die in kein symbolisches System integrierbar ist.

Die Würfel in Feuerbachs Zugang zum Christentum und zum Verhältnis Mensch-Gott fallen nicht zuletzt, wie im Folgenden ausgeführt werden soll, in seinem Zugang zum Heiligen Geist als drittem Moment christlicher Trinität, welches er streicht, da es ihm in der Beziehung Vater-Sohn aufgeht. Allerdings liegt die Sache komplizierter: Der Mensch kann sich in den verschiedensten symbolischen Ordnungen darstellen, er kann, wie Feuerbach an früherer Stelle sagt, „am Gegenstande [...] *seiner selbst* bewußt" werden (GW 5, 34). Das Problem besteht aber darin, wie vorhin vermerkt, dass kein Gegenstand Ausdruck der radikalen Offenheit des Menschen ist. Feuerbach weiß einerseits darum, dass die menschliche Gattung als „*Natur* des Menschen" und „*absolute[s] Wesen*" des Individuums" (GW 5, 38) nicht einfach symbolisierbar ist und nicht als beschränkt bestimmt werden kann, andererseits stellt sich die Frage, ob bei ihm nicht doch der Gattungsbegriff des Menschen eine allgemeine, intersubjektive Ordnung bestimmbarer und handelnder Subjekte darstellen soll.

Im Christentum dagegen finden gewissermaßen zwei Verschiebungen statt: Die erste betrifft die Verschiebung von äußerlichem Geschehen in einen Text (Logos). Die Welt wird nicht als eine Sammlung aneinanderreihbarer Geschehnisse und Objekte betrachtet, sondern als eine Textur sich gegenseitig auslegender und über sich hinausweisender Verweise. Jesus ist der Logos, indem er radikal auf das Offene des Sinnes, des Zeichens und – wenn man so will – auf die Offenheit der Gattung verweist, wobei klar sein muss, dass diese nicht die positivierbare und objektivierbare Summe menschlicher Individuen ist. Hinzuzufügen ist allerdings eine zweite Übersetzung, die konstitutiv für das Christentum ist: Der Logos legt sich nicht selbst aus, er bildet keinen in sich geschlossenen Algorithmus, gerade weil und indem er Verweis auf die Offenheit des Anderen ist. Genau dies ist der Punkt, wo der Geist seine entscheidende Bedeutung bekommt. Er bildet das entscheidende Moment der Auslegung des Logos, der weder einen eigenen Inhalt zu diesem hinzufügt, da er ganz auf die Auslegung des Logos hingeordnet ist. Noch ist er in diesen Logos eingeschrieben und damit Teil desselben, denn in diesem Falle wäre der Logos in sich geschlossen und verfügte über einen letzten „systemimmanenten" Algorithmus. Vielmehr beinhaltet der Geist ein Moment der „Überbestimmung", eine Signatur, die die Offenheit des Logos überhaupt erst in ihrer Verweisstruktur aufzuschließen vermag. Von daher betrachtet ist der Geist kein zweiter Logos, keine sich auf sich selbst beziehende Arché und keinerlei Substanz oder Objekt. Die Menschwerdung Gottes gewinnt damit eine weitere Dimension: Der Logos steht in einem geistigen Auslegungsprozess, wobei der Geist ein Moment radikaler Freiheit bedeutet, da die Auslegung nicht durch den Logos immanent determiniert ist. Gerade dieses überschießende Moment mittels der Signatur des Geistes bedeutet für das auslegende Subjekt ein Moment der Offenheit, Kontingenz und Uneinholbarkeit, d. h. mit anderen Worten ein Moment der Passivität. Die Religion verwandelt das natürliche Aktiv in ein Passiv, insofern der Auslegungsprozess das auslegende Subjekt immer übersteigt, da das Subjekt erkennen muss, über keinen letzten Algorithmos zu verfügen. Die Menschwerdung Gottes bezeichnet daher nicht zuletzt auf radikale Weise eine Freiheit der Signatur des Logos, die über das Subjekt hinausweist. Feuerbachs Unterbestimmung des Christentums besteht darin, dass er dieses Moment der geistigen Signatur streicht und damit die menschliche Gattung auf eine Summe intersubjektiver Relationen des Menschen reduziert.

Von den hier ausgeführten Überlegungen her können die weiteren Gedanken Feuerbachs rasch besprochen werden. Dieser kritisiert den heteronomen, fremdbestimmten Charakter des Glaubens. Insofern der Glaube ein ‚positives Depositum' auferlegt – von einem Großteil der Schultheologie seiner Zeit vertreten und nicht in Frage gestellt –, ist Feuerbach uneingeschränkt rechtzugeben. Aus dem oben Angedeuteten folgt nicht zuletzt ein Umstand, den etwa in unserer Zeit Agamben in die Formulierung bringt, dass es keinen Inhalt des Glaubens gäbe (Agamben 2006, 152). Denn das entscheidende geistige Moment ist durch keinen letzten Inhalt festschreibbar und wird durch jede Positivierung tendenziell unterlaufen. Insofern darf der Glaube also gerade nicht auf einen objektivierbaren Inhalt reduziert werden, sondern ist Vollzug des Auslegungsprozesses, dessen Maßstab die Offenheit des Logos selber ist.

Dem Glauben, der sich an positiven Inhalten festmacht, setzt Feuerbach die Liebe als das Zentrum des Menschseins gegenüber. Letztlich besteht der Grundvorwurf von Feuerbach gegenüber dem Christentum darin, das Wesen der Liebe zu verfehlen. Zunächst ist zu betonen, dass die Agape das messianische Ereignis des Christentums ist, welches alle anderen Inhalte außer Kraft setzt. Die Liebe ist *der* Schlüssel der Interpretation des Logos und *der* Verweis auf die radikale Offenheit des Anderen/des Seins, damit gewissermaßen der einzige Inhalt des Geistes. Grandios wurde die Struktur der christlichen Liebe in den Jugendschriften Hegels herausgearbeitet (vgl. Appel 2008, 202–224; Guanzini 2013) als jenes

Moment, welches das Andere nicht positiv(istisch) fixiert, bestimmt und beherrscht, sondern in seinem Anderssein anerkennt und freilässt, ohne irgendetwas für sich zu behalten. Die Liebe ist nicht einfach auf ein Objekt gerichtet, sondern jene Signatur, durch die das Andere gerade in seiner Kontingenz universale über jeden bestimmten Inhalt hinausweisende Bejahung und Signifikanz erfährt.

„Gott ist die Liebe. Dieser Satz ist der höchste des Christentums", betont auch Feuerbach (GW 5, 435). Sein entscheidender Kritikpunkt besteht aber darin, dass in diesem Satz „die Liebe nur ein Prädikat, Gott das Subjekt" ist (ebd.). Gott wäre demnach ein besonderer Inhalt gegenüber der Liebe. Gegen ein solches Verständnis des Verhältnisses von Gott und Liebe wendet sich die christliche Theologie (vgl. Jüngel 2001, 430–453), die darauf aufmerksam macht, dass die Liebe nicht ein Teilbereich Gottes ist, sondern dessen Wesen selbst ausmacht. Damit verbindet sich explizit oder wenigstens implizit die dialektische Kritik an der Urteilsform, die deutlich macht, dass die Fixierung eines Subjektes, an welches eine potenziell unendliche Anzahl an Prädikaten zur immer differenzierteren Bestimmung desselben geheftet wird, dem lebendigen Subjekt nicht gerecht wird. Wenn der Liebende seiner Geliebten sagt: „Du hast schöne braune Augen", so handelt es sich dabei nicht einfach um eine Prädikation, an die ich andere anhängen könnte, vielmehr ist in diesem „braun" der Augen der gesamte von der Liebe getragene Weltumgang der beiden enthalten. Wenn Gott in einem inneren Zusammenhang mit der Struktur der Liebe steht (das Christentum würde ein „und umgekehrt" hinzufügen), stellt sich natürlich in besonderer Weise die Frage nach einem angemessenen Verständnis derselben. Es wurde betont, dass der Glaube keinen letztgültigen Inhalt kennt, wobei allerdings hinzuzufügen ist, dass dessen einzig angemessener Inhalt die Liebe ist. Dies kann nicht dahingehend verstanden werden, dass die Liebe (bzw. Gott) jeden bestimmten Inhalt ersetzte und damit zu einer abstrakten Distanzierungsfigur gegenüber jeder Bestimmtheit herabsänke. Vielmehr handelt es sich bei Gott/bei der Liebe (vielleicht auch bei der „Person") um jene Signaturen, die unsere Objekte oder besser gesagt unsere Signifikanten verschieben, sie aus ihrem unmittelbaren Bezugsfeld nehmen und ihnen gerade in ihrer Kontingenz absolute Bedeutung vermitteln. Gerade darin besteht auch die Verbindung von Partikularität und Universalität der Liebe. Sie ist weder Liebe zu einem kontingenten Gegenstand als solchem noch zu einem allgemeinen Abstraktum (der „Idee" einer Sache, einer Person, der Menschheit etc.), sondern verschiebt ihr kontingentes Anderes in das Universale, versammelt die inhaltlich unbesetzbare Offenheit des Seins in das kontingent Begegnende.

Feuerbach bringt in diesem Zusammenhang interessante Überlegungen, die sein Ringen um ein adäquates Verständnis der Liebe aufzeigen: „Alle auf eine partikuläre Erscheinung gegründete Liebe widerspricht, wie gesagt, dem Wesen der Liebe, als welche keine Schranken duldet, jede Partikularität überwindet. Wir sollen den Menschen um des Menschen willen lieben" (GW 5, 441); oder auch: „Die *handelnde* Liebe [...] [liebt] den Menschen im Namen der Gattung" (GW 5, 442, Anm.). Vielleicht mehr als Feuerbach selbst bewusst war, wird in diesen Stellen die Gattung des Menschen zu jener Signatur der Liebe, die das Singuläre auf jene oben immer wieder angerufene, sich jeder Handhabung entziehende Offenheit verweist. Damit allerdings übersteigt sie die Dimension der abstrakten „Summe" menschlicher Individuen und ihrer Interaktionen, denn sie wird ganz zum Zeichen eines Transzendierens und Öffnens, welches der Mensch weder herstellen noch wissen, also weder handelnd noch erkennend aus sich ableiten kann, sondern welches ihm widerfährt.

Damit schließt sich wiederum ein Bogen zu dem bisher Diskutierten: Die Liebe ist ebenso jenseits eines empirischen Objekts wie jenseits einer abstrakten Idee, sie ist auch jenseits der Dichotomie von Aktiv und Passiv. Denn „Ich liebe" bedeutet doch immer auch, dass mir ein Entgegentretender bzw. eine Entgegentretende zu einem Zeichen des absolut sich entziehenden, mich in meiner Selbstkonzeption verwandelnden Offenen *geworden ist,* d. h. für mich *durch Liebe* signiert wurde. Dieser Vorgang steht selber wiederum in einem Verweisungszusammenhang, ausgedrückt in Texten und Texturen, die, nie *definitiv* entzifferbar, in immer anderen Ausdrucksformen auf mich/uns zukommen. Im Gefolge von Feuerbach wäre dabei vor allem die Frage zu stellen, welche Texturen und Geschichten, welche Begegnungsweisen des Offenen das Zeichen „menschliche Gattung" zu evozieren vermag.

12.4 Schlußanwendung (Kap. 28)

In der „Schlußanwendung" bringt Feuerbach seine Gedanken noch einmal in die Formel, daß das *„höchste* und *erste Gesetz* die *Liebe des Menschen zum Menschen"* sei (GW 5, 444). Weiterhin wendet er sich noch einmal der Natur zu. Diese ist Grund und Ausgangspunkt aller Existenz und vom Menschen daher zu „heiligen" – tatsächlich endet Feuerbach halb ironisch, halb ernst mit einer Doxologie von Brot, Wein und Wasser –, allerdings geht der Mensch nicht in ihr auf, sondern gibt ihr Form (in seiner Arbeit), wie dies in den beiden ersten Elementen Brot und Wein zum Ausdruck kommt. Nicht ausgeblendet werden darf dabei, dass sie der erste und letzte Bezugspunkt des Menschen bleibt.

Feuerbach liefert in seinem Buch ein nachdrückliches Zeugnis einer Änderung der symbolischen Ordnung. Die Welt der himmlischen Zeichen ist ebenso wie die Dialektik und die Eschatologie in den Hintergrund gerückt und an deren Stelle tritt der Mensch und mit ihm die Natur als, so könnte man ergänzen, Mess-,

Quantifizier- und Definierbares. An vielen Stellen wird dabei deutlich, dass die Theologie des Christentums, als deren Widerpart sich Feuerbach sieht, ebenfalls diesen Schritt vollzogen hat und deshalb ihre eigene Tradition und ihre eigenen Wissensformen nicht mehr versteht und damit auch nicht mehr in ein sinnvolles Gespräch mit den Wissensformen ihrer kulturellen Umgebungen zu bringen vermag. Das Provozierende ist, dass das Christentum, gerade weil dessen zentrale Gedanken sich symbolischen Formen anderer Epochen verdanken, auf die Feuerbachschen Herausforderungen nicht einfach mit Rekurs auf das Dogma antworten kann, sondern die eigene Hoffnung rechtfertigen muss (vgl. 1 Petr 3, 15: „Seid aber jederzeit bereit zur Verantwortung jedem gegenüber, der Rechenschaft von euch über die Hoffnung in euch fordert"). Dies kann nur in einem Übersetzungsprozess passieren, der Vergangenes weder vollkommen aktualisiert noch einfach archiviert, sondern verschüttete Fragen freilegt, die Zeugnis geben für die Offenheit und Unabschließbarkeit aller Diskurse, auch desjenigen der eigenen Zeit und der eigenen kulturellen, religiösen bzw. philosophischen Tradition.

Literatur

Agamben, Giorgio (2006): Die Zeit, die bleibt. Ein Kommentar zum Römerbrief. Frankfurt.
— (2009): Signatura rerum. Zur Methode, Frankfurt.
Appel, Kurt (2008): Zeit und Gott. Mythos und Logos der Zeit im Anschluss an Hegel und Schelling, Paderborn.
Arndt, Andreas (2012): Karl Marx. Versuch über den Zusammenhang seiner Theorie. 2., durchgesehene und um ein Nachwort ergänzte Auflage, Berlin.
Benjamin, Walter (1977): Über das mimentische Vermögen, in: Benjamin, Walter: Gesammelte Schriften. Unter Mitwirkung von Theodor W. Adorno und Gershom Scholem hg. v. Rolf Tiedemann und Hermann Schweppenhäuser, Abt., II, Bd. 1, 210–213.
Cassirer, Ernst (1996): Einleitung, in: Gottfried Wilhelm Leibniz: Hauptschriften zur Grundlegung der Philosophie, 2 Bde., Hamburg, XV–CIII.
Deleuze, Gilles (1993): Proust und die Zeichen. Berlin.
— (2000): Die Falte. Leibniz und der Barock, Frankfurt/M.
Emminghaus, Johannes H. (1992): Die Messe. Wesen, Gestalt, Vollzug, Klosterneuburg.
Greshake, Gisbert (2007): Der dreieine Gott. Eine trinitarische Theologie, Freiburg.
Guanzini, Isabella (2013): Il giovane Hegel e Paolo. L'amore fra politica e messianismo, Milano.
— (2014): Zeichen (unveröffentlichtes Manuskript).
Jüngel, Eberhard (2001): Gott als Geheimnis der Welt. Zur Begründung der Theologie des Gekreuzigten im Streit zwischen Theismus und Atheismus. 7. Auflage, um ein Vorwort ergänzt, Tübingen.
Liebrucks, Bruno (1966): Wege zum Bewußtsein. Sprache und Dialektik in den ihnen von Kant und Marx versagten, von Hegel eröffneten Räumen (Sprache und Bewußtsein III), Frankfurt/M.

Meßner, Reinhard (2001): Einführung in die Liturgiewissenschaft, Paderborn.
Nagel, Thomas (2013): Geist und Kosmos. Warum die materialistische und neodarwinistische Konzeption der Natur so gut wie sicher falsch ist, Frankfurt/M.
Schelling, Friedrich Wilhelm Joseph (1856–1861): Sämmtliche Werke, hg. v. Karl F. August Schelling, I. Abteilung: 10 Bde. [I–X]; II. Abteilung: 4 Bde. [XI–XIV], Stuttgart und Augsburg.

Matthias Petzoldt
13 Theologische Perspektiven der Feuerbachschen Religionskritik

Unter dem Eindruck, dass mit der sog. Wiederkehr der Religion sich die Religionskritik erledigt habe, fand auch Feuerbachs Religionskritik für rund zwei Jahrzehnte in der Theologie nur wenig Beachtung. Das mag sich mit dem vorliegenden Buch ändern. In dem vorliegenden Beitrag werden drei Problemstellungen in den Mittelpunkt gerückt, welche in besonderer Weise die Theologie herausfordern: die Fragen nach dem Zusammenhang von Anthropologie und Theologie, nach einem neuen Verständnis von Religion und nach dem spezifisch Christlichen. Wie die Überschrift anzeigt, soll der Artikel einen umfassenderen Blick auf die Religionskritik des Bruckberger Philosophen werfen. Trotzdem nehmen die Ausführungen beim *Wesen des Christentums* ihren Ausgang. Sie werden aber im Zusammenhang der Denkentwicklung Feuerbachs und des damit verbundenen Wandels seiner Religionskritik diskutiert. Im Vorlauf dazu machen sich knappe Notizen zu seinem Werdegang bis zur Abfassung der 1. Auflage des *Wesen des Christentums* notwendig.

Der Theologiestudent Ludwig Feuerbach wechselt 1824 von der Heidelberger an die Berliner Universität, um Hegel zu hören. Spätestens dort lernt er dessen Unterscheidung zwischen Religion und Philosophie kennen, wonach beide den absoluten Inhalt zum Gegenstand haben und sich lediglich der Form nach unterscheiden: erstere in der sinnlichen Vorstellung, letzter im allgemeinen Gedanken. Während Hegel mit dieser Verhältnisbestimmung auf eine dialektische Aussöhnung zwischen Religion und Vernunft zielte, die freilich im Letzten darauf hinauslaufe, dass Religion in Philosophie aufgehoben werde, zieht Feuerbach die persönliche Schlussfolgerung, den Partikularismus der Theologie mitsamt der Religion zu verlassen und die universale Philosophie zu wählen. „Die Theologie – kann ich nicht mehr studieren; [...] sie ist mir abgestorben und ich ihr [...] Palästina ist mir zu eng, ich muß, ich muß in die weite Welt, und diese trägt bloß der Philosoph auf seinen Schultern" (GW 17, 70 f.). Als Philosoph ist er – so seine Überzeugung – „absolut allgemeiner Mensch" (GW 17, 62). Als Hegel-Schüler meint er gar, viel konsequenter als sein Lehrer der Unvollkommenheit der religiösen Vorstellung den Kampf ansagen zu müssen. So appelliert er 1828 an seinen Lehrer: Die „Religionswahrheit" dürfe sich nicht als „eine zweite Wahrheit" aufspielen; es müsse endlich zur „Alleinherrschaft der Vernunft kommen" (GW 17, 106). Was er bei Hegel als Formunterschied verstehen gelernt hatte, ist ihm zu einem Gegensatz in der Sache geworden. Und die zunächst persönlich getroffene

Entscheidung, die Vernunftwahrheit *ohne* die Glaubensvorstellung zu studieren, wird für ihn zur öffentlichen Aufgabe, aus der universalen Perspektive des Denkens *gegen* den Partikularismus, Subjektivismus und Sensualismus der religiösen Vorstellung zu Felde zu ziehen. Im Begriff der Gattung Mensch findet die Philosophie seines frühen Schaffens ein wirkmächtiges Symbol für seine Überzeugung von der Vorherrschaft des Allgemeinen. Die Kritik an Hegel spitzt sich 1839 allerdings darauf zu, dass Feuerbach für die Philosophie eine Umorientierung auf Natur und Sinnlichkeit als Grundlage des Denkens fordert (GW 9, 16–62). Doch bleibt es zunächst bei dieser Aufforderung. Viel intensiver beschäftigen ihn indessen die Debatten im Vormärz, welche Themen der Religionskritik und Politik ineinander verflechten. Im Besonderen gerät er in den Sog der Diskussionen, die D.F. Strauß' *Leben Jesu* (1835/36) in der Hegel-Schule und weit darüber hinaus auslöst. So wird er vorerst von den Streitigkeiten festgehalten, die in jenen Jahren auf dem Themenfeld der Religion ausgetragen werden. Mit seinen Arbeiten am *Das Wesen des Christentums* (1. Aufl. 1841) holt Feuerbach zur Grundsatzkritik an Hegels Religionsphilosophie aus, die sich zur Grundsatzkritik an der christlicher Religion und ihrer Theologie ausweitet.

13.1 Zur Frage nach dem Zusammenhang von Anthropologie und Theologie

Feuerbachs Grundthese seiner Schrift, „daß das *Geheimnis der Theologie die Anthropologie* ist" (GW 5, 7), dass folglich die religiösen Vorstellungen und theologischen Lehren als Aussagen zu verstehen seien, welche die Menschen in ihrem religiösen Selbstbewusstsein entwickeln, könnte der Berliner Student Ludwig Feuerbach schon als Erkenntnis aus der Theologie Friedrich Schleiermachers gezogen haben. Der Unterschied zwischen beiden liegt in der Deutung des Gottesbewusstseins. Für Schleiermacher ist dieses im schlechthinnigen Abhängigkeitsgefühl des unmittelbaren Selbstbewusstseins mitgesetzt (1821/22 § 9, KGA I/7; 1830/31 § 4, KGA I/13). Für Feuerbach hingegen ist es im Bewusstsein des menschlichen Individuums von der Göttlichkeit seiner Gattung verankert. Wo jedoch Religion zwischen Mensch und Gott „als einem andern, aparten [...], ja entgegengesetzten Wesen" unterscheide, zeige sich ihre Unwahrheit, „darin die unheilschwangere Quelle des religiösen Fanatismus [...], kurz, darin die prima materia aller Greuel, aller schaudererregenden Szenen in dem Trauerspiel der Religionsgeschichte" (GW 5, 316). Religionsinterpretation führt bei Feuerbach unausweichlich zur Religionskritik. Mit der Gewichtung auf Kritik erhält somit die Grundthese den polemischen Akzent, wonach Theologie „nichts anderes als"

Anthropologie sei (so Feuerbach an seinen Verleger; GW 18, 48). Als solche Herausforderung wird das *Wesen des Christentums* von der Theologie zumeist gelesen.

Dem vielfach erhobenen Vorwurf atheistischer Kritik ist Feuerbach schon im Vorwort zur 2. Auflage 1843 mit der Umkehrung seiner Grundthese entgegengetreten: „indem ich die Theologie zur Anthropologie erniedrige, erhebe ich vielmehr die Anthropologie zur Theologie" (GW 5, 20). In der Tat kann er für diese Behauptung auf eine inzwischen ausgearbeitete Metaphysik vom Wesen des Menschen zurückgreifen. Bereits von seiner Dissertation an bis in die Schriften hinein, mit denen er sich in die Debatten um Strauß' *Leben Jesu* hineinbegibt (bes. *Über Philosophie und Christentum in Beziehung auf den der Hegelschen Philosophie gemachten Vorwurf der Unchristlichkeit*, 1839), begreift Feuerbach das Wesen des Menschen, seine Gattung, als schrankenlos, unendlich und vollkommen, demgegenüber das Individuum in seiner sinnlichen Existenz begrenzt sei, beschränkt auch in allen seinen Fähigkeiten. An der Vernunft als der allgemeinen Daseinsform der Gattung könne freilich das sterbliche Individuum in seinem Denken Anteil gewinnen. Das mache den entscheidenden Unterschied des Menschen zum Tier aus. Und erst recht werde mit dem Ende seiner sinnlichen Existenz der Mensch in die Unsterblichkeit seiner Gattung, in die unendliche Vernunft eingehen. Während durch die Frühschriften (*Dissertation* und *Gedanken über Tod und Unsterblichkeit*) mit der Ineinssetzung von Vernunft, Gattung Mensch und Gott noch der Geist des Pantheismus weht, bringen die Straußschen Umsetzungen der göttlichen Idiome der Zweinaturenchristologie auf die menschliche Gattung Feuerbach dazu, den Gottesbegriff überhaupt durch den Begriff der Gattung Mensch zu ersetzen (GW 8, 355 f. – ausführlich dazu Petzoldt 1989, 64–86). Mit dem Gedankengut dieser „Metaphysik der Gattung" (Ascheri, 21) hat er dann auch seine anthropologischen Grundgedanken im *Wesen des Christentums* aufgebaut: sowohl in dem unveröffentlichten Entwurf der Einleitung, den erst Ascheri (1969, 17–20) in Auszügen bekannt gemacht hat, dann 1841 in der Druckfassung der Einleitung und ebenso in der zeitlich nahen Schrift *Der Gottesbegriff als Gattungswesen des Menschen*, welche von Feuerbach nicht publiziert, sondern erst von Bolin und Jodl veröffentlicht wurde (FSW 7, 259–265). Solche Erhebung der Anthropologie zur Theologie hat allerdings bald junghegelianische Kritik (Bruno Bauer, Max Stirner, Karl Marx) an Feuerbach als einem verkappten Theologen auf den Plan gerufen.

Dem Bruckberger Philosophen aber dient diese Anthropologie zur philosophischen Basis für die Religionskritik am Christentum unter dem Schlüsselargument: in der Religion verkenne das Individuum seine persönlichen Grenzen als Schranken der Gattung und suche eine illusionäre Kompensation solcher Demütigung in einem übermenschlichen Wesen. So sei die Sehnsucht des religiösen

Subjekts zwar auf die Gattung gerichtet, doch in illusionärer Verzerrung und Verblendung spiegele es diese als ein ganz anderes Wesen ab. „Der Mensch – dies ist das Geheimnis der Religion – vergegenständlicht sich sein Wesen und macht dann wieder sich zum *Objekt* dieses vergegenständlichten, in ein Subjekt verwandelten Wesens" (GW 5, 71). Damit erweist sich einerseits seine divinisierende Anthropologie für die Religionskritik als ungemein schlagkräftig, insofern Feuerbach die Methode der Umsetzung von Subjekt und Prädikat durch die Kapitel seines Buches hindurch auf viele religiöse Vorstellungen und theologische Lehren des Christentums anwenden kann. Für dieses Vorhaben steht die Prävalenz des Allgemeinen in der Symbolisierung des Gattungsbegriffs Mensch ganz im Vordergrund der Begründung. Dem gegenüber rückt die Besinnung auf „die Realität des sinnlichen einzelnen Seins" (GW 9, 43) aus der Hegelkritik vorerst in den Hintergrund. Erst als Feuerbach die Arbeiten an der 1. Auflage vom *Wesen des Christentums* abgeschlossen hat, wendet er sich der Ausarbeitung einer „neuen" Philosophie zu, wie sie sich am deutlichsten in der Proklamation des sensualistischen Prinzips in den *Grundsätzen der Philosophie der Zukunft* (1843) manifestiert: „Das Wirkliche *in seiner Wirklichkeit* oder *als Wirkliches* ist das Wirkliche als *Objekt des Sinnes*, ist das *Sinnliche*. Wahrheit, Wirklichkeit, Sinnlichkeit sind identisch. Nur ein sinnliches Wesen ist ein *wahres*, ein *wirkliches* Wesen, nur die Sinnlichkeit *Wahrheit* und *Wirklichkeit*" (GW 9, 316).

Feuerbach ringt um die Überzeugungskraft seiner universalistisch-idealistischen Anthropologie, auf die er seine Christentumskritik aufgebaut hat; denn mit ihr steht die philosophische Basis für die Neuauflage des *Wesen des Christentums* (1843) auf dem Spiel. Zugleich sieht er sich durch die erwähnte junghegelianische Kritik herausgefordert, seine Gattungsmetaphysik zu verteidigen (*Über das „Wesen des Christentums" in Beziehung auf Stirners „Der Einzige und sein Eigentum"* [1845], GW 9, 427–441). Innovativ wirkt sich dieses Ringen darin aus, dass er in den Schriften jener Jahre den Gattungsbegriff zu konkretisieren und zu individualisieren sucht (Grün 1874, 2, 127 f.), um die bisher behauptete Trennung der Gattung vom Individuum abzumildern. Diese Versuche finden in den *Grundsätzen der Philosophie der Zukunft* von 1843 mit dem Gedanken der Einheit von Ich und Du eine programmatische Entfaltung: „§ 62 *Einsamkeit* ist *Endlichkeit* und *Beschränktheit*, *Gemeinschaftlichkeit* ist *Freiheit* und *Unendlichkeit*. Der Mensch *für sich* ist Mensch (im gewöhnlichen Sinn); der Mensch *mit* Mensch – die *Einheit von Ich und Du* – ist Gott" (GW 9, 339). Solches Nachdenken über den Menschen auf der Grundlage einer Ich-Du-Ontologie hat in der Philosophie des dialogischen Personalismus (z. B. Hans Ehrenberg, Ferdinand Ebner, Martin Buber) seine nachhaltigsten Spuren hinterlassen.

In den weiteren Schriften Feuerbachs gewinnt jedoch das Sinnlichkeitsprinzip die Oberhand, so dass die einst gegen Hegel nur angekündigte Umorientierung auf „Natur" zur Ausarbeitung gelangt. Feuerbach wendet sich Mitte der 40er Jahre naturphilosophischen Themen zu. Auch von dieser neuen Grundlage aus betreibt er Religionskritik. Aber auf ein unendliches, unbeschränktes, göttliches Wesen des Menschen braucht er sich dazu nicht mehr zu berufen. Von jenem Rest seiner idealistischen Vergangenheit hat er sich gelöst. „Je mehr ein Mensch ist, desto mehr ist er Individuum" (*Vorlesungen über das Wesen der Religion* [1851], GW 6, 402). In dieser späten Phase seines Schaffens verfolgt er mit Interesse die naturwissenschaftlichen Forschungen Moleschotts und formuliert provokativ „Der Mensch ist, was er ißt" (GW 10, 367). Und seine moralphilosophischen Überlegungen kreisen um den „Glückseligkeitstrieb" der „Selbstliebe" (GW 10, 336). Das Plädoyer gilt jetzt einem „natürlichen" Egoismus (GW 10, 82), welcher in Abgrenzung gegen einen vordergründigen den Egoismus des anderen Individuums einbezieht.

Eben in diesem spannungsgeladenen Wandel der Zugangsweisen auf die Fragen des Menschseins, die immer zugleich (wenn auch auf höchst unterschiedliche Weise) von Religionskritik begleitet sind, wird Feuerbachs Denkweg zur Anfrage an die Erkenntnisgewinnung und Urteilsbildung der Theologie in anthropologischen Problemstellungen. Nicht seine jeweils bezogene Position – weder die universalistisch-idealistische Vergottung der menschlichen Gattung noch die an naturwissenschaftlichen Entdeckungen angelehnte Feier der Sinnlichkeit des Individuums – wird zum kritischen oder konstruktiven Anstoß für gegenwärtige Theologie; dafür erweisen sich die Überlegungen des Philosophen zu sehr an ihre damaligen Diskurszusammenhänge gebunden. Sondern jene Horizonterweiterung, in die philosophischen und religionskritischen Anliegen zunehmend die methodischen Ansätze und Einsichten empirischer Wissenschaften in die Anthropologie einzubeziehen, muss der Theologie in ihrem Nachdenken über den Menschen zu denken geben. Dabei gehört die Einsicht, dass alle religiösen Vorstellungen und Aussagen Deutungen des religiösen Bewusstsein sind und somit Zeugnisse menschlichen Selbstverständnisses darstellen, heutzutage nicht nur zum protestantischen Allgemeinwissen, sondern hat sich ebenso in der römisch-katholischen Theologie seit ihrer anthropologischen Wende im 20. Jahrhundert herumgesprochen. Jedoch muss theologische Wissenschaft sich selbst und anderen Rechenschaft darüber geben, wie Menschen zu religiösen Vorstellungen und Aussagen gelangen und wo kritisch-kontrollierte Reflexion des Selbstbewusstseins die Grundlage für ihre religiöse Deutung sieht. Darüber gehen die Ansichten in der Theologie auseinander und eben darin eröffnet Feuerbachs wandlungsreicher Weg in anthropologischen Fragen Perspektiven für Klärungsprozesse in der gegenwärtigen Theologie.

Sucht sie allein in der Reflexion menschlicher Selbstauslegung – unter Absehung von den Erkenntnissen der mit dem Menschen sich beschäftigenden empirischen Wissenschaften – Antworten auf die Frage nach den aller Erfahrung vorausliegenden Konstitutionsbedingungen menschlicher Subjektivität zu gewinnen, mag sie sich zwar gegen kritische Fragen empirischer Humanwissenschaften zu immunisieren und – wie Ulrich Barth (2005, 241f.) – „den Haupteinwand der Feuerbachschen Religionskritik" für „überholt" ansehen: „Denn der bloße Projektionsverdacht als solcher ist solange keine echte Widerlegung des Gottesgedankens, als dargelegt werden kann, daß die in ihm ‚projektierte' (Kant, Kritik der reinen Vernunft, B 675) absolute Einheit und deren Status als ‚Fiktion' (ebd., B 799) keineswegs aus einer kontingenten Bestimmtheit der menschlichen Natur, sondern aus der internen Verfaßtheit der [...] menschlichen Vernunft" entspringt. Es fragt sich nur, ob nicht auch die von Ulrich Barth und anderen beschworene Vernunftidee inzwischen von einer Pluralität der Rationalitäten überholt ist, in deren Rahmen für die *eine* Vernunft ein Verfahrensvermögen ohne normativen Inhalt geblieben ist. Hingegen hängt die Idee von der Vernunft mit Letztbegründungsvermögen noch sehr dem Sprachspiel des deutschen Idealismus nach. Eben von dieser Denkweise hatte sich Feuerbach auf seinem Weg zu „Natur" und Sinnlichkeit" zu lösen gesucht, auch wenn er Zeit seines Lebens von solcher Rationalität nicht freigekommen ist.

Oder die Theologie sucht Antworten auf ihre Fragen im Dialog mit empirischen Wissenschaften, die ihre Untersuchungen auf den Menschen richten. Solche Interdisziplinarität, die zugleich Feuerbachs Weg im Rücken hat, kann unterschiedliche Gestalt annehmen. Für eine von vielen Entfaltungsmöglichkeiten kann exemplarisch auf das Opus Wolfhart Pannenbergs verwiesen werden. Anfangs steht das apologetische Interesse im Vordergrund, den Nachweis führen zu können, dass die menschliche Subjektivität in ihrer unendlichen Selbsttranszendenz immer schon Unendlichkeit jenseits ihrer selbst voraussetzt. Deshalb müsse die Theologie die Auseinandersetzung mit Feuerbach und mit anderen Vertretern des Atheismus gerade auf dem Feld der Anthropologie austragen (Pannenberg 1967, 347–360). Mit der wissenschaftstheoretischen Verortung der Theologie (Pannenberg 1973) weist er der fundamentaltheologischen Anthropologie die Aufgabe zu, sich „den Phänomenen des Menschseins zu[zuwenden], wie sie von der Humanbiologie, der Psychologie, Kulturanthropologie oder Soziologie untersucht werden, um die Aufstellungen dieser Disziplinen auf ihre religiösen und theologisch relevanten Implikationen zu befragen", welche in der Entstehungsgeschichte dieser Wissenschaften unter dem religionskritischen Affekt des neuzeitlichen Atheismus verschüttet wurden und nun wieder freigelegt werden müssen (Pannenberg 1983, 21). Die Feuerbachsche Religionskritik kommt hierbei sowohl hinsichtlich ihrer Gattungs- als auch ihrer Naturphilosophie in Betracht (ebd., z. B. 169, 173). Sofern auch von Pannenberg (und nicht nur von U. Barth und anderen) theologisch auf die Begründungsfunktion des Subjekts gesetzt wird, steht die Frage zur Diskussion, wieweit mit solcher oder ähnlicher Metaphysik das Subjekt überlastet wird. Wäre es demgegenüber angezeigt, dasselbe in seiner hermeneutischen Aneignungsfunktion wertzuschätzen (Dalferth 2003, 350; Petzoldt 2005, 443)? Und soweit von Pannenberg Theologie als die Wissenschaft von Gott als der alles bestimmenden Wirklichkeit definiert wird, welche kraft ihres Bezugs auf Sinntotalität in einem Überbietungsanspruch ihrer Hypothesen gegenüber den die Wirklichkeit nur segmentierend erklärenden Human- und Naturwissenschaften gesehen wird, öffnet sich eine weitverzweigte Debatte über Status und Geltung wissenschaftlicher Theorien.

Theologie kann sich freilich auch ideologiekritisch in das Gespräch um den Menschen einbringen. Wozu Menschen fähig sind – mit diesen ernüchternden Erfahrungen des 20. Jahrhunderts und den diesbezüglichen Analysen aus den historischen und Sozialwissenschaften tritt die Theologie totalitären Entwicklungen in der Gesellschaft entgegen. Derartige Kritik trifft gleichermaßen die Gattungsmetaphysik im *Wesen des Christentums*; sie kann aber zugleich Feuerbachs Konkretisierungs- und Individualisierungsbemühungen konstruktiv aufnehmen. Und wenn schon die Langzeitwirkung seiner Überlegungen zur Einheit des menschlichen Wesens in der Gemeinschaft von Ich und Du auf den dialogischen Personalismus angesprochen wurden, eröffnen sich weitere Perspektiven im Verbinden dieser Ansätze mit Konzepten pragmatischer Sprachphilosophie (Austin, Searle, Butler), französischer Phänomenologie (Lévinas) und mit empirischen Methoden der Kommunikationswissenschaften. Selbstverständlich steht Theologie heutzutage auch im Dialog mit den Naturwissenschaften (vgl. z. B. Becker/Diewald 2011). Die Diskussionen um das Menschenbild führen sie z. B. mit Medizin, Bio- und Neurowissenschaften zusammen. Währenddessen ist ihr Zusammenwirken mit Forscherinnen und Forschern der Naturwissenschaften ideologiekritisch gegen Totalitätsansprüche naturalistischer Erklärungsweisen ausgerichtet. Waren in Feuerbachs philosophischen Umorientierungen Gattung und Individuum gegeneinander geraten, zuerst in der Prävalenz des Allgemeinen, dann mit der Wendung zur Natur in Gewichtung auf das sinnliche Individuum, so wird unter heutigem Problemhorizont der Zusammenhang von Gemeinschaftlichkeit und Individualität auf dem Hintergrund aktueller Orientierungen und des gegenwärtigen Wissensstandes neu zu beurteilen sein.

Bei allen Dialogen mit anderen Wissenschaften richtet sich an die Theologie die Frage: Was ist ihr Spezifikum, das sie in die interdisziplinären Diskurse um den Menschen einbringt? Darüber wird Feuerbachs Religionskritik bei aller zeitgebundenen Begrenzungen ihrer einstigen Ausformulierungen auch zur ideologiekritischen Herausforderung an die Theologie: „Ist der Mensch sich selber, metaphorisch gesprochen, eine ewige Wunde, die nur der Glaube zu schließen vermag? Oder besteht diese Wunde allenfalls in der *Prätention* des Glaubens, sie zu schließen, so dass dieser, einmal als Bestanteil jener Krankheit entlarvt, die er selbst zu heilen vorgibt, vom menschlichen Bewusstsein abfällt wie der Schorf von einer Wunde, die längst verheilt ist?" (Schulz 2006, 144).

13.2 Zur Frage nach einem neuen Verständnis von Religion

Feuerbach hatte die zwei Teile des *Wesen des Christentums* in der 1. Auflage programmatisch unterschieden: „Erster Teil. Die Religion in Übereinstimmung mit dem Wesen des Menschen", „Zweiter Teil. Die Religion in ihrem Widerspruch mit dem Wesen des Menschen". Von der 2. Auflage an ändert er die Überschriften: „Erster Teil. Das wahre, d. i. anthropologische Wesen der Religion" (75), „Zweiter Teil. Das unwahre, d. i. theologische Wesen der Religion" (316). Religionskritik bleibt damit das Gesamtanliegen des Buches. Zwar änderst sich in seinem Aufbau nur wenig, aber Feuerbach kann im Vorwort zur 2. Auflage seine Schrift anpreisen: Sie „enthält [...] als erzeugt aus dem Wesen der Religion, das wahre Wesen der Religion in sich, ist an und für sich, als Philosophie, Religion" (25). Mit dieser Selbstbeschreibung seines Anliegens will sich Feuerbach nicht nur von der Hegelschen Philosophie abgrenzen, welche mit ihrer spekulativen Interpretation der christlichen Lehren lediglich eine Übereinstimmung mit der christlichen Dogmatik erreicht habe. Vielmehr will der Verfasser anzeigen, dass seine Philosophie über alle bisherige Kritik an der Religion hinaus nunmehr einen positiven Zugang zur Religion gewonnen habe. In der Tat spielt sich in den Jahren der Arbeiten an der Wiederauflage des Buches eine Umorientierung in der Auffassung von Religion ab. Der Hegelsche Formunterschied zwischen Philosophie und Religion, der für den Bruckberger Philosophen zum Gegensatz in der Sache geworden und ihn zunehmend in den Kampf gegen die als unwahr gescholtene Religion getrieben hatte, kehrt sich nunmehr in ihr Gegenteil um. Die Philosophie, wie sie Feuerbach jetzt neu begreift, hat die Wahrheit der Religion in sich aufgenommen, was ihn zur Abrechnung mit der alten Philosophie treibt.

Im Hintergrund steht die Umorientierung auf das Sinnlichkeitsprinzip. Das sinnlich Individuelle und Partikulare, welches nach Hegel der religiösen Form eigen ist und das den jungen Philosophen unter der Prävalenz des Allgemeinen im Schlüsselbegriff der Gattung Mensch zur Religionskritik herausgefordert hatte, war für Feuerbach 1839 in *Zur Kritik der Hegelschen Philosophie* in die Bedeutung neuer philosophischer Grundlegung eingerückt. Doch hatte er in jener Hegel-Kritik nur angekündigt, die Philosophie noetisch wie ontologisch im sinnlich wahrnehmbaren Sein der Natur zu begründen (GW 9,16–62). Erst 1843 mit dem in den *Grundsätzen* vollzogenen Durchbruch zum Sinnlichkeitsprinzip erlangt das sinnlich einzelne Sein in Feuerbachs Philosophie größere Aufmerksamkeit. Mit eben dieser Umorientierung gewinnt er auch ein neues Verhältnis zur Religion. Hegels Form-Unterscheidung zwischen religiöser Vorstellung und philosophischem Begriff, die der Student als Wesensunterschied aufgegriffen und zum Kritikfeld des universalen Denkens gegen den Partikularismus und Sensualismus der Religion aufgebaut hatte, wird nun unter fortschreitender Abkehr von Hegel als eigentlicher Vorzug der Religion erkannt, den die neue Philosophie in sich aufnehmen müsse.

Für Theologinnen und Theologen ist es noch weithin ungewohnt, von dem als Religionskritiker per excellence geltenden Feuerbach positive Wertungen zur Religion zu vernehmen. Diesem verbreitenden Vorurteil in der Theologie entgegenzutreten haben sich Gert Hummel (1970 u. 1971) und Udo Kern zur Aufgabe gemacht. Kern gibt seiner Dissertation von 1974, die erst 1998 veröffentlicht wurde, den programmatischen Titel: „Der andere Feuerbach: Sinnlichkeit, Konkretheit und Praxis als Qualität der ‚neuen Religion' Ludwig Feuerbachs". Und beide suchen anknüpfend an des Philosophen Charakterisierung seiner Rolle im *Wesen des Christentums* (2. Aufl.) als „Zuhörer und Dolmetscher" der Religion (16 f.) sein Werk als Religionshermeneutik zu verstehen. Wenn der Philosoph die Anthropologie als das Geheimnis der Theologie erkläre, verweise er auf den Zusammenhang von Gotteserkenntnis und Menschenerkenntnis. Es gelte, „das Positive […] im Gewande des Negativen" zu entdecken (Kern 1998, 3). Für Hummels Rezeption steht Tillichs Korrelationshermeneutik im Hintergrund, so dass ihm die Feuerbachsche Religionsinterpretation dazu Anregung bietet, in der Tiefe des Bedingten das Unbedingte zu erfassen. Feuerbachs zeitbedingter Protest gegen „die Entmenschlichung und Entwirklichung der Religion" rege dazu an, auch über hundert Jahre später gegen ähnliche Tendenzen in der Theologie, wie Hummel sie wertet, Natur und Sinnlichkeit als Feld der Gotteserfahrung zu thematisieren (Hummel 1971, 111). Im Unterschied dazu legt Kerns Beschäftigung mit Feuerbach stärker das Gewicht auf dessen Lutherrezeption bei der Ausarbeitung der „neuen Religion" des Philosophen.

In der Tat bringt Kern einen wichtigen Zusammenhang zur Sprache. Feuerbach hat in einer biographischen Notiz von 1846 selber erklärt, dass ihm das Studium von Luthers Schriften zum Durchbruch des Sinnlichkeitsprinzips gegen den Hegelschen Idealismus verholfen habe (GW 10, 188). Zu jener intensiven Beschäftigung mit dem Reformator war er durch den protestantischen Theologen Julius Müller angestoßen worden, welcher ihm 1841 in einer kritischen Rezension des *Wesen des Christentums* vorwarf, seine Christentumskritik mit literarischen Quellen aus der Frühzeit des Christentums und aus dem Mittelalter zu belegen. Prompt reagiert Feuerbach im Anhang der 2. Auflage mit einer Fülle von Lutherzitaten. Und in weiteren Veröffentlichungen bis 1846 setzt er sich mit Luthers Schriften und deren Wirkungsgeschichte auf die Philosophie auseinander. Nicht nur findet er in der Christozentrik der Frömmigkeit und Theologie des Reformators eine willkommene Bestätigung der eigenen These, die er in der 1. Auflage des *Wesen des Christentums* auch ohne Luther schon formuliert hatte: in der Verehrung des Christus als Gottmenschen habe die christliche Religion selbst ausgesprochen, dass der Mensch göttlich ist. Einen tiefen Eindruck auf Feuerbach hinterlässt vor allem Luthers soteriologische Zuspitzung aller Theologumena auf das *pro me* und *pro nobis:* „Nicht als *außer uns*, nicht im Gegenstande, sondern *in uns* liegt der *Zweck* und *Sinn* des Glaubensgegenstandes. Nicht daß Christus Christus, daß er *dir* Christus, nicht daß er gestorben, daß er gelitten, daß er *dir* gestorben, *dir* gelitten – das ist die *Hauptsache*" (GW 9, 366). Der Bruckberger Philosoph steht damit wieder vor der Unterscheidung zwischen Religion und Philosophie. Hatte er einst die Hegelsche Formunterscheidung als Wesensunterschied aufgegriffen, die ihn zum Kampf des universalen Denkens gegen den Partikularismus religiöser Vorstellung trieb, so gehen ihm nun über Luthers Schriften die Augen dafür auf, wie das Herz der Religion in dem sinnfälligen Eindruck vom Heilswerk der Christusgestalt schlägt. Hegels dialektisches Spekulieren über die Dogmen der Zweinaturen und der Trinität dagegen kann er nur noch als blutleeres Philosophieren abtun. So ist Feuerbach bemüht, den Vorzug der Religion, wie er jetzt ihr Wesen versteht, in seine „neue Philosophie" aufzunehmen, für die er ja ohnehin schon eine Besinnung auf Sinnlichkeit und Natur angekündigt hatte. Doch sein Denken wird zu jener Zeit zugleich noch von der im Gattungsbegriff symbolisierten Prävalenz des Allgemeinen bestimmt. Eben diese gegenläufigen Prinzipien ringen in den Jahren 1841–1846 in Feuerbachs Philosophie. Luthers Gedankengut wird ihm in jener Phase zur willkommenen Unterstützung bei der Umorientierung auf die neuen Grundlagen. Diesen von John Glasse und anderen Forschern beobachteten Zusammenhängen widerspricht Kern mit der Behauptung: „Die Begegnung mit Luther half Feuerbach nicht nur, wie John Glasse meint, ‚bei der Formulierung seiner Sinnlichkeitsphilosophie': sie ist das fundamentale Woher derselben. Luther wird Feuerbach zum philosophischen Grund" (Kern 1984, 59). Diese Einschätzung überzeichnet aber beträchtlich den Einfluss des Reformators auf den Wandel in Feuerbachs Denken. Und sie verführt Kern zu einer Darstellung (Kern 1998) desselben, als weise das Feuerbachsche Gesamtwerk eine „neue Religion" als „ungeteilte Konzentration auf die wirkliche Welt" auf, welche ihrerseits die Grundlage für die „neue Philosophie" in den Koordinaten von „Gott und Denken", Gott und Mensch", „Gott und Natur" und „Gott und Sinnlichkeit" biete.

Demgegenüber muss festgehalten werden: Ludwig Feuerbach hat keine neue Religion entwickelt; vielmehr findet er in der Phase der Überarbeitungen der

1. Auflage vom *Wesen des Christentums* zu einem neuen Verhältnis zur Religion. Dieser Wandel ist in seiner Auseinandersetzung mit Hegels Philosophie begründet, indem sie der Sinnlichkeit einen neuen ontologischen und epistemischen Stellenwert einräumt und dabei auch das Formprinzip der Hegelschen Religionsphilosophie umkehrt. Bei dieser für ihn nicht konfliktfreien Neubewertung des Sinnlichen wird ihm der Theologe Luther zu einem aus der Religion zukommenden hilfreichen Bundesgenossen. Hinzu kommt, dass Feuerbachs Interesse an Luther auch nur ein zwischenzeitliches ist (Petzoldt 2008). Die oben erwähnte Auseinandersetzung mit Stirner hatte dahingehend gewirkt, dass der Bruckberger Philosoph Mitte der 40er Jahre die idealistische Anthropologie zugunsten einer eindeutig sensualistischen Orientierung aufgab. Jetzt braucht er keine Unterstützung zur Durchsetzung des Sinnlichkeitsprinzips. Luther spielt von da an keine Rolle mehr. Und seine nunmehr auf naturphilosophischer Grundlage ausgebreitete Religionskritik variiert unablässig die These vom theogonischen Wunsch: „Der Wunsch ist der *Ursprung*, ist das *Wesen selbst der Religion*. – Das *Wesen der Götter ist nichts anderes als das Wesen des Wunsches*" (GW 10, 37). Zum Beleg breitet Feuerbach in vielen Veröffentlichungen eine Fülle religionsgeschichtlichen und ethnographischen Materials aus. Die Zielstellung verflacht aber zu einem schlichten Aufklärertum: „die Menschen aus Theologen zu Anthropologen, aus Theophilen zu Philanthropen, aus Kandidaten des Jenseits zu Studenten des Diesseits, aus religiösen und politischen Kammerdienern der himmlischen und irdischen Monarchie und Aristokratie zu freien, selbstbewußten Bürgern der Erde zu machen" (GW 6, 31). Inwieweit in dieser späten Phase von dem neuen Verhältnis zur Religion aus der ersten Hälfte der 40er Jahre etwas geblieben ist, wird von der Feuerbachforschung einschließlich ihrer theologischen Verzweigung erst noch untersucht werden müssen.

Angesichts dieser facettenreichen, aber im Ganzen doch eindeutig kritischen Einstellung zur Religion erscheint der Philosoph Christoph Türcke dem Anliegen Feuerbachs näher zu stehen, wenn er dessen Religionskritik und die der anderen Klassiker als solche ernst nimmt. Doch bemängelt er an ihnen, dass sie meinten, mit dem „Gott Denken" fertig zu sein. Vielmehr müsse die Religionskritik sich weiterentwickeln: „Unter allen historischen Umständen werden Menschen verletzliche, gebrechliche, sterbliche Naturwesen bleiben und mit diesem Status hadern – sich nach einer höheren Macht sehnen, die sie davon befreit. Anders gesagt: Sie werden gottbedürftig bleiben. Religionskritik hat zwar nicht den geringsten Grund, zu Kreuze zu kriechen und die Existenz Gottes anzunehmen. Aber sie hat allen Grund, die Gottbedürftigkeit des Menschen anzunehmen. Insofern muss sie in sich gehen, reflexiv werden: zu einer *Religionskritik zweiten Grades*, die ermessen lernt, wie tief Religion im menschlichen Nervensystem verankert ist" (Türcke 2006, 324).

Von diesen Überlegungen aus lässt sich eher nach Verbindungslinien Ausschau halten zwischen Feuerbachs neuem Verständnis von Religion in der Mitte der 40er Jahre und jüngsten Tendenzen, nach „Religion ohne Gott" (Dworkin, vgl. Comte-Sponville, de Botton) zu fragen. Für die Theologie steht die Prüfung an, welche Herausforderungen und Perspektiven hieraus für sie entstehen

13.3 Zur Frage nach dem spezifisch Christlichen

Mit seinem Buch *Das Wesen des Christentums* greift Feuerbach in die gleichnamige Debatte ein (zur Diskussion zwischen Autor und Verleger um den Titel des Buches GW 18, 50.55f.58f.62.66.69f.78.79). Schon zu seiner Zeit kam diesem Thema ein großes Gewicht zu, handelte es sich doch um eine Problemstellung, die vornehmlich in der protestantischen Frömmigkeit und Theologie der Neuzeit beheimatet war. So ist aus dem Pietismus das Bestreben hervorgegangen, das wahre innerliche Wesen des Christentums allem Äußerlichen der christlichen Religion kritisch entgegenzuhalten. Und die Aufklärungstheologie hat mit der Formel vom „Wesen des Christentums" den vernünftig-ewigen Inhalt der Religionen, so auch der christlichen, von den geschichtlich-zufälligen Erscheinungsweisen unterschieden und daraus ihre Freiheit vom lehrgesetzlich verstandenen biblischen Buchstaben abgeleitet. In der kritischen und für die Theologie zugleich begründenden Funktion hat Friedrich Schleiermacher die Wesensbestimmung des Christentums aufgenommen und sie als ein Grundlagenthema seiner philosophischen Theologie (§§ 32–42 in der *Kurzen Darstellung des theologischen Studiums zum Behuf einleitender Vorlesungen*, 2. Aufl. von 1830, KGA I/6, 338–342) ausgebaut. Dabei tritt als eine neue Funktion die religionsphänomenologische und -geschichtliche hinzu. Denn entgegen der aufklärerischen Abstraktion einer natürlichen Religion sucht Schleiermacher mit der Wesensbestimmung gerade das individualisierende Prinzip einer jeweiligen positiven Religion auf. So gelangt er zu der berühmten Wesensbestimmung des Christentums, die zur Grundlage seiner Glaubenslehre avanciert und darin die begründende Funktion der Heiligen Schrift in den herkömmlichen protestantischen Dogmatiken ersetzt: „Das Christenthum ist eine der teleologischen Richtung der Frömmigkeit angehörige monotheistische Glaubensweise, und unterscheidet sich von andern solchen wesentlich dadurch, daß alles in derselben bezogen wird auf die durch Jesum von Nazareth vollbrachte Erlösung" (Leitsatz zum § 11 der 2. Aufl. von 1830/31, KGA I/13).

Mit dem Problembewusstsein um die theologiegeschichtlichen Zusammenhänge zwischen Christologie und Trinitätslehre und auf dem Hintergrund der spekulativen Deutung beider Lehrkomplexe durch die Hegelsche Religionsphilosophie erklärt Feuerbach in seiner religionskritischen Diktion die „wesentliche Bedeutung der Trinität für die Religion [...] in dem Begriffe der zweiten Person" (149). Das warme Interesse der Christen an der Trinität sei deshalb so groß, weil sie in der zweiten Person den „Mittler" zu der hinter ihr stehenden unnahbaren, kalten ersten Person der Gottheit sähen (150f.). Der Gott der ersten Person werde durch den Mittler entfernt und negiert. Er sei überhaupt der erst wahre und *„reale Gott einer Religion"* (ebd.). Mit dieser Deutung nimmt Feuerbach für sich in Anspruch, dem Christentum selbst die Konzentration auf Christus abgelauscht zu haben. Denn in der Christusverehrung und ihrer lehrmäßigen Entfaltung habe das Christentum selbst zugegeben, dass Gott Mensch sei, d. h. das menschliche Wesen göttlich. Wenn es in der 1. Auflage heißt: „Der logos ist das personifizierte Wesen der Religion, der logos daher das Wesen des Christentums" (GW 5, 254), scheint noch die von der Prävalenz des Allgemeinen getragene Kritik an der Singularität religiöser Vorstellungen durch. Doch mit zunehmender Abkehr von diesem Rest idealistischer Vergangenheit verbindet sich mit diesem in der 2. und 3. Auflage unveränderten Satz die Einsicht, dass das Herz der Religion gerade in der sinnlichen Singularität ihrer Vorstellung schlägt. „Christus allein ist der *persönliche Gott* – er der wahre, wirkliche Gott der Christen, was nicht oft genug wiederholt werden kann. In ihm allein konzentriert sich die christliche Religion, das Wesen der Religion überhaupt" (GW 5, 260f.). Diese Einsicht umfasst für Feuerbach mehrfaches: (1) „Das Wesen des Christenthums – die Einheit Gottes und des Menschen, von dem christlichen Glauben in *einer* Person, in der Person des Gottmenschen concentrirt" (FSW 7, 260) begründe die Originalität und Inkommensurabilität der christlichen Religion gegenüber anderen Religionen, Denk- und Lebensauffassungen (vgl. GW 5, 262). (2) Insofern „erst in Christus [...] der letzte Wunsch der Religion realisiert, das Geheimnis des religiösen Gemütes aufgelöst [ist] – aufgelöst aber in der der Religion eigentümlichen Bildersprache [...], kann man die christliche Religion die absolute nennen" (GW 5, 256). (3) Jedoch enthülle sich gerade in Christus die christliche Religion als die absolut unwahre Religion. So wie die Gattungsmetaphysik die philosophische Grundlage für die Religionsinterpretation und -kritik hergibt und im Axiom der Unmöglichkeit einer Inkarnation der Gattung Mensch in einem Individuum die Grundsatzentscheidung für Feuerbachs Christologiekritik bereitstellt (GW 5, 271f.; vgl. schon GW 9, 19 – 21), in gleicher Weise bildet sie auch die Basis für seine Kritik an der Christozentrik der christlichen Religion. „Christus ist die Allmacht der Subjektivität, das von allen Banden und Gesetzen der Natur erlöste Herz, das mit Ausschluß der Welt nur auf sich allein konzentrierte Gemüt, die Realität aller Herzenswünsche, die Himmelfahrt der Phantasie, das Auferstehungsfest des Herzens [...] Im Christentum konzentrierte sich der Mensch nur auf sich selbst" (GW 5, 262). Christozentrik und Egozentrik bedingen einander – so jedenfalls noch die religionskritische Diagnose auf der Basis der universalistisch-idealistischen Anthropologie – und führen zu zahlreichen religiösen Abwegen: Weltentsagung, Wunderglauben, Mönchtum, Zölibat usw. Alles, was Feuerbachs Religionskritik an Unwahrheit der Religion gegenüber dem menschlichen Wesen eruiert, findet sich nach seinem Urteil in der christlichen Religion in absoluter Konzentration.

(4) Je mehr sich die Religionskritik auf die Christozentrik konzentriert, desto dringlicher zeigt sich für Feuerbach die Notwendigkeit, dass eine „neue" Philosophie, eine Philosophie auf der Grundlage des Menschen, wie sie ihm für die Zeit *nach* dem Christentum und dessen Repristination in der spekulativen Philosophie vorschwebt, will sie sich gegen ihre religiösen, theologischen, philosophischen Vorläufer durchsetzen, das Christentum in seinem Zentrum kritisch beerben muss. So kann er 1843 seine *Vorläufigen Thesen zur Reformation der Philosophie* in der abschließenden These gipfeln lassen: „Die christliche Religion hat den Namen des Menschen mit dem Namen Gottes in den *einen* Namen des Gottmenschen verbunden – den Namen des Menschen also zu einem Attribut des höchsten Wesens erhoben. Die neue Philosophie hat der Wahrheit gemäß dieses Attribut zur Substanz gemacht – das Prädikat zum Subjekt gemacht – die neue Philosophie ist die *realisierte Idee* – die *Wahrheit* des Christentums. Aber eben weil sie das *Wesen* des Christentums in sich hat, gibt sie den *Namen* des Christentums auf. Das Christentum hat die Wahrheit nur *im Widerspruche mit der Wahrheit* ausgesprochen. Die widerspruchslose, reine, unverfälschte Wahrheit ist eine neue Wahrheit – eine neue, autonomische Tat der Menschheit" (GW 9, 263).

Zum Zeitpunkt der zitierten *Thesen* steht die endgültige Umorientierung auf Natur und Sinnlichkeit erst noch bevor. Feuerbachs Gedanken werden in den späteren Schriften nicht mehr um das menschliche Wesen kreisen; das Christentum wird dann in seiner Religionskritik auch nicht mehr im Zentrum stehen; ebenso wird die Diskussion um das Wesen des Christentums für den Philosophen keine Rolle mehr spielen. Dennoch stellt sich die Frage, welche Spuren Feuerbachs Beschäftigung mit diesem Problemfeld für die Theologie hinterlässt. Seine religionskritische Thematisierung trägt im Chor der weiter um sich greifenden Kritik an Christentum und Religion nicht unwesentlich dazu bei, dass zum Ausgang des 19. Jahrhunderts besonders in protestantischen Kreisen die Frage immer dringlicher wird, was denn eigentlich christlich ist. Der Kirchenhistoriker Adolf von Harnack sucht in einer viel beachteten Vorlesung über „Das Wesen des Christentums" um die Jahrhundertwende an der Berliner Universität eine Antwort, indem er aus der Reich-Gottes-Predigt Jesu die Botschaft von der ewigen Vatergüte in den Mittelpunkt der Überlegungen stellt. Seine Ausführungen lösen unter anderem einen Methodenstreit um die Leistungskraft der historischen Erkenntnis aus, weil Harnack versucht hatte, durch rein historisches Erfassen einen zeitlosen Kern des Christentums von den zeitbedingten Einkleidungen abzuschälen. In kritischer Reaktion auf die vereinfachende und mehr intuitive Vorgehensweise Harnacks nimmt Ernst Troeltsch 1903 eine wissenschaftstheoretische Prüfung der in der Wesensbestimmung zusammenlaufenden Methoden vor. Dabei arbeitet er eine Verschränkung heraus von objektiv-historischer Empirie und subjektiv-persönlicher Wertung, die zur Konstruktion des Gedankens eines Kontinuums in den geschichtlichen Erscheinungen des Christentums führe. Dieses Kontinuum sei das Wesen des Christentums, das sich als die Triebkraft in den vielfältigen geschichtlichen Entwicklungen erweise. Zunehmend wird in der Diskussion die platonische Denkfigur von dem zeitlosem, gar unsichtbaren Wesen einerseits und seinen kontingenten Erscheinungen in der Geschichte andererseits als belastend empfunden. Und um die Mitte des 20. Jahrhundert erfährt die Fragestellung eine markante Akzentverschiebung. Denn seit Gerhard Ebelings gleichnamiger Vorlesung von 1958/59 fragt man nach dem „Wesen des christlichen Glaubens". Dahinter steht die Einsicht, dass der Begriff „Christentum" als komplexes Phänomen eine kulturelle Größe benennt, welche ihrerseits auf den christlichen Glauben als grundlegendes Wesensmerkmal zurückverweist. Was sich im Christentum z. B. als religiöse Vorstellungen und Praxen vielfachen Ausdruck verschafft sowie an Wertorientierungen herauskristallisiert hat, und was sich in seinem Namen als Kulturgut etabliert hat, ist alles mehr oder weniger aus dem christlichen Glauben und dessen gesellschaftlicher Wirkung hervorgegangen und hat sich mit jeweiligen Denkweisen und Lebenswelten verflochten; es stellt aber als solches nicht das spezifisch Christliche dar. Verlangt also die Frage nach dem Wesen des Christentums schon in sich eine Fokussierung auf den christlichen Glauben, so verlagert sich die Problemstellung weiter auf die Klärung, was für den christlichen Glauben wesentlich ist. Die Variationsbreite für die Frage-Ansätze und methodischen Zugänge dazu ist groß, ob existenztheologisch, phänomenologisch, sprachanalytisch oder auf anderen Wegen. Und in jüngster Zeit hat die vielfache Praxis interreligiöser Dialoge die wissenschaftliche Reflexion christlicher Theologie dazu genötigt, ihre eingefahrenen Rollenbestimmungen in den Konzeptionen von Theologie der Religionen zu überwinden und in der jeweiligen Dialogkonstellation den konkreten Vergleich zu suchen. Die sich begegnenden Dialogpartner werden in einen gegenseitigen Verstehensprozess hineingezogen, der von ihnen abverlangt, die Perspektivität auf die eigene sowie auf die fremde Tradition transparent zu halten und mit solcher Wahrnehmungsfähigkeit an der eigenen wie der fremden religiösen Praxis das jeweils Spezifische zu entdecken. Die Herausforderung solcher komparativen Dialogpraxis besteht darin, dass die Dialogpartner dazu in der Lage sind, das Ihrer Religion Spezifische identifizierend zum Verstehen bringen zu können. Somit ist christliche Theologie in der interreligiösen Pluralität aufs Neue vor die Frage nach dem Wesen des Christentums gestellt.

Feuerbachs Vorgehensweise bei der Wesensbestimmung besteht hauptsächlich in der Interpretation von schriftlichen Quellen des Christentums. Hierin wirkt bei ihm die Religionsphilosophie seines Lehrers nach, zentrale Dogmen des Christentums spekulativ zu deuten. Auch als der Bruckberger Philosoph im *Wesen des Christentums* die christlichen Quellen als Bilder des religiösen Subjekts erklärt, welches in Verkennung seiner individuellen Schranken in den religiösen Vorstellungen und Lehren sowie Praxen der Frömmigkeit die Göttlichkeit seines menschlichen Wesens verehrt, bleibt die Texthermeneutik seine beherrschende Vorgehensweise. Dass die religiösen Texte und Vorstellungen Ausdrucksweisen menschlicher Religiosität sind, gehört freilich zu den frühen Einsichten in der Problemgeschichte der theologischen Wesensbestimmung. Schon zu Schleiermachers Zeiten war diese Erkenntnis bis in die exegetische Arbeit an den biblischen Überlieferungen vorgedrungen. Wird heutzutage auch von christlicher Seite gern für viele Religionen die Gemeinsamkeit in der Charakterisierung als ‚Buchreligionen' in die Diskussion gebracht, mag dies von dem Anliegen getragen sein, Verbindendes in den Mittelpunkt der Aufmerksamkeit zu rücken. Aber abgesehen von den medientechnischen Fragwürdigkeiten solcher Einschätzung für die Bedingungen im Altertum, setzt sich diese Charakterisierung der kritischen Rückfrage aus, inwieweit sie die Herausforderung zur Identifizierung des spezifisch Christlichen gerade verwischt. Denn man wird ihr entgegenhalten können, dass etwa die Bibel als Heilige Schrift der Christen aus Zeugnissen des frühen Christusglaubens hervorgegangen ist, die in einem Jahrhunderte währenden Prozess gesammelt und mit heiligen Schriften des Judentums zusammengebracht wurden.

Hat sich also in den Theologien die Einsicht durchgesetzt, in den Vorstellungen der Religionen Schöpfungen menschlicher Religiosität zu sehen, steht die Reichweite subjekttheoretischer Erklärungsversuche für die religiöse Symbolisierung zur Diskussion. Diese könne als geschichtlich waschendes Vorstellungsvermögen verstanden werden, in welchem sich das die menschliche Subjektivität konstituierende Unbedingtheitsbewusstsein mit den Bildern jeweiliger Kulturen Ausdruck verschaffe. Christliche Religiosität sei somit geschichtlich als lokal wie temporal immer neu sich verflechtende kulturelle Größe zu eruieren, angefangen bei der Vielfalt religiöser Vorstellungen in den biblischen Überlieferungen und dann durch die Zeitläufe und Kulturräume sich wandelnden Bräuche, sittlichen Wertbildungen, kirchlich-konfessionellen Lehrmeinungen usw. Im Ganzen ein bei aller Vielfalt sich durchhaltender Traditionsprozess, der nicht nur kulturelle Einflüsse aus der Mitwelt aufnehme, sondern zugleich auf dieselbe einwirke und sie präge. Für diese Betrachtungsweise erweist sich der Protestantismus als Fortentwicklung des Christentums im Horizont der Moderne, der mit seiner Kultur der Freiheit die Moderne selbst prägt. Solche Kulturhermeneutik des Christentums weist eine gewisse Nähe zu Feuerbachs Beerbungskonzept des religionskritisch geläuterten Wesens des Christentums auf. Unter dem Eindruck seiner Lutherstudien gewinnt er gar die Überzeugung, dass sich diese Beerbung über die protestantische Epoche christlichen Selbstverständnisses vollziehen müsse. Hingegen bestehen maßgebliche Differenzpunkte darin, dass die kulturprotestantische Erklärung den in Feuerbachs Version implizierten religionskritischen Akzent für überholt hält. Er erweise sich philosophisch für überholt, weil Feuerbachs Philosophie aus einer von Missverständnissen gefangenen Rezeption der Denkschulen des deutschen Idealismus gespeist werde. Und religionstheoretisch sei jener Affekt überholt, weil Feuerbach auf das Vorurteil von Religion festgelegt sei, Gott als ein vom menschlichen Wesen unterschiedenes und getrenntes Wesen zu begreifen. Freilich könne sich der Religionskritiker hierbei auf die Gottesbilder vormoderner Autoritätskultur berufen, welche Gott als supranatural von außen auf den Glauben einwirkendes und auf die Weltläufe eingreifendes Subjekt vorstellen. Die Religiosität des modernen autonomen Selbstbewusstseins habe Feuerbachs Religionskritik aber nicht erfasst. Religion bedeute hier, Erfahrungen mit unzähligen Bedingtheiten des Lebens im Horizont des Unbedingten zu machen auf einer Reflexionsebene, wo man sich dieses Horizontes bewusst sei. Solches Bewusstsein könne sich in vielfacher Symbolik Ausdruck verschaffen. Ein Gottesbegriff sei dabei nicht das Entscheidende. Das religiöse Bewusstsein näher kennzeichnen wollen – etwa in einer Suche nach dem spezifisch Christlichen –, solches Anliegen gehe in die Irre, weil es die im Selbstbewusstsein verankerte Religiosität auf etwas Objektives, auf Lehren, Texte, Institutionen, Ereignisse usw. festzulegen suche und darin die schöpferische Aktivität des religiösen Subjekts beschneide.

Wie kommt in diesem Diskurszusammenhang die durch Schleiermacher angestoßene Wesensbestimmung zu stehen? Durch Bildung, Freundschaften sowie durch sein Schaffen vielfach mit dem Gedankengut des deutschen Idealismus verflochten, bleibt seine theologische Konzeption nicht auf die Analyse des religiösen Selbstbewusstseins beschränkt, sondern arbeitet bei der Suche nach den je eigenen Wesensmerkmalen der vorfindlichen Religionen an der christlichen die das religiöse Bewusstsein erlösende Wirksamkeit der Person des Jesus von Nazareth heraus. Insoweit damit geschichtliche Problemstellungen auftreten, hat sich Schleiermacher zwar diesen gestellt (mit der Vorlesung 1832 über das „Leben Jesu", die erst posthum veröffentlicht wurde, und welche die Grenzen damaliger exegetischer Diskussionen zeigt; vgl. KGA II/15). Theologisch relevant bleibt aber für ihn allein der Tatbestand, dass es eine menschliche Person ist (Geschichtlichkeit), welche die christliche Religion darin kennzeichnet, dass ihr einzigartiges Gottesbewusstsein auf den Glauben der Menschen wirkt (Urbildlichkeit), indem sie die Glaubenden in die Gemeinschaft ihres Gottesbewusstseins aufnimmt

(Versöhnung) und deren Gottesbewusstsein kräftigt (Erlösung). Sosehr Feuerbach seine Auffassung vom Wesen des Christentums aus der Auseinandersetzung mit Hegel und nicht mit Schleiermacher gewonnen hat, konnte ihn doch letzterer in der eigenen Sicht von dem christozentrischen Wesensmerkmal der christlichen Religion bestärken. Dem Schleiermacherschen Deutungskonzept steht er aber ablehnend gegenüber, weil es für die Wesensbestimmung die Wirksamkeit einer geschichtlichen Person und deren Totaleindruck auf das religiöse Bewusstsein ins Zentrum rückt. Solche Vergöttlichung eines Individuums widerspricht nicht nur seiner philosophischen Anthropologie. Darüber hinaus bezieht sie historische Aspekte ein, welche die im *Wesen des Christentums* gehandhabte genetisch-kritische Methode ausschließt. Ausdrücklich hält Feuerbach im Vorwort zur 2. Auflage fest, dass für seine Untersuchung die historisch-kritische Rückfrage nach Jesus, wie sie unter der Problemstellung „Leben Jesu" in der damaligen protestantischen Theologie diskutiert wird, kein Thema ist (GW 5, 23; vgl. GW 18, 134). Es tut sich also ein sehr grundsätzlicher Unterschied in der Wesensbestimmung zwischen der Vorgehensweise Feuerbachs und der Schleiermachers auf, auch wenn sich an der Ereignishermeneutik des letzteren in der Theologie des 20. Jahrhunderts bis zur Gegenwart durch Einbeziehung Heideggerscher und angelsächsischer Sprachphilosophie kommunikationswissenschaftlich vieles weiterentwickelt hat. Dagegen zeichnet sich eine Vergleichbarkeit des ereignishermeneutischen mit dem zuvor skizzierten kulturhermeneutischen Ansatz ab im Hinblick auf die Offenheit, mit welchen Symbolen der Mensch seinem Glauben Ausdruck verschafft. Alle traditionellen Begriffe – bis hin zum Christus-Titel – sind der theologischen Reflexion auf ihre Kontextgebundenheit transparent. Aber anders als in der subjektlogischen Variante von Kulturhermeneutik ist für die ereignishermeneutische Wesensbestimmung ausschlaggebend, das religiöse Subjekt in dem Erfasstsein von dem Anerkennungsgeschehen, welches von dem Nazarener inauguriert wurde, begründet zu sehen.

Der Unterschied zur Feuerbachschen Wesensbestimmung, wie er schon in Schleiermachers Ansatz angelegt ist und sich in den ihm nachfolgenden Konzeptionen fortsetzt, zeigt für die theologische Arbeit eine Perspektive weitreichender Diskussionen an. Beispielsweise stellt sich das Problem, ob jener grundsätzliche Unterschied eher auf den Perspektivenunterschied von Innen (im Erfasstsein von dem Anerkennungsgeschehen) und Außen (im Nicht-Erfasstsein von demselben) verweist. Und letzteres verlangt nach weiteren Differenzierungen, inwieweit es sich aus Verwurzelung in anderen Religionen erklären lässt oder in religiöser Indifferenz begründet liegt oder wie bei Feuerbach auf die Rezeption eines religionskritisch geläuterten Erbes hinausläuft. Oder muss die Theologie eine Unterscheidung zwischen Innen und Außen von sich weisen, weil sie christliche Religiosität nicht in einem Ereignis begründet sieht, sondern wie jede

Religion im Subjekt, so dass am Ende die Stringenz der subjektlogischen Reflexivität auf dem Prüfstand steht? Aus diesem Blickwinkel erwiese sich die Feuerbachsche Wesensbestimmung als ein von Missverständnissen fehlgeleiteter Diskurs auf die eine Vernunft. Doch was ist von der Idee der einen Vernunft unter der Aufmerksamkeit auf die Pluralität der Rationalitäten zu halten? Verweist nicht das Sich-bewusst-Sein des religiösen Subjekts von seinem Begründetsein in einem Ereignis der Geschichte gerade auf die Aufgabe, vor der Relativität der Geschichte nicht in die Sehnsucht nach Letztbegründung zu flüchten und der Rationalität der jeweiligen Religion auf die Spur zu kommen: nämlich Klarheit über die eigene – hier christliche – Religiosität zu gewinnen und die andere Religiosität möglichst verstehen zu können?

Drei Fragen wurden ausgebreitet, um einen Eindruck davon zu vermitteln, wie vielfältig Feuerbachs Religionskritik bis heute nachwirkt und der gegenwärtigen Theologie Perspektiven für weiteres Nachdenkens eröffnet. Unverkennbar stehen alle diese und andere Problemstellungen unter dem Zeichen der Herausforderung. So bleibt der Name Feuerbach auch weiter ein „Pfahl im Fleisch der neueren Theologie" (Barth 1927, 26); aber nicht nur für bestimmte Schulen der neueren Theologie, wie Karl Barth wähnte, sondern für alle Richtungen und Ansätze, wenngleich sie den Schmerz der religionskritischen Herausforderung unterschiedlich verspüren und diagnostizieren werden. Schmerzempfindung ist aber hilfreich.

Literatur

Ascheri, Carlo (1969): Feuerbachs Bruch mit der Spekulation. Kritische Einleitung zu
    Feuerbach: Die Notwendigkeit einer Veränderung (1842), Frankfurt a.M. und Wien.
Barth, Karl (1927): Ludwig Feuerbach. Mit einem polemischen Nachwort, in: Zwischen den
    Zeiten, München 5, 11–40.
Barth, Ulrich (2005): Gott als Projekt der Vernunft, Tübingen.
Becker, Patrick und Diewald, Ursula (Hg.) (2011): Zukunftsperspektiven im
    theologisch-naturwissenschaftlichen Dialog, Göttingen.
Dalferth, Ingolf U. (2003): Die Wirklichkeit des Möglichen. Hermeneutische
    Religionsphilosophie, Tübingen.
Glasse, John (1972): Why did Feuerbach concern himself with Luther?, in: Revue internationale
    de philosophie 26, 364–385.
— (1975): Feuerbach und die Theologie. Sechs Thesen über den Fall Luther, in: Atheismus in
    der Diskussion. Kontroversen um Ludwig Feuerbach, hg. v. Hermann Lübbe und
    Hans-Martin Sass, München und Mainz, 28–35.
Grün, Karl (Hrsg.) (1874): Ludwig Feuerbach in seinem Briefwechsel und Nachlass sowie in
    seiner philosophischen Charakterentwicklung, 2 Bde., Leipzig und Heidelberg.

Hummel, Gerhard (1970): Die Sinnlichkeit der Gotteserfahrung. Ludwig Feuerbachs Philosophie als Anfrage an die Theologie der Gegenwart, in: Neue Zeitschrift für systematische Theologie 12, 44–62.
— (1971): Geschichte und Natur. Ludwig Feuerbachs Philosophie als Anfrage an die Theologie der Gegenwart, in: Christsein in pluralistischer Gesellschaft. 25 Beiträge aus evangelischer Sicht, hg. v. Hans Schulze, Hamburg, 94–112.
Hegel, Georg Wilhelm Friedrich (1984): Vorlesungen über die Philosophie der Religion, hg. v. Walter Jaeschke, Bd. 3, Hamburg.
Kern, Udo (1998): Der andere Feuerbach: Sinnlichkeit, Konkretheit und Praxis als Qualität der „neuen Religion" Ludwig Feuerbachs, Münster.
— (1984): Zu Ludwig Feuerbachs Lutherverständnis, in: Neue Zeitschrift für systematische Theologie 26, 29–44.
Müller, Julius (1842): Das Wesen des Christentums von L. Feuerbach, in: Theologische Studien und Kritiken 15, Bd. 1, 171–269.
Pannenberg, W. (1967): Grundfragen systematischer Theologie. Gesammelte Aufsätze, Göttingen.
— (1973): Wissenschaftstheorie und Theologie, Frankfurt/M.
— (1983): Anthropologie in theologischer Perspektive, Göttingen.
Petzoldt, Matthias (1989): Gottmensch und Gattung Mensch. Studien zur Christologie und Christologiekritik Ludwig Feuerbachs, Berlin.
— (2005): Kommunikations- und medientheoretische Anmerkungen zur subjektivitätstheoretischen Kritik an der Wort-Gottes-Theologie, in: Krisen der Subjektivität. Problemfelder eines strittigen Paradigmas, hg. v. Ingolf U. Dalferth und Philipp Stoellger, Tübingen, 417–453.
— (2008): Zwischenzeitliches Interesse an Luther Theologie. Zum Wandel in Ludwig Feuerbachs Denken, in: Studien zur Luther-Rezeption von der Aufklärung bis zum 20. Jahrhundert, hg. v. Christian Danz und Rochus Leonhardt, Berlin und New York, 123–168.
Schulz, Heiko (2006): Der Traum des wahren Bewusstseins. Zur Aktualität der Religionskritik Ludwig Feuerbachs, in: Kritik der Religion. Zur Aktualität einer unerledigten philosophischen und theologischen Aufgabe, hg. v. Ingolf U. Dalferth und Hans-Peter Großhans, Tübingen, 117–144.
Türcke, Christoph (2006): Religionskritik zweiten Grades, in: Kritik der Religion. Zur Aktualität einer unerledigten philosophischen und theologischen Aufgabe, hg. v. Ingolf U. Dalferth und Hans-Peter Großhans, Tübingen, 319–328.

Christine Weckwerth
14 Philosophische Perspektiven des *Wesens des Christentums*

14.1 Was heute an Feuerbachs Religionsschrift interessieren kann

Jede Zeit liest klassische Texte der Philosophiegeschichte unter anderen Fragestellungen; im Laufe der Wirkungsgeschichte ändern sich nicht nur die Deutungen, sondern ebenfalls die philosophischen Perspektiven, die daraus bezogen werden. Das *Wesen des Christentums* wurde im Vormärz vornehmlich als eine Kritik und Scheintheorie der Religion rezipiert, worin man zugleich einen Angriff auf den christlichen Staat gesehen hat. Dazu trug nicht zuletzt Feuerbachs kritische Haltung gegenüber dem modernen Christentum bei, das er als eine zum Untergang verurteilte geschichtliche Erscheinung charakterisiert hatte (siehe 7 ff.). Die Deutung des *Wesens des Christentums* als eine Religionskritik prägt bis heute seine Wirkungsgeschichte. Wenn Feuerbach in neueren philosophiegeschichtlichen und religionsphilosophischen Handbüchern Erwähnung findet, was nicht die Regel ist, tritt er darin als Typus eines Kritikers auf, der Religion als eine illusionäre Projektion bestimmt (siehe stellvertretend Oelmüller und Dölle-Oelmüller 1997, 154 f., 162 f.; Riesebrodt 2007, 85 ff.). Das *Wesen des Christentums* gilt bis heute als ein Abgesang auf das Christentum, wobei Feuerbach in eine Reihe mit Religionskritikern wie Max Stirner, Friedrich Nietzsche oder auch Richard Dawkins gestellt wird (so Tegtmeyer 2014, 237).

Den Status einer Scheintheorie besitzend ist das *Wesen des Christentums* heute ins Abseits geraten; haben sich die christlichen Konfessionen wie die anderen großen Religionen doch bis in unsere Zeit erhalten. Die religiöse Sphäre gehört wie Wirtschaft, Politik, Wissenschaft, Kunst oder Philosophie zum Erscheinungsbild der modernen Gesellschaft, was man anhand einer medialen Präsenz religiöser Konflikte täglich erleben kann. Seit längerem spricht man in dieser Hinsicht von einer Renaissance des Religiösen, die zumindest eine „des Redens über Religion" ist (Flasch 2012, 9). Es sind zugleich Grenzverschiebungen zwischen der religiösen und anderen soziokulturellen Sphären eingetreten, was sich an einer Politisierung und Ökonomisierung der Religionen ebenso wie an dem Einzug religiöser Symbole und Vorstellungen in die politische und wirtschaftliche Welt zeigt (siehe stellvertretend Riesebrodt 2000; Graf 2004; Graf, Meier 2013). Wie sich anhand gegenwärtiger gesellschaftlicher Auseinandersetzungen beobachten lässt, wohnt religiösen Glaubensgemeinschaften einerseits eine starke soziale Bindungskraft, andererseits ein Gewaltpotenzial inne, das sich gegen Nicht- bzw. Andersgläubige richtet. Um diese Entwicklungen zu verstehen, greift es zu kurz, die Religion als eine bloße Scheinform abzutun; die Philosophie steht vielmehr vor der Aufgabe, die Religion als einen selbstständigen Teilprozess in der geschichtlichen Vergesellschaftung des Menschen zu erschließen, und zwar ohne theologische Einschlüsse.

Hält man sich nicht an die Deutungen, sondern an das Original, zeigt sich, dass die Frage nach der *differentia specifica* der Religion in Feuerbachs *Wesen des Christentums* eine zentrale Rolle spielt. Erst nachdem Feuerbach die christliche Religion darin positiv bestimmt hat, geht er zu ihrer Kritik über, was den abgeleiteten Status der Kritik zeigt. Nicht zuletzt vor dem Hintergrund der gegenwärtigen Entwicklungsprozesse ist dem doppelten Aspekt von Spezifikation und Kritik in seiner Religionsschrift wieder Beachtung zu schenken (siehe bereits Schmidt 2000). Feuerbach erschließt die christliche Religion darin von einem anthropologisch-phänomenologischen Standpunkt. Er deutet sie als eine vom Menschen hervorgebrachte, geschichtlich-kulturelle Sphäre, die von den Gläubigen gleichwohl als Ausdruck eines überweltlichen Subjekts verstanden wird. Er zeigt sie als ein komplexes Beziehungsgefüge von Erscheinendem, Scheinendem und Wesentlichem auf, dem man nicht gerecht werde, wenn man die Religion in philosophische Begriffe oder umgekehrt die Philosophie in Theologie auflöst. Angesichts des Fortbestehens beider Tendenzen bis in die Gegenwart besitzt sein Ansatz noch heute Aktualität, und zwar über eine kritische Bedeutung hinaus. Mit dieser Thematik wird sich der zweite Abschnitt beschäftigen.

Das *Wesen des Christentums* enthält nicht nur eine Spezifikation der Religion, sondern ebenfalls eine des Menschen. Die christliche Religion dient Feuerbach als eigentümlicher Schlüssel zur Conditio humana. Dieser Ansatz entspringt seiner Auffassung, im Christentum einen gegenständlichen Ausdruck menschlicher Existenz und Aktivität zu sehen. Die Ausarbeitung der Religionsphilosophie und Anthropologie gehen bei ihm Hand in Hand. Ins Zentrum seiner Philosophie tritt der „ganze" Mensch, was Michael Landmann bewogen hat, Feuerbach als einen „Vorläufer der Gegenwartssituation" zu bezeichnen (Landmann 1982, 37). Insofern die Philosophie gegenwärtig vor der Aufgabe steht, die differenten wissenschaftlichen, medizinischen, biotechnologischen usw. Zugänge zum Menschen in eine integrierende Perspektive zusammenzuführen (siehe Krüger 2006, 15 ff.), hat dieses aus dem vorigen Jahrhundert stammende Urteil, wie ich denke, seine Gültigkeit nicht verloren. Wenngleich Feuerbach die menschliche Gattung in seiner Religionsschrift anhand einer besonderen soziokulturellen Sphäre erschließt, gelangt er dabei zu allgemeinen Optionen, die berechtigen, seiner Schrift eine eigenständige anthropologische Perspektive zuzuerkennen. Dieser Thematik wird im dritten Abschnitt nachgegangen.

Neben der religionsphilosophischen und anthropologischen lässt sich dem *Wesen des Christentums* eine dritte Perspektive entnehmen, die aus Feuerbachs ethischer Deutung des Christentums resultiert. Die Kritik an einer religiös eingefassten Ethik führt ihn in seiner Schrift zur Aufgabe einer „durch sich selbst" begründeten Ethik, die er als eine bei dyadischen Interaktionen einsetzende Theorie gegenseitiger Beziehungen konzipiert. Ungeachtet seiner idealistischen Schlussfolgerungen schlägt er auf moralphilosophischem Gebiet damit einen Weg ein, der angesichts anstehender ethischer Fragestellungen noch heute anschlussfähige Aspekte besitzt. Damit wird sich abschließend der vierte Abschnitt beschäftigen.

Alle drei genannten Perspektiven lassen sich auf Feuerbachs in seiner Religionsschrift vollzogene anthropologische Wende zurückführen, die er auf Basis einer phänomenologischen Methode entwickelt. Seine anthropologisch-phänomenologische Umbildung der Philosophie stellt keine Negation, sondern eine Fundierung der klassischen Subjektphilosophie dar und wird hier als unabgegoltene Hauptperspektive seiner Schrift angesehen. Demgegenüber werden andere Aspekte, so Feuerbachs tendenzielle Substanzialisierung der menschlichen Gattungseinheit wie seine Vergottung des Menschen, mit der er die menschliche Gattung in den Rang eines „neuen Gottes" einsetzt, zurückgestellt. Diese Aspekte seiner Philosophie wurden bereits von den Junghegelianern kritisiert (siehe stellvertretend Bauer 1845). Nicht im Gedanken des Homo Deus, sondern in Feuerbachs phänomenologisch ausgerichteter Anthropologie wird hier eine Wegrichtung gesehen, die auch für die Philosophie im 21. Jahrhundert noch bedenkenswert ist.

14.2 Zur religionsphilosophischen Perspektive

Das Eigentümliche der Religion macht Feuerbach in seiner Schrift zunächst am Bild fest, das weder ein Gedanke noch die Sache selbst sei (GW 5, 6). Mit dieser Spezifikation grenzt er sich sowohl von der spekulativen Religionsphilosophie als auch der christlichen Mythologie ab, welche Richtungen die Religion auf eine inadäquate Weise bestimmten. Während die Spekulation die Religion der Philosophie aufopfern würde, opfere die Mythologie die Philosophie der Religion auf (GW 5, 3). Die letzte Sichtweise zeichnet seiner Auffassung nach die positive Philosophie aus (siehe GW 5, 11), zu der er Jacobi, Schelling oder von Baader rechnet (siehe GW 8, 181 ff.). Wenngleich in modifizierter Form finden sich beide Tendenzen auch unter den Bedingungen des „nachmetaphysischen" Philosophierens. So stößt man einerseits auf Ansätze, welche die Religion primär im Hinblick auf ihre rationale Geltung reflektieren. Der religiöse Glauben wird von Vertretern dieser Richtung als eine Wissensform und damit als kompatibel mit der argumentativ verfahrenden Philosophie angesehen (siehe stellvertretend Kutschera 1990, VIIff., 241 ff.). In Fortsetzung kantischer Auffassungen wird Religionsphilosophie im Sinne einer vernunftgeleiteten Kritik bzw. Rechtfertigung der Religion verstanden. Zu dieser Sichtweise hat nicht unwesentlich die linguistische Wende in der Religionsphilosophie beigetragen, mit der ein besonderes Augenmerk auf die kognitive Funktion des religiösen Sprachgebrauchs gelegt wurde (siehe Dalferth 1974, 36 ff.). Der ersten Tendenz ist schließlich auch die dem Positivismus und Szientismus entsprungene Auffassung zuzurechnen, wonach den religiösen Aussagen generell ein Sachbezug und Bedeutungsgehalt abzusprechen sei (siehe exemplarisch Dawkin 2006).

Es finden sich andererseits Ansätze, die die Philosophie wieder religiösen Erfahrungs- und Vorstellungsgehalten öffnen wollen. Ein paradigmatischer Diskurs hat in dieser Hinsicht vor zwanzig Jahren auf Capri stattgefunden, bei dem der italienische Philosoph Gianni Vattimo eine Rückkehr der Philosophie zur Positivität religiöser Erfahrung eingefordert hat (Vattimo 2001, 112–115). Unter Berufung auf Heidegger und Schelling spricht er sich in seinem Beitrag für eine Hinwendung zum Mythos aus, der wie andere religiöse Erfahrungen „nicht völlig ins Argumentativ Rationale übersetzbar" sei (ebenda, 116). Er verweist die Philosophie auf ein unvordenkliches, außergeschichtliches „ganz Anderes", womit sie wieder eine – im Kant'schen Sinne – metaphysische und theologische Ausrichtung erhalte (siehe diese Tendenz auch bei Derrida 2001; dagegen Habermas 2005, 252f., 255–257). Eine solche Rückbesinnung auf die Religion wird bezeichnender Weise „außerhalb der Schemata der aufklärerischen Kritik" gedacht (Vattimo 2001, 113). Die zwischen Glauben und Wissen unterscheidende Aufklärungskritik wird entsprechend als ein anachronistischer Ansatz betrachtet. Das „Ziel der Aufklärung, Gott zu dekonstruieren", wie in einem ähnlichen Kontext bemerkt wurde, habe in unserer Zeit „allen intellektuellen Reiz verloren" (Bohrer und Scheel 1999, 769).

In Abgrenzung sowohl von einer rationalistischen als auch theologischen Sichtweise bestimmt Feuerbach die Religion im *Wesen des Christentums* als eine Bilder erzeugende Vergegenständlichungsform der geschichtlich agierenden Menschen, die hinsichtlich ihres subjektiven Trägers undurchschaut bleibe (siehe GW 5, 46 f., 316). Er schließt hier an die Programmatik der vormaligen Subjektphilosophie an, das Subjekt im Horizont seiner gegenständlichen Setzungen zu begreifen, die er ohne theologische Rücksichtsnahmen eigens auf die Religion anwendet. Als prägende subjektive Strukturierungskomponenten der Religion hebt er Gefühl (Liebe) und Phantasie, im Weiteren auch Verstand, Glauben,

Wünschen oder Hoffen hervor, denen seiner Darstellung nach besondere Gegenstandsformen korrespondieren. Die religiöse Sphäre zeichnet nach ihm aus, dass die Welt der religiösen Gegenstände zunächst nicht von der subjektiven Gefühls-, Glaubens- und Vorstellungswelt geschieden ist, d. h. äußere Tatsachen und innere Erfahrungen hier unmittelbar ineinander übergehen.

Den Kern der Religiosität setzt Feuerbach in eine unmittelbare Beziehung des Individuums auf eine unbeschränkte Ganzheit, die als höchstes Agens jeweils in einer besonderen Gegenständlichkeit imaginiert werde. Diese Beziehung zeichnet seiner Auffassung nach eine eigentümliche Polarität aus: Der Mensch fühle sich gegenüber dem unbeschränkten, vollkommenen Ganzen nichtig, wie er vermittels der Religion selbst unbeschränkt, vollkommen werde (siehe GW 5, 65, 73 f.). Feuerbach schließt hier an die gefühlsphilosophische Bestimmung der Religion als ein individuelles Offenbarungserlebnis an, entschlüsselt das subjektive Erleben jedoch nicht als Ausdruck eines transzendenten Wirkprinzips, sondern führt es auf eine immanente Relation des Menschen zu einer überindividuellen, objektiven Realität zurück, die er bezogen auf das Christentum als die zu einem unbeschränkten Tätigkeitsprinzip idealisierte menschliche Gattung bestimmt (siehe GW 5, 203, 262 ff.). Im Gegensatz zu sprachanalytischen, funktionalen u. a. Ansätzen der neueren Religionsphilosophie erkennt er der Religion damit einen objektiven Wirklichkeitsgehalt zu, den er im Unterschied zur Theologie auf eine immanente Weise erklärt (siehe dazu Jaeschke 1990). Erst im Rahmen seiner Beschäftigung mit der Naturreligion räumt er auch der Natur eine eigenständige Bedeutung für die religiöse Gegenstandsbildung ein, wohingegen er im *Wesen des Christentums* die Natur der Gattungsproblematik unterordnet (siehe dazu auch GW 6, 26 f.; GW 10, 3).

Die anthropologische Sichtweise leitet Feuerbach notwendig auf das Problem des Ursprungs der Religion. In einer Replik auf eine Rezension seines *Wesens des Christentums* stellt er die „natürlich unwillkürliche Genesis" der Religion als den „eigentlich philosophischen Zentralpunkt" seiner Schrift heraus und fragt in diesem Kontext nach dem objektiven Vollzugszwang der religiösen Akte (GW 9, 183 f.). Er führt das religiöse Verhalten darin auf einen bewusst wahrgenommenen Bruch zwischen Individuum und unbeschränktem Gattungssein sowie auf das gleichzeitige Bedürfnis des Individuums zurück, seine partikulare, endliche Existenz zu überschreiten (GW 5, 455 ff.). Den Ursprung der Religion erklärt er somit aus dem humanspezifischen Bedürfnis nach Selbsttranszendenz (siehe auch Joas 1999, 10 f., 24 f.), das weder transzendentalen Prinzipien noch einem außerweltlichen Sein, sondern dem Spannungsverhältnis von (beschränktem) Individuum und (potenziell unbeschränkter) menschlicher Gattung entspringe. In der religiösen Gegenstandsbildung sieht er eine spezifische Einlösung dieses

Bedürfnisses, womit eine ideale Gegenwirklichkeit zur bestehenden Welt erzeugt werde.

Feuerbach erschließt die christliche Religion vermittels einer Methode, bei der er sich offensichtlich an Hegels *Phänomenologie des Geistes* orientiert (Weckwerth 2000). Bereits in seiner *Leibniz*-Schrift hat er die Religionsphilosophie als eine „Phänomenologie der Religion" konzipiert, deren Aufgabe es sei, „den Standpunkt der Religion, genetisch zu entwickeln und dadurch als einen realen und wesenhaften nachzuweisen" (GW 3, 121, 123). Wenngleich sein *Wesen des Christentums* in methodischer Hinsicht unausgereift bleibt, worauf er selbst verweist (GW 5, 3), zeigt sich seine phänomenologische Ausrichtung sowohl in der Wahl des Gegenstandes als auch in dessen eigentümlicher Darstellung. So bezieht sich er auf das „klassische" Christentum (GW 5, 6), d.h. auf eine besondere geschichtliche Erscheinungsform der Religion, die er nicht nur in ihren objektiven Bestimmungen, sondern ebenfalls aus der Sicht der Gläubigen reflektiert, wozu er auf die Kirchenväter und Scholastiker sowie in der zweiten Auflage verstärkt auch auf Luther zurückgreift. Die Theologie als „intellektuelle Rationalisierung religiösen Heilsbesitzes" (Max Weber) dient ihm spezifisch als Brücke zwischen Religion und Philosophie. Um die Religion in ihrem geschichtlichen Fortgang zu kennzeichnen, greift er auf die Hegel'schen Kategorien von An-sich-Sein und Für-sich-Sein zurück. Er stellt in diesem Zusammenhang heraus, „daß das, was der frühern Religion für etwas Objektives galt, als etwas Subjektives, d.h., was *als Gott* angeschaut und angebetet wurde, jetzt als etwas *Menschliches* erkannt wird. Die frühere Religion ist der spätern Götzendienst [...] Jeder Fortschritt in der Religion ist daher eine tiefere Selbsterkenntnis" (GW 5, 47). Der religiöse Mensch sieht hinter seinen Vorstellungen und Bildern demnach zunächst das Walten einer göttlichen Kraft, womit diese für ihn den Status eines An-sich-Seins besäßen (siehe GW 5, 52f.). Auf einer späteren Entwicklungsstufe würden sie demgegenüber als bloße Abbilder bzw. Anthropomorphismen erkannt, was für Feuerbach Ausdruck eines sich ausbreitenden Zweifels und Unglaubens ist (GW 5, 53). In der Folge kommt es zu religiösen Umbildungen bzw. zu neuen Bildfindungen. Der religiöse Prozess erweist sich unter dieser Voraussetzung als eine spezifische Abfolge kollektiver Gegenstandsbildungen sowie Gegenstandsdestruktionen, bei denen jeweils der Bildcharakter der religiösen Gegenstände in Frage gestellt sowie gleichzeitig eine neue Bildlichkeit erzeugt wird. Der dieser Sphäre notwendig zukommende Schein resultiert daraus, dass die unbewusst erzeugten religiösen Bilder als eine an-sich-seiende Welt aufgefasst werden. In seiner „Dialektik des mythischen Bewusstseins" hat Cassirer den mythischen Prozess vergleichbar als formzerstörend und formaufbauend gekennzeichnet, wobei er das „Ineinander und Gegeneinander von ‚Sinn' und ‚Bild'" als eine Wesensbedingung des Religiösen charakterisierte (Cassirer 1995, 19 und Cassirer 2002, 305; siehe auch Moxter 2000, 176 ff.).

Feuerbach gelangt vermittels der phänomenologischen Methode zu einer immanenten Kritik der Religion, welche die religiöse (theologische) Selbstkritik überschreitet. Die Aufgabe der Philosophie besteht für ihn darin, den dinglichen Schein der religiösen Erscheinungen aufzulösen und die religiösen Vermittlungen dieser Sphäre als genuine Gegenstandsbildungen des Menschen aufzuzeigen. Obwohl er das Christentum selbst als die vollendetste Religion ansieht (GW 5, 256, 261), ist er sich bewusst, dass die Religionsphilosophie nur im Horizont aller geschichtlichen Erscheinungen der Religion zu entwickeln ist (GW 5, 306). Seine spätere Hinwendung zur Naturreligion wie auch zur griechischen und jüdischen Religion bedeutet in dieser Hinsicht eine Erweiterung der phänomenologischen Basis. Die immanente Kritik wird im *Wesen des Christentums* allerdings von einer externen Kritik überlagert, welche die (christliche) Religion generell als ein entfremdetes Selbstverhältnis des Menschen begreift. Als Maßstab legt Feuerbach hierbei das philosophische Selbstverständnis zugrunde, womit er – entgegen seiner eigenen Intention – die „Norm der Erkenntnis" zur „Norm des Religiösen" erhebt (siehe GW 3, 121).

Mit Kant, Fichte und Hegel teilt er die Intention, die christliche Religion in ihren zentralen Glaubensüberzeugungen philosophisch einzuholen (siehe dazu Habermas 2005, 216 ff.; Irrlitz 2002, 381 ff.). Indem er zwischen Religion und Philosophie nicht nur in formaler, sondern auch inhaltlicher Hinsicht differenziert, weicht er von seinen Vorgängern allerdings in einem entscheidenden Punkt ab. Religion und Philosophie repräsentieren für ihn nicht lediglich zwei unterschiedliche Bewusstseins-, Selbstbewusstseins- oder Geistformen; er begreift sie vielmehr als qualitativ heterogene Objektivierungssphären, denen eigene Wahrheits- und Wertbegriffe zuzusprechen seien. Er bezieht hierbei auch vor-sprachliche bzw. vor-rationale Verhaltenskomponenten ein, die ihm zufolge konstitutiv in die religiöse Gegenstandsbildung eingehen. Damit wertet er die materielle und emotional-sinnliche Dimension der Religion auf, wie sie für ihn exemplarisch im Wunderglauben (GW 5, 226 f.) oder in den Sakramenten der Taufe und des Abendmahls zutage tritt (GW 5, 393 ff.).

Im Hinblick auf gegenwärtige Diskussionen kann man in seiner anthropologisch-phänomenologischen Religionsphilosophie sowohl ein Korrektiv gegen eine kognitivistische, sprachphilosophische oder funktionale Einebnung als auch gegen eine Mythologisierung bzw. Ontologisierung der religiösen Bilder sehen. Feuerbach verlagert den Schwerpunkt von der Rechtfertigungsproblematik zur Frage nach den genuinen Entstehungsbedingungen der Religion, von der aus religiöse Transformationsprozesse erst angemessen zu begreifen sind. Ohne Rückgang auf die Entstehungsbedingungen lassen sich m. E. auch gegenwärtige

Entwicklungen wie die Individualisierung und Pluralisierung des Religiösen nicht adäquat verstehen, mit denen spirituelle Muster immer mehr von persönlichen Entscheidungen abhängig gemacht werden (Taylor 2002, 57; Taylor 2012, 843 ff.). Auch die gegenwärtig zu konstatierende Rückkehr zu tradierten orthodoxen Formen, in deren Folge der Religion wieder eine kulturelle Monopolstellung eingeräumt wird, bleibt ansonsten unverständlich. Auf Basis des Feuerbach'schen Ansatzes werden diese Prozesse nicht als Entartung, sondern als Transformationen der religiösen Sphäre betrachtet, die eine Reaktion auf unabweisbare individuelle und gesellschaftliche Bedürfnisse darstellen. Seine Religionsphilosophie leitet in dieser Hinsicht zu gesellschaftstheoretischen Fragestellungen über, deren Beantwortung Feuerbach allerdings schuldig bleibt. Eine von anthropologischen Prämissen ausgehende Gesellschaftstheorie hat in seiner Nachfolge Marx konzipiert, der die Religionsproblematik jedoch zugunsten der Ökonomiekritik aufgegeben hat. Am nächsten kommt der Feuerbach'schen Religionsphilosophie heute der pragmatische Ansatz, der sich allerdings nicht an den gegenständlichen Vermittlungen der Religion, sondern an einem praxisgeleiteten Religionsbegriff orientiert (siehe etwa Riesebrodt 2007, bes. 11 ff.).

14.3 Zur anthropologischen Perspektive

Feuerbachs erklärtes Ziel im *Wesen des Christentums* ist, Theologie in Anthropologie aufzulösen (GW 5, 7, 173). Seine Religionsschrift läuft in dieser Hinsicht auf anthropologische Fragestellungen hinaus und bildet eine Brücke zu seinen 1843 erscheinenden Programmschriften. Der Zusammenhang von Religionsphilosophie und Anthropologie resultiert aus seinem Ansatz, die Religion als ein Selbstverhältnis des Menschen zu begreifen (GW 5, 316). Die humanspezifischen Gehalte der Religion liegen für ihn allerdings nicht offen zutage, sondern sind von der Philosophie erst freizulegen.

Um diese Gehalte aufzudecken, stellt er seiner Religionsanalyse einen allgemeinen Begriff vom Menschen voran, den er der Subjektphilosophie und Vermögenspsychologie entlehnt (siehe GW 5, 28–44). Der Mensch ist für ihn ein Wesen, das im Unterschied zum Tier ein Bewusstsein seiner unbeschränkten Gattung habe (GW 5, 28), was möglich sei, weil dieser seine partikulare Existenz transzendieren und sich dabei als ein – potenziell unbegrenzt – produzierendes und reflektierendes Wesen erfahren kann. Die *„Geschichte der Menschheit"*, wie Feuerbach an späterer Stelle bemerkt, „besteht in nichts anderm als einer fortgehenden *Überwindung von Schranken"* (GW 5, 267). Er ordnet dem Menschen in seinen Eingangsbestimmungen die subjektiven Grundkräfte Vernunft, Wille und Herz zu (GW 5, 30 ff.), die ihm zufolge geschichtlich geprägte, objektive Bestimmungen sind, denen sich der Einzelne nicht entziehen könne. In seinen anschließenden Ausführungen konkretisiert er diese allgemeine Charakteristik und arbeitet anhand zentraler christlicher Lehren differente anthropologische Komponenten heraus. Insofern er das Christentum als eine „Religion des Leidens" begreift (GW 5, 125), gelangt er hierbei zu Bestimmungen, die den Menschen insbesondere in seiner emotional geprägten Leidens- und Mitleidensfähigkeit erfassen. Die christliche Trinität wie auch die Beziehung zwischen der Mutter und dem Sohn Gottes deutet er als spezifische Ausdrücke für gemeinschaftliches Leben, wobei er in der Aristoteles-Hegel'schen Tradition letzterem einen Vorrang gegenüber dem Einzelleben einräumt. Gemeinschaftliches Leben schließt für ihn Liebe und Freundschaft ebenso wie Abhängigkeit und ein „Nicht-von-sich-selbst-Sein" ein (siehe GW 5, 136–149). Auf der elementarsten Ebene tritt Gemeinschaft ihm zufolge in der Beziehung zwischen Ich und Du zutage, die er als „Grundbedingung aller Persönlichkeit, alles Bewußtseins" begreift (GW 5, 178). Anhand der christlichen Kosmogonie geht er ebenfalls auf die natürlichen Voraussetzungen des Menschen ein und stellt in diesem Zusammenhang den organischen Leib und die Geschlechtsdifferenz heraus. In der biologisch bedingten Geschlechtlichkeit erkennt er den elementarsten Ausdruck für die – in leiblichen Beziehungen verankerte – Sozialität des Menschen, von der aus erst dessen Personalität zu denken sei (siehe GW 5, 176–179). Er kann hierbei an seine pantheistischen Frühschriften anschließen, in denen er das Subjekt bereits als eine dynamische Einheit von Natur, Seele und Geist begriffen hatte (siehe GW 13, 5–112).

Die christlichen Lehren als menschliche Selbstzeugnisse deutend, gelangt Feuerbach zu einem Begriff des Menschen, der den tradierten vermögens- und subjektphilosophischen Rahmen offensichtlich überschreitet. Ein Novum seiner Religionsschrift ist, dass die aufgezeigten Bestimmungen wie Rationalität, Sinnlichkeit, Emotionalität, Einbildungskraft, Leiblichkeit, Geschlechtlichkeit usw. nicht mehr einer hierarchisierenden Geistessystematik unterworfen, sondern als gleichursprüngliche subjektive Potenziale aufgefasst werden, denen ohne Ausnahme eine welterschließende und strukturbildende Funktion im Vergesellschaftungsprozess der Menschen zuerkannt wird. Als methodischer und reeller Ausgangspunkt fungiert dabei eine durch leibliche Bedürfnisse, Sinne und Gefühle geprägte, intersubjektive Verhaltens- und Reflexionsebene, die Feuerbach auch als Ich-Du-Beziehung charakterisiert. Diese anthropologischen Grundprämissen wirken sich auf die Reflexion aller soziokulturellen Sphären aus, worauf er u.a. in einem unveröffentlicht gebliebenen Manuskript zum Wesen des Christentums, der sogenannten *Gattungsschrift*, eingeht. Darin behandelt er Familie, Freundschaft wie auch Sprache und Denken als besondere „Daseinsformen der Gattung", die er bezeichnend auf elementare Zweierbeziehungen zurückführt (siehe Feuerbach 1839/1840 und Sass 1988, 61ff.). Die Perspektive der dritten

Person bleibt unberücksichtigt, insofern sie nach ihm einer späteren Reflexionsebene angehört.

In seinen *Vorläufigen Thesen zur Reformation der Philosophie* und *Grundsätzen der Philosophie der Zukunft* vereint er die im *Wesen des Christentums* gewonnenen Einsichten zu einem allgemeinen Theorieprogramm. Er setzt die in biologischen Prozessen verankerte Ich-Du-Beziehung damit zur anthropologischen Basisrelation, von der aus das Verhältnis des Menschen zur gegenständlichen Welt wie auch zu sich selbst zu bestimmen sei. Die Anthropologie avanciert mit „*Einschluß der Physiologie*" in der Folge zur Universalwissenschaft (GW 9, 337) und erhält damit eine systematische Stelle, die bei Kant die drei Kritiken, bei Fichte die Wissenschaftslehre, bei Hegel die Logik eingenommen hatte. Feuerbach räumt der Anthropologie eine philosophische Vorrangstellung ein, die sie im 20. Jahrhundert erst wieder in der Philosophischen Anthropologie erlangt hat. Von deren Vertretern unterscheidet er sich dadurch, dass er den Menschen nicht im Bezugsschema der Person oder eines organischen Mängelwesens, sondern von einer fundamental gesetzten Sozialität her reflektiert.

Feuerbach hat sein in den 1840er Jahren konzipiertes Theorieprogramm nicht weiterentwickelt. Es ist in der Geschichte der Anthropologie eine Randerscheinung geblieben. Der darin vollzogene Schritt, die Anthropologie als eine Grundlagendisziplin zu begreifen, lenkt die Aufmerksamkeit auf die humanspezifischen Voraussetzungen der geschichtlich-kulturellen Evolution, die weder allein aus den Wissenschaften noch aus der Philosophie zu beziehen sind. Feuerbach begreift den Menschen als ein biologisches und kulturelles Wesen zugleich und fasst die gesellschaftlichen Kooperations- und Kommunikationsprozesse entsprechend nicht losgelöst von ihren natürlichen, leiblichen und sinnlich-emotionalen Voraussetzungen. Ungeachtet der fragmentarischen Gestalt enthält sein bereits im *Wesen des Christentums* angelegtes Theorieprogramm damit Prämissen und Konsequenzen, denen in der sprachzentrierten Gegenwartsphilosophie durchaus wieder Beachtung zu schenken ist.

14.4 Zur ethischen Perspektive

Neben der religionsphilosophischen und anthropologischen Perspektive besitzt das *Wesen des Christentums* einen genuinen ethischen Gehalt. Feuerbachs Religionsschrift reiht sich in die moralischen Deutungen des Christentums ein, die für die Aufklärung ebenso wie für Kant, Fichte oder die Gefühlsphilosophie (Herder, Jacobi) auszeichnend waren. Auch in aktuellen Religionsdiskursen spielt die Moralproblematik eine Rolle, wobei im Fokus des Interesses die sozialintegrativen Potenziale der Religion stehen. Jürgen Habermas beispielsweise erkennt den religiösen Glaubensinhalten einen spezifischen moralischen Gehalt zu, der im öffentlichen Diskurs allerdings erst in eine allen zugängliche, d. h. ohne Glaubensautoritäten auskommende Sprache zu übersetzen sei. Die Philosophie sieht er hierbei in der Rolle einer „rettenden Übersetzung religiöser Gehalte", wobei er sich vor allem auf Kant beruft (Habermas 2005, 237; siehe auch Habermas 2013, 290 ff.). Ohne eine solche Übersetzung und diskursive Prüfung blieben die religiösen Bedeutungspotenziale auf besondere Gemeinschaften beschränkt, womit sie das Reflexionsniveau einer universalistischen Moral unterschritten.

Ein solcher Übersetzungsgedanke findet sich gleichfalls bei Feuerbach, der die Philosophie einen Dolmetscher der Religion nennt (GW 5, 16 f.). Er erschließt den moralischen Gehalt des Christentums im Besonderen über den Liebesbegriff, dem er die Funktion eines „terminus medius" zuerkennt (GW 5, 99). Die Frage nach dem Bösen, die Kant in seiner Religionsphilosophie aufwirft, spielt bei ihm demgegenüber eine marginale Rolle. Diese Ausrichtung hat Karl Barth bewogen, in Feuerbach einen „Verkenner des Bösen" zu sehen (Barth 1976, 22). Nicht der Sündenfall des Menschen, sondern der „aus Liebe *Mensch gewordene Gott*" bildet für Feuerbach den „Mittelpunkt der christlichen Religion" (GW 5, 117). Dem Inkarnationsdogma entnimmt er den Gedanken, dass Gott „um des Menschen willen" Mensch geworden ist (GW 5, 115), was bedeute, dass das Verhältnis zwischen Gott und Mensch ein gegenseitiges sei. Gott, wie Feuerbach festhält, „wird geliebt und liebt wieder" (GW 5, 113). Alle positiven Bestimmungen der christlichen Religion führt er unter dieser Prämisse auf Gegenseitigkeit zurück (GW 5, 447). Die göttliche Liebe deutet er anthropologisch in eine gegenseitige Beziehung zwischen Ich und Du um. Letztere zeichne aus, dass das eigene Wohl und Leiden immer zugleich auf das Wohl und Leiden des anderen gerichtet ist. Er legt den Schwerpunkt hier auf die moralische Qualität der Liebesbeziehung, die sich in einem fürsorgenden, barmherzigen und aufopfernden Verhalten, aber auch in gegenseitigen geschlechtlichen, familiären oder freundschaftlichen Beziehungen zeige. In seinen Liebesbegriff fließen unterschiedliche Quellen ein, neben der christlichen Nächstenliebe auch das antike Freundschaftsideal und der platonisch-pantheistische Erosbegriff.

Die gegenseitige Liebe kommt im Christentum nach Feuerbach allerdings nur in eingeschränkter Form zur Geltung, insofern der religiöse Mensch hier zunächst um Gottes, nicht um des Anderen willen handele (siehe GW 5, 409 ff.). Der Gläubige befinde sich in einem Abhängigkeitsverhältnis zu einem unbeschränkten Gott, wodurch Moral in eine Sanktions- bzw. Gesetzesmoral umschlage, der allein aus Zwang und äußerem Druck gefolgt werde. „Hat die Moral keinen Grund in sich selbst", wie er festhält, „so gibt es auch keine innere Notwendigkeit zur Moral; die Moral ist dann der bodenlosen Willkür der Religion preisgegeben" (GW 5, 450). Er konstatiert in diesem Zusammenhang einen prinzipiellen Widerspruch zwischen dem partikularisierenden religiösen Glauben und einer auf Liebe begründeten Moral. Wo Moral und Recht auf der Theologie beruhen, könne man „die *unmoralischsten, unrechtlichsten, schändlichsten* Dinge *rechtfertigen* und *begründen*" (GW 5, 449), woraus das „Trauerspiel der Religionsgeschichte" hervorgegangen sei (GW 5, 316).

Aus der Kritik an einer religiös fundierten Moral erwächst Feuerbach die Aufgabe, die Ethik wie auch das Recht „durch sich selbst" zu begründen (GW 5, 450). Kommt er auf diese Aufgabe erst in seinem späten Ansatz zurück (siehe GW 11, 53–115, Feuerbach 1994 und Weckwerth 2012), lassen sich bereits dem *Wesen des Christentums* allgemeine Rahmenbedingungen einer autonomen Ethik entnehmen. Auch auf moralphilosophischem Gebiet geht Feuerbach von unmittelbaren Interaktionen leiblich-existierender Individuen aus, deren moralische Qualität er an gegenseitigen Ich-Du-Bezügen festmacht. Die empirische Basis der Moral liegt für ihn im alltäglichen Miteinander der Menschen, in gegenseitigen Beziehungen zwischen Eltern und Kindern, Frau und Mann, aber auch zwischen Geschwistern und Freunden (siehe die *Schlussanwendung*, GW 5, 444f.). Seine Darlegungen zum Gewissensbegriff zeigen, dass er moralische Tatbestände wie das Gewissen als spezifische Vermittlungen miteinander agierender Individuen begreift, die aus gegenseitigen Nahbeziehungen, und zwar unter Beteiligung aller Verhaltenskomponenten, hervorgehen. Bereits in seiner Religionsschrift bestimmt er das Du bzw. den Anderen als das gegenständliche Gewissen des Ich (GW 5, 277). Es entspringt nach ihm nicht allgemeinen Pflichten und Geboten, sondern bildet sich zunächst im Kontext der Erwartungen und Ansprüche miteinander agierender Individuen aus. Eine Ablösung des Gewissens wie der Pflichten von ihrem anthropologischen Ursprung bedeutet für ihn, diesen moralischen Vermittlungen den Status eines An-sich-Seins zuzuerkennen, wodurch sie einen repressiven Charakter erhielten.

Die Ethik besitzt für Feuerbach eine zentrale emanzipative Funktion. Sie besteht in der Transformation der religiösen Liebe in eine ursprüngliche Liebe (Moral) (siehe GW 5, 443ff.). Dieser Bestimmung liegt der Gedanke zugrunde, wonach die von der Philosophie dem Christentum abgerungene Gegenseitigkeitsmoral unmittelbar in das praktische Wollen der miteinander agierenden Individuen eingehen würde. An diesem Punkt tritt augenscheinlich ein idealistischer Praxisbegriff zutage, den Feuerbach mit anderen Vormärzdenkern teilt. Er begreift den Prozess einer rationalen Selbstverständigung als unmittelbaren Auslöser gesellschaftlicher Transformationsprozesse. Blickt man auf die faktische Geschichte, liegt darin ein unzulässiger Schluss. Damit ist der Philosophie bezogen auf die Religion nicht prinzipiell eine Dolmetscherfunktion abzusprechen; hinsichtlich ihrer praktischen Konsequenzen ist diese gleichwohl stark zu relativieren.

Feuerbach belässt die im *Wesen des Christentums* angelegte Ethik in einem Entwurfsstadium. Das trifft auch auf seinen späten Ansatz zu. Den Weg einer Phänomenologie der moralischen Beziehungen hat unter Berufung auf seine Philosophie später erst Löwith eingeschlagen (siehe Löwith 1981). Ungeachtet der embryonalen Gestalt wie der idealistischen Tendenzen enthält Feuerbachs Ethikentwurf, wie ich denke, durchaus anschlussfähige Theorieelemente. Die aufgezeigten Rahmenbedingungen wie die Orientierung an der Ursprungsfrage der Moral laufen auf ein Ethikkonzept hinaus, das sowohl die in der Gegenwartsphilosophie vorherrschenden, rational-normativen Ansätze als auch einen naturalistischen Ansatz überschreitet, der den Individuen keine Autonomie mehr zugesteht. Neben Feuerbachs Religionsphilosophie und Anthropologie sollte damit auch seiner im *Wesen des Christentums* angelegten Ethik wieder Gehör geschenkt werden.

Literatur

Barth, Karl (1976): Ludwig Feuerbach. Fragment aus einer im Sommersemester 1926 zu Münster i. W. gehaltenen Vorlesung über „Geschichte der protestantischen Theologie seit Schleiermacher". Mit einem polemischen Nachwort, in: Ludwig Feuerbach, hg. v. Erich Thies, Darmstadt, 1–32.

Bauer, Bruno (1845): Charakteristik Ludwig Feuerbachs, in: Wigand's Vierteljahrsschrift, Bd. 3, Leipzig, 86–146.

Bohrer, Karl Heinz und Scheel, Kurt (1999): Zu diesem Heft, in: Merkur 53, H. 9/10: Nach Gott fragen. Über das Religiöse, 769–771.

Cassirer, Ernst (2002): Philosophie der symbolischen Formen. Zweiter Teil. Das mythische Denken, hg. v. Birgit Recki, Text und Anm. bearb. v. Claus Rosenkranz, Hamburg.

— (1995): Zur Metaphysik der symbolischen Formen, hg. v. John Michael Krois, Nachgelassene Manuskripte und Texte, Bd. 1, Hamburg.

Dalferth, Ingolf U. (Hg.) (1974): Sprachlogik des Glaubens. Texte analytischer Religionsphilosophie und Theologie zur religiösen Sprache, München.

Dawkins, Richard (2006): The God Delusion, London.

Derrida, Jacques (2001): Glaube und Wissen. Die beiden Quellen der „Religion" an den Grenzen der bloßen Vernunft, in: Die Religion, hg. v. Jacques Derrida und Gianni Vattimo, Frankfurt/M, 9–106.

Feuerbach, Ludwig (1839/1840): Die Aufgabe dieser Schrift ..., in: Ludwig Feuerbach-Nachlass, UB München, 4° Cod. ms. 935d, 17.2.

— (1994): Zur Moralphilosophie, kritisch revidiert v. Werner Schuffenhauer, in: Solidarität oder Egoismus. Studien zu einer Ethik bei und nach Ludwig Feuerbach, hg. v. Hans-Jürg Braun, Berlin, 353–430.

Flasch, Kurt (2012): Religion und Philosophie in Deutschland, heute, in: Information Philosophie 40, H. 2, 8–17.

Graf, Friedrich Wilhelm (2004): Die Wiederkehr der Götter. Religion in der modernen Kultur, Bonn.

– und Heinrich Meier (Hg.) (2013): Politik und Religion. Zur Diagnose der Gegenwart, München.
Habermas, Jürgen (2005): Zwischen Naturalismus und Religion. Philosophische Aufsätze, Frankfurt/M.
– (2013): Politik und Religion, in: Politik und Religion. Zur Diagnose der Gegenwart, hg. v. Friedrich Wilhelm Graf und Heinrich Meier, München, 287–300.
Irrlitz, Gerd (2002): Kant-Handbuch. Leben und Werk, Stuttgart und Weimar.
Jaeschke, Walter (1990): Feuerbach und die aktuelle religionsphilosophische Diskussion, in: Ludwig Feuerbach und die Philosophie der Zukunft, hg. v. Hans-Jürg Braun, Hans-Martin Sass, Werner Schuffenhauer und Fracesco Tomasoni, Berlin, 113–145.
Joas, Hans (1999): Die Entstehung der Werte, Frankfurt/M.
Landmann, Michael (1982): Philosophische Anthropologie, 5., durchges. Aufl., Berlin und New York.
Löwith, Karl (1981): Das Individuum in der Rolle des Mitmenschen, in: Sämtliche Schriften, Bd. 1. Mensch und Menschenwelt, hg. v. Klaus Stichweh und Marc B. de Launay, Stuttgart, 9–197.
Krüger, Hans-Peter : Die Fraglichkeit menschlicher Lebewesen. Problemgeschichtliche und systematische Dimensionen, in: Philosophische Anthropologie im 21. Jahrhundert, hg. v. Hans-Peter Krüger und Gesa Lindemann, Berlin, 15–41.
Kutschera, Franz von (1990): Vernunft und Glaube, Berlin und New York.
Moxter, Michael (2000): Formzerstörung und Formaufbau: Zur Unterscheidung von Mythos und Religion bei Ernst Cassirer, in: Religionsphilosophie – historische Positionen und systematische Reflexionen, hg. v. Matthias Jung, Michael Moxter und Thomas M. Schmidt, Würzburg, 165–181.
Oelmüller, Willi und Dölle-Oelmüller, Ruth (1997): Grundkurs Religionsphilosophie, München.
Riesebrodt, Martin (2000): Die Rückkehr der Religionen. Fundamentalismus und der „Kampf der Kulturen", München.
– (2007): Cultus und Heilsversprechen. Eine Theorie der Religionen, München.
Schmidt, Alfred (2000): Religionskritik als Religionsphilosophie im Werk Ludwig Feuerbachs, in: Religionsphilosophie – historische Positionen und systematische Reflexionen, hg. v. Matthias Jung, Michael Moxter und Thomas M. Schmidt, Würzburg, 113–134.
Taylor, Charles (2002): Die Formen des Religiösen in der Gegenwart, Frankfurt/M.
– (2012): Ein säkulares Zeitalter, aus dem Englischen v. J. Schulte, Berlin.
Tegtmeyer, Henning (2014): [Rezension zu] Kurt Flasch: Warum ich kein Christ bin, in: Philosophische Rundschau 61, 237–241.
Vattimo, Gianni (2001): Die Spur der Spur, in: Die Religion, hg. v. Jacques Derrida und Gianni Vattimo, Frankfurt/M, 107–124.
Weckwerth, Christine (2000): Metaphysik als Phänomenologie. Eine Studie zur Entstehung und Struktur der Hegelschen „Phänomenologie des Geistes", Würzburg.
– (2012): Die Leib-Thematik bei Feuerbach – von pantheistischer Leib-Seele-Einheit zur leiblich fundierten Interaktion und Kommunikation zwischen Ich und Du, in: Philosophie des Leibes. Die Anfänge bei Schopenhauer und Feuerbach, hg. v. Michael Jeske und Matthias Koßler, Würzburg, 179–198.

Auswahlbibliographie

1 Werke von Feuerbach

Feuerbach, Ludwig: Das Wesen des Christenthums, Leipzig 1841; Zweite vermehrte Auflage, Leipzig 1843; Dritte, umgearbeitete und vermehrte Auflage, Leipzig 1849 (Sämmtliche Werke, Bd. 7); Neuauflage Leipzig 1883.
—: Das Wesen des Christentums, Stuttgart 1903 (Sämtliche Werke, Bd. 6).
—: Das Wesen des Christentums, hg. v. Werner Schuffenhauer, 2 Bde., Berlin 1956.
—: Das Wesen des Christentums. Nachwort v. Karl Löwith, Stuttgart 1969.
—: Das Wesen des Christentums, bearb. v. Werner Schuffenhauer und Wolfgang Harich, Berlin 1973 (Gesammelte Werke, Bd. 5); ²1984, ³2006.
Feuerbach, Ludwig: Sämmtliche Werke, 10 Bde., Leipzig 1846–1866.
—: Sämtliche Werke. Neu hg. v. Wilhelm Bolin und Friedrich Jodl, 10 Bde., Stuttgart 1903–1911; Reprint mit 2 Ergänzungsbden., hg. v. Hans-Martin Sass, Stuttgart-Bad Cannstatt 1959–1964.
—: Gesammelte Werke, hg. v. Werner Schuffenhauer, Berlin 1967ff. (ab 1993 hg. v. der Berlin-Brandenburgischen Akademie der Wissenschaften durch W. Schuffenhauer), Bde. 1–14, 17–20.
—: Werke, hg. v. Erich Thies, 6 Bde., Frankfurt/M 1975.
—: Entwürfe zu einer neuen Philosophie, hg. v. Walter Jaeschke und Werner Schuffenhauer, Hamburg 1996.

2 Gesamtdarstellungen und Einführungen

Arvon, Henri: Feuerbach, sa vie, son œuvre avec un exposé de sa philosophie, Paris 1964.
Bauer, Bruno: Charakteristik Ludwig Feuerbachs, in: Wigand's Vierteljahrsschrift, Bd. 3, Leipzig 1845, 86–146.
Biedermann, Georg: Ludwig Andreas Feuerbach, Leipzig 1986.
Bolin, Wilhelm, Ludwig Feuerbach. Sein Wirken und seine Zeitgenossen mit Benützung ungedruckten Materials, Stuttgart 1891.
Cesa, Claudio: Introduzione a Feuerbach, Rom/Bari 1978.
Janowski, J. Christine: Der Mensch als Maß: Untersuchungen zum Grundgedanken und zur Struktur von Ludwig Feuerbachs Werk, Köln und Zürich; Gütersloh 1980.
Jodl, Friedrich: Ludwig Feuerbach, Stuttgart Bad-Cannstatt 1904 (²1921).
Kamenka, Eugene: The Philosophy of Ludwig Feuerbach, London 1970.
—: The age of Feuerbach. Contemporary changes in the perception of man, law and society, Canberra 1975.
Kohut, Adolf: Ludwig Feuerbach. Sein Leben und seine Werke nach den besten, zuverlässigsten und zum Teil neuen Quellen geschildert, Leipzig 1909.
Lombardi, Franco: Ludovico Feuerbach, Firenze 1935.
Perone, Ugo: Invito al pensiero di Feuerbach, Milano/Mursia 1992.

Sass, Hans-Martin: Ludwig Feuerbach in Selbstzeugnissen und Bilddokumenten dargestellt, Reinbek bei Hamburg 1978.
Tomasoni, Francesco: Ludwig Feuerbach. Entstehung, Entwicklung und Bedeutung seines Werkes, Münster 2015.
Wartofsky, Marx W.: Feuerbach, Cambridge 1977.
Wininger, Josef: Ludwig Feuerbach. Denker der Menschlichkeit, Berlin 2004 (Neuausgabe Darmstadt 2011).
Weckwerth, Christine: Ludwig Feuerbach zur Einführung, Hamburg 2002.

3 Sammelbände

Atheismus in der Diskussion: Kontroversen um Ludwig Feuerbach, hg. v. Hermann Lübbe und Hans-Martin Sass, München 1975.
Aufklärung, Vernunft, Religion – Kant und Feuerbach, hg. v. Jörg Albertz, humanismus aktuell 9 (2005), Heft 25.
Feuerbach. Revue internationale de philosophie 26 (1972).
Feuerbach und der Judaismus, hg. v. Ursula Reitemeyer, Takayuki Shibata und Francesco Tomasoni, Münster 2009.
Héritages de Feuerbach, hg. v. Philippe Sabot, Lille 2008.
Ludwig Feuerbach, 28.7.1804 – 13.9.1872. Referentenkonferenz der Zentralen Kommission Wissenschaft, Berlin 1972.
Ludwig Feuerbach, hg. v. Erich Thies, Darmstadt 1976.
Ludwig Feuerbach. Aufklärung und Kritik, Sonderheft 3, o.O. 1999.
Ludwig Feuerbach. Etica e felicità, hg. v. Ferrucio Andolfi, Milano 1992.
Ludwig Feuerbach (1804–1872). Identität und Pluralismus in der globalen Gesellschaft, hg. v. Ursula Reitemeyer, Takayuki Shibata und Francesco Tomasoni, Münster 2006.
Ludwig Feuerbach und die Fortsetzung der Aufklärung, hg. v. Hans-Jürg Braun, Zürich 2004.
Ludwig Feuerbach und die Geschichte der Philosophie, hg. v. Walter Jaeschke und Francesco Tomasoni, Berlin 1998.
Ludwig Feuerbach und die Philosophie der Zukunft, hg. v. Hans-Jürg Braun, Hans-Martin Sass, Werner Schuffenhauer und Fracesco Tomasoni, Berlin 1990.
Ludwig Feuerbach. Religionskritik und Geistesfreiheit, hg. v. Volker Mueller, Neustadt am Rübenberge 2004.
Ludwig Feuerbach. Säkularisierung der Menschenbilder? Hg. im Auftrag der Humanistischen Akademie v. Horst Groschopp, humanismus aktuell 9 (2005), Heft 16.
Materialismus und Spiritualismus. Philosophie und Wissenschaften nach 1848, hg. v. Andreas Arndt und Walter Jaeschke, Hamburg 2000.
O homem integral. Antropologia e utopia em Ludwig Feuerbach, hg. V., Adriana Veríssimo Serrão, Lisboa 2001.
Philosophie des Leibes. Die Anfänge bei Schopenhauer und Feuerbach, hg. v. Matthias Koßler und Michael Jeske, Würzburg 2012.
Der politische Feuerbach, hg. v. Katharina Schneider, Münster 2013.
Sinnlichkeit und Rationalität. Der Umbruch in der Philosophie des 19. Jahrhunderts: Ludwig Feuerbach, hg. v. Walter Jaeschke, Berlin 1992.

Solidarität oder Egoismus. Studien zu einer Ethik bei und nach Ludwig Feuerbach sowie Kritisch revidierte Edition „Zur Moralphilosophie" (1886) besorgt von W. Schuffenhauer, hg. v. Hans-Jürg Braun, Berlin 1994.

4 Feuerbach und die Philosophie

Arndt, Andreas: „Kein Egoismus ohne ‚Communismus'. Anmerkungen zur Philosophie Ludwig Feuerbachs, in: Humanismus in Geschichte und Gegenwart, hg. v. Richard Faber und Enno Rudolph, Tübingen 2002, 103–117.
Ascheri, Carlo: Feuerbachs Bruch mit der Spekulation. Einleitung zur kritischen Ausgabe von Feuerbach: Nothwendigkeit einer Veränderung (1842), mit einem Vorwort von K. Löwith, Frankfurt/M. 1969.
Biedermann, Georg: Der anthropologische Materialismus Ludwig Feuerbachs. Höhepunkt und Abschluss der klassischen deutschen Philosophie, Neustadt am Rübenberge 2004.
Braun, Hans-Jürg: Ludwig Feuerbachs Lehre vom Menschen, Stuttgart-Bad Cannstatt 1971.
Bockmühl, Klaus Erich: Leiblichkeit und Gesellschaft. Studien zur Religionskritik und Anthropologie im Frühwerk von Ludwig Feuerbach und Karl Marx, Göttingen 1961.
Casini, Leonardo: Storia e umanesimo in Feuerbach, Bologna 1974.
Cesa, Claudio: Il giovane Feuerbach, Bari 1963.
Cornehl, Peter: Feuerbach und die Naturphilosophie. Zur Genese der Anthropologie und Religionskritik des jungen Feuerbach, in: Neue Zeitschrift für systematische Theologie und Religionsphilosophie 11 (1969), 37–93.
Dicke, Gerd: Der Identitätsgedanke bei Feuerbach und Marx, Köln und Opladen 1960.
Dwars, Jens-Fietje: Anthropologische Historie – Historische Anthropologie? Darstellung und Entwicklung der Geschichte des Feuerbachschen Geschichtsdenkens. Mit Nachträgen und Ergänzungen zur Feuerbach-Bibliographie bis 1984, Phil. Diss. Jena 1985.
Engels, Friedrich, Ludwig Feuerbach und der Ausgang der klassischen deutschen Philosophie (1886), in: Karl Marx und Friedrich Engels: Werke, Bd. 21, Berlin 1962, 259–307.
Förster, Herbert: Die „neue Philosophie" Ludwig Feuerbachs unter besonderer Berücksichtigung des Konzepts der Ich-Du-Begegnung in der Liebe, Bremen 2001.
Haym, Rudolf: Feuerbach und die Philosophie. Ein Beitrag zur Kritik Beider, Halle 1847.
Hommes, Ulrich: Hegel und Feuerbach. Eine Untersuchung der Philosophie Feuerbachs in ihrem Verhältnis zum Denken Hegels, Phil. Diss. Freiburg i. Br. 1957.
Hüsser, Heinz: Natur ohne Gott. Aspekte und Probleme von Ludwig Feuerbachs Naturverständnis, Würzburg 1993.
Jaeschke, Walter: Feuerbach redivivus. Eine Auseinandersetzung mit der gegenwärtigen Forschung im Blick auf Hegel, in: Hegel-Studien, Bd. 13 (1978), 199–237.
Jeske, Michael: „Sensualistischer Pantheismus". Seine heuristesche Bedeutung im Werk Ludwig Feuerbachs, Frankfurt/M u. a. 2012.
Johnston, Lawrence W. (Larry): Between Transcendence and Nihilism. Species-Ontology in the Philosophy of Ludwig Feuerbach, New York u. a. 1995.
Linares, Filadelfo: Die Vollendung des Paradigmenwechsels bei Ludwig Feuerbach, Berlin 2006.
Löwith, Karl: Das Individuum in der Rolle des Mitmenschen, Darmstadt 1962.

—: Ludwig Feuerbach und der Ausgang der klassischen deutschen Philosophie, in: Logos. Internationale Zeitschrift für Philosophie der Kultur 17 (1928), 323–347

Rau, Albrecht: Ludwig Feuerbach's Philosophie. Die Naturforschung und die Philosophische Kritik der Gegenwart, Leipzig 1882.

Rawidowicz, Simon: Ludwig Feuerbachs Philosophie. Ursprung und Schicksal, Berlin 1931 (^{2}1964).

Reitemeyer, Ursula: Philosophie der Leiblichkeit. Ludwig Feuerbachs Entwurf einer Philosophie der Zukunft, Frankfurt/M 1988.

Röhr, Henning, Endlichkeit und Dezentrierung. Zur Anthropologie Ludwig Feuerbachs, Würzburg 2000.

Schaller, Julius: Darstellung und Kritik der Philosophie Ludwig Feuerbach's, Leipzig 1847.

Schmidt, Alfred, Emanzipatorische Sinnlichkeit. Ludwig Feuerbachs anthropologischer Materialismus, München 1973 (^{2}Frankfurt/M 1977).

Schmieder, Falko: Ludwig Feuerbach und der Eingang der klassischen Fotografie. Zum Verhältnis von anthropologischem und historischem Materialismus, Berlin und Wien 2004.

Schmitt, Michael: Von der Wirklichkeit der Vernunft zur Vernunft der Sinnlichkeit. Zur Entwicklung der sinnlichen Philosophie in den Frühschriften Ludwig Feuerbachs im Ausgang von Johann Gottfried Herder, Göttingen 1999.

Schuffenhauer, Werner: Feuerbach und der junge Marx. Zur Entstehungsgeschichte der marxistischen Weltanschauung, 2., bearb. Aufl., Berlin 1972.

Serrão, Adriana Veríssimo: A Humanidade da Razão. Ludwig Feuerbach e o Projecto de uma Antropologia Integral, Lisboa 1999.

Souza, Draiton Gonzaga de: Zur Ethik Ludwig Feuerbachs, Göttingen 1998.

Wahl, Wolfgang: Feuerbach und Nietzsche. Die Rehabilitierung der Sinnlichkeit und des Leibes in der deutschen Philosophie des 19. Jahrhunderts, Würzburg 1998.

Wilson, Charles A.: Feuerbach and the Search for Otherness, New York u. a. 1989.

Winiger, Josef: Feuerbachs Weg zum Humanismus. Zur Genesis des anthropologischen Materialismus, München 1979.

Zecher, Reinhard: Wahrer Mensch und heile Welt. Untersuchungen zur Bestimmung des Menschen und zum Heilsbegriff bei Ludwig Feuerbach, Stuttgart 1993.

5 Feuerbach und die Religion

Amengual, Gabriel: Crítica de la religión y antropología en Ludwig Feuerbach. La reducción antropológica de la teología como paso del idealismo al materialismo, Barcelona 1980.

Arvon, Henri: Ludwig Feuerbach ou la transformation du sacré, Paris 1957.

Barth, Karl: Ludwig Feuerbach, in: Zwischen den Zeiten 5 (1927), 11–40.

Brandhorst, Heinz Hermann: Lutherrezeption und bürgerliche Emanzipation. Studien zum Luther- und Reformationsverständnis im deutschen Vormärz (1815–1848) unter besonderer Berücksichtigung L. Feuerbachs, Göttingen 1981.

Braun, Hans-Jürg: Die Religionsphilosophie Ludwig Feuerbachs. Kritik und Annahme des Religiösen, Stuttgart-Bad Cannstatt 1972.

Brunvoll, Arve: „Gott ist Mensch". Die Luther-Rezeption Ludwig Feuerbachs und die Entwicklung seiner Religionskritik, Frankfurt/M 1996.

Cardillo, Andrea, Desiderio e destino. Uomini, dei ed eroi nella „Teogonia" di Ludwig
    Feuerbach, Napoli 2010.
Cesa, Claudio: Feuerbach e l'essenza della religione, in: Claudio Cesa: Studi sulla sinistra
    hegeliana, Urbino 1972, 185–248.
Fiorenza, Francis Schüssler: „Feuerbach's Interpretation of Religion and Christianity", in: The
    Philosophical Forum 11 (1979), 161–181.
Gagern, Michael von: Ludwig Feuerbach. Philosphie- und Religionskritik. Die „Neue"
    Philosophie, München 1970.
Glasse, John: Why did Feuerbach Concern himself with Luther?, in: Revue internationale de
    philosophie 26 (1972), 354–385.
Grandt, Jens: Ludwig Feuerbach und die Welt des Glaubens, Münster 2006.
Harvey, Van A.: „Feuerbach on Religion as Construction", in: Theology at the End of Modernity:
    Essays in Honor of Gordon D. Kaufman, hg. v. Sheila Greeve Davaney, Philadelphia 1991,
    249–268.
—: Feuerbach and the Interpretation of Religion, Cambridge 1997.
Heinrich, Elisabeth: Religionskritik in der Neuzeit. Hume, Feuerbach, Nietzsche, Freiburg
    i.Br. 2001.
Henry, Michel: La critique de la religion et le concept de genre dans l'Essence du
    christianisme, in: Revue internationale de Philosophie 26 (1972), 386–404.
Kern, Udo: Der andere Feuerbach. Sinnlichkeit, Konkretheit und Praxis als Qualität der „neuen
    Religion" Ludwig Feuerbachs, Münster 1998.
Klimkeit, Hans-Joachim: Das Wunderverständnis Ludwig Feuerbachs aus
    religionsphänomenologischer Sicht, Bonn 1965.
Massey, Marilyn Chapin: „Censorship and the Language of Feuerbach's Essence of Christianity
    (1841)", in: The Journal of Religion 65 (1985), 173–195.
Meyer, Matthias: Feuerbach und Zinzendorf. Luterus redivivus und die Selbstauflösung der
    Religionskritik, Hildesheim 1992.
Mooren, Nadine: Mit Hegel gegen Hegel – Feuerbachs Religionsphilosophie in „Das Wesen des
    Christentums", in: Die linken Hegelianer. Studien zum Verhältnis von Religion und Politik
    im Vormärz, hg. v. Michael Quante und Amir Mohseni, Paderborn 2015, 72–84.
Negel, Joachim: Feuerbach weiterdenken. Studien zum religionskritischen
    Projektionsargument, Münster 2014.
Nüdling, Gregor: Ludwig Feuerbachs Religionsphilosophie. „Die Auflösung der Theologie in
    Anthropologie", Paderborn 1936 (²1961).
Perone, Ugo: Teologia ed esperienza religiosa in Feuerbach, Milano 1972.
Petzold, Matthias: Gottmensch und Gattung Mensch. Studien zur Christologie und
    Christologiekritik Ludwig Feuerbachs, Berlin 1989.
—: Zwischenzeitliches Interesse an Luthers Theologie. Zum Wandel in Ludwig Feuerbachs
    Denken, in: (Hrsg.): Erinnerte Reformation. Studien zur Luther-Rezeption von der
    Aufklärung bis zum 20. Jahrhundert, hg. v. Christian Danz und Rochus Leonhardt, Berlin
    und New York 2008, 123–168.
Rauth, Thomas: Wie kann die reformatorische Lehre vom Gebet nach Feuerbachs Kritik an der
    Gotteslehre wiederaufgenommen und interpretiert werden? Eine Erörterung anhand
    exemplarischer Texte, Marburg 1996.
Rengga Ado, Balthasar: Religion: Eine Projektion menschlicher Sehnsüchte, ein Produkt
    menschlichen Denkens, eine Illusion? Die Religionskritik von Feuerbach, Marx und Freud

als Herausforderung und Chance für den heutigen christlichen Glauben, Frankfurt/M u.a. 2018.
Salem, Jean: Une lecture frivole des écritures: L'essence du christianisme de Ludwig Feuerbach, Paris 2003.
Schneider, Erich: Die Theologie und Feuerbachs Religionskritik. Die Reaktion der Theologie des 19. Jahrhunderts auf Ludwig Feuerbachs Religionskritik mit Ausblicken auf das 20. Jahrhundert und einem Anhang über Feuerbach, Göttingen 1972.
Schott, Uwe: Die Jugendentwicklung Ludwig Feuerbachs bis zum Fakultätswechsel 1825. Ein Beitrag zur Genese der Feuerbachschen Religionskritik, mit einem bibliographischen Anhang zur Feuerbach-Literatur, Göttingen 1973.
Serverino, Giulo: Origine e figure del processo teogonico in Feuerbach, Milano 1972.
Souza, Draiton Gonzaga de: O Ateísmo Antropológico de Ludwig Feuerbach, Porto Alegre ²1994.
Tomasoni, Francesco, Ludwig Feuerbach und die nicht-menschliche Natur. Das Wesen der Religion: Die Entstehungsgeschichte des Werks, rekonstruiert auf der Grundlage unveröffentlichter Manuskripte, Stuttgart-Bad Cannstatt 1990.
—: L'incontro di Feuerbach con Schleiermacher, in: F.D.E. Schleiermacher (1768–1834) tra teologia e filosofia, hg. v. Giorgio Penzo und Macello Fatina, Brescia 1990, 441–447.
Vögeli, Dorothee: Der Tod des Subjekts – eine philosophische Grenzerfahrung. Die Mystik des jungen Feuerbach, dargelegt anhand seiner Frühschrift „Gedanken über Tod und Unsterblichkeit", Würzburg 1997.
Xhaufflaire, Marcel: Feuerbach und die Theologie der Säkularisation, München 1972.

Personenregister

Agamben, G.   188, 190 f., 195 f., 199
Albertus Magnus   103
Amengual, G.   102, 119
Ameriks, K.   175
Anselm von Canterbury   159
Appel, K.   199
Aris, M.-A.   81
Aristoteles   50
Arndt, A.   13, 20, 25, 124 f., 138, 148, 197
Ascheri, C.   39, 207
Augustinus   74, 82, 103, 110
Austin, J.   211

Baader, F. von   41, 227
Bacon, F.   1
Balibar, E.   57
Barth, K.   170, 223, 235
Barth, U.   210
Bauer, B.   11, 13, 41 f., 48, 125, 170, 207, 227
Baum, A.   50
Bayer, O.   165
Bayle, P.   1, 3, 35, 40, 172
Becker, P.   211
Benjamin, W.   188
Bernhard von Clairvaux   82
Bishop, P.   175
Böhme, J.   33, 112, 114
Bohrer, K.H.   228
Bolin, W.   4, 207
Botton, A. de   216
Breckman, W.   177
Bruno, G.   33
Brunvoll, A.   165
Buber, M.   208
Butler, J.   211

Cassirer, E.   35, 192, 230 f.
Comte-Sponville, A.   216
Czieskowski, A. von   54

Dalferth, I.   211, 228
Danz, Ch.   18, 21

Daub, K.   1, 42, 109 f., 112, 115
Daumer, G.F.   117
Dawkins, R.   225, 228
Deleuze, G.   188, 192, 196
Derrida, J.   228
Descartes, R.   32, 115, 176
Diewald, U.   211
Dölle-Oelmüller, R.   225
Dworkin, R.   216

Ebner, F.   208
Ehrenberg, H.   208
Emminghaus, J.   194
Engels, F.   10 f., 13, 48, 98, 117
Eßbach, W.   42
Essen, G.   18, 21

Feuerbach, A.   1
Feuerbach, J.A.   1
Feuerbach, P.J.A.   1
Fichte, I.H.   26 f.
Fichte, J.G.   11, 19, 231, 234
Flasch, K.   225
Förster, H.   135
Freud, S.   169

Ghillany, F.   117
Glasse, J.   214
Goethe, J.W.   17
Gooch, T.   173, 179
Göschel, C.F.   28
Graf, F.W.   31, 225
Greshake, G.   188
Grün, K.   91, 208
Guanzini, I.   196, 199

Habermas, J.   36, 228, 231, 234 f.
Harnack, A. v.   218
Harvey, V.A.   171
Hegel, G.W.F.   1–3, 5, 10–13, 15 f., 21–29, 31–33, 36–41, 45, 48, 50, 59, 83, 90, 95, 98, 110–115, 117–119, 121–123, 127 f., 136 f., 140 f., 158 f., 163, 165,

169–175, 188, 190–193, 197, 199, 205f., 208, 212–216, 222, 230f., 233f.
Heidegger, M. 228
Heinrich, E. 134
Henning, C. 50
Herder, J.G. 17, 34, 234
Hinrichs, H.F.W. 25
Hodgson, P. 111, 117
Hume, D. 38
Hummel, G. 213
Hus, J. 104
Hüsser, H. 126f., 129, 132
Husserl, E. 192
Huygens, C. 82

Irrlitz, G. 231

Jacobi, F.H. 16f., 19f., 24, 32, 34, 41, 116, 176, 227, 234
Jaeschke, W. 18, 20, 25, 50, 111, 123, 175, 229
Janowski, C. 166
Jeong, W. 103
Jeske, M. 146
Joas, H. 229
Jodl, F. 207
Jüngel, E. 200

Kant, I. 4f., 16–19, 22, 26f., 32, 50, 53, 83, 87, 100, 121, 135, 154, 159, 176, 188, 197, 210, 228, 231, 234f.
Kellner, M. 126, 130–133, 138
Kern, U. 166, 213f.
Kittsteiner, H.-D. 148
Klimkeit, H.-J. 42
Köpf, U. 51
Krüger, H.-P. 226
Kutschera, F. von 228

Landmann, M. 226
Lavater, J.C. 83, 89f.
Lefèvre, W. 143
Leibniz, G.W. 1, 19, 32, 40f., 50, 113, 172, 176, 192
Leo, H. 28
Lessing, G.E. 17f., 24
Lévinas, E. 211

Liebrucks, B. 193
Lombardus, P. 82
Löw, B. 1
Löwith, K. 32, 124, 166, 237
Luther, M. 7, 9, 82f., 86, 213–215, 230

Malebranche, N. 83
Marx, K. 2, 42, 48, 82, 98, 114, 117, 166, 169, 174, 197, 207, 232
Meier, H. 225
Melanchthon, P. 82
Meßner, R. 189, 194
Michelet, C.L. 26
Minucius Felix 81
Moxter, M. 231
Müller, J. 213
Müller, S. 81

Nagel, Th. 192
Nietzsche, F. 169, 225
Nohl, H. 95

Oelmüller, W. 225

Panasiuk, R. 104
Pannenberg, W. 210f.
Pascal, B. 176
Paulus, Apostel 135
Paulus, H.E.G. 37, 42, 161
Pestalozzi, J.H. 50
Petau, D. 110
Petzoldt, M. 134, 137, 139, 141, 165, 207, 211, 215
Pfaff, Ch.A. 4
Platon 50, 235
Plöger, F. 126
Prutz, R. 31

Rawidowicz, S. 34, 122, 124f., 172
Reichlin-Meldegg, K. A. v. 50
Reimarus, H.S. 58
Reitemeyer, U. 98, 100, 106
Riesebrodt, M. 225, 232
Röhr, H. 127, 133, 139
Rosenkranz, K. 112
Röttgers, K. 11

Rousseau, J.-J.   98
Ruge, A.   3 f., 6, 12 f., 31, 82

Salem, J.   129, 143
Sass, H.-M.   64, 82, 233
Scheel, K.   228
Scheffczyk, L.   110
Schelling, F.W.J.   17, 20, 25–27, 33, 41, 112–114, 177, 193, 227 f.
Schiller, F.   50
Schlegel, F.   25
Schleiermacher, F.D.E.   16 f., 21, 32, 34, 59, 123 f., 128, 141, 157, 176, 206, 216, 220–222
Schlüter, S.   148
Schmidt, A.   33, 98, 124, 144, 226
Schmieder, F.   47, 132, 141 f., 147
Schneider, K.   147
Schott, U.   34, 42
Schuffenhauer, W.   82
Schulz, H.   212
Searle, J.   211
Sengler, J.   27 f., 174 f.
Serrão, A.V.   96
Sieverding, J.   147
Sokrates   51
Spinoza, B. de   1, 16–20, 33 f., 40, 177
Stahl, F.J.   115
Stirner, M.   42, 147, 207, 215, 225
Strauß, D.F.   28, 41, 82, 89, 91, 125, 141, 170, 206 f.
Stübinger, E.   112

Taubert, I.   82
Taylor, C.   232
Tegtmeyer, H.   225
Tertullian   81
Thies, E.   141
Thomas von Aquin   103, 140, 156
Tillich, P.   213
Toews, J.   175
Tomasoni, F.   5, 11, 13, 35, 102, 110, 114, 117 f., 123, 130, 135, 139 f., 145
Troeltsch, E.   219
Türcke, C.   215

Vattimo, G.   228
Vogel, M.   69, 118

Wagner, F.   112
Wartofsky, M.   169, 172, 174 f.
Weber, M.   230
Weckwerth, C.   1, 32–34, 52, 88, 137, 145, 230, 236
Weiße, C.H.   26 f.
Wigand, O.   5–7, 10, 31, 82 f.
Wildermuth, A.   134
Winiger, J.   175
Wolf, F.O.   50

Xhaufflaire, M.   130, 134, 140

Zeller, E.   117

Hinweise zu den Autoren

Kurt Appel ist Professor für Theologische Grundlagenforschung an der Universität Wien und Sprecher des interdisziplinären Forschungszentrums „Religion and Transformation in Contemporary Society"; Gastprofessuren in Trient, Mailand und Bologna. Letzte Verögffentlichungen: Tempo e Dio. Aperture contemporanee a partire da Hegel e Schelling, Queriniana 2018; Das Dieses ist ein Baum ist ein Baum. Der absolute Geist als freies Dasein der Wirklichkeit, in: T. Oehl, A. Kok (Hg.), Objektiver und absoluter Geist nach Hegel, Leiden, Boston 2018, 57–80; Critiques of Master-Representations: The Political Dimension of the Canon between the Bible and the Qur'an, in: Kurt Appel, Carl Raschke (Hg.), The Crisis of Representation. Interdisciplinary Journal for Religion and Transformation in Contemporary Society 7, Göttingen 2018, 14–39.

Andreas Arndt, Prof. (em.) Dr., zuletzt Professor für Philosophie an der Theologischen Fakultät der Humboldt-Universität zu Berlin; Projektleiter des Akademienvorhabens „Friedrich Schleiermacher in Berlin 1808–1834 an der Berlin-Brandenburgischen Akademie der Wissenschaften und Mitherausgeber der Kritischen Schleiermacher-Gesamtausgabe; Ehrenvorsitzender der Internationalen Hegel-Gesellschaft; letzte Buchveröffentlichungen: Die Reformation der Revolution. Friedrich Schleiermacher in seiner Zeit, Berlin 2019, Freiheit, Köln 2019.

Marina F. Bykova is Professor of Philosophy at North Carolina State University. She is the author of Hegel's Interpretation of Thinking (1990), The Mystery of Logic and the Secret of Subjectivity (1996), and co-author (with Andrei Krichevsky) of Absolute Idea and Absolute Spirit in Hegel's Philosophy (1993). She is also the editor of the Russian translation of Hegel's Phenomenology of Spirit (2000) and most recently of Hegel's Philosophy of Spirit: Cambridge Critical Guide (2019) and The German Idealism Reader: Ideas, Responses and Legacy (2019). Currently she is co-editing (with Kenneth R. Westphal) The Palgrave Hegel Handbook and Bloomsbury Companion to Fichte, both forthcoming in 2020.

Jörg Dierken, Prof. Dr., Prof. für Systematische Theologie/Ethik an der Theologischen Fakultät der Martin-Luther-Universität Halle-Wittenberg; Erster Vorsitzender der Internationalen Schleiermacher-Gesellschaft und Mitherausgeber der Kritischen Schleiermacher-Gesamtausgabe; letzte Buchveröffentlichung: Gott und Geld. Ähnlichkeit im Widerstreit, Tübingen 2017.

Walter Jaeschke, Prof. (em.) Dr., zuletzt Professor für Philosophie an der Ruhr-Universität Bochum, Herausgeber der Ausgabe „Hegel: Gesammelte Werke" und Mitherausgeber der Ausgaben „Jacobi: Werke" und „Jacobi: Briefwechsel". Letzte Buchveröffentlichungen: Die Klassische deutsche Philosophie nach Kant. Systeme der reinen Vernunft und ihre Kritik. München 2012 (mit Andreas Arndt); Hegel-Handbuch. Leben-Werk-Schule, Dritte Auflage, Stuttgart 2016; Hegels Philosophie, Hamburg 2020.

Dimitris Karydas, Dr. phil., wissenschaftlicher Mitarbeiter in dem Projekt „Viaggio da Berlino na Zante" oder Romantische Poetologie und Deutscher Idealismus auf den Ionischen Inseln an der Berlin-Brandenburgischen Akademie der Wissenschaften und am Centrum modernes Griechenland an der FU Berlin; lehrt Philosophie an der Theologischen Fakultät der Humboldt-Universität Berlin und als Gastdozent an griechischen Universitäten. Letzte Publikationen: Von Kronos zu Zeus: Zur Ermächtigung der Zeit durch den Geist, in: Hegels Anthropologie, hg. v. Andreas Arndt und Jure Zovko, Berlin 2017, Allgemeines-Besonderes-Einzelnes, in: Interpretationen zu Hegels Rechtsphilosophie, hg. v. Michael Städler, 2020, Bertolt Brecht: Philosophie auf der Bühne, Athen 2020 (griechisch).

Manuela Köppe, Dr., Mitherausgeberin der Kritischen Gesamtausgabe des Briefwechsels von Jacobi und Arbeitsstellenleiterin des Akademienvorhabens „Friedrich Heinrich Jacobi: Briefwechsel. Text – Kommentar – Wörterbuch online" an der Sächsischen Akademie der Wissenschaften zu Leipzig. Letzte Buchveröffentlichungen: Katalog der Bibliothek Georg Wilhelm Friedrich Hegels, 2 Bde. Hamburg 2017 (Georg Wilhelm Friedrich Hegel: Gesammelte Werke, Bd. 31, Supplement in zwei Teilbänden); Friedrich Heinrich Jacobi Briefwechsel 1799–1800, Stuttgart-Bad Cannstatt 2018.

Matthias Petzoldt, Prof. (em.) Dr., zuletzt Professor für Systematische Theologie an der Theologischen Fakultät der Universität Leipzig; 2008–2011Vorsitzender der Fachgruppe Systematische Theologie der Wissenschaftlichen Gesellschaft für Theologie, Mitherausgeber der Reihe „Theologie – Kultur – Hermeneutik". Letzte Buchveröffentlichung: Gehirn – Geist – Heiliger Geist. Muss der Glaube die Willensfreiheit verteidigen? Hamburg 2008.

Ursula Reitemeyer, apl. Professorin Dr., Professorin für Erziehungswissenschaft mit dem Schwerpunkt Bildungsphilosophie am Fachbereich Erziehungswissenschaft und Sozialwissenschaften der Westfälischen Wilhelms-Universität Münster; Leitung der Arbeitsstelle Internationale Feuerbachforschung an der WWU, Präsidentin der Internationalen Feuerbachgesellschaft und Herausgeberin der Reihen Internationale Feuerbachforschung und Ethik im Unterricht; letzte Buchveröffentlichung: Praktische Anthropologie oder die Wissenschaft vom Menschen zwischen Metaphysik, Ethik und Pädagogik. Wendepunkte, Münster 2019.

Adriana Veríssimo Serrão, Prof. Dr., Professorin für Philosophie an der Philosophischen Fakultät der Universität Lissabon; Vorsitzende des wissenschaftlichen Beirats der Internationalen Gesellschaft der Feuerbachforscher. Übersetzerin ins Portugiesische von Ludwig Feuerbach: Das Wesen des Christentums und (mit dem Titel Filosofia da Sensibilidade): Kleine Schriften von 1839 bis 1846. Projektleiterin der Forschungslinie „Philosophie der Landschaft" am Centro de Filosofia der Universität Lissabon (CFUL). Letzte Buchveröffentlichungen: Filosofia da Paisagem. Estudos (Lissabon, CFUL 2013); Philosophy of Landscape. Think, Walk, Act, hg. mit Moirika Reker (Lissabon, CFUL 2019).

Francesco Tomasoni, Prof. (em.) Dr., zuletzt Professor für Geschichte der Philosophie an der „Università del Piemonte Orientale (Vercelli)"; Vizepräsident der „Societas ad Studia de Hominis Condicione Colenda. Internationale Gesellschaft der Feuerbach-Forscher". Mitherausgeber der Reihe „Internationale Feuerbachforschung" (Münster). Letzte Buchveröffentlichung: Ludwig Feuerbach. Entstehung, Entwicklung und Bedeutung seines Werkes, Münster 2015.

Christine Weckwerth, Dr., arbeitet an der Berlin-Brandenburgischen Akademie der Wissenschaften; Mitarbeit an der Edition von Werken bzw. Manuskripten Feuerbachs, Marx' und Engels'. Letzte Veröffentlichungen: Zwischen Scheinkritik und Absolutheitsanspruch – zur Eigentümlichkeit der philosophischen Wissensbildung in Hegels Phänomenologie des Geistes, in: Thomas Oehl, Arthur Kok (Hg.): Objektiver und absoluter Geist nach Hegel. Kunst, Religion und Philosophie innerhalb und außerhalb von Gesellschaft und Geschichte, Leiden 2018, 98 – 120 und Der „wahre" Sozialismus als Ideologie. Zur konstruktiven Rolle der Ideologiekritik bei Marx und Engels, in: Marx-Engels Jahrbuch 2017/2018, Berlin 2018, 142 – 166.

Frieder Otto Wolf, Prof. Dr., Honorarprofessor für Philosophie an der Freien Universität Berlin; seit 2016 Fellow des Forschungsinstituts der Rosa-Luxemburg-Stiftung; Präsident der Humanistischen Akademie Berlin-Brandenburg seit 2004. Publikationen zur politischen Philosophie, zur nachhaltigen Entwicklung sowie zu Marxismus und Humanismus; seit 2011 Herausgabe einer deutschen Ausgabe der Gesammelten Schriften von Louis Althusser. – Bibliographie und weitere Informationen unter <www.friederottowolf.de>.

www.ingramcontent.com/pod-product-compliance
Lightning Source LLC
Chambersburg PA
CBHW031353230426

43670CB00006B/529